Paisagens do medo

FUNDAÇÃO EDITORA DA UNESP

Presidente do Conselho Curador
Mário Sérgio Vasconcelos

Diretor-Presidente
Jézio Hernani Bomfim Gutierre

Editor-Executivo
Tulio Y. Kawata
Superintendente Administrativo e Financeiro
William de Souza Agostinho

Conselho Editorial Acadêmico
Carlos Magno Castelo Branco Fortaleza
Henrique Nunes de Oliveira
Jean Marcel Carvalho França
João Francisco Galera Monico
João Luís Cardoso Tápias Ceccantini
José Leonardo do Nascimento
Lourenço Chacon Jurado Filho
Paula da Cruz Landim
Rogério Rosenfeld
Rosa Maria Feiteiro Cavalari

Editores-Assistentes
Anderson Nobara
Leandro Rodrigues

Yi-fu Tuan

Paisagens do medo

Tradução
Lívia de Oliveira

© 1979 Yi-fu Tuan
Esta edição foi publicada por um acordo com a Pantheon Books,
uma divisão da Random House, Inc.

Título original em inglês: *Landscapes of Fear*

© 2005 da tradução brasileira:

Fundação Editora da UNESP (FEU)
Praça da Sé, 108
01001-900 – São Paulo – SP
Tel.: (0xx11) 3242-7171
Fax: (0xx11) 3242-7172
www.editoraunesp.com.br
www.livrariaunesp.com.br
feu@editora.unesp.br

CIP – Brasil. Catalogação na fonte
Sindicato Nacional dos Editores de Livros, RJ

T82p

Tuan, Yi-fu, 1930-
    Paisagens do medo / Yi-fu Tuan; tradução Lívia de Oliveira. – São Paulo: Editora UNESP, 2005.

    Inclui bibliografia
    ISBN 85-7139-615-9

    1. Medo. 2. Fobias. 3. Paisagem – Aspectos psicológicos. I. Título.

05-3333
                                                  CDD 152.4
                                                  CDU 159.942

Editora afiliada:

Asociación de Editoriales Universitarias de América Latina y el Caribe

Associação Brasileira de Editoras Universitárias

Sumário

1. Introdução   7

2. Medo na criança em crescimento   19

3. A criança como natureza em formação   41

4. Sociedades "sem medo"   57

5. Medo da natureza: grandes caçadores
   e fazendeiros pioneiros   73

6. Calamidades naturais e fome   91

7. Medo no mundo medieval   117

8. Medo de doença   139

9. Medo de natureza humana: bruxas   167

10. Medo de natureza humana: fantasmas   179

11. Violência e medo no campo 207

12. Medo na cidade 231

13. Humilhação pública e execução 279

14. Exílio e reclusão 297

15. O círculo aberto 321

16. Medos: passados e presentes 333

Índice remissivo 347

1
Introdução

Paisagens do medo? Se pararmos para refletir quais são elas, certamente inúmeras imagens acudirão à nossa mente: medo do escuro e a sensação de abandono quando criança; ansiedade em lugares desconhecidos ou em reuniões sociais; pavor dos mortos e do sobrenatural; medo das doenças, guerras e catástrofes naturais; desconforto ao ver hospitais e prisões; medo de assaltantes em ruas desertas e em certos bairros; ansiedade diante da possibilidade de rompimento da ordem mundial.

Os medos são experimentados por indivíduos e, nesse sentido, são subjetivos; alguns, no entanto, são, sem dúvida, produzidos por um meio ambiente ameaçador, outros não. Certos tipos de medo perseguem as crianças, outros aparecem apenas na adolescência e na maturidade. Alguns medos oprimem povos "primitivos" que vivem em ambientes hostis, outros aparecem nas complexas sociedades tecnológicas que dispõem de amplos poderes sobre a natureza.

Em todos os estudos sobre o indivíduo e sobre a sociedade humana, o medo é um tema – esteja implícito, como nas histórias de coragem e sucesso, ou explícito, como nos trabalhos sobre fobias e conflitos humanos. Porém, ninguém (que se saiba) tem procurado abordar o tema "Paisagens do medo" como um tópico digno de ser sistematicamente explorado por si mesmo e pelos esclarecimentos que possa trazer sobre as questões de interesse permanente: que significa ser gente? Como é viver neste mundo? Aqui, tentaremos explorar essas questões, procurando em particular traçar laços e ressonâncias entre as diferentes paisagens do medo.

Sem dúvida, não são apenas os seres humanos que sentem medo. Todos os animais superiores conhecem-no como uma emoção que indica perigo e é necessária para a sobrevivência. A tendência é suprimir esse fato de nossa consciência, talvez por necessitarmos preservar a "natureza" como uma área de inocência na qual possamos nos refugiar quando estivermos descontentes com as pessoas. Para nós, flores e seixos numa praia são imagens de tranquilidade. Certos animais, como uma gata amamentando seus filhotes ou uma vaca pastando em um campo, são quadros de placidez maternal. A placidez no mundo não humano é, entretanto, ilusória. Um animal pode sentir-se seguro em seu abrigo, no centro de seu território; mas, devido ao poder extraordinário de seus sentidos (olfato, audição, visão), tem consciência de um espaço muito maior que representa tanto tentações como ameaças. Poucas imagens do medo são tão vívidas como as de um coelho que acaba de sair de sua toca e enfrenta o campo aberto: suas orelhas ficam em pé e seu corpo treme enquanto observa. Para salvar sua vida está pronto para correr ao menor sinal de perigo.

A frequência e a intensidade do medo variam muito entre as espécies. Comparado com o aflito coelho, o leão, ao inspecionar seu território na imensidão da savana, parece não sentir medo de nada. Certamente, os animais que são presas de outros têm mais razão de se sentir nervosos e alertas do que aqueles que caçam. Os herbívoros têm muitos inimigos poderosos, dos quais devem fugir para sobreviver. A evolução tem dotado os herbívoros de visão lateral, colocando-os em vantagem por terem uma visão panorâmica. O coelho, indefeso e eternamente vigilante, na verdade pode ter uma superposição binocular na região posterior da cabeça, assim como na região frontal: "ninguém pode enganar um coelho".[1] Os leões, como outros predadores, têm olhos frontais. Seu trabalho é caçar e matar; eles não temem ser atacados pelas costas. Porém, todos os animais precisam, periodicamente, relaxar a guarda. Quem dorme sossegado? Nós gostaríamos de dizer "aqueles que têm a consciência limpa", mas a melhor resposta é "aqueles que podem se dar ao luxo de não sentir medo". Assim, predadores como os felinos dormem sossegados, ao passo que as espécies favoritas dos predadores, como os coelhos, quase não podem cochilar. Um refúgio seguro também é importante. Os morcegos, nas cavernas abrigadas, dormem melhor do que os carneiros em campo aberto.[2]

Os indivíduos dentro de uma mesma espécie podem muito bem sentir medos diferentes. Entre os homens – uma espécie altamente polimorfa – alguns são naturalmente tímidos, enquanto outros são naturalmente ousados. Identificamos variações temperamentais nos animais de estimação, porém não estamos tão certos quanto às diferenças entre as espécies selvagens, em parte por não existirem dados a respeito. No entanto, o grau de polimorfismo pode servir como um indicador não muito preciso. As aparências individuais em algumas espécies (corvos ou gaivotas, por exemplo) na verdade são muito semelhantes,

---

1 GIBSON, J. J. *The Senses Considered as Perceptual Systems*. Boston: Houghton Mifflin Co., 1966. p.174.

2 ALLISON, T, CICCHETTI, D. V. Sleep in Mammals: Ecological and Constitutional Correlates. *Science*, v.194, n.4266, p.732, 12 nov. 1976.

e poderia ser que as respostas emocionais destes animais apresentassem também semelhanças.[3]

Ao estimar os tipos e as variações de medo conhecidas em uma espécie animal, devemos também não esquecer que esta emoção pode mudar durante a vida de um animal. Certas ansiedades e sinais de alarme são aprendidos. Embora muitos pássaros instintivamente reconheçam seus inimigos e esquivem-se deles, os filhotes de gralha precisam aprender dos adultos a ter medo. Os lobinhos, em suas brincadeiras desajeitadas, um pouco abrutalhadas, parecem não temer nada, mas à medida que crescem devem aprender a desconfiar dos machos adultos da espécie.[4] Entre os seres humanos não há dúvida que os medos aparecem ou desaparecem nas diferentes etapas da vida. Tendemos a simplificar nossas experiências com o medo, suprimindo lembranças desagradáveis. Um adulto, enquanto vive rotineiramente os anos da meia-idade, mal pode lembrar as ansiedades da juventude e muito menos as noites de terror da infância.

O que é o medo? É um sentimento complexo, no qual se distinguem claramente dois componentes: sinal de alarme e ansiedade. O sinal de alarme é detonado por um evento inesperado e impeditivo no meio ambiente, e a resposta instintiva do animal é enfrentar ou fugir. Por outro lado, a ansiedade é uma sensação difusa de medo e pressupõe uma habilidade de antecipação. Comumente acontece quando um animal está em um ambiente estranho e desorientador, longe de seu território, dos objetos e figuras conhecidas que lhe dão apoio. A ansiedade é um pressentimento de perigo quando nada existe nas proximidades que justifique o medo. A necessidade de agir é refreada pela ausência de qualquer ameaça.

---

3 COMFORT, A. *The Nature of Human Nature*. New York: Avon Books, 1968. p.70-1.

4 LORENZ, K. *King Solomon's Ring*. London: Methuen & Co., University Paperbacks, 1961. p.140, 185.

Todos os animais superiores possuem sinais de alarme e ansiedade. Os seres humanos têm muito em comum com os outros primatas tanto nas causas dessas sensações quanto no comportamento das respostas subsequentes. Diferenças comportamentais entre o ser humano e outras espécies ocorrem porque o homem possui maior variação emocional e superioridade mental.

A variação emocional é um indicador da complexidade do sistema nervoso e, portanto, de forma indireta, da mente. O repertório de emoções de uma medusa é muito limitado se comparado ao de animais complexos como o coelho, por exemplo, e a variação de sentimentos do coelho é pequena quando comparada à de um ser humano. Um animal talvez sinta raiva e tristeza, mas poderá sentir-se nostálgico ou melancólico? Ele apresenta sinais de alarme e ansiedade, mas será que sentiria o medo da humilhação, de ser envergonhado por seus semelhantes? A capacidade de sentir vergonha e culpa amplia muito a extensão do medo humano. Um animal que vive no seu ambiente natural pode experimentar o macabro e o misterioso? A consciência do mal sobrenatural, exclusividade da espécie humana, permite que uma pessoa veja e viva em mundos fantasmagóricos com bruxas, fantasmas e monstros; essas figuras representam um tipo de medo desconhecido pelos outros animais. O medo da traição de um parente ou amigo é muito diferente do medo de um inimigo que não pertence ao círculo familiar. A imaginação aumenta imensuravelmente os tipos e a intensidade de medo no mundo dos homens.

Assim, nossas mentes férteis são uma abençoada mistura. Conhecer é arriscar-se a sentir mais medo. Quanto menos se sabe, menos se teme. O cardeal Newman diz em seu popular hino "conduza-nos, Bondosa Luz", pedindo para não ver "as cenas distantes". "Um passo é suficiente para mim", ele escreveu. Se tivermos menos imaginação nos sentiremos mais seguros. O filósofo estoico Epiteto disse a um companheiro de viagem: "você tem medo desta tempestade como se tivesse de engolir todo o oceano; mas, meu caro senhor, somente seria preciso um litro de água para afogá-lo". O terror metafísico, próprio do ser humano, não pode ser mitigado em nenhuma parte deste mundo. Somente Deus pode aliviá-lo. "Rocha Eterna, sustentai-me; deixai-me em Vós me refugiar". É uma prece desesperada.[5]

O medo existe na mente, mas, exceto nos casos patológicos, tem origem em circunstâncias externas que são realmente ameaçadoras. "Paisagem", como o termo tem sido usado desde o século XVII, é uma construção da mente, assim como uma entidade física mensurável. "Paisagens do medo" diz respeito tanto aos estados psicológicos como ao meio ambiente real.

O que são paisagens do medo? São as quase infinitas manifestações das forças do caos, naturais e humanas. Sendo as forças que produzem caos onipresentes, as tentativas humanas para controlá-las são também onipresentes. De certa forma, toda construção humana – mental ou material – é um componente na paisagem do medo, porque existe para controlar o caos. Consequentemente os contos de fadas infantis, bem como as lendas dos adultos, os mitos cosmológicos e certamente os sistemas filosóficos são refúgios construídos pela mente nos quais os homens podem descansar, pelo menos temporariamente, do assédio de experiências novas e da dúvida. Além disso, as paisagens materiais de casas, campos de cultivo e cidades controlam o caos. Cada moradia é uma fortaleza construída para defender seus ocupantes humanos dos elementos; é uma lembrança constante da vulnerabilidade humana. Todo campo de cultivo é arrebatado da natureza, que procurará destruí-lo se não houver um incessante esforço humano. De modo geral, todas as fronteiras construídas pelo homem na superfície terrestre – cerca viva no jardim, muralha na cidade, ou proteção do radar – são uma tentativa de manter controladas as forças hostis.

---

5 RUSSELL, B. *Power*: A New Social Analysis. London: George Allen & Unwin, 1963. p.14.

As fronteiras estão em todos os lugares porque as ameaças estão em toda parte: o cachorro do vizinho, as crianças com sapatos enlameados, estranhos, loucos, exércitos estrangeiros, doenças, lobos, vento, chuva.

Certamente, a paisagem de uma fazenda e campos cultivados não provocam diretamente medo. Ao contrário, são um quadro de paz. A fazenda, dizemos, é um refúgio, mas o refúgio implica ameaça: uma ideia leva à outra. Pense agora nas forças hostis. Algumas delas, como a doença e a seca, não podem ser percebidas diretamente a olho nu. A paisagem de doença é uma paisagem das consequências terríveis da doença: membros deformados, cadáveres, hospitais e cemitérios cheios e os incansáveis esforços das autoridades para combater uma epidemia; no passado, esses esforços incluíam cordões sanitários armados, encarceramento obrigatório dos suspeitos de estar doentes e fogueiras mantidas acesas dia e noite nas ruas. A seca é a ausência de chuva, também um fenômeno invisível, exceto indiretamente pela devastação que produz: safra murcha, animais mortos e moribundos, pessoas mortas, desnutridas e em estado de pânico.

Por outro lado, outras forças hostis assumem uma forma nitidamente visível e tangível: por exemplo, uma tempestade de neve, uma inundação destruidora ou um incêndio e uma multidão enfurecida. Para os europeus de épocas anteriores e para os povos com outras tradições, as montanhas e as florestas eram paisagens do medo. Ao contrário das nevascas e inundações, que podem ser imaginadas como perseguidoras de suas vítimas, as montanhas e florestas agridem apenas aqueles que transgridem seus domínios. Porém, uma montanha também pode parecer um poder ativo: devido à sua presença dominante e nefasta, era capaz de induzir medo nos habitantes dos vales subjacentes.

Existem muitos tipos diferentes de paisagens do medo. Entretanto, as diferenças entre elas tendem a desaparecer na experiência de uma vítima, porque uma ameaça medonha, independente de sua forma, normalmente produz duas sensações poderosas. Uma é o medo de um colapso iminente de seu mundo e a aproximação da morte – a rendição final da integridade ao caos. A outra é uma sensação de que a desgraça é personificada, a sensação de que a força hostil, qualquer que seja sua manifestação específica, possui vontade. Antes que as modernas ideias científicas fossem conhecidas, as pessoas, ao que parece, em quase todas as partes, viam as forças da natureza como seres animados, como deidades e demônios, bons e maus espíritos. Ainda hoje, quando uma tempestade de neve frustra nossos planos de longa data, custa-nos considerá-la como um simples evento meteorológico (com uma probabilidade de ocorrência que os estatísticos podem especificar) e não como, ainda que de maneira fugaz, um evento propositalmente perverso.

Esse costume profundamente enraizado de antropomorfizar a natureza se origina em nosso antigo e profundo envolvimento com os seres humanos. O primeiro e aconchegante meio ambiente que toda criança explora é o corpo de sua mãe biológica ou adotiva. Os primeiros objetos estáveis, na consciência nascente de uma criança, são as outras pessoas e, sem os objetos, não pode surgir o sentido de mundo humano. Assim, desde as primeiras experiências, reconhecemos nossa total dependência de alimentação e de um conceito de realidade em outros seres humanos. As pessoas são nossa maior fonte de segurança, mas também a causa mais comum de nosso medo. Elas podem ser indiferentes às nossas necessidades, trair nossa confiança ou procurar diligentemente nos fazer mal. São fantasmas, bruxas, assassinos, ladrões, assaltantes, estranhos e agourentos, que assombram nossas paisagens, transformando o campo, as ruas das cidades, o pátio de recreio da escola – planejados para o desenvolvimento das pessoas – em lugares amedrontadores.

A natureza do medo vai mudando à medida que a criança cresce, tal como acontece com uma sociedade que, com o transcorrer do tempo, torna-se mais complexa e sofisticada. As paisagens do medo não são situações permanentes da mente, ligadas a segmentos imutáveis da realidade tangível; nenhum esquema atemporal pode simplesmente englobá-las. Por isso é necessário abordar as paisagens do medo tanto da perspectiva do indivíduo quanto do grupo, e colocá-las, ainda que sob a forma de tentativa, em um marco histórico.

Neste livro, começamos com o mundo infantil e exploramos a forma como as crianças se desvencilham de seus sinais de alarme e ansiedades à medida que crescem e adquirem confiança. Porém, o crescimento – ao distanciar-se do conhecido – cria riscos; e a criança, embora adquira poder com mais conhecimento, também fica mais ciente dos perigos, reais e imaginários. A criança desenvolve uma sensação da realidade por meio da associação íntima com os adultos, em especial com a mãe. A mãe é o objeto familiar e a base de sustentação a partir da qual a criança se aventura para o futuro, para estabelecer os limites do seu mundo. Porém, a mãe ou a figura parental nem sempre é confiável. Ela pode se tornar irada e parecer arbitrária no seu humor e comportamento. Além disso, os adultos frequentemente tratam as crianças como seres humanos amorfos que devem ser controlados da mesma maneira que são controlados os animais e a natureza indômita; um método comum usado para disciplinar as crianças é inculcar-lhes medo, inclusive de figuras vingativas, como o bicho-papão, bruxas e fantasmas.

A força está na quantidade e na organização. Ao agir em conjunto, as pessoas são capazes de dominar o meio ambiente local e de criar um mundo mais ou menos estável, no qual possam se sentir em casa. No passado e nas sociedades tribais esse mundo humanizado era percebido como um pequeno bolsão de ordem e segurança rodeado por inúmeras ameaças. O muro de uma casa ou de uma cidade oferecia tanto proteção física quanto defesa mágica contra os inimigos do homem, demônios, tempo inclemente e doenças – forças que exprimiam caos, dissolução e morte. Entre eles não existiam linhas nítidas: assim, os inimigos dos homens eram demônios; os maus espíritos assumiam forma humana e possuíam a razão dos homens; nuvens negras e pesadas eram exércitos de mortos ou eram feitas pelas bruxas; e as epidemias que varriam as cidades eram encaradas como nuvens malévolas carregadas de vapores mortíferos.

À medida que o homem aumenta o seu poder sobre a natureza, diminui o medo que sente dela. As construções do mundo moderno suportam bem as flutuações normais da natureza. Um evento excepcional, como uma enchente, por exemplo, pode arrasar uma cidade, mas a sensação de medo difere daquela conhecida no passado porque as forças naturais não são mais vistas como malignas – isto é, possuídas pelo desejo de destruição. Paradoxalmente, é na grande cidade – o símbolo mais visível da racionalidade e triunfo humano sobre a natureza – que permanecem alguns dos velhos medos. O crescimento urbano desordenado, por exemplo, é visto como uma selva, um caos de edifícios, ruas e movimentos rápidos de veículos que desorientam e assustam os recém-chegados. Mas a maior ameaça, aquela que se destaca em uma cidade, são as outras pessoas. A malignidade permanece como um atributo humano, não mais atribuído à natureza. Certos bairros são evitados por serem povoados por criminosos e bandos de adolescentes. Essas turbas se movem e destroem com a impessoalidade do fogo; elas são "insensatas", apesar de integradas por indivíduos com mentes e juízos – cada um com intenção de produzir o caos.

Embora os seres humanos criem ordem e sociedade ao agir cooperativamente, o simples fato de juntar-se em um mesmo lugar produz uma situação que pode resultar em violência. Para os governantes e governos, a multidão é potencialmente perigosa; como as forças da natureza, ela precisa ser controlada. No passado, as autoridades procuravam subjugar a multidão, encorajando deliberadamente uma atmosfera de medo, utilizando a máquina da lei e da justiça. Os pelourinhos e cadafalsos eram colocados em lugares públicos; as execuções eram dramatizadas e se estabelecia uma paisagem de punição bem visível.

Da maneira que estamos focalizando o medo, inevitavelmente damos a impressão de que os seres humanos habitam a Terra de forma precária e estão quase sempre amedrontados. Esta é, por certo, uma distorção. A sonolência habitual e o ter de enfrentar a vida do dia a dia, em lugar de se assustar e desesperar, são próprios do ser humano. Mesmo quando uma sociedade parece cercada por medos supersticiosos, não podemos deduzir que as pessoas, individualmente, vivam a maior parte do tempo amedrontadas. As superstições são as regras pelas quais um grupo humano tenta criar a ilusão da previsão em um meio ambiente incerto. As regras são efetivas no controle da ansiedade; e as inúmeras regras deixam de pesar na consciência uma vez transformadas em hábito. Mesmo quando a situação real é horrível e ameaçadora, as pessoas com o tempo se adaptam e a ignoram. Além disso, há um traço perverso na natureza humana que aprecia a crueldade e o grotesco se não lhe oferecem um perigo imediato. O povo afluía às execuções públicas e fazia piquenique à sombra do patíbulo. A vida durante os séculos XIV a XVI oferecia uma profusão de espetáculos de sofrimento e dor. No entanto, como se esses espetáculos medonhos não fossem suficientes, o teatro popular francês da época gostava de incluir torturas e execuções, que podiam ser mais demoradas no palco do que na vida real.[6]

É um erro pensar que os seres humanos sempre procuram estabilidade e ordem. Qualquer um que tenha experiência sabe que a ordem é transitória. Completamente separada dos acidentes cotidianos e do peso das forças externas, sobre as quais uma pessoa tem pouco controle, a própria vida é crescimento e deterioração: é mudança, senão não é vida. Porque a mudança ocorre e é inevitável nos tornarmos ansiosos. A ansiedade nos leva a procurar segurança, ou, ao contrário, aventura, – ou seja, nos

---

6 COHEN, G. *Histoire de la mise en scène dans le théâtre religieux français du Moyen Âge*. Paris: Honoré Champion, 1906. p.148-52.

tornamos curiosos. O estudo do medo, por conseguinte, não está limitado ao estudo do retraimento e entrincheiramento; pelo menos implicitamente, ele também procura compreender o crescimento, a coragem e a aventura.

2
Medo na criança em crescimento

A criança vive em um mundo mágico de inocência e alegria, um jardim protegido do qual os adultos foram expulsos e pelo que se lamentam sempre. Vladimir Nabokov parece acreditar em tal mundo. Ele confessa uma excessiva predileção por suas primeiras lembranças, mas manifesta que tem "motivos para estar grato por elas. Elas mostraram-lhe o caminho para um autêntico éden, com sensações visuais e táteis".[1] Sem dúvida há pessoas afortunadas, cuja infância, como a de Nabokov, foi vivida dentro de bolhas de luz e calor. Para a maior parte da humanidade é pouco provável que isso tenha acontecido. A alegria pura das crianças é uma profissão de fé da era romântica, e nós, que somos seus herdeiros, mostramos uma tendência natural de reprimir o sofrimento e lembrar a alegria quando remexemos no depósito da memória. Olhe casualmente a criança no berço,

---

1 NABOKOV, V. *Speak Memory*: An Autobiography Revisited. New York: G. P. Putnam's Sons, 1966. p.24.

e "o sono da inocência" vem à mente. Porém, uma observação mais cuidadosa revela pequenos movimentos do rosto e das mãos sugerindo sonhos perturbadores. Terrores noturnos causam aflição nas crianças entre um e dois anos de idade. A criança acorda tremendo e completamente molhada de suor. Qual é a causa do terror? O que ela viu?

O interesse pela infância como uma etapa ímpar e singularmente importante no crescimento humano é uma preocupação característica da cultura ocidental, com raízes que não vão além do século XVII. Muito comum no ocidente e em outras partes do mundo tem sido a visão de que a criança é um adulto pequeno e imperfeito. Por exemplo, a cerimônia de iniciação à puberdade, como é praticada por muitos povos, expressa a crença em um segundo nascimento: marca o tempo em que o adolescente renuncia ao seu passado imaturo e assume a dignidade completa de um adulto. Independentemente de quanta afeição os pais sintam por seus filhos, a infância é percebida como um estado um tanto desajeitado e felizmente passageiro. Por que, então, lhe dedicar atenção? Tendo em vista que essa atitude é comum entre os povos não influenciados pelos valores ocidentais, não surpreende que seu estudo tenha sido negligenciado. O que sabemos dos medos infantis procedem em muito da observação de crianças europeias. Seus medos, especialmente no primeiro ano de vida, podem muito bem ser compartilhados pelas crianças de outras tradições culturais. Se for o caso, isso será tratado mais adiante.

Ao contrário de muitos primatas, a criança pequena não pode se agarrar em sua mãe. A mãe humana tem que manter um contato estreito com seu filho. Porém, esta incapacidade biológica de agarrar-se sugere que a criança pequena está adaptada para tolerar períodos curtos de separação.[2] Nos primeiros me-

---

2 BOWLBY, J. *Attachment and Loss, Attachment*. New York: Basic Books, 1969. v.1, p.199.

ses de vida pode ficar só por um curto espaço de tempo sem mostrar sinais de alarme ou ansiedade. Se alguém pode dizer que já desfrutou alguma vez na vida, sem saber, de alegria e coragem, isso aconteceu no início de sua vida. Naturalmente, acontecimentos incomuns sempre podem produzir medo. Assim como muitos outros animais, a criança mostra aflição quando se defronta com ruído inesperado, falta de apoio, sacudidas, objetos que se expandem ou avançam rapidamente e mudanças rápidas de luminescência. Geralmente as coisas estranhas despertam alarme, mas o que constitui "estranheza" varia à medida que o mundo da criança se expande e ela compreende mais o seu meio ambiente. No início, eventos tais como ruídos e movimentos inesperados perturbam a criança. Depois, algumas coisas no campo visual produzem desassossego. Mais tarde ainda, os medos da criança não se relacionam claramente com nenhuma parte objetivamente ameaçadora do meio ambiente; é como se fossem autogerados e pressupõem uma grande imaginação.

Para sentir medo das coisas do meio ambiente a criança deve ter a noção, ainda que rudimentar, de objetos que são permanentes e que existem independentemente dela. Os primeiros objetos permanentes no mundo instável das crianças pequenas são os outros seres humanos. No começo, a criança não distingue os familiares de pessoas estranhas: uma criança de dois ou três meses não reclama quando muda dos braços da mãe para os de um estranho. Depois, durante um período que dura entre quatro e seis semanas, o bebê chora quando vê um rosto estranho e o olha fixa e inquietamente; por volta do oitavo mês (pode ser mais cedo) a criança começa a mostrar sinais evidentes de consternação quando uma pessoa desconhecida se aproxima.[3] O medo aumenta visivelmente mesmo com um pequeno distanciamento da mãe. No colo da mãe a criança está contente,

---

3 FREEDMAN, D. G. The Infant's Fear of Strangers and the Flight Response. *Journal of Child Psychology and Psychiatry*, v.2, p.242-48, 1961.

mas pode manifestar desconfiança do mundo quando sentada a apenas um metro de distância da mãe. Na idade em que começa a desconfiar dos estranhos, ela também começa a usar a mãe como base segura de onde pode explorar.[4]

Quando começa a se locomover, o mundo da criança expande-se rapidamente. Ela descobre novidades empolgantes, muitas das quais são potencialmente perigosas. Há algum aspecto da topografia do ambiente que alerta a criança da possibilidade de dano? Experimentos mostram que as crianças são capazes de reconhecer o "rochedo íngreme visível". Quanto maior for a criança, maior é a probabilidade de que ela se negue a cruzar uma fenda vertical coberta com uma lâmina de vidro, mesmo que a mãe a encoraje. Em um experimento, quase a metade das crianças com idades entre sete e 11 meses aceitaram engatinhar sobre a fenda coberta até a mãe, porém todos os que tinham 13 meses ou mais recusaram-se. As crianças mais novas confiam em seu sentidos táteis: elas tocam e lambem a lâmina de vidro, e depois disso rejeitam a evidência visual e começam a se movimentar sobre o canto da fenda. As crianças mais velhas, no entanto, vivem num mundo mais visual e dão a impressão de pensar "Se isso parece perigoso, então é, não importa o que minhas mãos me dizem".[5]

Desde tempos imemoriais as pessoas vivem perto da água. Crianças pequenas devem ter caído nela e se afogado. Elas mostram um medo natural de água? Algumas vezes demonstram quando são levadas à beira do mar, principalmente quando as ondas estão altas. Em algumas esse medo parece ser espontâneo e não aprendido (natural). Essa aflição pode ser causada, é

---

4 MORGAN, G. A., RICCIUTI, H. N. "Infants" Responses to Strangers During the First Year. In: FOSS, B. M. (Ed.) *Determinants of Infant Behaviour*. New York: Barnes & Noble, 1969, v.4, p.253-72.

5 SCARR S., SALAPATEK, P. Patterns of Fear Development During Infancy. *Merrill-Palmer Quarterly*, v.16, p.59-90, 1970.

verdade, pelo movimento das ondas e pelo barulho que elas fazem ao quebrar. Ainda assim, outras crianças de apenas dois ou três anos parecem não sentir nenhum medo do mar ou de entrar na água. Não existe nenhuma evidência concreta de que grandes massas de água causem tal preocupação.[6]

Muitos medos específicos são, é claro, aprendidos e diferem de cultura para cultura. Se nos concentrarmos na inclinação natural, que outras características gerais do ambiente natural são mais prováveis de ativar o senso de perigo de uma criança? Podemos citar com segurança apenas os animais e a escuridão. Vamos considerar os animais. Durante os primeiros 18 meses de vida, poucas crianças têm medo de animais, mas, daí em diante, o medo deles se torna cada vez mais aparente até os cinco anos de idade. O que existe no animal que dispara o temor? A resposta não é simples. Movimentos bruscos são uma causa; crianças pequenas olham o sapo com suspeita porque ele pode pular inesperadamente.[7] Animais grandes e peludos, em razão de seus tamanhos e formas estranhas, produzem sinais de alarme. Um pequeno incidente, como tropeçar na coleira de um cachorro, pode mudar a atitude de uma criança em relação à espécie canina da cautela para o medo agudo. As crianças aprendem rapidamente a ter medo de animais por meio de sua capacidade de dedução. Elas são levadas ao zoológico, onde parecem se divertir. Percebem, no entanto, que os animais no zoológico estão enjaulados: a dedução é que animais são perigosos. Por que, então, os cachorros na vizinhança estão correndo soltos?

O medo de certos tipos de animais é difícil de entender racionalmente. Um caso marcante é a aversão generalizada das pessoas por cobras. Esta aversão é inata ou aprendida? Talvez se possa encontrar uma resposta estudando nossos parentes mais

---

6 JERSILD, A. T., HOLMES, F. B. *Children's Fears*. New York: Bureau of Publications, Teachers College, Columbia University, 1935. p.87.

7 JONES, H. E., JONES, M. C. Fear. *Childhood Education*, v.5, p.137-38, 1928.

próximos, os grandes macacos. Já em 1835, testes feitos no zoológico de Londres revelaram que um chimpanzé jovem ficou apavorado quando percebeu de relance uma cobra. Em 1868, J. van Lawick-Goodall observou que os chimpanzés selvagens manifestavam medo tanto de uma cobra movimentando-se rapidamente quanto de um píton agonizante.[8] Outros etólogos têm observado uma tendência acentuada em macacos e monos do Velho Mundo de se alarmarem com os répteis. Esse comportamento é aprendido e duradouro, mesmo sem que haja experiências repetidas. Contudo, há exceções: sabe-se que alguns chimpanzés criados em cativeiro não demonstram esse medo. Pode ser, como Ramona e Desmond Morris afirmam, que "o sentimento geral e inespecífico de medo tem que ser despertado nos curtos primeiros meses de vida do macaco, para que medos definidos, específicos se desenvolvam de um modo normal".[9]

Crianças menores de dois anos de idade podem olhar cobras sem sentir medo, mesmo quando se arrastam, cruzando o solo em sua direção. Elas se tornam apreensivas à medida que vão crescendo. O medo das cobras se manifesta intensamente aos quatro anos de idade e aumenta aos seis. Depois disso observa-se um pequeno declínio, mas permanece forte durante toda a idade adulta. Em um levantamento feito pela televisão, pediram a 11.960 crianças inglesas (de quatro a 14 anos) para fazer uma lista dos animais de que menos gostavam: as cobras ocuparam facilmente o primeiro lugar, seguidas por aranhas e, depois, animais grandes, realmente perigosos, como o leão e o tigre.[10] Ao passo que feras peludas, de sangue quente, ainda que ferozes, facilmente passam a ser admiradas e atraentes nas lendas e his-

---

8 LAWICK-GOODALL, J. The Behaviour of Free-Living Chimpanzees in the Gombe Stream Reserve. In: _____. *Animal Behaviour Monographs*. London: Bailliere, Tindall & Cassell, 1968. v.1, p.173, 175-6.

9 MORRIS, R., MORRIS, D. *Men and Snakes*. New York: McGraw-Hill Book Co., 1965. p.211.

10 Ibidem, p.201-6.

tórias de crianças, répteis e anfíbios resistem à glamorização. As pessoas os evitam, não tanto porque podem ser venenosos, mas porque têm aspecto repulsivo e maldoso – realmente não parecem membros do reino animal. O preconceito contra as criaturas sem pelo, de sangue frio, que se locomovem sobre a terra, é profundo. Até Lineu escreveu muito desfavoravelmente sobre o que chamou de anfíbios, um termo que inclui um maior número de animais dos que atualmente são classificados como tais.

> Estes animais detestáveis e repugnantes caracterizam-se por ter um coração com um só ventrículo e uma só aurícula, pulmões incertos e pênis duplo. A maioria dos anfíbios é detestável, devido ao seu corpo frio, cor pálida, esqueleto cartilaginoso, pele imunda, aspecto feroz, olhos calculadores, cheiro ofensivo, voz gutural, moradia esquálida e veneno terrível, por isso seu Criador não exerceu seus poderes para fazer muitos deles.[11]

O medo do escuro é mundial. Não é sério durante o primeiro ano de vida, mas mesmo assim, com dez meses de idade, é mais provável que a criança deixe a mãe para entrar e explorar uma área bem iluminada do que uma pouco iluminada. À medida que a criança cresce, também cresce o medo da escuridão. A escuridão produz uma sensação de isolamento e de desorientação. Com a falta de detalhes visuais nítidos e a habilidade de movimentar-se diminuída, a mente está livre para fazer aparecer por mágica imagens, inclusive de assaltantes e monstros, com o mais leve indício perceptível. Quando os adultos procuram lembrar de seus primeiros medos, esquecem os da infância, mas lembram do temor à escuridão.[12] Não obstante, muito frequentemente os pais, que conservam lembranças como essas,

---

11 Citado em SMITH, M. A. *The British Amphibians and Reptiles*. London: William Collins Sons & Co., 1951. p.7-8.
12 JERSILD, A. T., HOLMES, F. B. *Children's Fears*, op. cit., p.118, 124.

castigam as crianças, trancando-as em quartos escuros, que são lugares assombrados e significam abandono total.

O medo da escuridão pode ficar adormecido e ser acordado acidentalmente por fatos que não são particularmente assustadores por si mesmos. Isso sugere uma predisposição a respeito do medo da escuridão. Considere a seguinte história de como uma criança aprendeu a sentir medo:

> Um parente ficou responsável por uma criança de cinco anos de idade em uma tarde em que os pais estavam fora. Com a melhor das intenções, este parente, na hora de dormir, conta à criança uma história sobre anjos. Anjos bons, ela diz, ficariam durante a noite aos pés da cama vigiando-a e protegendo-a de qualquer perigo. A criança, que aparentemente ainda não sabia nada sobre anjos e que ignorava que o perigo pode rondar o dormitório, inquietou-se muito e, depois disso, por várias noites reclamava que não queria ir para a cama.[13]

No Ocidente, assim como nas modernas sociedades orientais, quando a criança grande entra na escola encontra um novo ambiente de meninos e meninas barulhentos, adultos estranhos e uma topografia confusa. A criança fica temerosa de se perder no grande prédio da escola e desconfia dos colegas rudes. Ela desenvolve novos medos sociais, que pressupõem um autoconhecimento que aparece por volta dos três anos. Os meninos e meninas novos da escola têm receio dos jogos competitivos, nos quais o físico desajeitado é exposto ao ridículo dos colegas, e temem as provas que podem provocar o escárnio dos professores. Uma criança em idade escolar da classe média, em uma sociedade industrial, sofre grande pressão para conquistar a aprovação dos diferentes colegas, professores e pais.

Greta tem apenas seis anos de idade e já tem pesadelos que refletem um angustiante desconforto com os desafios da primei-

---

13 Ibidem, p.131.

ra série. "Eu gostaria", diz ela chorando em desespero, "eu gostaria de saber... tudo! Se soubesse tudo, eu poderia" – ela respira fundo e revela uma experiência tão ruim quanto a da escola – "eu poderia dormir com as luzes apagadas".[14] É comovente a crença de que, se a pessoa tem conhecimento, a escuridão física e a escola não provocam terror.

Alfred Kazin, ao lembrar sua infância, em Brownsville, escreveu:

> Quando passei pela escola me senti mal por causa do velho medo que eu tinha dela. Os pátios padronizados das escolas públicas de Nova York de tijolos de cor marrom, fechados em três dos quatro lados, e os muros ameiados vigiavam aquele lugar de rinha de galos, no qual ainda posso sentir o cheiro do brilho ardente da bola de borracha, parece uma fábrica sobre a qual sobrepuseram a fachada de um castelo. Deu-me calafrios ficar em pé outra vez naquele pátio; senti como se tivesse sentado praça novamente naquelas "provas" das sextas-feiras de manhã, que foram o terror da minha infância.[15]

As crianças se recusam a brincar em certas áreas; elas na verdade não têm medo do lugar como tal, mas sim das pessoas. Seres malvados estão à espreita em quase todas as partes. A opinião das crianças sobre a natureza humana pode ser muito hobbesiana. Pergunte a uma criança americana pequena por que há regulamentos e leis, e ela pode muito bem dizer: "Para que as pessoas não andem por aí se matando e roubando uns aos outros". A violência mostrada na televisão tem, sem dúvida, aumentado a falta de confiança no mundo, mas a partir de sua própria experiência a criança sabe que pode ser humilhada e surra-

---

14 Adaptado de KLEIN, C. *The Myth of the Happy Child*. New York: Harper & Row, 1975. p.xxi.

15 KAZIN, A. *A Walker in the City*. New York: Harcourt, Brace & Co., 1951. p.17.

da pelos garotos maiores do quarteirão. Um levantamento nacional entre crianças americanas, com idades entre sete e 11 anos, revela que um quarto de uma amostra de 2.258 jovens tem medo de brincar na rua e dois terços teme que alguém possa entrar à força na sua casa e causar-lhes algum dano. Quanto à escola, dois terços das crianças revelam preocupação com as provas e um número igual sente vergonha de errar. Um resultado inesperado do estudo é que mais da metade das crianças admite ter medo de desordem na sala de aula: elas desaprovam a turbulência de seus colegas.[16] Se a escola fosse autoritária, mas ordenada, não seria tão amedrontadora; no entanto, uma escola pública pode combinar tirania com a constante ameaça de caos.

O mundo das crianças pequenas é um frágil constructo de fatos e fantasia. Antes de completar sete ou oito anos de idade, frequentemente elas não distinguem os sonhos (incluindo as fantasias) dos eventos externos. Para a criança, um pesadelo tanto pode ocorrer na cabeça da pessoa como fora, no quarto. Um menino de oito anos foi capaz de explicar como viu a situação com a ajuda de um croqui, que voluntariamente desenhou para o psicólogo Jean Piaget. O menino disse: "Eu sonhei que o diabo queria me cozinhar". No croqui o menino mostra a si mesmo na cama à esquerda; no centro, o diabo, e à sua direita está de novo o menino, em pé de pijama diante do diabo que está pronto para cozinhá-lo. O fato de o menino ser mostrado de pijama sugere que o diabo o tirou da cama. Ao ser perguntado, o menino explicou: "Quando eu estava na cama, realmente estava lá, e então, quando estava sonhando, eu estava com o diabo e realmente também estava lá".[17]

Tendo em vista que para as crianças os pesadelos são acontecimentos reais no mundo, devemos incluí-los entre as paisa-

---

16 Publicado em *Los Angeles Times*, 2 mar. 1977, e *Time*, 14 mar. 1977.

17 PIAGET, J. *The Child's Conception of the World*. Totowa, N.J.: Littlefield, Adams & Co., 1969. p.91-112.

gens do medo. Os pesadelos são angústias comuns. Seu conteúdo muda com a idade, tornando-se mais específico e diferenciado à medida que o infante cresce. Crianças ao redor de dois anos de idade descrevem como causadores de medo os ruídos ameaçadores, animais ou máquinas. Animais que mordem e monstros simples predominam nos sonhos de crianças entre dois e cinco anos; quando aparecem figuras humanas não são sexualmente diferenciadas. Nos sonhos de crianças mais velhas, os monstros assumem caráter específico.[18] Entre os animais temidos estão: caranguejos, aranhas e cobras. Seres horríveis – mais ou menos humanos – incluem fantasmas, bruxas, vampiros, lobisomens e velhos disformes. É claro que as imagens que aparecem nos sonhos de crianças maiores sofrem grande influência do folclore e crenças dos adultos, que evocam propositalmente monstros com o intuito de ganhar controle sobre as crianças.

Os pesadelos das crianças podem ter uma grande variedade de detalhes. Frequentemente as lutas nos pesadelos refletem uma experiência vivida no mesmo dia ou no anterior. Certos temas, entretanto, se repetem e podem aparecer de tempos em tempos nos sonhos dos adultos. Estes incluem sufocação, ser perseguido e devorado, andar ao léu meio perdido em um quarto vazio ou no mato, descobrir uma coisa horrível atrás da porta, assaltantes e monstros fora da casa ameaçando entrar e abandono.

A sufocação é um tema que se repete nos pesadelos da infância. Um cobertor pode ter sido inadvertidamente jogado sobre o rosto da criança, ou pode ser que ficou numa posição em que seu nariz e boca ficaram enterrados em um travesseiro macio. A asfixia sofrida durante a infância pode ter influência, mais tarde, no medo excessivo das mudanças no meio ambiente, e à

---

18 MACK, J. E. *Nightmares and Human Conflict*. Boston: Little, Brown & Co., 1970. p.60.

claustrofobia na idade adulta.[19] Uma criança mais velha, durante o pesadelo, pode transferir a sensação de sufoco para o terror de ser enterrada viva. A sensação de estar preso a um lugar, à medida que se aproxima o perigo, é bastante comum nos pesadelos das crianças. Poderia isso ser causado pela lembrança de imobilidade e desamparo?

Na presença de figuras paternais as crianças estão e se sentem seguras. Sozinhas, sentem-se vulneráveis. O mundo parece um lugar perigoso, repleto de ruídos e movimentos. No entanto, os abalos recebidos quando acordadas não produzem automaticamente pesadelos durante o sono. Os pesadelos têm origens complexas. A ameaça física comumente necessita ser completada por uma de tipo moral: a vítima deve sentir que não somente seu corpo, mas que seu universo moral está em perigo de colapso. Por exemplo, uma criança é perseguida por um touro em um campo, mas não acontece nada. A experiência pode produzir uma noite mal dormida, cujos efeitos passarão rapidamente. Mas a babá se aproveita do incidente para obter maior autoridade em seu papel. Ela adverte, "Se você for desobediente, o touro vai pegar você!". Assim, um simples medo físico é reforçado por uma reprovação.[20] No pesadelo a ameaça do touro é aumentada porque atinge uma sensação de culpa pela criança assim como de sua vulnerabilidade física.

Às vezes os pais e adultos desconhecidos parecem ameaçadores à criança. Por outro lado, a própria criança pode ser uma criatura irada e voraz. Quando bebê, ela suga o leite ("sangue de vida") da mãe e pode morder o mamilo na sua ira. Na idade de dois a cinco anos ela abriga impulsos criminosos para com qualquer um – inclusive os pais – que contrarie sua diversão e vonta-

---

19 UCKO, L. E. A Comparative Study of Asphyxiated and Non-asphyxiated Boys from Birth to Five Years. *Delopmental Medicine and Child Neurology*, v.7, p.643-57, 1965.

20 HADFIELD, J. A. *Dreams and Nightmares*. Harmondsworth, Middlesex: Penguin Books, 1954. p.184.

de. Esses impulsos poderosos e perigosos são reprimidos. Nos sonhos a criança retifica sua fúria na direção oposta à da figura de quem ela depende e a dirige contra si mesma. A fúria, quer percebida em outra pessoa quer sentida nela mesma, é personificada como um monstro, sendo o seu aspecto provavelmente dependente de escaramuças perturbadoras ocorridas durante o dia. Um terror comum nos pesadelos da criança nova é ser devorada ou aniquilada por esses monstros.[21]

As crianças põem de lado os medos infantis à medida que amadurecem, mas ganham outros novos cujo domínio requer o poder do jogo imaginativo e de arte. A morte é um medo novo. As crianças estão mais conscientes dela do que muitos adultos podem imaginar. Uma forma de enfrentar a morte é representá-la. A simulação pode dar às crianças uma sensação de controle, e com essa autoconfiança elas podem verdadeiramente desfrutar do susto. Iona e Peter Opie relatam um jogo no qual uma criança faz o papel de morto e jaz no chão sob uma pilha de casacos. Os outros giram em volta dela, fingindo que não a olham, e gritam: "Homem morto, ressuscita!". Quando menos se espera, a criança que se fazia de morta levanta-se de repente e os persegue.[22] Há, no entanto, horrores muito sutis para ser representados e para os quais a resposta mais adequada é a palavra falada ou escrita. Uma menina de dez anos, uma poetisa em formação, descreve seu medo assim:

... como uma noite fria,
Quando a escuridão começa a cair lentamente
E a xícara de chocolate quente em suas mãos é repentinamente
Muito fria para lhe aquecer ...[23]

---

21 KIMMINS, C. W. *Children's Dreams*. London: George Allen & Unwin, 1937. p.22; MACK, J. E. *Nightmares and Human Conflict*, op. cit., p.67.

22 OPIE, I., OPIE, P. *Children's Games in Street and Playground*. Oxford: Clarendon Press, 1969. p.106-8.

23 KLEIN, C. *Myth of the Happy Child*, op. cit., p.37.

Comumente não se deixam as crianças em paz para compreender suas experiências. Desde o século XVIII, um recurso disponível para as crianças ocidentais em idade entre cinco e dez anos tem sido o conto de fadas. O conto de fadas é o mito dos jovens, um mundo articulado que ajuda os adolescentes a compreender sua própria vida (acordado e em sonhos), seus desejos, medos e necessidade de crescer. Entendemos esses medos como traição, abandono, desorientação e a tentação do desconhecido. A criança sabe o que é o mal. A vida no meio de seus iguais é frequentemente dura. Dos companheiros de brincadeiras recebe apoio e aprovação, mas também pancadas e insultos. A mãe é toda amor, mas às vezes pode parecer indiferente ou tornar-se subitamente uma imponente figura de raiva – uma bruxa. Nos contos de fada a inconstância humana, que parece traição, é representada, mas de maneira obscura, aceitável à criança pequena: as duas faces da mesma pessoa transformam-se em duas pessoas – mãe e madrasta (ou bruxa), avó e lobo. "Era uma vez uma linda menininha querida por todos os que a conheciam, mas mais que todos por sua avó, e não havia coisa alguma que ela não houvesse dado à menina." Ela deu-lhe um chapeuzinho vermelho, mas também queria (como o lobo) devorá-la.[24]

A possibilidade de abandono, um medo profundo entre as crianças, ocorre mais frequentemente do que os adultos estão dispostos a admitir, em parte porque eles podem tê-lo usado como uma ameaça eficaz para controlar um infante teimoso. Os contos de fada reconhecem essa ameaça e esse medo. Os pais são representados como tendo expulsado seus filhos usando diferentes formas de força. Um homem e sua mulher, na sua avidez pelo rapôncio do jardim da feiticeira, prometem lhe dar o seu primeiro filho. Quando a feiticeira aparece para reclamar a

---

24 BETTELHEIM, B. *The Uses of Enchantment*: The Meaning and Importance of Fairy Tales. New York: Alfred A. Knopf, 1976. p.66.

criança, os pais não protestam com muita energia. João e Maria são abandonados duas vezes por seus pais. Na história "Os dois irmãos", um irmão acusa os filhos gêmeos do outro irmão de terem um pacto com o diabo. O pai teme o demônio e, apesar da dor que isso representa para ele, leva as crianças para dentro da floresta, e com o coração triste as deixa lá.

As crianças temem se perder. Até uma criança de sete anos pode querer pegar a mão de um adulto em um ambiente desconhecido e ressente-se quando ela é retirada. A floresta ocupa um lugar proeminente nos contos de fada. Quase nunca é um lugar para passeio ou brincadeiras. Para a criança significa perigo, assustadora pela sua estranheza – é um contraste antagônico com o aconchegante mundo da pequena casa. A floresta também amedronta pela sua imensidão, seu cheiro e o tamanho de suas enormes árvores que estão além da escala de experiência da criança. É o *habitat* de feras perigosas. É o lugar do abandono – um não mundo escuro e caótico onde a pessoa se sente absolutamente perdida.

A criança sadia é curiosa. Ela tem confiança para explorar, mas a curiosidade também é induzida pela ansiedade. O que se desconhece é uma ameaça potencial. A criança quer conhecer, porque conhecimento é poder, mas também teme que aquilo que descobrir possa esmagá-la. Os pais encorajam os filhos a explorar, mas dentro de certos limites. Alguns dos limites são explicados à criança e fazem sentido; outros não são explicados e parecem arbitrários. Em um sonho, a criança aproxima-se com medo de uma porta fechada. O que será que vai encontrar quando a abrir – tesouro ou monstro? A porta proibida é um tema de destaque em alguns contos de fadas. Em "O estranho pássaro", por exemplo, um mágico rapta uma criança, tratando-a bem. Um dia ele diz: "Devo fazer uma viagem, e você ficará sozinha por pouco tempo; aqui estão as chaves da casa, pode ir aonde quiser e olhar todas as coisas, menos um quarto..." Naturalmente, a criança não pode resistir à tentação. A curiosidade não a deixa descansar. Ela abre a porta e o que vê? "Uma grande bacia manchada de sangue no meio do quarto e dentro dela, seres humanos mortos e cortados em pedaços, e ao lado uma tora de madeira e um fulgurante machado apoiado nela."[25]

Coisas terríveis acontecem nos contos de fadas, mas, ao contrário das histórias sobre fantasmas e lendas folclóricas, eles excitam em vez de apavorar uma criança sadia de cinco anos ou mais. Por quê? Uma razão é o ambiente afável no qual comumente são contadas as histórias. Outra é a falta de detalhes nas descrições: os horrores são especialmente ingênuos e abstratos, e quando ocorrem mortes não há alusão ao mau cheiro da decomposição.[26] Os malvados sofrem mortes cruéis sob os mais engenhosos dispositivos, mas para a criança o horrível fim dessas poderosas personagens parece apenas uma vingança justa.

Os estudiosos dos contos de fadas acreditam que o gênero ajuda as crianças de duas maneiras importantes.[27] Descreve francamente as experiências nocivas que as crianças sabem ser uma parte profunda de suas vidas, mas que os adultos raramente reconhecem. Mostra aos jovens que a dor é necessária para crescer, que a pessoa deve atravessar limiares difíceis para melhorar sua condição de ser humano. Para se tornar adulta, a criança deve abandonar a segurança da casa e dos pais pelo desconcertante e ameaçador mundo lá de fora. A tentação de regressar à casa deve ser resistida. Em histórias tais como "João e Maria" e "The Little Earth-Cow" as crianças são capazes de voltar para casa porque marcaram com pedrinhas seus caminhos pela floresta, porém este sucesso é apenas temporário e não conduz a uma felicidade duradoura. O castelo ou o reino está

---

25 *The Complete Grimm's Fairy Tales*. New York: Pantheon Books, 1972. p.217.

26 LUTHI, M. *Once Upon a Time*: On the Nature of Fairy Tales. Bloomington: Indiana University Press, Midland Books, 1976. p.45.

27 Ibidem, p.59-70; BETTELHEIM, B. *Uses of Enchantment*, op. cit., p.44-5, 50-3.

mais adiante e, mesmo que o caminho que leva para lá possa ser através de uma floresta escura, nunca falta ajuda; porque além dos lobos, gigantes e bruxas, a floresta abriga animais amistosos, caçadores, anões e fadas.

Quais são os medos infantis nas culturas não ocidentais? Eles divergem significativamente daqueles que acabamos de comentar? Respostas confiáveis serão dadas somente quando conhecermos em detalhe as experiências juvenis no mundo não ocidental. Não as conhecemos. Sem dúvida, o treinamento e a educação recebidos durante a infância exercem um grande impacto na percepção da criança. Isto é válido tanto na sociedade tecnológica moderna como além dela. Todavia, se ainda pudéssemos generalizar e falar da criança ocidental (omitindo as diferenças culturais entre as classes sociais e nacionalidades), também poderíamos falar da criança tendo em vista que a biologia transcende a cultura em certas fases-chave do crescimento juvenil.

No mundo todo as crianças enfrentam três tipos de estímulos que são potencialmente perigosos: pessoas estranhas, altura e objetos em movimento (ou animados).[28] Quer tenham nascido e crescido na Suíça quer no deserto do Calaári, elas começam a se mostrar tímidas na presença de estranhos por volta dos oito meses de idade; e com cerca de 13 meses hesitam em cruzar uma fenda visível e se perturbam facilmente com movimentos espasmódicos repentinos, como os que podem fazer animais potencialmente perigosos.

A maneira como essas emoções se manifestam certamente varia, de acordo com o tipo de treinamento e educação recebidos durante a infância e de *habitat* para *habitat*. As crianças boxímanes mostram medo de pessoas desconhecidas mais ou menos com a mesma idade que seus pares ocidentais; mas a reação é notadamente mais extrema: elas gritam, correm apressadamente para a mãe, mesmo quando ela está a poucos metros de

---

28 SCARR, S., SALAPATEK, P. Patterns of Fear Development, op. cit., p.85.

distância, e procuram consolo mamando. Mais uma vez, assim como as crianças ocidentais, os bebês boxímanes começam a explorar seu meio ambiente tão logo possam se movimentar, mas, de acordo com os padrões europeus, eles são mais hesitantes e muito mais apegados à mãe. Esses traços comportamentais das crianças pequenas do deserto do Calaári sugerem que elas vivem em um mundo mais ameaçador do que seus semelhantes ocidentais.[29]

Que outros medos ocorrem em outras culturas? Nós, seguramente, podemos supor que o medo da desorientação – de se perder – é universal. Antes de tudo, a criança pequena necessita sentir-se ancorada a um lugar seguro em que receba cuidados. Além da casa-base, o mundo é um lugar ameaçador e confuso: pode ser floresta, savana ou deserto. Transcendendo essas diferenças geográficas, a noite invade o interior da casa e faz com que até os objetos familiares pareçam estranhos. O medo da escuridão é mundial. A noite está povoada de todo tipo de seres maléficos. Os adultos, em muitas culturas, têm medo de sair depois de escurecer; eles transmitem subconscientemente esse medo aos seus filhos, mas também deliberadamente, como um meio de disciplina. As crianças europeias não gostam quando são mandadas para a cama, pois têm de trocar o quarto de brinquedos bem iluminado pelo isolamento e pela escuridão do quarto de dormir. O isolamento é problema menor para as crianças de sociedades iletradas porque geralmente dormem na mesma choupana que os adultos. Por outro lado, entre os pastores e lavradores da África oriental, as crianças ainda pequenas devem ir sozinhas para a cama; quando elas relutam, os pais ameaçam dizendo: "Eu vou jogar você para uma hiena".[30]

---

29 KONNER, M. J. Aspects of the Developmental Ethology of a Foraging People. In: BLURTON-JONES, N. G. (Ed.) *Ethological Studies of Child Behaviour.* Cambridge: Cambridge University Press, 1972. p.297-98.

30 APOKO, A. At Home in the Village: Growing Up in Acholi. In: FOX, L. K. (Ed.) *East African Childhood.* Nairobi: Oxford University Press, 1967. p.56.

Nas sociedades não ocidentais, as crianças fantasiam ou têm sonhos ruins e pesadelos com uma frequência comparável à encontrada entre as crianças europeias? Embora não existam dados concretos, podemos arriscar algumas respostas, porque é possível supor que os sentimentos dos adultos por seus filhos e seu comportamento para com eles desempenhem um papel importante na forma como se desenvolve a imaginação juvenil. Pensemos nas crenças dos camponeses pobres, analfabetos, da província de Kuantung, na China, que emigraram para Hong-Kong. Eles acreditam que uma mulher grávida está suja. A gravidez e o nascimento são considerados doenças "peçonhentas", similares à cólera, disenteria, peste bubônica e epilepsia. A vítima de tais doenças é *kwaai*, que quer dizer "esquisito" ou "estranho". Uma mulher grávida é estranha por diversas razões, entre elas por possuir quatro olhos – dois na cabeça e dois no estômago. Além disso, as mulheres pensam que, caso se comportem mal com alguém, sua alma regressará ao corpo do próprio filho. Os fetos são vistos com ambivalência e até com hostilidade e alarme. O recém-nascido fica sob suspeita até que se prove a sua normalidade.[31] Nessas circunstâncias, a criança com certeza duvida de sua recepção cordial pelo mundo e seria surpreendente se sua vida de fantasia não estivesse povoada por demônios e monstros.

Examinemos agora os manus, habitantes do litoral das Ilhas do Almirantado, ao norte da Nova Guiné, como Margaret Mead os viu. Seus filhos eram alimentados e recebiam apoio material, mas fora isso pouco se preocupavam com eles. Como resultado, as crianças brincavam em um ambiente seguro e alegre, como os filhotes de cachorro. Suas vidas nem eram escurecidas pelos demônios nem iluminadas pelos espíritos bons. Não existia o

---

31 TOPLEY, M. Cosmic Antagonism: A Mother-Child Syndrome. In: WOLF, A. P. (Ed.) *Religion and Ritual in Chinese Society*. Stanford, California: Stanford University Press, 1974. p.234-8, 245.

prazer em escutar e contar histórias. De acordo com Mead, as crianças manus não tinham curiosidade para saber o que acontecia no outro lado da montanha ou o que diziam os peixes. O seu apetite pela fantasia não era cultivado, apesar de existir. Por exemplo, olhavam minuciosamente e com avidez um exemplar velho da revista *Natural History*, de Mead, que para elas estava cheio de maravilhas.[32]

Nas grandes e complexas sociedades, as causas comuns de medo das crianças são o castigo dos adultos por fracasso em algumas tarefas e a humilhação por seus colegas. Nas sociedades menores, tais temores estão reduzidos ao mínimo ou são inexistentes. Porém, precisamos distinguir entre povos cujo meio de subsistência baseia-se na criação de gado (pastores africanos, por exemplo) e coletores primitivos. Nas sociedades que possuem animais de grande porte, mas sem cercas, as crianças são ensinadas a cuidar do rebanho. Elas têm liberdade para exercer suas tarefas, mas também responsabilidade. Se um menino pastor deixa que seus animais se desgarrem para a horta do vizinho, é quase certo que será punido severamente. Ao contrário, entre os caçadores e coletores não há função econômica para os meninos. Os meninos caçam pelo prazer de caçar e não são castigados se não caçarem nada.[33] Outras duas formas de tensão também estão ausentes. Uma é a luta esportiva: num pequeno grupo de coletores não há crianças suficientes para organizar times com idades similares. A segunda é a concorrência nos estudos: um menino não precisa ser comparado a seus colegas por-

---

32 MEAD, M. *Growing Up in New Guinea*. New York: Blue Ribbon Books, 1930. p.7-8, 121, 126.

33 WHITING, B. Discussion [Differences in Child Rearing Between Foragers and Nonforagers]. In: LEE, R. B., DEVORE, I. (Ed.) *Man the Hunter*. Chicago: Aldine Publishing Co., 1965. p.337; ver também BARRY, H. CHILD, I., BACON, M. K. The Relation of Child Training to Subsistence Economy, *American Anthropologist*, v.61, p.51-63, 1959.

que aprende unicamente com o pai ou tio.[34] Nas grandes sociedades sem língua escrita, especialmente aquelas imbuídas de caráter guerreiro, os meninos enfrentam severa concorrência nas provas de virilidade. Entre muitas tribos de índios norte-americanos, um adolescente que não é atlético nem agressivo pode se livrar do papel masculino se transformando em *berdache* – assumindo as roupas e o papel social de uma mulher.[35]

Muitas crianças temem a escola, um lugar de desafio onde as suas próprias debilidades são expostas a estranhos sem comiseração. Esse tipo de medo foi comum nas escolas no início da China moderna. Mas uma mudança surpreendente ocorreu na atitude e atmosfera educacional no governo da República Popular. Ocidentais que visitaram a China em anos recentes têm repetidamente mostrado surpresa com a docilidade e amabilidade das crianças do jardim de infância e da escola primária. Pareciam à vontade, gostando do lugar, e aceitavam os visitantes estrangeiros com despreocupação. Como aconteceu tal transformação? Um passo importante foi a eliminação da necessidade de se sobressair na sala de aula às custas dos outros. As crianças ganharam confiança e serenidade quando não mais sentiram o chicote da concorrência. Na recente filosofia educacional as palavras-chave têm sido "cooperação" e "sucesso": as duas ideias são inseparáveis, porque sucesso é a superação de dificuldades com o apoio – moral, se não material – dos colegas; e o objetivo do sucesso não é nunca a glória pessoal, mas a felicidade das pessoas.[36] Histórias moralistas insistem sobre este ponto. Comparada com as tradicionais lendas populares chinesas,

---

34 Um exemplo de técnica individual de treinamento em EASTMAN, C. A. (Hakadah). *Indian Boyhood*. New York: Dover Publications, 1971. p.43-4.

35 DEVEREUX, G. Institutionalized Homosexuality of the Mohave Indians. *Human Biology*, v.9, p.498-527, 1937; JACOBS, S. E. Berdache: A Brief Review of the Literature. *Colorado Anthropologist*, v.1, p.25-40, 1968.

36 KESSEN, W. (Ed.) *Childhood in China*. New Haven, Connecticut: Yale University Press, 1976. p.69-70, 106.

a literatura infantil na República Popular visa a mostrar heróis e vilões bidimensionais que carecem, certamente, de poder para solucionar quaisquer ambiguidades do bem e do mal que as crianças possam defrontar em suas vidas pessoais.[37] Talvez estas sombras e dúvidas devessem simplesmente ser suprimidas. Depois de tudo, as crianças chinesas parecem saudáveis e inteligentes. Não obstante, gostaríamos de saber: Que tipo de sonhos e pesadelos elas têm? Qual é a qualidade de uma vida de fantasia que não tem vestígios do sobrenatural?

Do começo ao fim da discussão sobre os medos da criança, temos evitado discorrer detalhadamente sobre o papel da cultura. Até agora nossa atenção esteve dirigida para os medos que as crianças adquirem e descartam durante o processo normal de amadurecimento e entrada na sociedade adulta. Agora vamos examinar que medo das crianças pode estar ligado diretamente ao comportamento dos adultos – a métodos de criação e disciplina aprovados pelo costume.

---

37 Ibidem, p.83-84; McCLELLAND, D. C. Motivational Patterns in Southeast Asia with Special Reference to the Chinese Case. *Journal of Social Issues*, v.19, p.6-19, 1963.

3
A criança como natureza em formação

As crianças têm razões para temer os adultos, mesmo aqueles mais próximos. Ao longo da história e nas mais diferentes partes do mundo, as crianças têm sido frequentemente tratadas com pouca consideração e com extraordinária crueldade. Em muitas sociedades era uma prática aceita matar os recém-nascidos. Até o século IV, na Grécia ou em Roma, nem a lei nem a opinião pública consideravam errado o infanticídio. Os antigos escritores podiam abertamente aprová-lo. Um homem tinha o direito de fazer o que quisesse com seus filhos. O filósofo grego Aristipo (435-356 a.C.) indagava: "Nós não jogamos fora a saliva, os piolhos e coisas desse gênero, como coisas inúteis, que no entanto são geradas e produzidas por nós mesmos?". O filósofo romano Sêneca (4 a.C.-65 d.C.) dava a impressão de defender a lógica do infanticídio com estas palavras: "Os cachorros loucos golpeamos na cabeça; o boi feroz e selvagem matamos; as ovelhas doentes passamos pela faca para que não infectem o rebanho; a progênie anormal destruímos; afogamos até as crianças que ao nascer são fracas ou anormais. Mas não é raiva, é a razão que separa o nocivo do bom".[1]

Por que as pessoas matam seus próprios filhos? Parece-nos um ato grotesco e brutal. Mas as ideias sobre o que constitui a personalidade humana é que mudam. Assim como atualmente muitas pessoas questionam se um feto de um mês de idade seria um ser humano completo e argumentam que devem poder decidir se querem matá-lo, do mesmo modo no passado muitas sociedades negaram ao recém-nascido a condição humana. A dignidade humana era dada somente quando a criança havia alcançado certa idade. Talvez a alta taxa de mortalidade infantil na Europa até fins do século XVIII, como até agora é no mundo não ocidental, fizesse com que os pais se protegessem emocionalmente negando a condição humana a um bebê que poderia não sobreviver. Um sentimento muito comum no passado era que, se se tinham várias crianças, o melhor era conservar somente uma ou duas. Marco Aurélio pensava que o desejo "Deixem minhas queridas crianças viver" era tão irracional quanto o desejo "Permitam que todos os homens elogiem qualquer coisa que eu possa fazer".[2] Montaigne observava tranquilamente: "Eu perdi duas ou três crianças ainda pequenas, não sem remorso, mas sem grande pesar". Muitas pessoas provavelmente sentiam como Montaigne, que as crianças "nem tinham atividade mental nem o corpo bem formado".[3]

Quando eram muitos os filhos e não havia suficiente comida e roupas para criá-los, alguns deviam ser mortos para que os outros pudessem viver. Os pais se endureciam diante das per-

---

1 SÊNECA. *Moral Essays*. Trad. BASORE, J. W. Cambridge, Massachusetts: Harvard University Press, 1963. p.145. Referências a Aristipo e Sêneca em DeMAUSE, L. The Evolution of Childhood. In: ____. (Ed.) *The History of Childhood*. New York: Harper Torch-Books, 1975. p.26, 27.

2 AURELIUS, M. *Meditations*, lv.10, sec. 35.

3 ARIÈS, P. *Centuries of Childhood*: A Social History of Family Life. New York: Vintage Books, 1965. p.38-9.

das; eles iam ficando calejados. No Oriente, entre os chineses, japoneses e indianos, era comum, como os camponeses japoneses diziam, "carpir as fileiras" da população, do mesmo modo que se fazia com o cultivo das hortaliças. Na Europa antes do século XIX, o infanticídio era praticado em grande escala. Uma das razões pelas quais diminuiu foi a fundação dos hospitais dos enjeitados, o que permitia às mães abandonar em vez de matar o filho não desejado. Thomas Coram, um capitão de mar inglês, ficou tão deprimido com a visão diária de cadáveres de crianças jogadas nos monturos de Londres, que trabalhou por 17 anos para estabelecer um asilo de enjeitados. O alvará foi dado em 1739.[4] Em 1756 recebeu o apoio do Parlamento Inglês, que também recomendou que se abrissem asilos em todos os condados e outras unidades administrativas do reino. Na França, Napoleão decretou, em 1811, que deveria haver asilos em cada província. Mas a demanda pelos serviços dessas instituições excedia em muito a capacidade delas.[5] Durante a década de 1830, a situação na França era desesperadora; em 1833 o número de bebês deixados nos asilos para enjeitados alcançou a fantástica cifra de 164.319.[6]

Morte e abandono: os pais cometem estes dois horrores contra seus filhos. Embora a evidência estatística seja escassa, os pesquisadores têm mostrado que ambas as práticas eram muito mais comuns do que gostaríamos de acreditar, na Europa e em outras partes do mundo.[7] Circunstâncias atenuantes, é claro, explicam grande parte da crueldade, mas seriam sempre as circunstâncias tão atenuantes? Na Europa os pais demonstra-

---

4 GEORGE, M. D. *London Life in the XVIIIth Century*. London: Kegan Paul, 1925. p.43.

5 McKEOWN, T. *The Modern Rise of Population*. New York: Academic Press, 1976. p.147.

6 LANGER, W. L. Infanticide: A Historical Survey. *History of Childhood Quarterly*, v.1, n.3, p.359, 1974.

7 Ibidem, p.353.

vam uma sensível disposição para se separar de seus filhos quando ainda eram pequenos. Os pobres precisavam deixar suas crianças aos cuidados de estranhos para que pudessem trabalhar, mas os abastados e os ricos faziam o mesmo. Durante o Renascimento italiano, virtualmente todas as crianças das famílias urbanas abastadas eram batizadas e enviadas a uma ama de leite, no campo. Aí as crianças permaneciam até completar dois anos, e às vezes um tempo muito mais longo.[8]

Desde a época medieval até pelo menos o século XVII, era uma prática comum entre todas as classes sociais colocar as crianças, com cerca de sete anos, como aprendizes na casa de outras famílias. No meio de estranhos e em um ambiente estranho, as crianças trabalhavam como empregados domésticos, também aprendiam boas maneiras, um ofício e (nas casas aristocráticas) um pouco de latim.[9] Mesmo em meados do século XX, os pais ingleses da classe alta ainda enviavam seus jovens filhos a um internato onde eles desempenhavam pequenas tarefas para os estudantes do último ano, aprendiam os hábitos de um cavalheiro e adquiriam uma educação formal. Os pais seguem o costume e provavelmente têm boas intenções quando colocam seus filhos de sete e oito anos em um ambiente estranho, mas para as crianças – especialmente as mais delicadas e sensíveis – isso pode parecer abandono, que é a maior causa de medo.

Por que tão frequentemente as crianças eram tratadas como seres pouco importantes? Uma resposta tem a ver com a forma como os adultos de diversas culturas têm considerado a "natureza humana", a "natureza animal" e o "corpo". Todas as sociedades humanas distinguem "gente" e "animais". Muitos grupos limitam o termo "gente" a seus membros e sugerem que os ou-

---

8 PIERS, M. W. *Infanticide*: Past and Present. New York: W. W. Norton & Co., 1978. p.49.

9 ARIÈS, P. *Centuries of Childhood*, op. cit., p.365-6.

tros seres humanos são "rudes", semelhantes aos animais, não inteiramente humanos. Ser "humano" é uma questão de saber como se comportar corretamente, de atuar adequadamente e de dizer as coisas certas. Ora, por esses critérios os jovens de qualquer sociedade não são completamente humanos; falta-lhes cultura. Tradicionalmente, os adultos tinham tendência a vê-los mais como corpos do que como pessoas – corpos plenos de repentinos e fortes impulsos, sem a graça que somente um treinamento progressivo pode conferir. Parte da antiga severidade para com as crianças pode ser explicada pelo modo ambivalente que os adultos classificam o corpo humano – o próprio e ainda mais o de seus filhos. O corpo é, na realidade, uma parte sempre presente da natureza selvagem; como outras partes, é geralmente um apoio, contudo às vezes capaz de provocar tumulto e erupções violentas que destroem a paz e a racionalidade da mente. Nós começamos a criar um mundo enfeitando o corpo: o primeiro significado de "cosmos" foi "cosmética" – isto é, a arte de arrumar o cabelo.

De início pode nos parecer um pouco estranha a ideia sobre o corpo como uma natureza selvagem a ser domesticada. Isso acontece porque, sob a influência do pensamento romântico, chegamos a sentir que o "homem natural" deve ser admirado e que a cultura deturpa um ideal. Mas, até para Rousseau, o que inspirava admiração não era um bebê berrando ou o corpo humano nu. O que despertava elogios era uma pessoa com cultura, mas sem os excessos do artifício que a civilização de seu tempo encorajava. Vale a pena salientar que as pessoas que viviam em contato íntimo com a natureza não concordavam necessariamente com o sábio francês na sua atitude para com o artificial. Analisemos a tribo "primitiva" dos índios mbaya, do Brasil: neles encontramos o maior exemplo de desprezo ao natural. Os mbaya tinham uma sociedade hierarquizada. Seus nobres viam a procriação com um sentimento semelhante ao fastio. O aborto e o infanticídio eram tão comuns que quase pareciam normais; para garantir a continuação da sua classe, os nobres frequentemente recorriam à adoção. Nos rostos eram pintados esmerados arabescos equivalentes aos brasões; os desenhos seguiam deliberadamente os contornos do rosto. Claude Lévi-Strauss observa que os mbaya "revelam por meio de sua arte um desprezo soberano pelo barro do qual somos feitos".[10]

Em muitas culturas as crianças são consideradas seres humanos informes, cujo comportamento é errático e semelhante ao dos animais. Para o humanista clássico, a infância não é tanto o alicerce da maturidade quanto é amorfia e caos; e a vida adulta é o resultado da imposição de uma forma ideal, por meio da educação no material refratário da infância. Ao alcançar a idade adulta, a infância é definitiva e felizmente olvidada.[11] Essa opinião é amplamente compartilhada por outras sociedades. Os balineses da Indonésia sentem repulsa por qualquer comportamento que os lembre da condição animal. Por essa razão, observa Clifford Geertz, não se permite que os bebês engatinhem e, no principal rito da puberdade, os dentes da criança são limados para que não se pareçam com presas de animais. Para os fastidiosos balineses, não somente defecar, mas também comer, "é considerado repugnante, quase uma atividade obscena, a ser efetuada apressada e privadamente, por sua associação com a animalidade. Mesmo cair no chão ou qualquer forma de grosseria é malvista por estas razões".[12]

À amorfia, grosseria e animalidade, os dogmáticos da Igreja Cristã acrescentaram outros defeitos da natureza da criança: propensão ao pecado e suscetibilidade à possessão demoníaca. Alguns padres da Igreja afirmavam que o bebê cometia pecado

---

10 LÉVI-STRAUSS, C. *Tristes Tropiques*. New York: Atheneum Publishers, 1967. P.170. Ed. Bras.: *Tristes trópicos*. Trad. Rosa Freire D'Aguilar. São Paulo: Companhia das Letras, 1996.

11 BOUWSMA, W. J. Christian Adulthood. *Daedalus*, v.105, p.78, spring 1976.

12 GEERTZ, C. Myth, Symbol and Culture. *Daedalus*, v.101, p.7, winter 1972.

simplesmente ao chorar. Uma criança chorona ou muito exigente corria o risco de ser considerada como se tivesse sido trocada por outra. Não tão antigamente assim, em 1676, Richard Allestree, clérigo e reitor da Universidade de Eton, descrevia a criança recém-nascida como "cheia de manchas e poluída pelo pecado, herdado de nossos primeiros pais através de nossas partes pudendas". Era costume exorcizar o demônio como parte do rito batismal e, muito tempo depois da Reforma, dizia-se que a criança que berrava durante o batismo estava expulsando o demônio.[13]

O sentimento moderno horroriza-se diante dessa opinião que menospreza tanto as crianças, tão diferente da crença de que elas chegam ao mundo na esteira de nuvens de glória. Porém, como resultado de uma simples observação, até os pais mais amorosos devem admitir que as crianças pequenas são incivilizadas e parecidas com os animais, se comparadas com os adultos, e têm uma grande propensão ao caos. O bebê carece de habilidade para construir, mas tem habilidade para destruir. Com um movimento do seu braço manda para o chão uma torre de blocos de madeira. Criar caos onde há ordem é uma das primeiras realizações da criança, às quais responde com um riso alegre e orgulhoso. As crianças maiores podem construir coisas, mas conservam o talento para produzir desordem onde quer que brinquem. A capacidade das crianças para o caos e a violência é um fato histórico na Europa. Alunos das escolas às vezes andavam armados. Na França do século XVII, um menino de cinco anos já podia usar uma espada, que não era simplesmente de enfeite ou para dar prestígio. Na Inglaterra as revoltas estudantis persistiram até boa parte do século XIX, e algumas delas tinham que ser dominadas por tropas com baionetas caladas.[14]

---

13 DeMAUSE, L. *History of Childhood*, op. cit., p.10.
14 ARIÈS, P. *Centuries of Childhood*, op. cit., p.315-9.

O nascimento de uma criança rompe o metódico padrão de vida dos pais. Os pais reagem impondo disciplina com diversos graus de rigor, dependendo da visão que tenham da natureza da infância. Em muitas sociedades, inclusive as europeias de épocas passadas, os meios usados para controlar as crianças chegavam à beira da crueldade extrema. O enfaixamento é um exemplo. Em diferentes partes do mundo era popular amarrar a criança com tais mecanismos restritivos. Enfaixar uma criança podia levar até duas horas. A vantagem para os adultos, entretanto, era enorme; uma vez que as crianças ficavam embrulhadas, os adultos não precisavam lhes dar atenção. As crianças enfaixadas tornavam-se passivas; choravam menos e dormiam mais. Fontes históricas dos séculos XVII e XVIII descrevem crianças em todo tipo de posições humilhantes. Às vezes eram colocadas durante horas atrás de um fogão quente, penduradas em cavilhas na parede, colocadas em banheiras e, em geral, depositadas como pacotes em qualquer canto conveniente.

O ato de enfaixar as crianças bem apertadas era estimulado pela antiga superstição de que podiam se transformar em seres malignos. Vestígios dessa crença têm persistido até hoje nas partes mais remotas da Europa Oriental. Pensava-se que os bebês eram animalescos, violentos e com poderes de maldade, que deveriam estar atados porque, do contrário, arrancariam suas orelhas, arranhariam os olhos, quebrariam as pernas ou apalpariam os genitais. Somos lembrados por Alice, de Lewis Carroll, que "a maneira correta de cuidar" de um bebê é "torcê-lo como que fazendo um nó, mantendo-o firme, a orelha direita e o pé esquerdo bem presos para impedir que se desfaça". (Essa criancinha logo se converte em um porquinho e sai correndo.)

Aparelhos mecânicos eram usados nas crianças maiores. No século XVI, as crianças entre um e três anos de idade podiam ser colocadas em uma armação com o formato de uma banqueta e tinham de ficar em pé durante horas, sem descanso. Os adultos acreditavam que as banquetas ajudavam as crianças a aprender a andar, ao mesmo tempo que evitavam que rastejassem como animais.[15] No século XIX, pedagogos influentes e de renome, como o Dr. Daniel Gottlieb Schreber, criaram um arsenal de aparelhos para disciplinar o corpo em crescimento das crianças. O *Geradhalter* (segurar-ereto) era uma barra de ferro destinada a prevenir que a criança se inclinasse para a frente enquanto lia. O *Hopfhalter* (segurador de cabeça) era um aparelho para prevenir que a cabeça da criança caísse para a frente ou para o lado: consistia de uma tira que prendia o cabelo na roupa de baixo de tal maneira que o puxava se não mantivesse a cabeça ereta. Um "cinto de dormir" prendia a criança na cama de maneira que seu corpo permanecesse em posição supina e em linha reta durante o sono. Havia outros instrumentos, dos quais o mais horrível se destinava a prevenir a masturbação. O propósito oculto de todos esses aparelhos de tortura era disciplinar o corpo e, durante o processo, "erradicar" e "exterminar" as ervas daninhas da mente.[16]

O uso de repressões físicas contra as crianças desfrutou de maior popularidade no Ocidente, propenso às máquinas, do que em outras sociedades. As máquinas não são, aliás, realmente necessárias. Os adultos podem muito bem treinar as crianças assustando-as com palavras e gestos dramáticos. Infligir às crianças ameaças verbais e imagens de horror é extremamente comum em todo o mundo. Eis aqui alguns exemplos.

Na ilha de Bali, quando uma criança aprende a andar, as suas escapadas de casa são controladas pelas caretas de terror da mãe. Ela a chama de volta fazendo ameaças com diferentes palavras: "tigre!", "polícia!", "cobra!", "cocô!". O resultado de

---

15 DeMAUSE, L. *History of Childhood*, op. cit., p.37-9.
16 SCHATZMAN, M. Paranoia or Persecution: The Case of Schreber. *History of Childhood Quarterly*, v.1, n.1, p.67-70, 1973.

tais dramáticos sinais de advertência é que a criança aprende a associar espaços abertos com monstros escondidos.[17]

Joseph Lijembe viveu sua infância entre pastores e fazendeiros no Quênia ocidental. Ao olhar para trás, ele escreveu:

> Sim, desde tenra idade e durante o crescimento, o medo teve um papel importante para todos nós. Sempre que minha irmãzinha Alusa se recusava a mamar, eu me lembro, minha mãe lhe dava uns tapas para obrigá-la a fazê-lo. Se continuava a chorar por mais tempo, ela seria "jogada" para fora no escuro e minha mãe convidava *manani*, umas feras selvagens, a "entrar e comê-la!"... Quando fiquei maior e precisava dormir fora de casa, eu tinha medo de sair à noite. Meu pai ou minha mãe tinham de me acompanhar. Tinha medo da existência de feras selvagens errantes e até de fantasmas que, segundo diziam meus pais, assombravam o terreiro de nossa casa.[18]

Em Silwa, uma aldeia muçulmana no Alto Egito, os adultos são ávidos para tornar seus filhos dóceis e dependentes. Estes são valores fundamentais na educação, e o método para incutir-lhes isso é o medo. Quase todas as crianças pequenas conhecem o *silowa*, um monstro que vaga à noite pela aldeia, durante a viagem que faz das montanhas até o Nilo para matar a sede. O *silowa* come crianças tal como o faz o *ghool*, uma enorme fera peluda, que ataca as crianças no escuro. As crianças são avisadas pelos adultos de que não devem falar com essas feras ou olhar as suas sombras, especialmente em noites de luar, porque podem enlouquecer. As crianças aprendem que para repelir os espíritos diabólicos devem recitar a *Fatiha* ou qualquer parte do

---

17 MEAD, M. Children and Ritual in Bali. In: MEAD, M., WOLFENSTEIN, M. (Eds.) *Childhood in Contemporary Cultures*. Chicago: University of Chicago Press, 1955. p.42.

18 LIJEMBE, J. A. The Valley Between: A Muluyia's Story. In: FOX, L. K. (Ed.) *East African Childhood*. Nairobi: Oxford University Press, 1967. p.17.

Alcorão ao passar por perto de lugares assombrados. Objetos sagrados podem trazer bênçãos, mas também são fontes de perigo. As crianças são advertidas para não urinar perto do túmulo de um santo ou andar correndo no cemitério porque tais atos provocam a ira dos santos.[19]

No Sudoeste Americano, a criança navajo é sensibilizada cedo na vida sobre a ameaça da ubiquidade no seu mundo. Tão logo ela compreende a língua, escuta os adultos sussurrarem sobre bruxaria e descobre que a família suspeita e teme certos membros da tribo. Com seis anos de idade ela está ciente da impotência dos pais, avós e outros protetores, que precisam recorrer às orações e cantos para aplacar os seres espirituais da natureza. Medo e ameaças são usados para controlar as crianças. Dizem-lhes que, se não se comportarem, o grande e cinzento *yeibichai* as levará e as comerá. O medo é levado à casa por meio de mecanismos dramáticos. Aparecem criaturas mascaradas e ameaçam as crianças durante sua cerimônia de iniciação. Os adultos fazem "corujas" com juncos e paus e as penduram em vários lugares no *hogan*.* Em uma noite escura, a criança facilmente as confunde com feras verdadeiras; ela é advertida de que uma coruja pode levá-la. Esta ameaça é tanto mais sinistra porque as corujas estão associadas a fantasmas e bruxas. Em um ambiente tão ameaçador, a criança naturalmente percebe que o importante na vida é estar segura. E a segurança encontra-se na prudência – em comportar-se de acordo com as regras estritas a respeito tanto dos agentes sobrenaturais quanto dos humanos.[20]

---

19 AMMAR, H. The Aims and Methods of Socialization in Silwa. In: MIDDLETON, J. (Ed.) *From Child to Adult*: Studies in the Anthropology of Education. Austin: University of Texas Press, 1976. p.237, 240.

* Hogan é a moradia típica dos índios navajos, construída de paredes de barro apoiadas em estacas de madeira (N.T.).

20 LEIGHTON, D., KLUCKHOHN, C. *Children of the People*: The Navaho Individual and His Development. Cambridge, Massachusetts: Harvard University Press, 1947. p.40, 51-2.

A história ocidental relata muitas descrições horríveis sobre como os adultos têm procurado dominar seus filhos por meio do medo. Os antigos gregos tinham suas *lamia* e *striga* que, assim como o protótipo hebreu Lilith, comiam criancinhas. De acordo com o teólogo grego São Crisóstomo (347-407?), os monstros foram "inventados para benefício das crianças, para diminuir a sua imprudência e indocilidade".[21] Na época medieval as bruxas e demônios ocupavam lugares de destaque. Depois da Reforma, o próprio Deus foi o maior bicho-papão. Panfletos escritos em linguagem infantil descreviam as torturas que Deus tinha reservadas para as crianças no inferno: "A criancinha está neste forno quente-vermelho. Escutem como ela grita para sair".[22] Cadáveres balançando-se na forca eram usados para convencer as crianças da necessidade de ser virtuosas e boas. Nos primeiros anos do século XIX, as autoridades escolares chegaram até a dar licença a uma classe para que seus alunos pudessem ir assistir a um enforcamento. Ocasionalmente, os próprios pais aproveitavam um enforcamento para educar seus filhos, que eram chicoteados ao regressar à casa para tornar a lição indelével.[23] Nos séculos XVIII e XIX os europeus da classe alta frequentemente deixavam as crianças aos cuidados de babás. Deste modo foi criada outra via para instilar medo. Babás que queriam que as crianças ficassem na cama, enquanto saíam à noite, lhes contavam histórias assustadoras de fantasmas. Para garantir a obediência, elas podiam até representá-las. Em uma autobiografia do século XVIII, Susan Sibbald lembra como os fantasmas eram uma parte real na sua infância.

---

21 DIO CHRYSOSTOM. *Discourses*. Trad. J. W. Cohoon. London: s. n., 1932. p.36; citado em DeMAUSE, L. *History of Childhood*, op. cit., p.11.

22 BROPHY, B. *Black Ship to Hell*. New York: Harcourt, Brace & World, 1962. p.361.

23 DeMAUSE, L. *History of Childhood*, op. cit., p.14.

Lembro-me muito bem de uma noite em Fowey, quando as duas babás queriam deixar o quarto das crianças ... Calaram-nos fazendo que escutássemos os mais sinistros gemidos e arranhaduras produzidos no lado de fora da parede divisória, perto da escada. A porta era escancarada, e – oh, horror! – aí aparecia um vulto alto e vestido de branco, com fogo saindo de seus olhos, nariz e boca. Nós quase fomos atacadas de convulsões e passamos mal por dias, mas não tínhamos coragem de abrir a boca.[24]

Nas partes mais isoladas da Europa, ainda na década de 1960, os próprios pais não hesitavam em ameaçar seus filhos com uma variedade de bichos-papões.

À medida que aumenta o nível de educação, diminui a dependência de horrores sobrenaturais para impor disciplina. Porém, os pais ainda hoje aterrorizam seus filhos com a ameaça de abandono. Segundo John Bowlby, a ameaça de abandonar uma criança pode ser expressa de diversos modos. Um é que, se a criança não for boa, será enviada a um reformatório ou levada pelo secular bicho-papão do mundo moderno, o policial. O segundo é que a mãe ou o pai irão embora e a deixarão. O terceiro é que, se a criança se portar mal, seu pai ou mãe irão ficar doentes, ou até morrer. O quarto é que o pai ou a mãe vão se suicidar.[25] A proporção de pais que usam tais ameaças varia muito, de acordo com a posição social. Uma pesquisa na Inglaterra constatou que, entre a classe profissional e dos executivos, 10% dos pais entrevistados admitiram que usaram ameaças de abandono como uma técnica de disciplina. A proporção aumentou para 30% para pais das classes média-baixa e trabalhadora.[26] Na realidade, a frequência é provavelmente maior porque tanto os pais

---

24 Ibidem, p.12.
25 BOWLBY, J. *Attachment and Loss*, Separation. New York: Basic Books, 1973. v.2, p.226-7.
26 NEWSON, J., NEWSON, E. *Four Years Old in an Urban Community*. Chicago: Aldine Publishing Co., 1968.

quanto os filhos relutam muito em admitir o uso deste drástico rompimento nas relações humanas.

Os fantasmas e os bichos-papões são medos específicos. As crianças têm temor de sair dos seus quartos por medo do que possam encontrar do lado de fora. A ameaça de abandono, ao contrário, provoca uma sensação difusa de ansiedade. Não obstante, o medo também pode ser intenso e específico. Sabe-se que os pais dramatizam suas terríveis advertências. A esposa de um mineiro admitiu, acabrunhada, empregar um pouco de drama em benefício do seu filho de quatro anos de idade.

> Eu tenho dito que, se ele faz mal para minha saúde por desobediência, terei de ir embora, e então ele não terá mamãe para cuidar dele ... Eu sei que está errado, mas eu o faço. Seu pai lhe diz "Arrume suas sacolas – ponha-as lá fora, pegue seus brinquedos e vá embora!". E uma vez ele colocou algumas roupas e brinquedos na sacola; e o menino quase enlouqueceu.[27]

Alfred Hitchcock frequentemente lembra um dramático incidente na sua infância. Como castigo, por uma transgressão menor cometida quando tinha cinco ou seis anos de idade, seu pai mandou-o à delegacia de polícia com um bilhete. O oficial de plantão leu e, em seguida, o prendeu em uma cela durante cinco minutos, dizendo: "Isto é o que fazemos com as crianças desobedientes".[28] Aqueles cinco minutos devem ter parecido intermináveis. Esse foi um abandono total: ser entregue a um bicho-papão – um policial – e confinado por ele em uma cela. Hitchcock conservou o medo da polícia durante a vida adulta. A angústia da detenção e prisão é um tema que se repete em seus filmes.

---

27 Ibidem, p.471.
28 TAYLOR, J. R. *Hitch*: The Life and Times of Alfred Hitchcock. New York: Pantheon Books, 1978. p.28.

O drama do abandono também pode ser simulado para impressionar as crianças mais velhas. Um pai tomou a decisão de escrever um documento que dizia que ele e sua esposa irrevogavelmente desistiam de todos os seus direitos sobre o filho de 13 anos, Eric, e que queriam que ele ficasse em uma das casas da autoridade local. "Depois disso colocaram Eric no carro e o levaram para ver o diretor da casa das crianças. Era hora do almoço e a repartição estava fechada. Por causa disso o menino foi levado de lá para cá, da repartição para o carro, até que ele chorou e ficou quase histérico." Esse incidente – um castigo para o menino, que havia sido acusado de roubo pelo pai – foi profundamente reprimido tanto pelos pais como pelo menino. Foi revelado pelo menino somente sob os efeitos dos medicamentos ministrados pelo psiquiatra.[29]

Quais são as razões para o tratamento rigoroso e às vezes cruel das crianças? Sem dúvida as razões são complexas. Comecemos com o fato da hostilidade dos pais. Em casos extremos a hostilidade para com as crianças parece ser uma substituição dos sentimentos irados para com os próprios pais. Consequentemente, a crueldade é passada de uma geração à outra. Em geral, os pais jovens podem ver a criança recém-nascida como uma ameaça à frágil segurança e paz de suas próprias vidas. Os pais temem o caos, e a criancinha parece ser uma força para o caos. Relacionada com esta ideia está a concepção de que a criança é como um animal, um pedacinho da natureza que necessita ser domado, usando meios rigorosos quando necessário. A criança, eles sentem, deve aprender a obedecer a fim de chegar a ser um membro respeitável da sociedade adulta. Finalmente, muitos adultos vivem, eles próprios, em um mundo de medo. Até certo ponto, acreditam nos monstros, bruxas e fantasmas que conjuram para amedrontar seus filhos. Eles percebem hostilidade

---

29 TYERMAN, M. J. *Truancy*. London: University of London Press, 1968. p.39.

tanto no meio ambiente físico quanto no humano e sentem que uma educação no medo prepara as crianças para submeter-se, adaptar-se e viver.

4
Sociedades "sem medo"

Para sobreviver, os animais devem ser sensíveis aos sinais de perigo; eles precisam conhecer o medo. Individual e coletivamente, os seres humanos não são exceção. No centro da antiga Esparta havia um templo dedicado ao Medo. Pode ser que outras sociedades não reconheçam tão explicitamente o papel do medo, embora ele esteja presente no meio de todos os grupos humanos. A sociedade como um todo teme a caprichosa vontade dos deuses, calamidades naturais, guerras e o colapso da ordem social; os governantes temem dissenção e rebelião; os governados temem punição e os poderes arbitrários da autoridade. Apesar de todas as sociedades conhecerem o medo, sua prevalência varia grandemente de uma para outra: algumas parecem incrivelmente destemidas, outras parecem viver sob sua égide.

Quais são as sociedades despreocupadas e harmoniosas? Nossa resposta a esta questão depende não só da quantidade de informação etnográfica disponível, mas também da maneira como preferimos interpretá-la. Os valores e as ideologias inconfessos inevitavelmente impedem uma apreciação completamente objetiva. Por exemplo, no século XVIII, os sábios europeus reagiram à destruição e tirania das suas próprias culturas afirmando ver sociedades edênicas e utópicas nas ilhas do Pacífico Sul. No século XIX, como reação aos horrores da revolução industrial, a vida na aldeia e na zona rural foi exaltada. Em nossa época, os intelectuais têm criticado não apenas a sociedade tecnológica, mas também os caçadores primitivos e os coletores, cujas vidas acreditam ter sido árduas e curtas. O que conseguiu a simpatia dos intelectuais ocidentais foi a aldeia neolítica, idealizada como um lugar de vida comunitária, e a Idade Neolítica, idealizada como um tempo de inovação durante o qual foram criadas técnicas que permitiram às pessoas transformar seu meio ambiente sem destruí-lo.[1] Em anos recentes ainda outra tendência é discernível: a tendência agora é denegrir a vida na aldeia devido às superstições e à inveja, manifestadas em acirrado partidarismo e caça às bruxas, e exaltar a vida de simples caçadores e coletores à condição parecida com o Éden. Mas hoje poucas pessoas ainda vivem na era Paleolítica para que os modernos etnógrafos as possam estudar. Por isso a atual literatura centra-se em poucos e dispersos grupos, e não é surpreendente que a maioria destes grupos se encontrem em um meio ambiente tropical propício à vida.

---

1 Em "Notes on the original Affluent Society", Marshall Sahlins escreveu: "A desanimadora visão tradicional do estilo de vida dos caçadores é pré-antropológica. Remonta ao tempo em que Adam Smith escrevia. Mas a antropologia, especialmente a antropologia evolutiva, achou apropriado, e até necessário, adotar o mesmo tom de repreensão. Os arqueólogos e etnólogos têm-se tornado revolucionários neolíticos, e no seu entusiasmo pela revolução encontraram graves faltas no Antigo Regime (Idade da Pedra). Os acadêmicos elogiaram o Grande Salto para Frente dos Neolíticos". (In: LEE, R. B., DeVORE, I. (Eds.) *Man the Hunter*. Chicago: Aldine Publishing Co., 1968. p.85).

Paisagens do medo

Das sociedades despreocupadas e harmoniosas talvez a mais bem documentada seja a dos pigmeus mbuti, no lado nordeste da floresta úmida do Congo. Colin Turnbull tem sido o observador mais diligente desse povo, e o relato que se segue está baseado em seu trabalho.[2] Um fato notável acerca dos pigmeus mbuti é que eles não têm o conceito de mal. Sem esse conceito ainda pode existir alarme, mas os componentes peculiares do medo humano – ameaça, suspeita, ansiedade – estão bastante diminuídos.

Como é a floresta úmida? Contrariamente à crença popular, que é distorcida pelas imagens da selva, a floresta úmida imperturbada pode ser um meio ambiente muito fácil de ser lidado. O solo da floresta está livre de vegetação rasteira. As árvores se elevam, formando uma densa cobertura, que filtra grande parte da intensa luz solar, de modo que o interior é bem sombreado, sem ser escuro, e é fresco (menos de 27°C) mesmo durante as horas mais quentes do dia. A flora e a fauna fornecem comida durante todo o ano aos pigmeus. O reino vegetal oferece uma abundância de cogumelos, nozes, vagens, raízes e frutas. Abundam os animais de caça, porque não são migratórios, salvo em pequenas áreas. Entre os animais caçados figuram macacos, ocapis, vários tipos de antílopes, porcos-do-mato e elefantes. Em uma caçada normal, no início da tarde, já caçaram o suficiente para um ou dois dias. Os longos períodos de tempo livre são

---

2 TURNBULL, C. M. *The Forest People*. London: Chatto & Windus, 1961; _____. The Lesson of the Pygmies. *Scientific American*, v.208, n.1, p.28-37, 1963; _____. Mbuti Pygmies of the Congo. In: GIBBS, J. L. (Ed.) *Peoples of Africa*. New York: Holt, Rinehart & Winston, 1965, p.281-310; _____. *The Mbuti Pygmies*: An Ethnographic Survey, American Museum of Natural History, Anthropological Papers. New York, 1965. v.50, pt.3, p.149-212; _____. Legends of the BaMbuti. *Journal of the Royal Anthropological Institute*, v.89, p.45-60, 1959. Ver também Paul Schebesta, *Les Pygmées du Congo Belge*, Institut Royal Colonial Belge, Classe des Sciences Morales et Politiques, Mémoires, v.26, 1952. Schebesta dá maior ênfase à divisão do trabalho entre os pigmeus e menor às singulares características da floresta.

usados pelos pigmeus para consertar as redes de caça, conversar, brincar com as crianças, cantar e dançar.

A sociedade é igualitária. Homens e mulheres ajudam-se mutuamente para criar as crianças, construir suas simples choças cônicas, num terreno desbravado ao acaso, e caçar. A caça com rede é realmente uma atividade comunitária: homens e moços reúnem suas redes para formar um meio círculo e as mulheres e moças, a outra metade; eles convergem, pegando o animal no meio da rede.

A rotina da vida diária tem poucas mudanças no decorrer do ano, que não é marcado pelas estações. Mesmo para os afáveis pigmeus, viver em contato com as mesmas pessoas e fazer quase as mesmas coisas mês após mês gera uma crescente sensação de tensão. Surgem discussões por trivialidades, mas logo os ânimos se acalmam com a mediação de um palhaço – um membro indispensável em todos os grupos de caçadores. O palhaço satiriza um ou dois grupos em discórdia. Ele assume a raiva da briga dos grupos e faz troça cantando e dançando. O palhaço aguenta, por sua condição, ser o bode expiatório porque ele é um homem solteiro, e também um grande caçador merecedor de respeito. Para todo o grupo, a tensão comunal é mitigada durante a época do mel, que dura dois meses e é um tempo de abundância, quando as famílias dos pigmeus se dispersam. Ao viverem temporariamente separados, eles extravasam as tensões reprimidas. Quando chega o tempo de reunirem-se, as famílias e os amigos o fazem com um espírito de expectativa e de boa vontade. Os mbuti consideram o mel uma grande delícia. Na estação do mel, nos acampamentos na floresta, cantam e dançam dia e noite.

Para os mbuti a floresta úmida é protetora e doadora de vida. Às vezes chamam-na de "pai", outras de "mãe". Eles não sentem necessidade de lugares sagrados porque a totalidade de seu mundo selvagem é sagrada. Eles vivem no meio de um poder que provê todo o sustento, ao qual se ligam emocionalmente através de mitos simbólicos como banhar as crianças em água misturada com o caldo de cipós da floresta. Um momento idílico nas suas vidas (e visto por eles como tal) é quando, na floresta, fazem amor ao luar, ou simplesmente dançam sozinhos com movimentos que sugerem que o bailarino está cortejando a floresta. O caráter do ambiente que rodeia o mundo dos pigmeus é realçado pela importância que eles atribuem aos lindos sons dos pássaros sobrenaturais, assim como os produzidos por eles mesmos, em vez de atribuir a visões ligadas a localidades específicas. Ao contrário da maioria de outros povos, os pigmeus da floresta do Congo não vivem tanto em um espaço sagrado, uma área ou extensão fechada, mas em um meio que abrange tudo. Aqui reside a maior fonte da sensação de segurança e de libertação do medo.

A maneira como os mbuti reagem à morte e a outras inevitáveis crises da vida fornece um testemunho eloquente da confiança em seu mundo. Quando chega o infortúnio, os mbuti não o atribuem à maldade, mas a uma deficiência da bondade normal. A morte de alguém pode causar uma intensa dor pessoal, mas não há um luto formal, nem o sentimento de injúria ou suspeita de bruxaria. No caso de doença, morte ou fracasso na caçada, os pigmeus organizam um festival, com o propósito de acordar os espíritos da floresta, para chamar a atenção sobre a situação das pessoas. Durante o festival os pigmeus não fazem pedidos específicos; preferem reunir os homens adultos à noite e cantar canções de louvor: "A floresta é bondosa, a floresta é boa". E nos casos de morte: "A Escuridão nos envolve ... mas se a Escuridão é (se a floresta permite que ela exista), então a Escuridão é boa".[3]

A percepção aguda do tempo é uma causa de tensão e aflição na sociedade ocidental contemporânea. Nossos sonhos são

---

3 TURNBULL, C. M. Mbuti Pygmies of the Congo, op. cit., p.308-9.

mais frequentemente mal-assombrados pelo tempo do que pelo espaço: as pessoas sonham que perdem o navio ou o trem e acordam assustadas. Os ocidentais são criados com o peso e o desafio de um objetivo pessoal, que se fundamenta na ideia de tempo como uma seta que aponta em direção aos sucessivos prazos absolutos do futuro. Ao contrário, os mbuti têm o sentido do tempo pouco desenvolvido. Cada dia tem suas próprias tarefas. O passado e o futuro são insignificantes quando comparados com a realidade do momento presente. Para os pigmeus, as lembranças dos seus antepassados são limitadas; suas lendas revelam uma notória falta de interesse pelas origens. A antecipação é uma fonte de ansiedade. Os pigmeus não fazem planos a longo prazo. Embora eles tenham um conhecimento detalhado das plantas e animais aproveitáveis, há uma curiosa lacuna na compreensão da vida, principalmente de sua dimensão temporal – o inevitável processo de crescimento, mudança, decadência e morte.

Há algum outro povo primitivo que possa se comparar com os mbuti na inexistência de luta e medo? Os tasadai da floresta úmida de Mindanau, nas Filipinas, parecem ser outro exemplo. Por muito tempo eles escaparam do olho onipresente do mundo moderno devido a sua localização inacessível e ao pequeno tamanho do grupo – apenas 26 membros na época do descobrimento. Até o momento muito pouco conhecemos sobre eles. Sua existência foi comunicada ao mundo exterior em 1971. Desde então, os meios de comunicação têm lançado esse povo tímido à notoriedade. Não obstante, as descobertas publicadas sobre os tasadai na literatura científica ainda são limitadas e experimentais.

A humanidade moderna conserva um antigo mito referente a um povo amável e com um estilo de vida simples que possa existir em uma parte remota da Terra. Os tasadai parecem satisfazer certas características desse mito. Eis aqui alguns fatos-

-chave.[4] Sua cultura material é uma das mais simples que os etnógrafos já estudaram. Os tasadai são coletores, e não caçadores. Antes que os descobrissem eles não sabiam como usar a armadilha e a rã era o maior animal que matavam. Sua alimentação consistia principalmente de plantas, tais como raízes variadas, frutas, brotos de bambu e cocos. A proteína era obtida de uns poucos animais pequenos que podiam ser "apanhados" – girinos, rãs, peixes, caranguejos e lagartas das palmeiras. Um tasadai adulto gasta em média apenas três horas ao dia na busca de comida ao redor das cavernas em que vive. A comida, portanto, não é problema, e sobra bastante tempo para cuidar do corpo. Por outro lado, há períodos em que os dois principais produtos – o inhame selvagem e a palmeira cariota – escasseiam, e os tasadai precisam abandonar a casa para incursões distantes.[5] A floresta não é, de forma alguma, uma cornucópia para os tasadai. O consumo diário de comida não chega a 1.500 calorias. Eles têm um peso inferior ao normal. Porém, sua saúde é boa: parece que não sofrem de malária e tuberculose, mesmo que a malária, já endêmica na área, e a tuberculose aflijam quase 90% das pessoas nas tribos vizinhas.

O meio ambiente natural dos tasadai não é tão favorável quanto o dos mbuti. A topografia do interior de Mindanau é mais acidentada. A altitude varia entre cerca de 1.000 e 1.400 metros, o que significa que durante a noite e em certos dias, após uma forte chuva, o ar pode se tornar desagradavelmente

---

4 NANCE, J. *The Gentle Tasaday*. New York: Harcourt Brace Jovanovich, 1976 YEN, D. E., NANCE, J. (Eds.) *Further Studies on the Tasaday*. Panamin Foundation Research Series, n.2, Makati, Rizal, Philippines, 1976; FERNANDEZ II, C. A., LYNCH, F. The Tasaday: Cave-Dwelling Food Gatherers of South Cotabato, Mindanao. *Philippine Sociological Review*, v.20, p.279-313, 1972.

5 YEN, D. E. The Ethnobotany of the Tasaday: III. Notes on the Subsistence System. In: YEN, D. E., NANCE, J. (Eds.) *Further Studies on the Tasaday*, op. cit., p.173.

frio. Os tasadai têm tabus; por exemplo, não podem mexer com as árvores e plantas ao redor do abrigo da caverna. Violá-los pode acarretar castigo na forma de chuvas torrenciais e ventania.[6] A existência de ideias como tabu e castigo sugere que os tasadai estão menos despreocupados na sua floresta úmida do que os mbuti na deles. Porém, os tasadai são muito apegados ao seu pequeno território-moradia e não mostram desejos de explorar além do que conhecem bem. A falta de curiosidade é tal que eles não têm palavras para "mar" ou "lago", embora esses dois elementos estejam a menos de 60 quilômetros de distância. O seu sentido de tempo é igualmente reduzido. Eventos importantes que aconteceram cinco ou seis anos atrás, como o dar e o tomar uma esposa, parecem esquecidos.

Os tasadai gostam da paz. Não têm armas e parece que em sua língua não há palavras para "inimigo" ou "briga". Para eles, todas as pessoas da floresta são amistosas, e o único animal hostil é a cobra, a qual procuram evitar em vez de matar. Os tasadai não gostam de "olhares penetrantes" e ruídos altos. Eles são muito afetuosos. Parece que não conhecem o infanticídio; de fato, frequentemente expressam o desejo de ter mais filhos. As crianças pequenas são constantemente carregadas, aninhadas e acariciadas. Entre os adultos existe muita ternura. Entre si conversam com cordialidade, um toca o outro gentilmente e sempre parecem estar dispostos a compartilhar o que possuem. Não há competição entre os adultos, embora esta possa ser observada entre as crianças pequenas. A palavra favorita dos tasadai é *mafeon*, que quer dizer "bom e bonito". Quando um par decide se casar, as pessoas reúnem-se ao redor deles e dizem "bom, bom, bonito, bonito", e isso é tudo. O casal permanece junto até que "seus cabelos fiquem brancos".[7]

---

6 YEN, D. E., GUTIERREZ, H. G. The Ethnobotany of the Tasaday: I. The Useful Plants. In: YEN, D. E., NANCE, J. (Eds.) *Further Studies on the Tasaday*, op. cit., p.98.

7 NANCE, J. The Gentle Tasaday, op. cit., p.60-1.

Jornalistas ocidentais às vezes têm caracterizado os tasadai como "mergulhados em felicidade". Cantos improvisados, dia e noite, reforçam essa impressão. Porém, os tasadai têm medo das cobras e das tempestades. Quando nas proximidades escasseiam os principais produtos para a alimentação e os tasadai têm de procurá-los em outro lugar, eles relutam em tomar essa decisão. Seus laços com a área da casa são tão fortes que sugerem uma ansiedade subjacente. Finalmente, os tasadai não sabem como enfrentar a doença e a morte. Eles carecem de remédios e de feitiços medicinais; não possuem os meios físicos nem os cerimoniais para aliviar a sensação de desalento e medo. Os enfermos são deixados sós para morrer sozinhos, e o fato da morte, em si, é reprimido.

Um pouco mais afastados do Éden que os mbuti e os tasadai, mas ainda dentro desse ambiente, estão os semang, povo de baixa estatura, que habita a floresta úmida do interior da Malásia. Das observações de campo de Paul Schebesta, que em 1924 foi o primeiro a visitar os habitantes da floresta, temos a impressão de que se trata de pessoas tímidas, mas felizes, escondidas no coração da natureza.[8] A cultura material dos semang é muito simples, comparável à dos mbuti, porém mais elaborada do que a dos tasadai. Os semang constroem abrigos com alpendres nos acampamentos da floresta. O seu artefato mais sofisticado é a zarabatana, que é usada para caçar pequenos animais. Não utilizam a pedra, e as únicas facas que possuem são obtidas de seus vizinhos malaios.

A alimentação dos semang depende principalmente das plantas que as mulheres coletam e é complementada com carne de caça e peixes providenciados pelos homens. Em pequenos grupos familiares, mudam frequentemente de lugar, dentro do seu território na floresta. As relações sociais se caracterizam

---

8 SCHEBESTA, P. *Among the Forest Dwarfs of Malaya*. Kuala Lumpur, Singapore: Oxford University Press, 1973.

pela harmonia. O casamento está baseado em direitos iguais entre homem e mulher, e um afeto genuíno une o casal. Os semang gostam muito de seus filhos, que não apanham, mesmo quando, de acordo com a disciplina ocidental, mereceriam castigo. Os velhos gozam de respeito e nunca são contrariados. Guerra, homicídio, suicídio, adultério e roubo – males endêmicos da humanidade – parecem estar fora da experiência destes habitantes da floresta. A sua ideia de um comportamento correto se estende aos animais. É uma grande ofensa, punível com uma grave doença, maltratar os animais capturados, ou mesmo rir deles. Aves e animais abatidos com a zarabatana devem ser mortos rapidamente e sem dor.[9] Os semang transmitem uma sensação de amor-próprio pela atenção dada à limpeza corporal e pelo entusiasmo com que homens e mulheres usam ervas perfumadas e flores para se enfeitar.

Semelhantemente aos mbuti, os semang estão fortemente ligados ao seu meio ambiente selvagem. Sua escuridão lhes dá confiança, ao passo que as planícies sem árvores os tornam apreensivos. "Nós precisamos ter árvores ao redor, então tudo está bem", manifestava a Schebesta um semang, ao mesmo tempo que dava um tapinha na árvore. Por outro lado, o interior da Malásia, de certa maneira, é menos hospitaleiro aos habitantes humanos do que o lado noroeste da bacia do Congo. A floresta da Malásia é uma floresta virgem, difícil de penetrar e repleta de sanguessugas. Pior ainda, há animais perigosos – especialmente tigres, elefantes e vespas negras – que os semang temem muito. Na bacia do Congo uma tempestade pode derrubar uma árvore, e os mbuti interpretam isso como um sinal de que o espírito da floresta está zangado, mas não se preocupam muito. Uma tempestade causa muito mais aflição entre os semang, que pensam ter ofendido o poderoso deus do trovão. É necessário

---

9 CAREY, I. *Orang* Asli: The Aboriginal Tribes of Peninsular Malaysia. Kuala Lumpur, Singapore: Oxford University Press, 1976. p.99.

um sacrifício com sangue para aplacá-lo. Quando a tormenta cai, um semang sai precipitadamente, apunhala um bezerro com uma lasca de bambu para que o sangue escorra, recolhe-o em uma xícara e joga no ar o conteúdo misturado com a água da chuva. Os semang sofrem, com muito mais frequência do que os mbuti, a escassez de comida e enfermidades endêmicas: muitos são atingidos por uma moléstia da pele que os desfigura e enfraquece. Talvez porque a sua casa terrena seja reconhecidamente imperfeita, os semang, ao contrário dos mbuti, arranjam um lugar para ser o paraíso, em sua visão do mundo, que é um lugar a oeste onde o sol nunca se põe, onde tigres, elefantes e doenças são desconhecidos, e onde as pessoas vivem eternamente.[10]

A floresta tropical úmida é um meio abundante e vivificante para os caçadores e coletores. Em geral, o alimento não só é abundante como também sempre está disponível. Podemos pensar que a alegria, a harmonia social e a aparente falta de ansiedade entre esses moradores da floresta se devem muito à segurança no abastecimento de comida. Mas essa ideia é demasiado simplista. Vejamos os boxímanes que habitam a borda do deserto do Calaári. Aí os recursos naturais são escassos e, em contraste com a constância climática da floresta úmida, o clima do deserto e da estepe é altamente variável. Outubro e novembro são meses de calor intenso e falta de chuva. As planícies esturricadas estalam sob o sol, e os boxímanes têm dificuldade para encontrar uma sombra. Medidas heroicas são necessárias para conservar a umidade no corpo e obter água de bolsões de areia molhada. Em julho, à noite a temperatura cai vertiginosamente; a água das poças pode congelar-se, e os ventos frios da Antártida congelam os boxímanes nus até os ossos.

---

10 Ver EVANS, I. H. N. *The Negritos of Malaya*. Cambridge: Cambridge University Press, 1937. p.256-65, para diferentes versões sobre a ideia de paraíso.

Enfatizando a hostilidade do meio ambiente e a necessidade de uma quase constante luta para sobreviver, os primeiros escritos sobre os boxímanes tendiam a descrevê-los como vivendo em um estado permanente de semi-inanição. Trabalhos recentes pintam um quadro mais favorável; de fato, um proeminente antropólogo caracterizou os boxímanes !kung como a "sociedade afluente original".[11] Embora "afluente" seja um epíteto exagerado para referir-se a esses habitantes do deserto, não há dúvida de que seu meio ambiente é muito mais sustentável do que os leigos previamente supuseram. Os materiais que os !kung necessitam para subsistir existem em abundância ao seu redor e não é necessário pagar por eles. Esses materiais incluem madeira, junco, ossos para armas e utensílios, fibras para cordame e capim para abrigos. Os !kung também têm peles suficientes para fabricar roupas e sacos. Eles

> sempre dispõem de cascas de ovos de avestruz em abundância para se enfeitar com contas ou comercializá-las, mas também há suficiente para que cada mulher tenha oito ou dez cascas para usar como vasilhas para guardar água – todas as que possam carregar – e um bom número de enfeites e contas.[12]

O alimento não é abundante, mas o *veld* oferece uma grande variedade de plantas comestíveis. Os boxímanes da área de Dobe dispõem de cerca de 85 variedades. Quanto aos animais, 54 espécies estão classificadas como comestíveis, mas apenas 17 destas são caçadas regularmente. Essa ampla variedade de alimentos permite aos boxímanes mudar suas estratégias de subsistência conforme mudam as condições do meio ambiente. De fato, quando a estiagem persiste por muito tempo, é possível

---

11 LEE, R. B. What Hunters Do for a Living, or How to Make Out on Scarce Resources. In: LEE, R. B., DeVORE, I. (Eds.) *Man the Hunter*, op. cit., p.30-43.

12 MARSHALL, L. *The !Kung of Nyae Nyae*. Cambridge, Massachusetts: Harvard University Press, 1976. p.308.

que os caçadores e coletores sofram menos do que os pastores e os agricultores que vivem em terras mais férteis. Entretanto, a procura de alimento exige um esforço incessante? Aparentemente não. Richard Lee calculou que os boxímanes !kung gastavam somente de 12 a 19 horas por semana para conseguir alimento.[13] Os boxímanes kade (ou gwi), que vivem em uma área mais pobre, ao sudeste dos !kung, têm que dispender mais ou menos 32 horas por semana coletando plantas comestíveis.[14] Não obstante, sobra bastante tempo livre para fazer visitas, oferecer festas e, especialmente, para dançar.

Outrora, os antropólogos pensavam que os caçadores morriam jovens. De fato, a expectativa de vida de um homem boxímane ao nascer é estimada em 32 anos, período de tempo não propriamente curto comparado com a expectativa de vida de muitas comunidades agrícolas que não têm acesso à medicina moderna. Mais impressionante é o número de boxímanes que vivem, pelo menos, até os sessenta anos; alguns ainda alcançam os bíblicos setenta. Embora a tuberculose, a febre reumática e as doenças venéreas sejam problemas, as pessoas em geral são saudáveis e vigorosas. Existe a subnutrição, mas não a desnutrição.

A sociedade é igualitária. Tanto os homens como as mulheres saem à procura de alimento, e ambos se revezam no cuidado das crianças. Os meninos e as meninas podem brincar juntos porque não há jogos competitivos. Uma razão básica para a existência desses traços igualitários e não agressivos é o tamanho reduzido do grupo de boxímanes. Um grupo não é integrado por um número suficiente de pessoas que permita a atribuição de papéis bem diferenciados, seja baseada no sexo seja na

---

13 LEE, R. B. What Hunters do for a Living, op. cit., p.37.

14 TANAKA, J. Subsistence Ecology of Central Kalahari San. In: LEE, R. B., DeVORE, I. (Eds.) *Kalahari Hunter-Gatherers*: Studies of the !Kung San and Their Neighbors. Cambridge, Massachusetts.: Harvard University Press, 1976. p.115.

idade. A afeição entre membros do mesmo sexo é expressa aberta e, às vezes, efusivamente. Os esposos geralmente permanecem casados por toda a vida. As doenças neurológicas são raras, parecem não conhecer o suicídio, e não há roubos.[15] As crianças são muito amadas. Os boxímanes colocam a saúde e os desejos das crianças como sua principal preocupação. Contrários às opiniões científicas prévias, os velhos e senis recebem cuidados, apesar do desgaste que possam produzir nos recursos de um pequeno grupo migratório.

O mundo boxímane não é fácil, por certo, nem tudo é agradável e ameno. Embora as pessoas não tenham medo do mato, estão bem conscientes da existência de inúmeros animais perigosos, especialmente cobras, grandes felinos e elefantes. O alimento escasseia de tempos em tempos. Surgem brigas por causa da distribuição da comida, mas raramente explodem em violência física. Semelhantemente aos tasadai e aos semang, os boxímanes sentem-se incomodados com os mortos, cujos espíritos acreditam que possam aparecer como um furacão e provocar prejuízos. Os !kung, em particular, são tão medrosos que em contraste com os grupos vizinhos abandonam a sepultura imediatamente após o enterro. Todas as vezes que os !kung passam perto de um túmulo sopram *sasa* (uma erva) nessa direção para garantir sua segurança.[16] Mas o que chama a atenção sobre os boxímanes não são suas falhas humanas, mas, ao contrário, suas boas maneiras, gentileza, alegria e uma intrínseca falta de temor em um cenário natural que é rigoroso e instável.

---

15 A respeito de doenças neurológicas e suicídio, ver TRUSWELL, A. S., HANSEN, J. D. L. Medical Research Among the !Kung. In: LEE, R. B., DeVORE, I. (Eds.) *Kalahari Hunter-Gatherers*, op. cit., p.171; sobre roubo, ver MARSHALL, L. Sharing, Talking, and Giving. In: LEE, R. B., DeVORE, I. (Eds.) *Kalahari Hunter-Gatherers*, op. cit., p.370.

16 THOMAS, E. M. *The Harmless People*. New York: Vintage Books, 1965. p.126-7.

Quando observamos esses quatro grupos de caçadores-coletores, bem que podemos perguntar: Que fatores são responsáveis pelo seu excepcional pacifismo, a inexistência de hostilidade, quer seja dirigida contra a natureza quer contra outros grupos humanos?[17] Um fator é o cenário natural, que não é necessariamente exuberante, mas deve ser fornecedor de uma grande variedade de alimento – especialmente plantas comestíveis – a seus habitantes. Tão importantes quanto o caráter do cenário físico são os seguintes traços sociais e culturais: uma economia na qual as pessoas não impõem suas vontades ao meio ambiente, mas se arranjam com o que está disponível; um grupo social pequeno, que necessita não apenas de cooperação, mas de uma genuína preocupação com o bem-estar de cada um dos seus membros; enraizamento em determinado lugar. Os pigmeus mbuti vivem na floresta úmida há tanto tempo que estão biologicamente adaptados a ela: seu tamanho reduzido é uma adaptação, como o é a cor da pele, que os torna invisíveis a uma distância de poucos metros. Os tasadai acreditam que sempre viveram nessa parte da floresta de Mindanau; apesar de ainda não haver evidência científica desta reivindicação, não há dúvida de que estão extraordinariamente ligados ao seu pedaço de chão. Os semang são uma antiga raça australoide; podem muito bem ser os mais antigos habitantes da Malásia. Quanto aos boxímanes !kung, pensou-se outrora serem recém-chegados à margem do deserto, levados até aí pelos bantos criadores de gado. Evidências recentes sugerem, no entanto, que eles vivem na mesma parte do deserto do Calaári por mais ou menos 10 mil anos. Artefatos dos caçadores-coletores do final do plistoceno têm sido

---

17 Falta de hostilidade no sentido de guerra, feitiçaria e bruxaria, mas não no sentido de "brincar" e brigar sem maldade. Colin Turnbull observou: "Em alguns casos, um acampamento de pigmeus caracteriza-se pelas incontáveis rixas, muitas das quais são criadas quase deliberadamente." In: LEE, R. B., DeVORE, I., *Man the Hunter*, op. cit., p.91.

encontrados nas mesmas cacimbas onde os modernos !kung armaram seus acampamentos.[18]

---

18 KOLATA, G. B. !Kung Hunter-Gatherers: Feminism, Diet, and Birth Control. *Science*, v.185, p.932, 13 sept. 1974; LEE, R. B. Introduction. In: LEE, R. B., DeVORE, I. (Eds.) *Kalahari Hunter-Gatherers*, op. cit., p.5.

5
Medo da natureza: grandes caçadores e fazendeiros pioneiros

Modos arcaicos de vida têm sobrevivido na época moderna. Na floresta tropical como no deserto, pequenos grupos de pessoas com um conhecimento perspicaz do seu meio ambiente e com exigências bem modestas parecem ser capazes de levar vidas tranquilas sem sombra de medo. Será que os hábitos e meios de vida desses grupos primitivos nos dizem alguma coisa a respeito de como viveram nossos remotos ancestrais? Foi a longa pré-história da humanidade um tempo de quase permanente conflito e necessidade, ou, ao contrário, um tempo de paz e abundância relativas às necessidades? Na ausência de conhecimento detalhado, essas duas imagens polarizadas tendem a dominar o nosso pensamento. Qual das duas é a mais correta? Para tentar uma resposta devemos, primeiro, separar o longo período pré-agrícola do agrícola – mais curto – e reconhecer, então, a importante diferença entre duas economias pré-agrícolas: uma baseada na coleta e caça não especializada em um nicho ecológico rico e amplamente diversificado; e a outra baseada em habilidades especializadas necessárias para encurralar e matar animais grandes e velozes.

Certamente coletar e comer carniça aconteceram muito antes da caça especializada. Se explorarmos o passado distante, mais ou menos dois milhões de anos atrás, podemos imaginar a seguinte cena: às margens de um lago africano ou na ribanceira de um rio, em um ambiente de bosque-savana, pequenos grupos de hominídeos ou proto-humanos coletam no meio de abundantes recursos da terra, praia e águas rasas. Podemos postular uma sociedade igualitária na qual homens e mulheres cooperam nas tarefas elementares de coletar plantas comestíveis, rastrear pequenos animais e levar para a base doméstica os alimentos mais importantes (uma carcaça ou um tubérculo). Pode-se inferir uma vida familiar "centrada nas crianças", devido ao seu longo período de dependência, pois este já era um traço que distinguia esses proto-humanos dos primatas não humanos. A evidência arqueológica disponível, dispersa como é, ratifica este quadro doméstico calmo, e do que conhecemos dos primitivos coletores dos tempos modernos é possível, de fato, que para sobreviver, eles levassem uma vida livre de conflitos e de lutas estressantes.[1]

Retrocedendo na linha da evolução até meio milhão de anos, encontramos proto-humanos que a literatura técnica designa como o gênero de *Homo – Homo erectus*. O melhor representante desta raça é o Homem de Pequim, da China Setentrional. Suas ferramentas de pedra não mostram avanços significativos

---

1 ISAAC, G. Stratigraphy and Cultural Patterns in East Africa During the Middle Ranges of Pleistocene Time. In: BUTZER, K. W., ISAAC, G. (Eds.) *After the Australopithecines*: Stratigraphy, Ecology, and Culture Change in the Middle Pleistocene. The Hague: Mouton, 1975. p.495-529; The Food-Shaing Behavior of Protohuman Hominids. *Scientific American*, v.238, n.4, p.90-108, 1978; SAUER, C. O. Seashore – Primitive Home of Man?. In: LEIGHLY, J. (Ed.) *Land and Life*. Berkeley/Los Angeles: University of California Press, 1963. p.309-12.

em relação às anteriores dos hominídeos africanos, mas eles foram caçadores muito mais hábeis. Uma variedade extraordinária de animais foi vítima de sua habilidade: cervos, elefantes, rinocerontes, bisões, búfalos de água, cavalos, camelos, javalis, tigres-dentes-de-sabre e ursos das cavernas. Dada a pobreza de seus equipamentos materiais, os seus sucessos na caça devem ter sido o resultado de um eficiente trabalho em equipe, o que levanta a possibilidade de que tenham desenvolvido uma rede de relações conscientemente mantidas e que possuíam uma linguagem articulada. Uma evidência adicional da sua humanidade é que, ao contrário dos hominídeos africanos, os proto-humanos de Pequim faziam amplo uso do fogo. Sua fogueira era a sua casa; seus hábitos eram essencialmente sedentários. Por outro lado, a expectativa de vida da população do Homem de Pequim era curta em relação aos padrões modernos: 40% morriam antes dos 14 anos, e menos de 3% chegavam aos sessenta. Ademais, muitos morriam cedo por causa de ferimentos. Temos a impressão de que o Homem de Pequim matava sua própria espécie em busca de carne, miolos e tutano.[2]

O Homem de Neanderthal, que viveu há mais ou menos 50 mil anos, possuía uma capacidade mental comparável à nossa. Como os proto-humanos de Pequim, os de Neanderthal eram hábeis caçadores de aves e animais grandes; mas as técnicas usadas mostraram pouca mudança, permanecendo basicamente uma combinação de flechas de madeira e armadilhas de buracos. Porém, os Homens de Neanderthal podiam reivindicar duas realizações das mais notáveis: adaptação a climas frios, o que requeria habilidade para fazer roupas com peles e couros e possibilidade de cobrir cabanas com esses mesmos materiais; e o enterro, o qual documenta a crença exclusivamente humana na vida após a morte. Por outro lado, os Homens de Neanderthal devem ter

---

2 CHANG, K. *The Archaeology of Ancient China*, 3.ed. New Haven, Connecticut: Yale University Press, 1977. p.48-9.

tido pouca disposição para fazer enfeites e objetos simbólicos; evidências de um esforço artístico como o do broche Tata (Hungria) são escassas.[3] Assim como os proto-humanos de Pequim, eles praticavam o canibalismo: em um lugar na Iugoslávia os ossos de uma dúzia de indivíduos, homens e mulheres, jovens e velhos, foram quebrados com o propósito de extrair o tutano.

Os proto-humanos da África tropical coletavam entre a riqueza da natureza, e podemos supor que suas vidas foram pacíficas, não especializadas, não centradas neles mesmos, e sem estresse. Esse foi nosso distante Éden, se alguma vez existiu um. Depois, o curso do desenvolvimento humano no longo período do Paleolítico (pré-agrícola) teve uma relação mais antagônica com a natureza. Essa tendência culminou com as grandes realizações dos habitantes do paleolítico superior, que floresceu em partes da Europa e sudoeste da Ásia, no final da Idade Glacial, mais ou menos entre 35 mil e 12 mil anos atrás. Nesse tempo as calotas de gelo cobriam a maior parte do norte da Europa e os Altos Alpes. A paisagem, ao contrário do cenário africano, em um período bem anterior da evolução humana era desoladora e o clima inclemente e variável. Neste ambiente exigente, a cultura humana alcançou um dinamismo e sofisticação previamente desconhecidos. Talvez pela primeira vez os humanos por si mesmos tenham se estabelecido indisputavelmente, como a espécie dominante. Mais eficientemente que nunca, eles caçaram animais grandes e perigosos, incluindo mamutes, rinocerontes peludos, bisões e ursos. Eles podem ter abusado do seu poder e contribuído para a extinção de parte da megafauna do final do Plistoceno. Os artefatos que deixaram para trás, especialmente esculturas e pinturas nas cavernas, ainda causam admiração. Aqui há um paradoxo. As obras de arte dos grandes

---

3 CLARK, G. *World Prehistory in New Perspective*. Cambridge: Cambridge University Press, 1977. p.36; MARSHACK, A. The Art and Symbols of Ice Age Man. *Human Nature*, v.1, n.9, p.32, 1978.

caçadores são evidências de um tempo livre, de um espírito imaginativo e confiante e de grande deleite com o domínio técnico sobre os materiais. Porém, também sugerem ansiedade. O conteúdo da arte deixa poucas dúvidas de que ela foi concebida com esperança e medos das pessoas que, apesar da habilidade na caça e armadilhas, estavam submetidas a todas as tensões de uma sobrevivência que dependia da disponibilidade de umas poucas feras grandes. Diferentemente das dietas dos coletores e pescadores em ambientes mais férteis, as dietas dos caçadores provavelmente auferiam pouco das plantas. A restrita variedade de alimentos dos quais podiam depender deve ter feito a vida parecer insegura. Aves e animais podem migrar ou não se reproduzir. Para os habitantes do Paleolítico Superior nem a fertilidade dos animais nem a dos humanos podiam ser dadas como certas. Sua arte, que tanto admiramos, satisfazia não somente impulsos estéticos, mas também exprimia a magia do trabalho nessa vida incerta. Assim, para promover a fertilidade, eram feitas estatuetas de mulheres que mostravam seios e nádegas grotescamente exagerados. E na parte mais profunda das cavernas de calcário, à luz tremeluzente dos archotes, podemos imaginar como os artistas-mágicos esforçavam-se para aplacar, com gravuras em água-forte e tinta, os espíritos dos animais que tinham matado, para assegurar a fertilidade permanente.[4]

Nós só podemos fazer conjeturas sobre os sentimentos e humor dos povos pré-históricos. Sobre os nossos contemporâneos somos capazes de falar com maior confiança. No capítulo precedente, destacamos quatro grupos de caçadores-coletores cuja maneira não especializada de viver poderia ser modesta em bens naturais, mas era, por outro lado, livre de graves tensões. Como comparação é útil considerar os grandes caçadores do Ártico, os esquimós.

---

4 CLARKE, G., PIGGOTT, S. *Prehistoric Societies*. London: Hutchinson & Co., 1965. p.64-97.

Frequentemente aparecem relatos entusiastas sobre seu modo de vida em livros escolares, *best-sellers*, e em obras socio-científicas. Eis aqui um povo que podemos admirar sem restrições, pois eles têm-se adaptado com muitos recursos técnicos a um meio ambiente no "fim do mundo". Os esquimós são conhecidos por desfrutar intensamente a vida. De acordo com Peter Freuchen "eles acreditam ser o povo mais feliz da terra, vivendo no mais lindo país que há".[5]

Apesar da sua economia mais especializada e excelente cultura técnica, os esquimós compartilham com os pigmeus e boxímanes certos traços sociais que no seu conjunto compõem um quadro atrativo da vida em grupo. Sua sociedade é essencialmente igualitária. Em teoria, o homem é o senhor da sua casa e sua palavra é lei. Na verdade, a mulher realiza funções econômicas vitais; não tem autoridade formal, mas tem muita influência e não é, de modo algum, servil. A unidade social básica, centrada no núcleo da família, é pequena. A respeito disso, os esquimós assemelham-se a outros grupos de caçadores que têm de se adaptar aos hábitos migratórios de aves, peixes e animais comestíveis, e em geral à escassez de recursos. Novamente, como os caçadores-coletores não especializados, os esquimós amam profundamente seus filhos. Um homem pode perder sua honra se espancar uma criança. É quase certo que o pai que dispõe de uma hora livre com sua família passará esse tempo brincando com seus filhos. Disciplina rígida e indução deliberada das crianças ao medo, tão frequentemente praticadas entre os povos agrícolas, devem parecer aos esquimós algo extremamente perverso.

Há, no entanto, diferenças importantes entre os esquimós e os semang ou os boxímanes – diferenças que talvez expliquem o maior elemento de medo no mundo ártico. Caçadores de aves,

---

5 FREUCHEN, P. *Book of the Eskimos*. Greenwich, Connecticut: Fawcett Crest Books, 1965. p.145.

peixes e animais grandes, os esquimós são mais migratórios; têm de percorrer distâncias muito maiores em busca de alimentos que os habitantes da floresta da Malásia ou do deserto do Calaári. Como resultado, sua ligação com o lugar é, em certa medida, mais frágil do que a dos pigmeus ou dos tasadai. Os esquimós carecem da segurança que procede da capacidade de se identificar com o específico, ternamente amado e intimamente conhecido torrão familiar. Uma segunda diferença importante é que não apenas os habitantes da floresta úmida, mas também os boxímanes do Calaári, obtêm grande parte dos alimentos das plantas comestíveis, cuja variedade e disponibilidade minimizam as consequências produzidas pela falta de chuva e pela morte das aves e animais. Por outro lado, os esquimós são quase totalmente dependentes dos animais para alimento, animais que migram – nem sempre de forma previsível – pelas terras e águas do Ártico. Por isso é mais provável que os esquimós ou comam regaladamente ou sofram mais fome do que os habitantes da floresta ou até mesmo do que os boxímanes do Calaári, que quase sempre encontram raízes comestíveis. Uma terceira diferença é o maior domínio dos esquimós sobre a natureza. Sofisticadas técnicas de caça lhes permitem sobreviver em um meio ambiente inóspito, mas ao mesmo tempo o exercício do poder parece lembrar-lhes a sua relação antagônica com a natureza. O fato de estarem cientes da simultaneidade de explorar os animais e depender completamente deles cria uma sensação de culpa e medo.

Embora os esquimós possam às vezes dizer que são "o povo mais feliz da terra", nem tudo é perfeito. Tanto por evidências objetivas quanto pelo que as próprias pessoas dizem, pode-se perceber que esses exitosos habitantes das terras árticas frequentemente sentem-se pressionados, ansiosos e dominados pelo medo. Evidências objetivas incluem morte ou abandono de crianças, órfãos e velhos em períodos de tensão. Quando nascem gêmeos, um pode ser morto, especialmente se for mulher.

Crianças defeituosas são mortas. A morte é geralmente imposta ao nascer, mas pode ser adiada para os quatro ou até seis anos de idade.[6] É obrigação da família cuidar dos órfãos, viúvas e velhos; na falta de parentes próximos a comunidade maior oferece ajuda. Mas quando a comida escasseia eles podem ser abandonados. Os órfãos são encerrados nos iglus, e os velhos (muitas vezes a pedido deles mesmos) são deixados para trás quando a família migra. Este tipo de ato drástico deve afetar as mentes e emoções de seus criminosos involuntários. Os esquimós contam histórias nas quais as pessoas que abandonam seus dependentes expõem-se a uma morte ignominiosa, e também nas quais os abandonados são miraculosamente salvos. Além disso, sentem muito medo das pessoas mortas, mesmo quando em vida eram um ente querido. A menos que todos os rituais prescritos sejam seguidos e tomadas todas as precauções, o morto pode descarregar uma terrível vingança.[7]

Os esquimós são inventivos e pessoas eminentemente práticas que normalmente não procuram causas sobrenaturais para eventos naturais. Porém, muitos acontecimentos de interesse vital para eles parecem tão além da sua compreensão, que devem ser postulados poderes sobrenaturais para manter uma visão do mundo como um sistema harmonioso, e não como caos. Por que ali não há ursos? Um caçador pode responder: "Não há ursos porque não há gelo, e não há gelo porque venta muito, e venta muito porque temos ofendido os poderes". O mundo dos esquimós é controlado pelas forças personificadas da natureza, por almas humanas e não humanas, espíritos e divindades. Alguns desses poderes são maus, muitos não têm atributos morais, mas podem, no entanto, causar dano simplesmente por se-

---

6 WEYER, E. M. *The Eskimos*: Their Environment and Folkways. New Haven, Connecticut: Yale University Press, 1932. p.132.

7 FREUCHEN, P. *Book of the Eskimos*, op. cit., p.153.

rem severos.[8] Este é Ava, um esquimó de Iglulik, que declama uma longa litania de medos:

> Tememos o espírito do tempo atmosférico da Terra, contra o qual devemos lutar para que não se extinga nosso alimento da terra e do mar. Temos medo de Sila. Temos medo da morte e da fome nos iglus. Temos medo de Tákanakapsâluk, a famosa mulher do fundo do mar, que domina as feras marítimas. Tememos a doença que diariamente encontramos por toda parte; não a morte, mas o sofrimento. Temos medo dos maus espíritos da vida, do ar, do mar e da terra, que podem ajudar os malvados xamãs a prejudicar seus companheiros.

Mas, para Ava, o maior perigo na vida jaz no fato de que o alimento humano consiste totalmente de almas. Pode haver expressão mais profunda de culpa e medo do que esta?

> Todas as criaturas que devemos matar e comer, todas aquelas que temos de derrubar e destruir para fazermos roupas têm almas como as nossas, almas que não perecem com o corpo, e que nós por conseguinte temos de aplacar a fim de que não se vinguem de nós por termos tirado seus corpos.[9]

Acima e além das hostes dos espíritos e almas inferiores, os esquimós do Ártico canadense acreditam em três grandes divindades: uma está associada à Lua, outra ao ar, e a terceira ao mar. Somente o deus Lua é bom e bem intencionado com os humanos. Ele é o protetor da fertilidade e visita as mulheres estéreis. Ele é um caçador vigoroso, disposto a compartilhar sua caça com os seres humanos. Tem influência sobre a deusa do mar e animais marinhos – uma crença baseada, aparentemente, na ob-

---

8 BIRKET-SMITH, K. *The Eskimos*. London: Methuen & Co., 1936. p.160-74.

9 RASMUSSEN, K. *Intellectual Culture of the Iglulik Eskimos*. Report of the 5th Thule Expedition, 1921-1924, The Danish Expedition, v.7, n.1, 1929, p.56, 62.

servação dos esquimós de que a Lua afeta o movimento das marés. Ele protege as pessoas de acidentes e conforta os suicidas no momento fatal, gritando para eles: "Venha, venha comigo! Não dói morrer. Só é um instante de vertigem. Não faz mal se suicidar".[10] O deus do ar é feroz e detesta o gênero humano. Ele flutua sobre a terra e ameaça as pessoas com o vento, neblina, chuva e tempestades de neve. Porém, para os esquimós, a divindade mais problemática é a deusa que vive no fundo do mar; porque ela é ao mesmo tempo mãe e amante dos animais, tanto daqueles do mar quanto dos da terra. Na ladainha de Ava, ela é Tákanakapsâluk, a famosa mulher do fundo do mar. Ao longo da costa ártica, ela é conhecida como Nuliajuk. Existem diferentes versões da história sobre as origens da rainha do mar e do porquê de ela quase não tolerar os seres humanos. Todavia, em todas elas estão contidos os temas de traição, abandono e crueldade sob a pressão de extrema necessidade. Eis aqui uma versão:

Há muito tempo o povo deixou a aldeia de Qingmertoq, na baía de Sherman. Eles iam atravessar a água e tinham construído balsas com caiaques amarrados uns aos outros. Eram muitas pessoas e tinham pressa em partir para novos campos de caça. E não havia muito lugar nas balsas que amarraram umas às outras. Na aldeia havia uma menina cujo nome era Nuliajuk. Ela saltou na balsa junto com os outros meninos e meninas, mas ninguém se preocupou com ela, ninguém era seu parente, de modo que a pegaram e a jogaram na água. Em vão ela procurou se agarrar à borda da balsa. Eles cortaram seus dedos e, veja!, à medida que desciam para o fundo os tocos recobravam vida na água e surgiram de repente ao redor da balsa como as focas. Mas Nuliajuk afundou até o fundo do mar. Aí transformou-se em espírito, o espírito do mar, e tornou-se a mãe das feras do mar, porque as focas nasceram de seus dedos que foram cortados. Ela também transformou-se em senhora de

---

10 Ibidem, p.74.

todas as coisas vivas, das feras terrestres que os seres humanos deviam caçar.[11]

A caça é uma ocupação de alto risco. Até na vivificante floresta dos pigmeus há javalis e elefantes que podem se tornar violentos e ameaçadores quando encurralados. Os esquimós, ao contrário dos pigmeus, são grandes caçadores que precisam enfrentar enormes feras do mar e da terra. Uma morsa, uma baleia ou um urso feridos podem se tornar extremamente perigosos. Mas os esquimós não temem os animais. Eles temem mais é a sua ausência – sua falta em tempos de necessidade – e aquelas forças da natureza que lhes negam os animais. Entre os esquimós e outros caçadores que devem confiar na presença de uns poucos grandes animais de caça, a incerteza é uma forma mais estressante de medo do que os perigos físicos que podem ser evitados com habilidade.

Em contraste com a dependência dos caçadores-coletores das provisões invariáveis da natureza, os agricultores procuram criar um mundo próprio, uma horta bem cultivada na qual plantas e animais – os preferidos pelos humanos – podem crescer sob o cuidado e controle dos homens. O alimento se torna não somente mais abundante, mas também mais confiável. Por crescerem dentro de um espaço pequeno, com limites fixados pelo homem, as pessoas não necessitam mais vaguear em busca de comida. As origens da agricultura remontam a mais de 12 mil anos. Desde a Antiguidade, a imagem de uma horta fértil e plácida exerce um enorme atrativo para os povos civilizados. Mas será que alguma vez, de fato, existiu um Éden? Será que os agricultores primitivos viviam em um mundo sem preocupações e medo?

---

11 RASMUSSEN, K. *The Netsilik Eskimos*, Report of the 5th Thule Expedition, 1921-1924, 1931. v.8, p.225-6.

Alguns intelectuais acreditam que as primeiras experiências na agricultura começaram nas férteis e diversificadas penínsulas e ilhas do sudeste da Ásia. Eles sugerem que pescadores progressistas tomaram certas plantas e animais sob o seu cuidado, enquanto continuavam dependendo do abastecimento gratuito da natureza para a maior parte do alimento. Como os víveres disponíveis eram de origens diversas, provavelmente não ocorriam períodos de verdadeira escassez. Com o tempo confiou-se mais nas plantas domesticadas – possivelmente raízes tropicais e tubérculos que podiam ser colhidos em diferentes épocas do ano. Novamente, devem ter sido pouco frequentes os períodos de verdadeiro estresse quando não havia alimento disponível, especialmente se as pessoas não perderam completamente suas habilidades como coletores e caçadores.

Nas latitudes mais altas, com maior sazonalidade, os cultivadores tendiam a rejeitar as semeaduras com base em raízes e preferiam aquelas com sementes de grãos e cereais. A agricultura tornou-se mais especializada. Embora tal mudança tenha significado maior capacidade técnica e controle sobre a natureza, também fez os cultivadores mais vulneráveis à imprevisibilidade do tempo. As colheitas, em lugar de serem múltiplas e escalonadas durante todo o ano, ocorriam em tempos difíceis e, quando malogravam, as pessoas eram ameaçadas pela fome. A ansiedade era o preço do progresso.[12]

O cultivo itinerante – uma forma pioneira de agricultura em que a cada período de poucos anos é aberta uma nova clareira – ainda oferece um meio de vida para mais de 150 milhões de habitantes nas áreas tropicais e subtropicais da Terra. Observando o costume atual podemos saber como os primeiros agricultores

---

12 SAUER, C. O. *Agricultural Origins and Dispersals*. New York: American Geographical Society, 1952; SPENCER, J. E. *Shifting Cultivation in Southeastern Asia*, University of California Publications in Geography. Berkeley and Los Angeles: s.n., 1966. v.19, p.125, 160.

teriam visto, e enfrentado, seu meio ambiente. Hoje, e provavelmente também no passado, o período da derrubada das árvores é um tempo de ansiedade e estresse. A comida é pouca e o trabalho, duro. As queimadas são um método para eliminar parte da vegetação, mas o que acontece se as árvores estão verdes e não queimam? Todavia, se a queimada é adiada, os agricultores correm o risco de que cheguem as primeiras chuvas. O esforço de limpeza teria sido em vão, e a escassez da comida seria uma ameaça. Quando o campo semeado brota, os cultivadores quase não podem descansar: têm de combater a invasão de plantas daninhas e rizomas de tocos de árvores que ficaram no campo. Os campos semeados precisam ser protegidos contra a destruição por ruminantes e pássaros. A natureza parece hostil e é preciso uma vigilância constante para mantê-la limpa. Na Zâmbia, Pierre Gourou escreve:

> As espigas de milho verde atraem herbívoros selvagens, e estes devem ser espantados. Os bembas da Zâmbia mantêm os predadores longe erguendo paliçadas. Os bandos de pássaros que se lançam sobre as espigas de milho são afugentados com gritos ou saraivadas de pedras. Uma rede de cordas é colocada sobre a plantação para permitir que um vigia empoleirado em uma plataforma faça barulho com um chocalho para espantar os pássaros ... Os cultivadores frequentemente precisam abandonar suas aldeias e viver temporariamente perto da roça para manter uma vigilância mais efetiva. Dessa forma a colheita fica assegurada, a não ser que atraiam a atenção de uma manada de elefantes.[13]

A agricultura representa um grande avanço para a economia dos caçadores-coletores, porém não assegura uma vida com relativa estabilidade e bem-estar. O paradoxo do sucesso é claramente exemplificado pelo modo como os grupos de habitantes

---

13 GOUROU, P. *The Tropical World*. 4.ed. London: Longmans, Green & Co., 1966. p.34.

– pigmeus e negroides, plantadores itinerantes – reagem à floresta úmida do Congo. Os pigmeus, nós já vimos, têm se adaptado bem: a vida deles não é uma luta constante, nem o medo é uma carga. Comparados com os pigmeus, os agricultores negroides só chegaram recentemente à floresta, tendo se mudado durante os últimos quatrocentos anos. Chegaram como seres superiores com poder de modificar o meio ambiente de uma maneira não sonhada pelos caçadores-coletores. Eles ostentavam sua superioridade e tratavam os seus vizinhos, os pigmeus, como servos. Mas, apesar do poder e conhecimento técnico, tinham de lutar muito mais pela sobrevivência do que seus "servos", os caçadores-coletores. Para cultivar qualquer coisa, deviam abrir uma clareira na floresta. A tarefa é árdua e lenta, porque frequentemente as árvores têm quatro metros ou mais de diâmetro. Uma vez a terra mais ou menos limpa, é necessário continuar trabalhando para evitar que as ervas daninhas invadam-na. É difícil manter um mundo artificioso na floresta tropical. Enquanto os pigmeus demoram somente uma manhã para instalar seu acampamento provisório, os plantadores precisam de meses para construir sua aldeia. Uma vez concluída, a aldeia atrai um enxame de moscas e mosquitos que dificilmente são vistos na floresta. Sem a proteção das copas das árvores, a temperatura chega aos 32°C, ao meio-dia. A terra, coberta de pó seco asfixiante, converte-se em barro depois de uma chuva. Em três anos a floresta triunfa sobre a vila e os cultivadores devem mudar-se para outro local e começar novamente seu ciclo de trabalho. Ao contrário dos caçadores-coletores, então, os aldeãos veem a floresta como um inimigo, de quem desconfiam e a quem temem. Como Turnbull dizia, "eles povoam a floresta com maus espíritos e enchem suas vidas com feitiços, bruxarias e a crença em magia".[14]

---

14 TURNBULL, C. M. *Wayward Servants*: The Two Worlds of the African Pygmies. London: Eyre & Spottiswode, 1965. p.21.

A natureza é enérgica e imprevisível. Uma maneira de compreender a natureza é vê-la como se estivesse cheia de espíritos malignos que precisam ser acalmados. Quase sem exceção, os espíritos assombram o mundo dos aldeões, e isto é verdade, quer os aldeões pratiquem o cultivo itinerante quer uma forma mais estável de agricultura tradicional. A origem dos espíritos pode ser humana ou não humana; os aldeões não se incomodam em fazer distinções precisas. De modo geral, os espíritos humanos rodeiam o povoado e tendem a ser benevolentes, ou pelo menos inofensivos, embora isso nem sempre seja assim. As divindades da natureza dominam a mata circundante. Os aldeões têm medo da mata, da qual pouco sabem.

Em diferentes partes do mundo, a atitude dos aldeões para com seu meio ambiente povoado de espíritos mostra similitudes básicas apesar de significativas variações nos detalhes. Para ilustrar as similitudes básicas, vejamos dois grupos bem distantes, os mende e os tarongans.

Os mende são povos agrícolas de Serra Leoa. O seu meio ambiente na floresta tropical e na savana é razoavelmente benigno, mas eles não se sentem muito seguros: veem a si mesmos à mercê de secas e inundações, relâmpagos e rajadas de vento com chuva, cobras venenosas, porcos-do-mato que ameaçam suas colheitas e leopardos que roubam seus frangos e podem matar um ser humano. Espíritos e poderes que são potencialmente perigosos espreitam por quase toda parte. Suas ações, no entanto, não são completamente arbitrárias. Os mende aprendem a interpretá-las de acordo com um sistema hierárquico vagamente concebido. No alto da hierarquia está o Deus supremo. Ele manda cair chuvas na sua "esposa", a Terra, mas sob outros aspectos o seu impacto nos assuntos humanos é pequeno. Para os mende são muito mais importantes os espíritos ancestrais. Eles estão perto de Deus, e são mediadores entre Deus e os seres humanos. Os ancestrais não são nitidamente diferenciados das várias classes de divindades da natureza. Às vezes, as divindades da natureza são simples ancestrais que habitam locais naturais como as montanhas e árvores. Algumas estão ligadas a lugares específicos e fixam tempos precisos para receber ofertas formais de grupos comunitários, iguais àquelas dadas aos ancestrais. Outras não estão ligadas a um lugar; são indivíduos caprichosos com gostos e paixões humanos, e os mende devem enfrentá-los como indivíduos com a ajuda da esperteza e magia humana. Dos espíritos ligados a um lugar, os dos rios estão entre os mais poderosos. Antigamente esses espíritos dos rios exigiam sacrifícios humanos. Até hoje eles são responsáveis pela morte de pessoas que procuram atravessá-los em pirogas, ou nadar e pescar em suas águas. O medo concentra-se nas correntezas, remoinhos e cânions profundos escavados nas vertentes rochosas.[15]

Os tarongans cultivam arroz. Vivem em pequenas comunidades isoladas na extremidade noroeste de Luzon, nas Filipinas. Sua região acidentada, mas atraente, consiste de montanhas majestosas, com escarpas cobertas de bambus e vales terraceados que chegam até o mar. A vida vegetal é abundante. Muitas frutas silvestres, plantas e raízes apropriadas ao consumo humano. A vida animal, ao contrário, é escassa, exceto pelos onipresentes e inofensivos lagartos. As cobras são raras. De fato, a mata abriga poucos animais perigosos. A natureza parece providente, mas o mundo dos tarongans é um mundo inquietante. Os espíritos manifestam-se de forma desagradável ao redor de matorrais sem luz, charcos sombrios, sob grandes árvores isoladas, perto dos quintais e até dentro de casa. Seres ancestrais assombram o terreiro da casa; embora amigáveis na maior parte do tempo, eles podem também ser perigosos. Quando o espírito de um morto toca uma pessoa, ela sente frio e apresenta dor de cabeça e febre.

---

15 HARRIS, W. T., SAWYER, H. *The Springs of Mende Belief and Conduct*. Freetown: Sierra Leone University Press, 1968. p.39, 47.

Quanto mais os tarongans se distanciam do seu povoado, maior é a probabilidade de que encontrem espíritos da natureza que fazem brincadeiras de mau gosto, embora não façam dano de propósito. Existem diversos tipos. Os menos perigosos são criaturas travessas, semelhantes aos humanos, que vivem em lugares onde a mata é densa. Uma ameaça maior são os "negros", seres malévolos que vivem em grandes árvores isoladas, longe de onde vivem os humanos. Ainda mais poderosos e ameaçadores são os *Sa'ero*, cujo *habitat*, também são as grandes árvores e capoeiras escuras. Os *Sa'ero* são invariavelmente mal-intencionados; chegam até a atrair as pessoas para fora de suas casas para lhes fazer dano. Felizmente eles não são numerosos. A maior classe de seres sobrenaturais, e portanto aqueles com os quais se pode topar com maior probabilidade, são conhecidos pelo flexível termo "não humanos". Estes espíritos podem causar doença, acidentes e morte. São onipresentes à noite e acompanham a escuridão quando esta invade a casa. Por esse motivo, dizem William & Corinne Hydegger:

> Os tarongans fecham os postigos e ficam dentro de casa se for possível; quando precisam sair, levam uma lâmpada e ficam perto da casa a não ser que formem parte de um grupo grande e seguro. Somente em noites de luar, quando a luz artificial é quase supérflua, os tarongans sentem-se seguros para se reunir no terreiro para cozinhar amendoim, conversar e bater-se em duelo com longas espadas de madeira.[16]

Por que os aldeões vivem em mundos tão endemoniados? Os mende realmente enfrentam diversos perigos reais, incluindo cobras venenosas e porcos-do-mato. Mas o que os tarongans temem do seu meio ambiente benéfico? Ocorrem doenças, acidentes e mortes prematuras, mas essas aflições são o destino

---

16 NYDEGGER, W. F., NYDEGGER, C. *Tarong*: An Ilocos Barrio in the Philippines. Six Culture Series. New York: John Wiley & Sons, 1966. v.6 p.73.

inescapável de todos os mortais e por si só não explicam a prevalência dos espíritos malignos. Como uma resposta geral podemos simplesmente dizer isto. Os aldeões em todas as partes criam uma paisagem humanizada a partir do selvagem primitivo sabendo que só podem manter sua criação com suor e vigilância constantes. Apesar de uma aparência exterior de calma, a vida na aldeia pode estar cheia de incerteza e estresse, exacerbados (talvez) por uma sensação de transgressão contra a natureza. Dentro de tais circunstâncias, a imaginação é rápida em povoar o espaço com espíritos malignos que estão à espreita.

6
Calamidades naturais e fome

Embora organização seja poder, o poder sobre o meio ambiente natural não produz automaticamente uma sensação de segurança: os agricultores de subsistência geralmente não se sentem mais seguros do que os primitivos caçadores-coletores. Do mesmo modo, a mudança da vila para estado, da cultura para a civilização, não redunda necessariamente em nenhuma redução significativa do medo. O que em verdade muda é o caráter e a frequência do temor. Os aldeões, por exemplo, são perseguidos pelos espíritos locais da natureza, os quais precisam de frequentes apaziguamentos; ao contrário, os sujeitos e os governantes de um estado temem o rompimento da ordem cósmica e o desencadeamento de forças naturais violentas que possam destruir regiões inteiras.

Um fato notável sobre as civilizações arcaicas é que elas demonstram uma persistente falta de confiança no bom funcionamento do cosmos. O movimento do Sol, o ciclo das estações e a conduta ordeira da própria sociedade não são assumidos como certos. Por que os antigos se sentiam tão vulneráveis quando, para onde quer que olhassem, viam cidades, monumentos e obras de irrigação que testemunhavam as realizações humanas e controle? Uma razão pode ter sido que a ameaça da fome continuava sempre presente e tinha implicações devastadoras, especialmente para os habitantes das cidades que nem colhiam nem produziam seu próprio alimento. Os meios de transporte eram muito primitivos para poder levar auxílio às províncias distantes, e a evacuação de multidões de pessoas famintas era raramente possível. Mesmo na zona rural, a dependência de uma ou duas culturas principais significava que, quando a colheita fracassava, as pessoas não tinham outros alimentos com os quais se alimentar. Ademais, os agricultores das civilizações arcaicas haviam perdido as habilidades para viver confortavelmente na distante natureza selvagem. Vejamos uns poucos casos.

O Egito foi abençoado com um meio ambiente confiável: o Sol fazia sua previsível trajetória através do céu, e o Nilo, graças à sua densa rede de afluentes na nascente, na África subsaariana, transbordava regularmente. Por essa razão, o Sol e o Nilo eram as duas supremas divindades do antigo Egito. Confiabilidade é, no entanto, um termo relativo. O Sol dá vida, mas seu calor intenso pode matar. Também pode destruir a vida ao retirar-se e enviar frio e escuridão sobre a Terra. Ademais, como os egípcios o compreendiam, luz e calor não eram garantidos, porque toda noite o Sol, na sua viagem através das extremidades antípodas, tinha que lutar com Apófis, a cobra da escuridão. Este esforço era especialmente intenso na primeira manhã do novo ano, quando o ritual humano tinha que complementar o poder do Sol para que ele nascesse novamente. Quanto ao Nilo, a outra grande fonte de vida, sua certeza também era relativa. O Nilo era mais confiável que os rios mesopotâmicos e o Huang Ho, mas os níveis de água oscilavam durante curtos e longos períodos e qualquer extremo – pouca água ou muita água – podia causar um desastre no Egito.

A obrigação principal de um faraó ou de um monarca para com o seu povo era mitigar os efeitos de um desastre natural. Ele tinha obrigação de aliviar a fome. Assim, Ameni, monarca de Oryx-Nome, alardeava: "Quando chegaram os anos de fome eu arei todos os campos de Oryx-Nome, mantendo vivos seus habitantes. Depois vieram grandes Nilos, riqueza de grãos e todas as coisas, mas eu não arrecadei as dívidas do campo".[1]

A ordem cósmica parecia mais tênue na Mesopotâmia do que no Egito. Comparada com o vale do Nilo, a natureza na terra do Tigre e Eufrates realmente caprichosa. Havia, naturalmente, as grandes periodicidades diurnas e sazonais; mas violências imprevistas como tempestades elétricas (descritas pelos mesopotâmicos como "temíveis labaredas de luz") e as inundações desorganizavam-nas.

> A violenta inundação que homem nenhum pode deter
> Que sacode os céus e faz a terra tremer,
> Em um apavorante cobertor envolve mãe e filho,
> Abate o verde do exuberante bambuzal
> E afoga a colheita quando está madura.[2]

Todas as pessoas anseiam pela vida, mas os desejos dos sumérios têm um *páthos* especial porque eles não acreditam em um paradisíaco mundo do além. A segurança até neste mundo é ilusória. O medo, dizia o orientalista S. N. Kramer, misteriosamente tingiu a vida dos sumérios.

> Do nascimento até a morte muitas vezes eles tiveram ocasião de temer seus pais, seus professores, seus amigos e concidadãos, seus superiores e governantes, o inimigo estrangeiro, a violência

---

1 BREASTED, J. H. *A History of Egypt*. New York: Bantam Books, 1964. p.134; BUTZER, K. W. *Early Hydraulic Civilization in Egypt*. Chicago: University of Chicago Press, 1976. p.41.

2 JACOBSEN, T. The Cosmos as a State. In: FRANKFORT, H. et. al. *Before Philosophy*. Harmondsworth, Middlesex: Pelican Books, 1951. p.139.

da natureza, animais selvagens, monstros e demônios malvados, doenças, morte e esquecimento.[3]

Para a mente arcaica, o principal medo era de que o próprio cosmos poderia ruir momentaneamente. Até os grandes ciclos da natureza poderiam malograr a não ser que fossem mantidos por rituais e sacrifícios, incluindo sacrifícios humanos. Na Babilônia, por todo o primeiro milênio a.C., durante 11 dias de cada primavera, os pensamentos de toda a população fixavam-se nas cerimônias do Festival do Ano Novo. As cerimônias destinavam-se a tranquilizar os mesopotâmicos, que achavam que o cosmos poderia converter-se em caos e que a sorte do país dependia do julgamento dos deuses. Somente um ritual tão esmerado e carregado de virtudes mágicas poderia resolver esta inevitável crise de fé e colocar um ponto final na terrível incerteza que oprimia todo o povo.[4] Em certo momento do festival, um sacerdote deveria decapitar um carneiro, esfregar o sangue nas paredes do templo e, depois, jogar tanto a cabeça como o corpo no rio. Poderia um ser humano – talvez o próprio rei – alguma vez ter desempenhado este papel de bode expiatório pelas transgressões do ano que passara? O historiador babilônio Berossus sugeriu, no século III a.C., a possibilidade de um sacrifício real em tempos remotos. O que os textos que ainda existem registram é a humilhação pública do rei: ele foi golpeado na cara até que as lágrimas rolassem.

Os antigos chineses, especialmente durante a dinastia Shang (c. 1500-1030 a.C.), acreditavam que os sacrifícios humanos eram necessários para promover a fertilidade da terra. "Tem-se a impressão", escreve Wolfram Eberhard, "que muitas

---

3 KRAMER, S. N. *The Sumerians*. Chicago: University of Chicago Press, 1963. p.262.
4 ROUX, G. *Ancient Iraq*. Harmondsworth, Middlesex: Pelican Books, 1966. p.360-1.

das guerras [Shang] eram empreendidas não como guerras de conquista mas com o único propósito de capturar prisioneiros". Esses prisioneiros eram mortos e oferecidos aos deuses. O costume de usar vítimas humanas para manter a fertilidade estendia-se muito além dos lugares de rituais solenes. Em algumas regiões, homens ficavam à espreita, perto de fontes, esperando viajantes de outras aldeias e os assassinavam com propósitos sacrificiais. Porções da carne das vítimas eram então distribuídas aos donos das terras próximas, que as enterravam.

Embora nos tempos de Confúcio (século VI a.C.) fossem proibidas todas as mortes rituais, a prática foi relatada nas regiões centrais da China até o século XI e após. O famoso festival de barcos, no sul da China, festejado todos os anos na primavera, tinha sido anteriormente uma forma de oferecer vítimas humanas às divindades da fertilidade.[5] Nas cortes feudais durante o início da dinastia Chou (c. 1030-722 a.C.), um exorcista dançava na inauguração do Ano Novo, e a cerimônia acabava com o esquartejamento de vítimas humanas nos quatro portões da cidade principal. Até a época de Confúcio, os chineses ainda pensavam que, para inaugurar um novo reino e dispersar o miasma da velha classe, era bom matar um homem e arremessar seus membros aos quatro portões da cidade. Quando uma grande seca assolava a terra, pedia-se aos feiticeiros que dançassem nos campos até a exaustão, e então eram queimados. Entretanto, no começo da dinastia Han (202 a.C.-9 d.C.), sacerdotes e autoridades realizavam somente atos sacrificiais simbólicos para manter o correto revezamento das estações. Em uma época adequada, imagens do espírito da estiagem de um homem e de uma mulher eram jogadas na água; ou a efígie de uma família de camponeses podia ser imolada.[6]

---

5 EBERHARD, W. *A History of China*, 2.ed. Berkeley: University of California Press, 1960. p.23.

6 GRANET, M. *Chinese Civilization*. New York: Meridian Books, 1958. p.191, 208.

A matança sacrificial de seres humanos chegou ao seu apogeu na civilização asteca, no vale do México. Na cidade capital de Tenochtitlán, que tinha uma população de 300 mil pessoas, cerca de 15 mil eram sacrificadas anualmente. A maioria das vítimas eram prisioneiros de guerra. Na verdade, o principal propósito da guerra era conseguir o necessário abastecimento de vítimas. Eles eram um povo robusto que, a partir de um início modesto, criou uma cultura urbana superior e um império em menos de duzentos anos. Não obstante, para eles o mundo parecia inseguro. Os astecas acreditavam que tinham existido outras épocas anteriores à deles e cada uma tinha acabado em meio a cataclismas, durante os quais a humanidade fora exterminada. Mesmo quando seu mundo floresceu, podiam ver que tinha sido construído das ruínas de outra grande cultura, a tolteca, que tinha desaparecido. Os ritmos muito previsíveis da natureza não conseguiam amenizar a tendência dos astecas à ansiedade. O Sol aparecia todas as manhãs, mas poderia fazê-lo sem sangue humano, o seu alimento? Alimentar "nossa mãe e nosso pai, a Terra e o Sol" era a primeira obrigação do homem. Esquivar-se de tal dever era não apenas atraiçoar os deuses, mas toda a humanidade. Homens eram oferecidos ao Sol e mortos no alto de uma pirâmide. Mulheres eram oferecidas às deusas da Terra: enquanto dançavam, fazendo de conta que não conheciam sua sorte, suas cabeças eram cortadas. Crianças eram afogadas em oferenda a Tlaloc, rei da chuva.[7]

Antigos impérios e Estados como o chinês e o asteca tinham o conhecimento e organização para construir monumentos e cidades, mas permaneceram à mercê da natureza. Artefatos admiráveis não eram capazes de persuadir as pessoas de que elas viviam

---

7 SOUSTELLE, J. *Daily Life of the Aztecs on the Eve of the Spanish Conquest.* Stanford, California: Stanford University Press, 1970. p.95-102; ORTIZ DE MONTELLANO, B. R. Aztec Cannibalism: An Ecological Necessity? *Science*, v.200, p.611-7, may 1978.

em um mundo previsível. As estrelas, como os monumentos que foram construídos de acordo com as coordenadas celestes, pareciam permanentes. Porém as pessoas sabiam muito bem que, no que dizia respeito às suas vidas, esses garantidores de estabilidade tinham pouco ou nenhum efeito. O comportamento da natureza junto à terra era incerto. Ninguém podia prognosticar o tempo com certeza e pressagiar se no próximo ano o povo iria progredir ou morrer de fome. Nessas circunstâncias, a estabilidade deve ter parecido uma ilusão e o caos uma ameaça constante. Não é temerário dizer que, exceto uma pequena elite, quase todos os adultos da sociedade pré-moderna conheceram a ameaça e, frequentemente, a realidade da fome. Plantações ressecadas pelo sol, submersas pelas inundações ou destruídas pelas pragas eram um acontecimento comum.

Para aliviar a ansiedade dos habitantes e prevenir a inanição das massas, governantes cultos estabeleceram reservas de alimentos em celeiros. O Livro do Gênese conta a história de José, que ajudou o faraó, no Egito, a construir armazéns como previsão à profecia "sete anos magros". Com os grãos armazenados, José pôde alimentar tanto os egípcios quanto os habitantes de outros países, porque "a fome era uma aflição em todos os países". Durante a dinastia Han, a China pelo menos reconheceu a necessidade dos celeiros. Como Chia Yi (220-168 a.C.), o hábil assessor do imperador Wu, perguntou ao seu senhor: "Em caso de fome em um território de dois ou três mil *li*,* onde se pode pedir ajuda?".[8]

No antigo México, para todos os governos foi uma tarefa importante acumular grãos nos celeiros, como prevenção em

---

* *Li* é uma medida chinesa de distância que corresponde a mais ou menos 580 m. (N.T.)

8 CHI, C. *Key Economic Areas in Chinese History*, 2.ed. New York: Paragon Books, 1963. p.6.

caso de desastres naturais graves. O imperador asteca, conhecido tradicionalmente como "o pai e a mãe de seu povo", estava obrigado a lutar por ele, contra a fome. Os imperadores assumiam suas obrigações seriamente. Montezuma I distribuiu alimentos e roupas a toda população; Auitzotl distribuiu 200 mil carregamentos de milho entre as vítimas de inundação. O imperador chinês, igualmente o "pai do seu povo", mediava entre céu e terra. Quando as colheitas eram insuficientes, ele demonstrava a sua preocupação paternal perdoando os impostos nas áreas atingidas e abrindo os celeiros. Se a calamidade natural persistia, o imperador tinha que interceder ao céu. Os decretos imperiais de 1832 e 1878 mostram que, na dinastia Ching, o governante chinês ainda concordava com a antiga crença de que as próprias transgressões podem acarretar desordem cósmica e que era sua obrigação jejuar e oferecer sacrifícios como reparação. Na petição de 1832 em parte se lê:

> Este ano de seca é o mais incomum. O verão acabou e não choveu. Não somente a agricultura e os seres humanos sentem a terrível calamidade, mas também bestas e insetos, ervas e árvores. Eu, sacerdote do Céu, estou acima da humanidade, e sou responsável por manter a ordem no mundo e acalmar o povo. Uns dias atrás eu jejuei e ofereci abundantes sacrifícios nos altares dos deuses da terra e grãos, e tinha que estar agradecido porque obtive nuvens e chuvas fracas, mas não o suficiente para produzir alegria. Prostrado, imploro ao Céu que perdoe minha ignorância e estupidez, e que me conceda autorrenovação; porque miríades de pessoas inocentes dependem de mim, o Homem Número Um. Meus pecados são tão numerosos que é difícil escapar deles. O verão passou e o outono chegou; esperar mais seria realmente impossível. Eu humildemente suplico ao Céu apressar-se e conceder benevolente doação – uma chuva rápida e divinamente benéfica, para salvar a vida dos habitantes e em certa medida redimir minhas iniquidades. Oh! ai de mim! Céu imperial, cumpra estas coisas. Oh! ai de

mim! Céu imperial, seja benevolente com eles. Eu estou inexprimivelmente aflito, alarmado e assustado.[9]

A escassez de comida e a fome ameaçaram os povos agrícolas pré-modernos em quase todas as partes, mas em nenhum lugar em tais proporções como na Índia e na China. Já no século II d.C. ambos os países tinham grandes populações. A China tinha cerca de 50 milhões de habitantes, a maioria concentrada nos vales subúmidos e planícies da bacia do Huang Ho, e a população do subcontinente indiano era quase o dobro da chinesa. Essas duas grandes e densas multidões de seres humanos no mundo dependiam (e ainda dependem) da chegada e saída pontual das chuvas monçônicas. Quando chegam muito atrasadas ou passam muito cedo, a fome ameaça centenas de milhares, às vezes milhões de camponeses. Na Índia, uma das piores calamidades de todos os tempos ocorreu em 1770, como resultado de dois anos de colheitas magras seguidos pela completa falta de chuvas no terceiro ano. Cerca de 30 milhões de pessoas em Bengala Ocidental e em Bihar sofreram, e talvez perto de 10 milhões delas morreram de inanição e doenças. Em Orissa e ao longo da maior parte da costa oriental da Índia, a seca de 1865-1866, seguida de chuvas torrenciais em 1867 e a inábil política governamental, produziram cerca de 10 milhões de mortos por doenças e falta de alimentos.[10] Na China, praticamente não choveu entre 1876 e 1879 nas densamente povoadas províncias setentrionais; a fome e as consequentes explosões de violência mataram entre 9 e 13 milhões de pessoas. Fomes produzidas pela seca ocorreram novamente nos anos de 1892-1894, 1900, 1920-1921 e 1928: o número de pessoas que morreu du-

---

9 WILLIAMS, S. W. *The Middle Kingdom*. ed. rev. New York: Charles Scribner's Sons, 1907. V.1, p.467-68.

10 AYKROYD, W. R. *The Conquest of Famine*. London: Chatto & Windus, 1974. p.52-4.

rante e logo após cada um dos desastres variou entre 500 mil e três milhões.

A seca foi a maior, mas não a única calamidade natural. Na China, as inundações vinham logo em segundo lugar, seguidas pela peste e terremotos. A inundação do rio Yangtze em 1931 afetou mais de 12 milhões de pessoas. Mais ou menos 14 milhões ficaram sem moradia quando esse mesmo rio se enfureceu em 1935. O número total de mortos nesse desastre permanece desconhecido, mas deve ter sido extraordinariamente alto: um município imprevidente da província de Hupei perdeu 220 mil pessoas de uma população total de 290 mil. A inundação do Huang Ho entre 1938 e 1946 provavelmente tirou a vida de meio milhão de pessoas.[11] Na Índia, o densamente povoado delta do Ganges está a menos de um metro acima do nível do mar e facilmente fica submerso durante a estação ciclônica. Quase todos os anos, milhares de camponeses bengaleses correm risco de morrer em temporais comuns. Tormentas inusitadas carregam culturas de arroz e podem provocar escassez de alimentos e fome em uma extensa região. As autoridades estimaram em um milhão e meio o número de mortos na fome de 1943, apesar de o número real poder ser duas vezes maior.[12] Meio milhão de pessoas pereceram quando um furacão atingiu a Bengala Oriental, em novembro de 1970.

Uma mera exposição das maiores calamidades exclui o grande número de secas menores e inundações pequenas que atormentam uma área, e omite as verdadeiras experiências de sofrimento e medo. As variações da natureza não precisam provocar fome em extensas áreas para projetar uma sombra de medo quando se repetem frequente e imprevistamente. Carecemos de dados confiáveis sobre eventos menos dramáticos, mes-

---

11 HO, P. *Studies on the Population of China*, 1368-1953. Cambridge, Massachusetts: Harvard University Press, 1959. p.231-5.

12 AYKROYD, W. *Conquest of Famine*, op. cit., p.55.

mo em um país como a China, que tem sua história bem documentada. Ping-ti Ho, entretanto, foi capaz de fazer uma estimativa do número e frequência dos desastres que afetaram a província de Hupei durante os 267 anos da dinastia Ch'ing (1644-1911). Durante todo esse período ocorreram secas em 92 anos e inundações em 190 anos. Os documentos de Hupei indicam que as calamidades naturais atingiram, todos os anos, uma média de sete de um total de 71 municípios; em outras palavras, cerca de uma décima parte da província foi atingida anualmente por um ou outro tipo de infortúnio. Outras partes da China, especialmente aquelas do Norte e da bacia do rio Huai, podem ter sofrido mais – muito mais – porque não tinham o clima regular da província de Hupei nem o meio ambiente diversificado.[13]

Documentos históricos raramente descrevem cenas de fome em toda a sua desolação e horror. Autoridades que testemunharam os desastres escreveram em um estilo formal e parece que omitiram seus sentimentos, talvez porque eles próprios tinham o suficiente para comer quando procuravam ajudar aos moribundos que se amontoavam ao redor deles. Os aflitos, quando sobreviviam, não tinham a educação formal para registrar a profundidade da sua angústia. Porém, existem uns poucos relatos claros. A seca da Caxemira em 1917-1918 foi descrita por Kalhana em *Rājatarañgini* (Uma crônica dos reis da Caxemira). Kalhana (fl. 1.148) escreveu:

> Dificilmente podia se ver a água no Vitasta (Jehlum), o rio estava inteiramente coberto por cadáveres encharcados e inchados pela água na qual haviam permanecido por longo tempo. A terra ficou, por todas as partes, completamente coberta com ossos, até parecer um grande cemitério provocando terror em todas as pessoas.

---

13 HO, P. *Studies on the Population of China*, op. cit., p.228-9.

Entretanto, os ministros do rei e os Tantrins (guardas) enriqueceram vendendo depósitos de arroz por altos preços.[14]

Na China, um comissário imperial, para aliviar a fome em Shansi, relatou como estava a província no inverno de 1877:

> Nas muitas viagens de inspeção, em que percorri uma área de 3.000 *li*, tudo que meus olhos podiam ver eram aquelas figuras humanas magras e macilentas e tudo que meus ouvidos podiam ouvir eram os gemidos dos homens e os gritos das mulheres. Às vezes minha carroça tinha que desviar para não passar por cima dos esqueletos que se amontoavam nas estradas. Muitos dos que ainda estavam vivos caíam de bruços no chão depois de pedir ajuda.[15]

O Comitê Chinês de Auxílio à Fome assim descreveu os perigos de trabalhar entre pessoas famélicas:

> Aridez e necessidade eram vistas por todos os lados, e à parte o perigo de, em todos os lugares, entrar em contato com tais visões e respirar o ar pestilento da vizinhança, o conjunto era somente capaz de abalar qualquer sentimento humanitário e despertar o mais profundo sentimento, ao mesmo tempo, de compaixão e aversão.[16]

Outra seca prolongada devastou grande parte do norte da China entre os anos de 1941 e 1943, quando o país estava em guerra contra o Japão. O repórter Jack Belden descreveu com realismo o lugar:

> Em Honan, as estradas para as montanhas Taihang logo ficavam cheias de cadáveres. Na primavera de 1942, os brotos de todas

---

14 KALHANA. *Rājatarañgini*. Trad. Ranjit Sitaram Pandit. New Delhi: Sahitya Akademi, 1968. p.209.

15 HO, P. *Studies on the Population of China*, op. cit., p.231.

16 CHINA FAMINE RELIEF COMMITTEE. *The Great Famine*. Shanghai, 1879. p.5.

as árvores foram comidos. De cada árvore a casca foi tirada de modo que os troncos apresentavam uma estranha aparência branca, parecida com as pessoas sem roupas. Em alguns lugares, as pessoas comiam as fezes dos bichos da seda; em outros lugares comiam uma terra branca esquisita... As mulheres trocavam suas crianças dizendo: "Você come a minha, eu vou comer a sua".[17]

Em 1962, um aldeão de Yenan lembrava sua experiência pessoal da fome de 1928 e 1929, quando ele era um menino:

> Saímos a mendigar. Não tínhamos nada para comer. O pai foi a Chaochuan catar lenha e mendigar comida, mas não conseguiu nada. Ele carregava folhas de olmo e lenha quando caiu à margem da estrada. Esperamos por ele toda a noite. De manhã, como ele não tinha chegado, a mãe disse: "Vamos agora ver o que aconteceu com ele". Então a mãe, o tio e eu caminhamos ao longo da estrada rumo a Chaochuan. Fui o primeiro que o viu. Ele jazia no chão com o rosto para baixo e estava morto. As folhas de olmo e a lenha ainda estavam a seu lado. Ninguém tinha tocado em nada. As folhas de olmo eram para nós comermos. Ele não estava doente; simplesmente morreu de fome![18]

Os governos tinham o poder e a organização para arrecadar impostos e recrutar homens para a guerra contra os inimigos humanos. Por que não puderam lutar contra a natureza e pelo menos mitigar a aflição do povo? Alguns governantes não tinham disposição; de fato o relato de Kalhana sobre a fome na Caxemira (917-918 e 1099-1100) sugere que os reis e ministros abertamente procuravam tirar proveito pessoal dos desastres naturais. Alguns governos não tinham a organização necessária, mesmo que tivessem vontade. Na primeira parte do século

---

17 BELDEN, J. *China Shakes the World*. New York: Monthly Review Press, 1970. p.61-2.

18 MYRDAL, J. *Report from a Chinese Village*. New York: Pantheon Books, 1965. p.135.

XVII, o Império Mogol, na Índia, estava no apogeu do seu esplendor e, mesmo assim, nada pôde fazer para impedir uma grande calamidade como a fome de Gujarat em 1632.[19] Os príncipes indianos, ao contrário dos da China, não consideravam como sua obrigação providenciar celeiros públicos naquelas partes do país onde existia a probabilidade de haver falta de comida. De qualquer maneira, os celeiros poderiam somente proporcionar alívio temporário à infinidade de pessoas famintas. Quando uma seca persistia, os alimentos tinham de ser trazidos do exterior. A solução parece simples, mas na realidade não o era. A principal razão do alto número de mortes nas zonas afetadas eram as rudimentares condições das comunicações. Este fato há muito foi reconhecido. As cidades afastadas da costa eram especialmente vulneráveis à escassez e à fome. Como Gregório Nazianzeno, um sacerdote do século IV, disse:

> A cidade [de Cesareia, na parte central da Ásia Menor] enlanguescia, mas não chegava ajuda de nenhuma parte, nenhum remédio para a calamidade. As cidades na costa marítima suportam facilmente uma escassez deste tipo, importando pelo mar as coisas de que carecem. Mas nós que vivemos longe do mar... nem somos capazes de exportar o que temos nem de importar o que nos falta.[20]

Quando a seca atingiu as densamente povoadas províncias do interior da China, o isolamento do auxílio exterior contribuiu para levar à morte milhões de pessoas. Durante a fome de 1876-1879, passaram-se meses para que ao menos as notícias da desgraça chegassem à capital e aos portos da costa. Grande

---

19 SPATE, O. H. K. *India and Pakistan.* New York: E. P. Dutton & Co., 1954. p.158-9.
20 NAZIANZEN, G. (Saint). *Patrologia Graeca.* Ed. J. P. Migne, v.36, col.541; citado em HOPKINS, K. Economic Growth and Towns in Classical Antiquity. In: ABRAMS, P., WRIGLEY, E. A. (Eds.) *Towns in Societies*: Essays in Economic History and Historical Sociology. Cambridge: Cambridge University Press, 1978. p.46.

número de camponeses já estava morrendo antes que tivesse sido feito algum esforço coordenado para levar alimentos. Quando as condições desesperadoras ficaram amplamente conhecidas, a tarefa de transportar a quantidade necessária de grãos por centenas de quilômetros em estreitos caminhos de terra demonstrou ser quase impossível. O horror resultante foi claramente descrito em um relatório oficial:

> Durante o inverno e a primavera de 1877-78, reinava soberana a desordem mais espantosa ao longo da rota a Shansi. Fugitivos, mendigos e ladrões andavam aos montes. As autoridades eram impotentes para criar qualquer forma de ordem nas montanhas. O caminho estava completamente deteriorado. Camelos, bois, mulas e burros eram tangidos na maior confusão... Viajar à noite estava fora de cogitação. O caminho estava marcado pelas carcaças ou esqueletos de homens e bestas, e os lobos, cachorros e raposas logo punham fim ao sofrimento de qualquer infeliz que se deitasse para se recuperar – ou morrer – da sua doença. Carroças quebradas, sacos de grãos espalhados, homens e animais agonizando muito frequentemente bloqueavam a rota, e era necessário suspender por vários dias seguidos a entrada de comboios de um lado, para permitir que o comboio do lado contrário pudesse passar.[21]

Secas e inundações, fome e morte são horríveis. Apesar de haver histórias parecidas fora da China e Índia, em comparação, a Europa é um continente favorecido onde a natureza é benévola. O tempo oscila, mas em pequena escala, e os rios europeus são pequenos e bem comportados comparados aos do Oriente. Porém, fome e inanição causadas pelos caprichos da natureza foram um aspecto importante da história europeia até os tempos modernos. Fomes terríveis e generalizadas visitaram o continente nas primeiras décadas do século XI. No século XII a

---

21 MALLORY, W. H. *China*: Land of Famine. New York: American Geographical Society, 1926. p.30.

abertura de novas terras aráveis atenuou a pressão demográfica; contudo aqui e ali colheitas irregulares resultavam em escassez, e hordas de pessoas com fome à procura de alimentos periodicamente assediavam mosteiros e os portões da cidade. O fato era que, mesmo nas boas épocas, anos magros seguiam-se a anos de fartura, e mesmo nas melhores temporadas muitas pessoas tinham que se contentar em viver precariamente durante a primavera e nas semanas que precediam a colheita.

Depois de 1300 começou uma época de escassez catastrófica. O clima piorou muito: a calota de gelo do oceano Ártico avançou para o sul de modo que a rota de navegação da Noruega para a Groenlândia teve de ser mudada. Uma sucessão de épocas chuvosas fez com que as dificuldades crônicas com colheitas insuficientes se tornassem mais agudas e provocassem, em 1309, no Sul e Oeste da Alemanha, uma crise no abastecimento de trigo que depois se espalhou para o restante da Europa Ocidental. Durante o pior período, de 1315 a 1317, foram registradas quebras nas lavouras da Irlanda até a Hungria. Em 1316, os arquivos de Ypres, em Flandres, mostram que entre maio e outubro cerca de 2.800 cadáveres, ou aproximadamente a décima parte da população, foi enterrada pelo serviço público. Aldeias, especialmente na Alemanha, foram abandonadas indiscriminadamente, e muitas delas nunca mais foram povoadas.[22] Fomes de comparável severidade foram ameaças habituais para as cidades europeias no final da Idade Média. Nos arquivos de Toulouse podem se localizar sete períodos de fome entre 1334 e meados do século XVII. O problema com o abastecimento de alimentos se tornou, em todas as partes, um problema constante, agudamente sentido em todas as comuni-

---

22 WHITE JR., L. Death and the Devil. In: KINSMAN, R. S. (Ed.) *The Darker Vision of the Renaissance: Beyond the Fields of Reason.* Berkeley e Los Angeles: University of California Press, 1974. p.26-7.

dades municipais – na Itália, assim como também no Langue-doc e na Alemanha.[23]

Nós esperaríamos que as pessoas do período medieval, isoladas em suas aldeias, cidades e feudos, fossem retrógradas, por carecer de meios organizacionais e técnicos para combater as duras exigências da natureza. Mas, quando nos dirigimos para a França do século XVII, descobrimos que os súditos do Grande Rei não estavam em melhor situação. A natureza ainda era todo-poderosa. A economia francesa atinha-se muito às colheitas de cereais, que eram muito sensíveis às irregularidades do clima, especialmente verões frios e chuva excessiva, e estas apareceram com frequência anormal durante todo o século XVII. Quando as colheitas eram insuficientes em uma área, os transportes deficientes não podiam prestar auxílio rápido. Por outro lado, rumores de fome podiam e eram difundidos rapidamente, o que causava um grande aumento dos preços dos grãos nos mercados. De tempos em tempos pessoas morriam de fome, não porque não houvesse alimento, mas porque o preço era muito alto.

Insuficiência de alimentos, fomes e períodos de relativo bem-estar revezavam-se com perversa regularidade. Tempo ruim e colheitas magras causaram a fome geral de 1661-1662. Mendigos das áreas rurais aglomeravam-se nos portões das cidades e de instituições de caridade, pedindo pão. Em todo o país os cidadãos formaram milícias para repeli-los. Um período de bom tempo produziu boas safras em 1663, e esse ano marcou o início de uma década de relativa prosperidade. De 1674 em diante, porém, as estações uma vez mais ficaram "desarranjadas". Um verão úmido em 1674 diminuiu a colheita em muitos lugares; os dos anos 1677, 1678 e 1679 foram piores. A produção foi escassa em 1681 e catastrófica em algumas regiões em 1684. O preço

---

23 DUBY, G. *Rural Economy and Country Life in the Medieval West*. Columbia: University of South Carolina Press, 1968. p.295.

dos alimentos disparou. Entre 1679 e 1684 o número de mortos começou a aumentar em toda a França. O tempo foi bom novamente de 1684 até 1689. Excelentes safras serviram para baixar os preços dos grãos, e as pessoas ficaram bem alimentadas. Então chegou a grande fome de 1693-1694, o auge de uma série de anos frios e úmidos. A maioria das pessoas na França e muitas também em outros países foram ameaçadas, sofreram ou morreram de inanição. Em abril de 1693, um funcionário subalterno da diocese de Beauvais observou:

> um número infinito de infelizes almas, débeis pela fome e desgraça e morrendo de miséria e falta de pão nas ruas e praças, nas cidades e no campo, porque não tendo trabalho ou ocupação carecem de dinheiro para comprar pão. Procurando prolongar um pouco suas vidas, estes pobres homens comem coisas impuras, como gatos e carne de cavalos esfolados e jogados em montes de excrementos... Outros desenterravam os feijões e sementes de milho plantados na primavera.[24]

Foi a inanição um problema sério na Inglaterra dos Tudor e Stuart? A história aponta nessa direção. Peter Laslett sugere pelo menos a possibilidade de que o índice de mortalidade muito alto em Colyton, Devonshire, em 1645 teve como causa a fome local. Os aldeões de Hartland, oitenta quilômetros a oeste, tinham o suficiente para comer, mas parece que não tinham excedentes para ajudar seus aflitos vizinhos.[25] Andrew Appleby argumenta que os altos índices de mortalidade nos condados a noroeste de Cumberland e Westmoreland eram influenciados pela fome e não pelas doenças epidêmicas como se pensava antes. Pessoas morriam por falta de alimentos no norte da Ingla-

---

24 GOUBERT, P. *Louis XIV and Twenty Million Frenchmen*, New York: Pantheon Books, 1970. p.178-81; citação na p.216.
25 LASLETT, P. *The World We Have Lost*. New York: Charles Scribner's Sons, 1965. p.119.

terra em 1587-1588, 1597 e 1623. A triste sequência deveu-se a um verão úmido, seguido de uma quebra na safra, o aumento desmedido dos preços dos alimentos além do alcance dos pobres e a inanição. Esse tipo de sequência podia ser repetido por vários anos antes que uma boa safra trouxesse alívio.

> Um cidadão de Newcastle escreveu, em 1597, sobre "diversas pessoas passando fome e morrendo em nossas ruas e nos campos por falta de pão". Os arquivos do condado de Newcastle confirmam a desgraça: em setembro e outubro de 1597, 25 "pessoas pobres que morreram nas ruas por sofrerem privações" foram enterradas com dinheiro da cidade. Um quadro triste – apesar de Newcastle aparentemente ter melhor situação do que outras áreas no norte, graças à importação de grãos do estrangeiro. Não fosse por esses carregamentos de grãos, milhares de pessoas teriam morrido de inanição, o Decano de Durham escreveu a Robert Cecil.[26]

No século XVII, a vida era insegura não só para os trabalhadores do campo, pequenos proprietários e os pobres em geral, mas também para pessoas de nível econômico superior. Apesar de carecermos de dados estatísticos para apoiar essa afirmação, um detalhado estudo de caso, como a descrição que Alan Macfarlane faz de um clérigo inglês, transmite eficazmente a impressão da precariedade da vida. Ralph Josselin (1617-1683) tinha três importantes fontes anuais de rendimento: o cargo de vigário de Earls Colne em Essex, lucros provenientes de terras de cultivo e de aluguel e honorários por ensinar em uma escola. Josselin manteve um diário, cheio de fatos e observações, durante um período de mais de quarenta anos. Quais eram as aflições e preocupações deste clérigo e homem de família? Meditações religiosas ocupam bastante espaço no seu diário, mas quase o mesmo espaço é tomado por referências ao tempo e ao

---

26 APPLEBY, A. P. *Famine in Tudor and Stuart England*. Stanford, California: Stanford University Press, 1978. p.113.

desenvolvimento da colheita. O tempo aparece em quase todas as páginas; dúzias de verbetes registram a quantidade de chuva, a intensidade do calor e o excesso de vento. Josselin escreveu em várias ocasiões sobre seca, mas, sem dúvida, sentia-se mais ameaçado pelos anos úmidos e inundações. Um verbete de 1648 diz: "Esta semana foi muito úmida, a estação muito triste tanto em relação ao milho como aos alqueives, pouquíssimas terras estão prontas para ser semeadas; alguns dizem que o gado que se alimenta nas várzeas submerge e morre, seus intestinos destruídos por cascalho e terra". O tempo afetava o abastecimento de alimentos de Josselin, a quantia de dinheiro que ele podia economizar e gastar com seus filhos e a quantia que devia gastar em combustível. Contudo, mesmo nos piores anos do final da década de 1640, Josselin e a sua família não morreram de fome, ao contrário dos pobres que se apinhavam nas ruas de Earls Colne.[27]

No século XVIII a vida na Europa Ocidental chegou a ser notavelmente mais segura. Fome e morte por inanição, ameaças habituais na França rural do século XVII, não eram mais ocorrências comuns. Graças a condições climáticas mais clementes, a um governo real mais eficaz e a uma distribuição nacional mais eficiente dos suprimentos, as calamidades locais deram lugar a algo melhor – talvez em um sentido desesperado –, ou seja, um padrão generalizado de moléstias crônicas. O fim da fome grave tornou possível que as pessoas pobres da França se multiplicassem. Uma população morrendo de fome não se reproduz, mas uma que só está mal nutrida não tem dificuldade para aumentar. Ironicamente, com a situação melhor, havia mais pobres que nunca, e a fome nunca poderia se ausentar de suas mentes. Ainda mais do que no passado, a fome ameaçou porque, depois de uma safra escassa, a exploração dos comercian-

---

27 MACFARLANE, A. *The Family Life of Ralph Josselin*: A Seventeenth-Century Clergyman. Cambridge: Cambridge University Press, 1970. p.71-6.

tes locais e negociantes da cidade faziam que os preços dos alimentos aumentassem rapidamente e os deixavam inacessíveis. Parece que as pessoas viviam em um estado de ansiedade permanente; qualquer família que não tivesse o suficiente para se alimentar deve ter se perguntado se poderia comprar comida quando houvesse escassez. O medo escondia-se na profundidade, ainda que na superfície as pessoas se mostrassem calmas e alegres. "Tanto as comunidades quanto os indivíduos viviam com os nervos à flor da pele", escreve Olwen Hufton. As pessoas que tinham muito pouco temiam cair no nível daqueles que não tinham nada.

> Em tempos de privação ... os medos multiplicam-se e outros se agregam, não menos o medo das intenções dos estranhos interesseiros em retirar os grãos de uma comunidade para forçar o aumento dos preços e o medo da vila pela cidade, e da pequena cidade pela grande cidade, cada uma desconfiada de que a outra estaria desfrutando melhores condições e preços mais baixos.[28]

As calamidades naturais obviamente não afetam da mesma maneira todas as camadas sociais. Em geral os que trabalham a terra e os pobres sofrem mais. Dados estatísticos sobre índices de mortalidade, relatórios contemporâneos e documentos do governo nos permitem imaginar os horrores da fome, mas as próprias vítimas – os milhares e, no caso da Índia ou China, até milhões que pereceram em cada grande desastre – não deixaram um registro pessoal de seus medos, angústia e sofrimento. De fato, ser uma vítima era ser desconhecido: os gritos que cortavam o ar eram rapidamente absorvidos por ele. Quando um texto antigo conserva os medos das pessoas, nós consideramos a preservação do relato um acontecimento afortunado. De um

---

28 HUFTON, O. H. *The Poor of Eighteenth-Century France, 1750-1789*. Oxford: Clarendon Press, 1974. p.355-6; VRIES, J. de. *The Economy of Europe in an Age of Crisis, 1600-1750*. Cambridge: Cambridge University Press, 1976. p.11-5.

texto assim podemos imaginar, por exemplo, como os sumérios viam uma inundação enfurecida "que sacode os céus e faz a terra tremer" e "em um apavorante cobertor envolve mãe e filho". Quando Jó lamenta-se da indiferença de Deus, seguramente também expressa a angústia e perplexidade das pessoas! "Quando uma inundação repentina produz morte, ele zomba da aflição do inocente" (Jó 9,23). O *Tao Te King* diz: "Céu-e-terra não são sentimentais; tratam todas as coisas como cachorros vira-latas".[29] Esta também é sabedoria popular, registrada em um clássico chinês.

Os comportamentos e humores da natureza oscilavam imprevisivelmente. Essa inconstância era uma fonte permanente de medo desde os tempos antigos até o começo da Idade Moderna. Inundações, terremotos e pragas de gafanhotos apareciam com pouco ou nenhum aviso. A resposta era um alarme – uma massacrante sensação de destruição do mundo conhecido. A seca, pelo contrário, aparecia gradualmente. Enquanto o Sol queimava dia após dia, as pessoas se tornavam cada vez mais ansiosas e procuravam no céu qualquer presságio de chuva. Talvez o seguinte relato sobre o calor e a seca no Punjab antes do estouro da monção nos dê uma ideia do que os lavradores poderiam sentir enquanto esperavam pelos ventos úmidos.

> Homem e animal definham e anseiam por ar, enquanto mesmo em casa o termômetro marca dia e noite entre 35 e 45°C. Quase todas as coisas verdes murcham; o pasto parece queimado até as raízes; arbustos e árvores parecem moribundos; a terra está sulcada de gretas; e toda a paisagem tem um aspecto de secura e tristeza. Por fim, em junho, os ventos quentes param de soprar, e segue-se uma calma; e agora, de fato, o calor é verdadeiramente assustador; os anteparos de capim não serviram para nada; todas as coisas anelam por chuva; mas nada de chuva, nem sequer uma

---

29 *Tao The Ching*. Trad. John C. H. Wu. New York: St. John's University Press, 1961. p.7.

gota a gente pode esperar até que os ventos do sul e do leste tenham chegado.[30]

Mas o que acontece se a calma persiste e os ventos de sudeste não chegam? Antes que se construíssem modernas redes de irrigação no alto rio Indus e vales do Ganges, esta era uma questão de vida ou morte para centenas de milhares de camponeses, e que os atormentava todos os anos.

Os seres humanos não suportam viver em permanente estado de ansiedade. Necessitam manter uma sensação de controle, não importa quão ilusória possa ser. Celeiros, poços e açudes proporcionavam um certo grau de segurança no passado, mas somente um certo grau: nada podia proteger o populacho dos grandes desastres. Até que a tecnologia moderna deu aos seres humanos a sensação de domínio sobre a natureza, eles não podiam confiar nos seus próprios artefatos; estes tinham de ser complementados com rituais mágicos e cerimônias. Para os astecas, as cerimônias requeriam tanto raciocínio, esforço organizacional e trabalho, que podemos cogitar por que eles não usaram seus recursos e energia com fins mais práticos, tais como construir celeiros e melhorar os métodos de controle da água. Mas os astecas acreditavam que o próprio cosmos estava ameaçado e o Sol podia não nascer. Nenhum trabalho humano poderia fortalecer o cosmos, e somente o sangue humano poderia dar ao Sol a força para movimentar-se na sua trajetória. Sacrifícios humanos sangrentos, um horror para as nossas sensibilidades, eram para os astecas um meio de mitigar a ansiedade do medo. Mesmo o medo das vítimas pode não ter sido tão intenso como nós agora imaginamos, porque rituais de categoria celestial podem fazer parecer a própria morte não só pertinente e dignificada, mas também distante e impessoal.

---

30 MERK, M. J. Um residente de Punjab. Citado em KENDREW, W. G. *The Climates of the Continents*. London: Oxford University Press, 1937. p.146.

Os desastres naturais eram vistos como um desvio da harmonia essencial da natureza, que devia ser restabelecida com rituais humanos. O ritual tem isto em comum com o procedimento científico ou a ação prática eficaz: procede de acordo com regras definidas e predizíveis. Em tempos de incerteza, a execução de gestos predeterminados pode ser em si mesma tranquilizadora; e a sensação de certeza é profundamente aumentada quando se acredita que os gestos individuais e coletivos transmitem poderes sobrenaturais. Sacrifícios humanos empreendidos para promover a fertilidade ou para repelir desastres sempre foram parte de uma cerimônia. Com o passar do tempo, os animais tomaram o lugar das vítimas humanas, e animais de palha foram substitutos para os vivos. Somente os gestos foram mantidos. A literatura etnográfica documenta numerosos tipos de rituais que existiram e provavelmente ainda existem em diferentes partes do mundo. Os índios do sudoeste americano continuam realizando a dança da chuva. Nas igrejas rurais, quando as pessoas ficam de pé ou de joelhos, ainda são oferecidas orações por uma chuva oportuna e uma boa colheita.

O ritual é um ato público e uma expressão de fé nos ordenados processos do mundo. Quando a vida e os meios de vida parecem incertos – devido a razões naturais ou artificiais –, outra resposta mais pessoal é possível, e esta é o jogo. Os chineses são famosos por sua predileção pelo jogo. Poderia o vício nos jogos de azar ser uma resposta à precariedade da vida? Não o sabemos. Porém, vários estudiosos têm sugerido que nas terras semiúmidas e semiáridas de Alberta, Kansas e Novo México os agricultores têm desenvolvido uma atitude de apostar em sua empresa diante da grande variação das chuvas. Os agricultores de terras áridas frequentemente são pessimistas, entretanto têm suficiente confiança em sua sorte para continuar tentando. Eles dizem, "É boa sorte quando acertamos e má sorte quando não acertamos" ou "Estamos apostando nosso trabalho, nossa semente e nosso combustível na esperança de conseguir alguma coisa". No Novo México os agricultores hispano-americanos são mais resignados. Acreditam na sorte absoluta, sorte que não se pode enganar – *sea lo que sea* (o que tiver que ser, será).[31] Isto é fatalismo. Ser fatalista é ver o mundo natural como tão imutável ou tão arbitrário e poderoso no seu comportamento que as iniciativas humanas frequentemente acabam em fracasso. Às pessoas cansadas e amedrontadas, o fatalismo oferece a consolação de uma paz letárgica.

Por outro lado, a violência impulsionada pelo medo é uma resposta humana comum à escassez de alimentos e às fomes não catastróficas. Visto que a raiva não pode ser razoavelmente dirigida contra a natureza, tem sido dirigida contra seres humanos, tais como funcionários desumanos ou irresponsáveis, comerciantes que se aproveitam da adversidade e companheiros de sofrimento que lutavam por suprimentos de comida que desapareciam pouco a pouco. Na China, durante a dinastia Tang (618-907 d.C.), por exemplo, os desastres naturais atuaram em 22 de um total registrado de 39 "revoltas agrárias menores". (Uma revolta agrária menor é um levante empreendido por camponeses sem o apoio de um líder político-militar ou de uma ideologia articulada.) No *Tzu Chih T'ung Chien*, uma história escrita em 1084, incidentes tais como os seguintes estão registrados:

> Em novembro de 621, três mil pessoas famintas com apenas cem carroças deixaram Iu Chou em busca de grãos, que lhes tinham sido prometidos. Eles revoltaram-se porque o líder militar em Yen Chou não cumpriu sua promessa... Uma inundação grave ocorreu em setembro de 811 no Hu-nan ocidental. Os funcionários locais obrigaram os camponeses a reparar a barragem. Os camponeses recusaram-se e começaram uma revolta que durou vários dias.

---

31 VOGT, E. Z. *Modern Homesteaders*. Cambridge, Massachusetts: Harvard University Press, 1955. p.90-1.

Os desastres naturais causavam sofrimento, mas não necessariamente tumulto, quando o governo era considerado justo e preocupado. Os camponeses chineses não eram tão estúpidos para se rebelarem contra os decretos do Céu. Porém, quando ao desastre natural soma-se a carga de um governo corrupto e irresponsável, a ira e frustração do povo podiam bem eclodir em atos de violência.[32] O resultado era um mundo inseguro do qual ameaçavam desaparecer todas as harmonias – as da natureza, as da sociedade – tanto em nível do governo oficial quanto das íntimas relações humanas – e as do corpo e da mente.

Raiva e alarme ainda significam vida. Perto do final, à medida que a fome continua, essas sensações transformam-se em um desespero indiferente. Uma paisagem de homens agonizantes, mulheres e crianças com energia apenas para se mexer e chorar pode ter originado sentimentos de extremo horror nos transeuntes, mas não sabemos o que sentiam as próprias vítimas; o registro é mudo.

---

32 POON, K. A Historical Geographical Study of Natural Disasters and Minor Agrarian Riots. Tese inédita de M. A., University of Minnesota, 1976. p.57-65.

7
Medo no mundo medieval

Uma natureza externa que parecia todo-poderosa e difícil de prever era uma das principais causas de insegurança humana e medo nos tempos pré-históricos, nas civilizações arcaicas e nas sociedades tribais e tradicionais. Outra era e é a natureza humana, sua inconstância, seu potencial para a violência e crueldade. Já mencionamos os frequentes esforços rudes dos adultos para domesticar a natureza infantil. Nos capítulos seguintes, examinaremos o medo do mal e do caos nos indivíduos e grupos humanos. Assim, as forças que ameaçam a humanidade de dentro e de fora podem ser exploradas uma a uma. No entanto, há necessidade de se observar como todas elas parecem se assemelhar e até se fundir em uma cultura própria. Para responder a esta necessidade, deveremos explorar a Europa medieval. Uma boa razão para selecionar a Europa é, naturalmente, o seu papel histórico na geração de crenças e atitudes da Idade Moderna. A nossa mentalidade peculiar, com seus curiosos excessos e veemências, tem suas raízes no passado. Quais foram os medos supersticiosos que prevaleceram no passado?

Na Idade Média os europeus eram de tal modo inseguros que é difícil, agora, imaginarmos. Nos séculos XVIII e XIX (do qual não estamos completamente livres) tendiam a romancear o medievalismo, idade do passado, detectando nela um colorido, uma intensidade e uma amplitude de sentimentos, oportunidade para a imaginação, que diminuiu e desbotou com o aparecimento da vida industrial moderna. Mas, se os habitantes da Idade Média se deleitavam com a cor e a beleza de suas igrejas e festividades, eles também viam sordidez e sujeira nos seus arredores cotidianos; se conheceram êxtase e perceberam de relance o céu, conheceram muito melhor o trabalho e o perigo, o fastio e o medo.

O tom emocional da Idade Média tinha causas materiais. Mortes prematuras, epidemias e violência deram à vida uma qualidade especial de excitação e estresse. Os modernos escritores de história, com sua ampla perspectiva de tempo, podem considerar 1250 d.C. como o ponto culminante da cultura medieval; constatam um progresso impressionante na arte, na tecnologia e nas instituições do governo a partir de 1100. Mas, para as pessoas que viveram nesses tempos, foram muito mais evidentes os acontecimentos de cada mês e de cada ano, que incluíam disputas civis e religiosas, guerras, epidemias e fome. Má saúde, comida ruim e maus hábitos alimentares sem dúvida pregavam uma peça na imaginação, possibilitando que as pessoas tivessem alucinações, pesadelos e visões. A comilança entre os ricos e a desnutrição entre os pobres certamente militavam contra uma visão equilibrada da vida.[1]

O sobrenatural estava intimamente presente no indivíduo medieval. Anjos e demônios ocupavam o mesmo espaço que o indivíduo e o acompanhavam em todas as suas atividades. Uma razão importante desta forte sensação do sobrenatural era que

---

1 HUIZINGA, J. *The Waning of the Middle Ages*. Garden City, N.Y.: Doubleday Anchor Books, 1954.

desempenhava um papel chave na resolução de conflitos sociais. Peter Brown diz que antes do século XVII a principal unidade social era o grupo familiar: a segurança dependia de ter parentes e dependentes unidos fortemente em pequenos agrupamentos. Porque era tão débil o poder coercivo do Estado, somente com um apelo à autoridade supramundana havia uma probabilidade de solucionar pacificamente os conflitos, porque apenas a essa autoridade se lhe reconhecia estar acima da subjetividade das partes litigantes. Em um julgamento por ordálio, o acusado era pronunciado inocente se ele ou ela submergia-se em água consagrada. A teatralidade do ordálio o transformou em um instrumento de consenso – um ardil poderoso para reprimir conflitos potencialmente destruidores. Ao mesmo tempo chamava a atenção das pessoas para a realidade do sobrenatural. A sociedade, em outras palavras, necessitava do miraculoso e tomou as medidas para realçá-lo.[2]

A crença em anjos, demônios e espíritos está profundamente arraigada na mentalidade humana. As pessoas em todas as partes, no passado e no presente, têm consciência do miraculoso, ainda que de modo fraco e inconstante. O número de pessoas que acreditam nos agentes espirituais e ordenam as prioridades da sua vida em conformidade com eles tem variado, naturalmente, de cultura para cultura e diminuído no mundo como um todo com o domínio progressivo de uma visão científica do mundo. Hoje, crer nas comunicações com os fantasmas ou espíritos que manifestam sua presença por meio de ruídos e golpes (*poltergeists*) e outros seres supersensíveis coloca a pessoa à margem de uma sociedade respeitável e culta. No início do mundo medieval, tal pessoa teria se colocado no centro da sociedade. Foi São Jerônimo, e não um camponês ignorante, quem proclamou que "comparada com a multidão de seres angelicais

---

2 BROWN, P. Society and the Supernatural: A Medieval Change. *Daedalus*, v.104, p.133-51, Primavera 1975.

e divinos, a massa da humanidade é como nada" – uma opinião reafirmada por Isidoro, bispo de Sevilha, um par de séculos depois.[3] O que tornava o mundo ominoso a uma pessoa medieval era o grande número de demônios entre os espíritos. Não menos que um décimo ou talvez um terço de todos os hóspedes do céu caíram com Satanás. Por essa razão, um indivíduo podia ser atormentado por uma multidão de demônios.[4] Hoje em dia nos afligimos pelas multidões de pessoas que abarrotam o planeta. Para uma pessoa medieval não eram seres humanos, mas espíritos, tanto bons como maus, que abarrotavam o espaço.

Por volta do século XII, havia sinais de que o quimérico mundo de pseudonatureza começava a perder terreno na imaginação de algumas pessoas. Em teologia, os eruditos mostravam uma crescente preocupação em distinguir entre acontecimentos preternaturais, que eram dramáticos e miraculosos, e a ordem da graça sobrenatural que não lidava com prodígios. Na arte, os desenhistas de bestiários simbólicos monstruosos começaram a abrir caminho para os escultores naturalistas que criavam pequenas cenas de plantas, animais ou vida humana nas fachadas das catedrais. Lado a lado com gárgulas, quimeras e outras bestas legendárias podiam figurar finas gravuras de folhas de carvalho e ramos de espinhos, fielmente copiados e ternamente arrumados.[5] Ideias profundamente arraigadas, no entanto, não mudam da noite para o dia. Mesmo o sofisticado pensamento medieval difere muito, até agora, do nosso. Pense nos significados divergentes dados a "corporalidade", "vida" e "visão".

---

3 BREHAUT, E. An Encyclopedist of the Dark Ages: Isidore of ville. *Columbia University Studies in History, Economics, and Public Law*, v.48, n.1, p.71, 1912.

4 COHN, N. *Europe's Inner Demons*: An Enquiry Inspired by the Great Witch-Hunt. New York: Basic Books, 1975. p.70.

5 CLARK, K. *Landscape into Art*. Rev. ed. New York: Harper & Row, 1976. p.6; MUMFORD, L. *Technics and Civilization*. New York: Harcourt, Brace & Co. 1934. p.28-9.

Para a pessoa moderna, o corpóreo é o real, e o que é tangivelmente presente tem um *status* ontológico maior do que os produtos da fantasia. Ao contrário, para o teólogo medieval, corporalidade não era a norma da existência, mas um signo de inferioridade na escala da criação: corporalidade era uma medida de distância de Deus e da inabilidade de contemplá-lo. O hóspede invisível era mais "real" do que os seres humanos corporificados.

Para a pessoa moderna, "vida" é definida como sensibilidade e capacidade reprodutiva. No pensamento medieval, vida era uma qualidade essencial de existência compartilhada com as pedras, água e fogo, como o era com as árvores e anjos. Portanto, toda criação tinha vida. Até Copérnico conservou um pouco desta crença. Quando ele descreve o Sol como ocupando "um trono no meio de todas as coisas", de onde "ele podia lançar luz para todas as coisas ao mesmo tempo", ele atribuía ao Sol a natureza de um corpo divino que era capaz de ver tudo e, portanto, tinha o poder de pilotar o universo. O povo medieval mostrou uma tendência de animar até os objetos feitos pelo homem; batizavam navios, espadas e sinos como se estas coisas possuíssem poderes e personalidades únicos. Repicar os sinos da igreja espantava os demônios, acalmava as tempestades e afastava os relâmpagos e os raios. O prédio da igreja em Glastonbury era tão poderoso, escreveu William de Malmesbury, que "se qualquer pessoa erguesse um prédio na sua vizinhança, e se a sua sombra obstruísse a luz da igreja, imediatamente se transformaria em uma ruína".[6]

Finalmente, a principal faculdade humana, a de ver, era tão importante no passado como o é hoje em dia, mas por razões diferentes. Para nós a visão é valiosa porque nos permite viver e atuar no mundo com segurança. Para o intelectual medieval, a

---

6 ERICKSON, C. *The Medieval Vision*: Essays in History and Perception. New York: Oxford University Press, 1976. p.19.

utilidade da visão estava menos na sua importância para sobreviver do que na sua habilidade para gerar filosofia. A visão era o instrumento para a compreensão: com ela os homens podiam penetrar a crua realidade e entender seu principal significado. Para o intelectual medieval, nada era o que superficialmente parecia. As cores tinham valor simbólico, as posições sociais tinham importância religiosa e a natureza revelava o divino.[7]

O sofisticado pensamento medieval encorajava a aceitação de uma realidade que transcendia o mundo percebido pelos sentidos. Abaixo deste nível predominava a superstição: recebia todo apoio a predileção natural da humanidade pelo surpreendente. Porém, era frequentemente pequena a diferença na compreensão entre os iletrados e os eruditos. Nos céus tormentosos as pessoas viam passar exércitos de fantasmas. Exércitos de mortos, dizia o populacho. Exércitos de falsos demônios, os doutos podiam afirmar, menos inclinados a negar estas visões do que a lhes encontrar uma interpretação ortodoxa.

A supremacia e a onipotência do Deus-Criador eram reconhecidas por todos na Idade Média. Mas, assim como para muitos povos iletrados, Deus era remoto e vivia no céu. Na Terra os seres humanos sofriam toda sorte de infortúnios; em vez de procurar reconciliá-los com a vontade de Deus, era mais fácil explicá-los como sendo consequências das lutas perpétuas entre poderes menores, bons e maus. "Quem não sabe", escreveu o padre Helmond, que "as guerras, as grandes tempestades, as pestes, todas as doenças, que realmente afligem a raça humana, ocorrem através da mediação dos demônios?"[8] Mencionamos que nas últimas igrejas medievais representações sensíveis da natureza compartilhavam o espaço com esculturas de bestas es-

---

7 CHENU, M. D. *Nature, Man, and Society in the Twelfth Century*: Essays on New Theological Perspectives in the Latin West. Chicago: University of Chicago Press, 1968. p.102-3.

8 BLOCH, M. *Feudal Society*. Chicago: University of Chicago Press, 1961. p.83.

tranhas. Um conflito ainda muito mais vívido podia ser visto: de um lado o Deus trino e único, do outro os esgares das faces de satã – uma fantástica exposição de fantasias demoníacas. "A atmosfera do culto religioso formal", escreve um medievalista moderno,

> não era de vitória divina, mas de uma trégua constrangida entre os poderes da luz e das trevas. Aqui o lado escuro do mundo encantado – medo dos poderosos mas desconhecidos seres incorpóreos – unido com a teologia do mal. Juntos eles salientam a sensação de tragédia arbitrária que pairava em grande parte no período medieval.[9]

As antíteses de dia e noite, verão e inverno reforçavam a sensação da natureza dualística do universo. Jeová parecia somente o Deus da primavera e verão. O inverno, um tempo de privação mesmo para os que viviam em castelos, pertencia a Satanás. As regiões de frio e mau tempo eram certamente dele. O demônio vivia no norte, como vemos em Jeremias 1,14, em Santo Agostinho e nos "Contos do Frade", de Chaucer.[10]

A incerteza na vida incitava o povo medieval a agarrar-se em qualquer sinal que prometesse predizer o futuro e levantasse questões centradas no tempo: As plantações suportariam as geadas? Haverá guerra, fome e a peste nos visitará? O povo olhava para o céu em busca de prodígios. Naquele tempo o brilho do céu noturno não era turvado pelas luzes da cidade. Normalmente filósofos e eruditos o contemplavam com prazer e admiração, porque aí jazia a calma das esferas celestiais. Mas, por este motivo, qualquer perturbação no céu – um eclipse do Sol ou da Lua, a aparição de um cometa, ou se a aurora boreal surgisse fora de época – indicava desastre. O venerável Beda descreveu

---

9 ERICKSON, C. *The Medieval Vision*, op. cit., p.90.
10 CAVENDISH, R. *The Powers of Evil*. New York: G. P. Putnam's Sons, 1975. p.93.

"o grande terror" que sacudiu todos os observadores quando dois cometas apareceram ao redor do Sol no ano de 729:

> um deles precedia o Sol, quando este nascia de manhã no leste, e o outro, o seguia quando se punha ao entardecer no oeste, como se anunciassem desastre, tanto no leste como no oeste ... Eles apareceram no mês de janeiro e permaneceram cerca de duas semanas. Durante esse tempo uma terrível praga de sarracenos devastou a Gália, com cruel derramamento de sangue.[11]

Era costume nessa época animalizar os corpos celestiais. Os cometas de Beda tinham "cabelo comprido ardendo em chamas". Em 793, Symeon de Durham viu "prodígios terríveis", "horríveis raios e relâmpagos" e "dragões" voando de cá para lá. Em 664, um eclipse do Sol levou os habitantes de Essex a abandonar a Igreja cristã e a reconstruir os templos pagãos em ruínas. Ao contrário, um augúrio semelhante em fins da Idade Média serviu para fortalecer a fé. O irmão Salimbene de Parma relatou:

> No ano de Nosso Senhor de 1239 houve um eclipse do Sol, em que a luz do dia ficou horrível e terrivelmente escura, e apareceram as estrelas. E parecia que a noite tinha chegado, e todos os homens e mulheres tinham muito medo, e andavam como se tivessem perdido o juízo, com grande tristeza e tremendo. E muitos, comovidos pelo terror, foram se confessar e fazer penitência pelos seus pecados, e os que estavam brigados faziam as pazes.[12]

O Dia do Juízo Final era outro medo temporal. Quando chegaria? Mesmo em nosso tempo, grupos religiosos marginais acreditam o suficiente no evento para, em função dele, planejar

---

11 BLAIR, P. H. *Northumbria in the Days of Bede*. London: Victor Gollancz, 1976. p.67, 197-8.

12 COULTON, G. G. *From St. Francis to Dante*, 2.ed. London: David Nutt, 1907. p.78.

suas vidas. Hoje na cultura ocidental, no entanto, o medo iminente de um holocausto nuclear, ou um desastre populacional mundial, podem assemelhar-se ao medo medieval do Dia do Juízo Final. Vários cientistas de Illinois até tentaram calcular com precisão quando ocorrerá o dia do juízo universal: sexta-feira, 23 de novembro de 2026 d.C.[13]

A febre do Dia do Juízo Final foi sem dúvida muito mais virulenta na Europa medieval. Conforme aproximava-se o ano 1000, almas piedosas se enfaixavam em preparação da iminente chegada do Reino de Deus. Cada príncipe malvado podia ser o Anticristo; cada calamidade podia pressagiar o fim do mundo. De seus púlpitos, os padres anunciavam o perigo. Por que, então, as massas de toda a Europa não se tornaram histéricas às vésperas do ano 1000? Possivelmente os habitantes do período medieval, não acostumados a pensar em cifras com base universal calculadas com precisão, apenas vagamente sentiam que uma data temível estava se aproximando. Eles possivelmente não identificaram essa data com um momento preciso na passagem imutável do tempo.

Embora toda a Europa não tenha estremecido em uníssono com medo quase ao final do primeiro milênio, o que aconteceu foi suficientemente ruim: ondas de medo passaram de uma a outra região, cessando em um lugar somente para aparecer de novo em qualquer parte. Marc Bloch descreve este acontecimento:

> Às vezes uma visão iniciava o pânico, ou talvez uma grande calamidade histórica, como a destruição do Santo Sepulcro em 1009, ou novamente talvez uma simples tempestade violenta. Em outras ocasiões, foi causada por alguns cálculos dos liturgistas, que se espalhavam de círculos cultos até o povo. "O rumor de que o Fim chegaria quando a Anunciação coincidisse com a Sexta-Feira Santa

---

13 FOERSTER, H., MORA, P. M., AMIOT, L. W. Doomsday: Friday, 13rd november, A.D. 2026. *Science*, v.132, p.1291-95, Nov. 1960.

se espalhou a quase todo o mundo", escreveu o abade Fleury, um pouco antes do ano 1000.[14]

As esferas celestiais estendiam-se além da órbita da Lua, abaixo da qual o ar, não menos do que a Terra, estava manchado pelo pecado. Acima da órbita da Lua, as pessoas da Idade Média viam o sereno e constante movimento das estrelas; abaixo dela as turbulências do ar, tempestades, trovões e relâmpagos. Na Idade Média o mau tempo estava associado com Satã e as bruxas. A passagem paulina em Efésios 2,2 sobre "o príncipe dos poderes do ar" pode ter encorajado esta associação. Chaucer, como já vimos, fez na terra do norte a moradia de Satã – sendo o norte o lugar de mau tempo.

John Milton, em *O Paraíso Perdido*, faz Satã reivindicar o ar como "nossa velha conquista".[15] Era bem comum, na época medieval, acreditar que os demônios cavalgaram a tempestade que destelhou o mosteiro dos monges, ou que eles mandaram, através do ar, o fogo que atingiu o campanário e queimou a igreja até o chão. O *Malleus Maleficarum* [*Martelo das Bruxas*], um tratado publicado pela primeira vez em 1486, observa a pertinência de designar anjos maus para o domínio aéreo.

> Por natureza [os anjos] pertencem ao empíreo do céu, através do pecado, ao fundo do inferno, mas devido a tarefa a eles atribuída – como ministros do castigo aos malvados e julgamento aos bons –, o seu lugar está nas nuvens do ar. Eles não vivem aqui conosco na Terra, por medo de nos aborrecer em demasia, mas no ar e ao redor da esfera flamejante eles podem de tal maneira reconciliar os agentes ativos e passivos que, quando Deus permite, podem fazer descer fogo e relâmpagos do céu.[16]

---

14 BLOCH, M. *Feudal Society*, op. cit., p.84-5
15 LEWIS, C. S. *The Discarded Image*. Cambridge: Cambridge University Press, 1964, p.118.
16 *Malleus Maleficarum* (1489). Tradução, introdução, bibliografia e notas de Montague Summers, 1928 (reimpr. New York: Benjamin Blom, 1970, p.147).

Os autores do *Malleus Maleficarum*, Heinrich Kramer e James Sprenger, foram dois inquisidores que desfrutavam da proteção de Inocêncio VIII. Nesta obra eles reuniram inúmeros casos sobre como as bruxas produziam distúrbios meteorológicos. Os inquisidores levantaram a questão dos remédios contra tempestades de granizo, alguns dos quais julgaram supersticiosas e outros não. Para a mente moderna sua maneira de misturar lógica e fé é tão estranha como os padrões de pensamento da mais inacessível tribo primitiva. Qual seria o procedimento para examinar chuvas de pedra e tempestades?

> Três granizos são jogados no fogo com a invocação da Santíssima Trindade, e rezando o Pai-Nosso ... [Então] é feito o sinal da Cruz na direção de cada quadrante do mundo ... E se a tempestade for devido à bruxaria, ela repentinamente cessará. Isto é tão verdadeiro que não resta nenhuma dúvida. Porque se as pedras de granizo fossem jogadas ao fogo sem a invocação do Nome Divino, então seria considerado superstição.[17]

As montanhas são lugares de clima turbulento. Não é surpreendente que elas, outrora, fossem consideradas como o *habitat* de bruxas, demônios e dragões. Na Europa a tendência das pessoas que viviam nas planícies de ver as montanhas assombradas por seres demoníacos era fortalecida por dois fatores adicionais. Um era a diferença na organização social entre os habitantes do campo, que participavam da cultura feudal predominante, e os habitantes da montanha, que viviam fora da cultura da mansão senhorial. O outro fator era que dois grupos heréticos, os albigenses do Languedoc e os valdenses dos Alpes, em tempos de perseguição fugiam para seus redutos na montanha. A mania com as bruxas era endêmica nos Pirineus e nos Alpes. Prevaleceu aí durante dois séculos antes de 1490 – isto é,

---

17 Ibidem, p.190.

antes do tempo quando uma doutrina positiva sobre a bruxaria tomou sua forma final e a mania com as bruxas começou a assolar as planícies mais densamente povoadas. Naturalmente, onde se encontravam bruxas também se encontravam demônios que as comandavam; e embora com o passar do tempo as bruxas invadissem as férteis planícies, os lugares preferidos por elas continuaram sendo os cumes assolados pelas tempestades.[18]

As montanhas dos Alpes são o maior baluarte da Europa. O heroico cruzamento dos Alpes por Aníbal poderia ter sido visto como uma conquista da natureza. Evidentemente a façanha não causou nenhuma impressão nas mentes europeias, porque a ideia de que os Alpes eram uma região temível, que devia ser evitada ou atravessada somente por necessidade, perdurou até boa parte do século XVI. Além das dificuldades físicas da barreira montanhosa, certas superstições antigas também desanimavam as pessoas a explorar e desfrutar dos Alpes. Por exemplo, os camponeses tinham a curiosa crença de que o espírito de Pôncio Pilatos provocava tempestades amedrontadoras. Segundo a história, o corpo de Pilatos fora jogado no lago no monte Pilatos, perto de Lucerna. Seu espírito, depois de exorcizado, concordou em permanecer calmo no lago, exceto na Sexta-Feira da Paixão e nas ocasiões quando os passantes atiravam coisas na água. Para evitar a possibilidade de provocar Pilatos, o governo de Lucerna proibiu as pessoas de passar perto do lago da montanha. A história não foi definitivamente desacreditada até 1585, quando Johann Müller – de Lucerna – deliberadamente jogou pedras no lago e não aconteceu nenhum desastre meteorológico. Por este tempo os excursionistas já estavam cruzando os Alpes por prazer. Mas certo receio perdurou até muito tempo depois, e até subsistiu a crença em monstros. Vejamos, por

---

18 TREVOR-ROPER, H. R. *The European Witch-Craze of the Sixteenth and Seventeenth Centuries and Other Essays.* New York: Harper Torchbooks, 1969, p.103, 106-7.

exemplo, o caso de Johann Jacob Scheuchzer de Zurique, um grande explorador alpino. Ele atravessou as montanhas muitas vezes entre 1702 e 1711, e como cientista estudou suas plantas, minerais e os movimentos do gelo. Mas ele também escreveu um razoável catálogo dos dragões suíços. Os melhores dragões viviam em Grisons, o maior e mais escassamente povoado dos cantões suíços. Assim ele escreveu: "A região é tão montanhosa e com tantas cavernas, que seria estranho não encontrar aí dragões".[19]

As montanhas aparecem na categoria de natureza teimosa e incontrolável, fora do domínio humano e até, de certo modo, além da competência de Deus. Igualmente os animais selvagens e as florestas sombrias. Os significados do radical da palavra *wilderness* são sugestivos: o adjetivo *wild* vem de *willed* e *deor* é inglês antigo para "animal". *Wilderness* é, então, a região de animais selvagens sobre os quais os seres humanos não têm controle. Na Europa Setentrional as bestas selvagens viviam nas florestas. Como cenário ou meio ambiente *wilderness* é floresta, e na verdade a palavra *wild* pode ter outro radical, *weald* ou *woeld*, palavra do inglês antigo para floresta.[20] Os campos cultivados representam o mundo familiar e humanizado. Ao contrário, a floresta circundante parece estranha, um lugar de possíveis estrangeiros perigosos. (Observe que as palavras "forest" [floresta] e "foreigner" [estrangeiro] compartilham o significado de *foranus*, "situado fora".) A floresta é um labirinto através do qual se arriscam os caminhantes. Eles podem literalmente perder-se, mas perder-se também significa desorientação moral e conduta desordenada. A floresta está cheia de bandidos – animais selvagens, ladrões, bruxas e demônios.

---

19 BEER, G. R. *Early Travellers in the Alps*, London: Sidwick & Jackson, 1930. Referência ao Lago de Pilatos, p.16, e dragões, p.89-90.

20 NASH, R. *Wilderness and the American Mind*. New Haven, Connecticut: Yale University Press, 1967. p.2

As imagens negativas da floresta são antigas e indeléveis. Com o tempo, migraram da Europa para o Novo Mundo, onde tão tardiamente quanto poderia ser o fato de em 1707 Cotton Mather escrever sobre "dragões", "multidão de demônios" e "ferozes serpentes voadoras" na floresta primitiva da Nova Inglaterra.[21] Por outro lado, sabemos que no final do período medieval tanto os Senhores (Lords) como os camponeses valorizavam seus bosques adjacentes e faziam bom uso deles: os Senhores usavam para caçar e regressavam com suprimentos de carne fresca; os camponeses se beneficiavam das ervas e bolotas – alimento para homem e porcos. A atitude dos europeus medievais para com a floresta era, de fato, uma mistura de medo e estima. Parte desta ambivalência está refletida no seguinte parágrafo da enciclopédia redigida por Bartholomaeus Anglicus, um frade inglês franciscano, em meados do século XVIII:

> Os bosques são lugares selvagens, terra inculta e despovoada, onde crescem muitas árvores que não dão fruto, e também umas poucas com frutos. Nestes bosques há bestas selvagens e aves; em outro lugar crescem ervas, prados e pastagem, e principalmente são encontradas nos bosques plantas medicinais ... O bosque é lugar de engano e caça. Porque nesse lugar são caçadas bestas selvagens ... Há lugar para se ocultar e emboscar, porque nos bosques os ladrões se escondem, e frequentemente enquanto esperam e enganam, passam homens que são saqueados e roubados, e às vezes assassinados.[22]

As florestas, durante todo o período medieval e depois também, produziam medo, em parte porque seus animais selvagens causavam dificuldades aos povoados. Em *Beowulf*, a terra de

---

21 Apud ibidem, p.29.
22 STEELE, R. (Ed.) *Medieval Lore*... Being Classified Gleanings from the Encyclopedia of Bartholomaeus Anglicus on the Properties of Things. London: Elliot Stock, 1893. p.92.

Grendel é descrita como "vales onde rondavam os lobos". Uma biografia de Santo Sturm, escrita aproximadamente no ano 820, fornece uma vívida impressão do estado selvagem da região rural da Alemanha dessa época. Santo Sturm é descrito como um ermitão, vivendo em um lugar perto de Mainz entre "bosques escuros, olhando somente bestas (das quais havia uma infinidade na floresta) e pássaros e grandes árvores e estranhas clareiras isoladas".[23] No final da Idade Média as bestas selvagens eram uma ameaça menor para os caminhantes, mas continuavam sendo um terror para os camponeses e também para os habitantes da cidade na época de fome. Nas planícies da Lombardia, em 1223, o irmão Salimbene observou: "Durante todo o mês de janeiro havia tanta neve e geadas que as videiras e todas as árvores frutíferas foram queimadas pelo frio. E durante a noite os lobos vinham às cidades, e durante o dia muitos eram pegos e enforcados nas vias públicas". Em outra passagem Salimbene descreveu o sofrimento causado pelas guerras prolongadas entre o partido do papa e o do imperador:

> E os males se multiplicavam na terra; e as bestas selvagens e aves se multiplicavam e aumentaram além de todas as medidas ... [Não achando na aldeia ovelhas ou cordeiros que comer] os lobos juntavam-se em imensas matilhas ao redor dos fossos da cidade, uivando lugubremente devido à tremenda aflição produzida pela fome; e entravam sorrateiramente nas cidades durante a noite e devoravam homens, mulheres e crianças que dormiam embaixo dos pórticos ou em carroças. Às vezes também chegavam a romper as paredes da casa para entrar e estrangular as crianças em seus berços.[24]

---

23 COULTON, G. G. *Life in the Middle Ages*. Cambridge: Cambridge University Press, 1930. v.4, p.45.

24 COULTON, G. G. *From St. Francis to Dante*, op. cit., p.39, 60.

O perigo dos animais selvagens persistiu durante a era moderna. Em 1420 uma alcateia de lobos entrou em Paris por uma brecha nas barricadas e pelos portões sem vigilância. Eles apareceram novamente em setembro de 1438, atacando desta vez pessoas fora da cidade, entre Montmartre e o portão de Santo Antonio.[25] Em 1493, os flamengos solicitaram a Maximiliano, seu chefe supremo Habsburgo, que tomasse medidas contra o tormento dos animais selvagens. Anteriormente, as lutas civis e revoltas em Flandres haviam propiciado condições para que lobos e javalis se multiplicassem de tal modo que os camponeses não mais se atreviam a cultivar suas terras por medo desses animais, que diariamente devoravam suas vacas, bezerros e ovelhas. Em 1573, a destruição produzida pelos lobos nos arredores de Ypres foi tão grande que se estabeleceu um alto preço por suas cabeças. Em 1765, os lobos causaram tanta devastação no distrito de Gevaudan, na França, que os habitantes acreditaram ser obra de um monstro sobrenatural. Em alguns distritos da França a ameaça das bestas selvagens continuou até a Revolução, graças em grande parte à nobreza, que para melhor caçar protegeu as feras do populacho.[26]

Um sentimento bondoso para com os animais selvagens foi muito raro na Idade Média. Podemos pensar nos santos irlandeses, notáveis pela sua calorosa simpatia para com os animais que devem ter encontrado em suas viagens remotas. E, naturalmente, existiu o extraordinário amor de São Francisco pela natureza – extraordinário mesmo entre os franciscanos, porque por volta de 1260 o Capítulo Geral da província de Narbonne

---

25 BRAUDEL, F. *Capitalism and Material Life*, 1400-1800. New York: Harper Colophon Books, 1975. p.34.

26 COULTON, G. G. *Medieval Village, Manor, and Monastery*. New York: Harper Torchbooks, 1960. p.115-6; FEILLET, A. *La Misère au temps de Fronde et S. Vincent de Paul*. Paris: s. n., 1862. p.72; ver também CANETTI, E. *Crowds and Power*. Harmondsworth, Middlesex: Penguin Books, 1973), p.67.

proibiu os irmãos de ter animais, exceto gatos e certos pássaros úteis para a remoção de coisas sujas do mosteiro.[27]

Parecia normal atribuir maldade aos animais. O próprio demônio frequentemente era representado com garras, bico e rabo. Mesmo em nossa época podemos chamar uma pessoa cruel de "bestial". Na Idade Média as pessoas podiam acreditar que não apenas as cobras e lobos, mas também criaturas inofensivas eram demônios disfarçados. Quando São Guthlac chegou a Croyland, no Fens, constantemente ouvia demônios "estrondeando como alcaravões", na escuridão. Além disso, às vezes os escutava a falar na língua celta, que ele mesmo tinha aprendido quando vivera no Oeste. Quando jovem, Santo Edmundo Rich viu na hora do pôr do sol um bando de corvos pretos: num instante os reconheceu como um enxame de demônios que vinham buscar a alma de um usurário local, em Abingdon. Uma história extraordinariamente cruel é atribuída a São Domingos. Quando o santo estava estudando um pardal o incomodou batendo as asas perto de sua lamparina. Imediatamente viu que era o demônio, apanhou-o, depenou-o vivo, e, enquanto ele gritava de dor, o santo se alegrava de sua vitória sobre os poderes das trevas.[28]

A mente medieval não conseguia decidir onde traçar os limites entre animais e humanos. Todos os animais eram uma categoria inferior, ou possuíam certos poderes e sensibilidades humanas? Os pássaros certamente não tinham alma, mas as almas podiam aparecer como pássaros. Os animais podiam ser punidos por impiedade, como a mosca que caía morta depois de revoar perto de um cálice. E podiam recorrer aos santos, como o

---

27 ARMSTRONG, E. A. *Saint Francis*: Nature Mystic. Berkeley/Los Angeles: University of California Press, 1976. p.7.

28 COULTON, G. G. *Medieval Panorama*: The English Scene from Conquest to Reformation. New York: Macmillan Co., 1946. p.112.

pássaro que apelou a São Tomás de Canterbury quando foi apanhado por um falcão, e milagrosamente foi libertado.[29]

Essas bizarras histórias não foram simplesmente conjuradas pelos clérigos, ou pela febril imaginação literária. Em razão de os animais e a praga de insetos apresentarem uma real ameaça às safras e à sobrevivência, as pessoas da época medieval não viam nada de estranho em rotulá-los de criminosos e demônios. Lobos e lagartas transgressores eram julgados em tribunais, sentenciados e executados. Um dos primeiros julgamentos de animais registrados ocorreu em 824, quando foram processadas toupeiras no vale d'Aosta; um dos mais recentes foi em 1906 – um cachorro foi castigado com a pena de morte na Suíça.[30] O processo de animais alcançou o apogeu no século XVI, isto é, numa época em que mais e mais bruxas eram queimadas amarradas a um poste. Os piores transgressores, sem dúvida possuídos pelo demônio, só podiam ser disciplinados pelo poder de anátema da Igreja. Um famoso legista argumentava em 1531:

> Sabemos que as excomunhões são eficazes. Sabemos que podem destruir enguias em um lago, ou os pardais que infestam a igreja. Então, consequentemente, as lagartas e outras pragas rurais vão simplesmente rir de uma sentença condenatória dos tribunais civis ordinários; vamos usar a arma da Lei Canônica; vamos atingi-las com "a pena de anátema", da qual elas têm mais medo, como obedientes criaturas de Deus que foi quem as fez.[31]

Categorias que mantemos diferenciadas, os habitantes do medievo frequentemente fundiam: tempestades, animais, seres

---

29 ARMSTRONG, E. A. *Saint Francis*, op. cit., p.203.

30 CARSON, G. Bugs and Beasts Before the Law. *Natural History*, v.77, n.4, p.6-19, 1968; HYDE, W. W. The Prosecution and Punishment of Animals and Lifeless Things in the Middle Ages and Modern Times. *University of Pennsylvania Law Review*, v.64, p.708-9, 1915-1916.

31 COULTON, G. G. *Medieval Panorama*, op. cit., p.108.

humanos e demônios assumiam em sentido literal e alegoricamente a aparência uns dos outros. O hábito moderno de dizer: "Isto é real, aquilo é mera fantasia" não preocupava a mente medieval; ou, se o fazia, pelo menos as diferenças eram traçadas ao longo de linhas diferentes. Para nós os sonhos ocorrem somente na imaginação e procuramos imprimir nas crianças pequenas que os monstros que as perseguem durante o sono são meras sombras projetadas pelos seus cérebros sonolentos. Entre os povos tribais, no entanto, os eventos sonhados tendem a ser tratados como ocorrências reais. Provavelmente, os europeus da Idade Média tinham a mesma opinião. Ernest Jones observou que tanto a Igreja cristã como a sociedade secular tinham, desde épocas remotas, periodicamente dado seu apoio à ideia de que pesadelos envolvendo demônios, lobisomens ou bruxas representavam verdadeiras visitas de tais criaturas. No século XVI, a Igreja estava seriamente preocupada com as atitudes dos sonhadores para com seus visitantes noturnos, prestando atenção se um sonhador tinha se submetido ao íncubo a fim de avaliar a sua culpa.[32]

Do mesmo modo que os sonhos e pesadelos não eram meras fantasias, assim também as visões revelavam conhecimento real sobre o céu e o inferno. As visões apareciam sob circunstâncias diferentes. Comumente a pessoa tinha que entrar em transe. Um papel importante do xamã em muitas culturas primitivas era entrar em transe e visitar as regiões superiores e as inferiores. Retornava, então, com um conhecimento das suas geografias e curas para os doentes. Do ponto de vista da Igreja medieval, uma falha da Bíblia canônica era que não tinha uma descrição concreta do céu e do inferno. Os padres da Igreja remendaram essa carência fazendo uso de revelações inspiradas para sustentar suas doutrinas. Gregório, o Grande (540-604), valeu-se destas visões para a sua doutrina do purgatório. Através de Gregório e

---

32 JONES, E. *On the Nightmares*. New York: Liveright, 1971.

de outros Padres da Igreja, imagens vívidas da vida futura passaram às obras de historiadores locais, como Beda, na Inglaterra. Homilias, comentários e histórias eclesiásticas, animados com relatos visionários dos terrores do inferno, multiplicaram-se no período medieval. Pregadores populares propagaram essas visões entre o povo, estimulando a imaginação suscetível desses tempos.[33]

As visões do inferno apoiam-se em fontes judaicas um pouco escassas, assim como em crenças budistas e zoroastristas. Quatro aspectos são repetidamente mencionados. As almas, depois de dilaceradas e mutiladas além da possibilidade de reconhecimento, voltam a assumir sua forma original para ser novamente torturadas. O inferno é fogo e gelo; as torturas alternam-se entre extremos de calor e frio. O inferno é imundície e fedor. E, finalmente, o inferno está cheio de monstros amedrontadores.

Em 1149, Tundale, um rico irlandês proprietário de terras, entrou em transe quando procurava obter o pagamento de um inquilino. Sua visão chegou a ser uma das mais influentes na Idade Média. Tundale viu

[Um] vale escuro, saturado de fedor, o chão coberto de brasas incandescentes sobre as quais está estendida uma chapa de ferro, que as chamas penetram. Os criminosos são colocados sobre isto e derretidos como cera. Neste estado eles gotejam através do ferro, depois do que reassumem sua forma, somente para suportar novamente a mesma tortura. Num lado, uma grande montanha cheia de fumaça e fogo; gelo, geada, neve e vento no outro lado. Ladrões e assaltantes são arremessados, alternadamente, de um para outro lado. Um lago gelado no centro do qual há uma grande besta, com terríveis asas pretas. Sua boca está cheia de fogo. Nela são lançadas

---

33 BECKER, E. J. *A Contribution to the Comparative Study of the Medieval Visions of Heaven and Hell*. Baltimore: John Murphy, 1899. p.2-3.

as almas dos homens religiosos iníquos e, quando o calor quase os definhou, são jogados no lago gelado.[34]

O próprio Tundale, na sua viagem visionária, foi exposto a toda classe de perigos. Por fim, ele emergiu do inferno, passou através de uma floresta e uma planície esplendorosa e florida e entrou no paraíso. A visão de Tundale, no seu conteúdo concreto, lembra aos intelectuais modernos a *Divina Comédia* de Dante. Também tem uma certa semelhança com as histórias de fadas das crianças, nas quais o herói deve passar através de uma floresta escura cheia de perigos antes de chegar ao castelo do rei. A literatura visionária está em sua maior parte dedicada aos horrores do inferno e tem pouco a dizer sobre o céu. Os contos de fadas falam pormenorizadamente do perigo mas deixam em branco a vida feliz que se segue depois para sempre. Uma realidade que é supremamente boa e capaz de superar os sofrimentos da Terra e as torturas do inferno só pode ser evocada com êxito por um poeta genial.

Os habitantes do medievo viviam perto da natureza, e tendemos a pensar neles como tendo intensas alegrias e sentimentos que em grande parte nós perdemos. Também podemos pensar neles como habitantes de um mundo calmo e estável no qual os anos e décadas – ao contrário dos nossos – se sucediam com pouca mudança. Para um pai de família da Idade Média, o mundo não devia se mostrar necessariamente assim. Mudança e instabilidade devem ter parecido ser os traços dominantes na sua vida: experimentou, se não a destruição da guerra ou epidemia, pelo menos a ameaça periódica de mau tempo, colheitas magras e os acidentes no trabalho e em casa. A salvação não estava assegurada. Num relato do século XII sobre uma viagem visionária através do inferno, almas atormentadas queixam-se que,

---

34 Ibidem, p.83.

apesar de todos os homens pecarem, Deus opta por salvar somente uns poucos sem considerar as suas boas obras.

Todavia, sabemos que os seres humanos são altamente adaptáveis. Apesar da dureza da vida, quase certamente os homens e mulheres medievais não viveram constantemente com medo e tremendo. Por exemplo, na descrição que faz William Fitz Stephen, da Londres do século XII, podemos vislumbrar um povo vigoroso em ação:

> Quando o grande pântano que banha as muralhas do nordeste da City congela, densas multidões de jovens vão se divertir no gelo. Alguns correm e deslizam de modo inclinado com os pés bem separados sobre um extenso espaço de gelo. Outros constroem para si assentos de gelo semelhantes a pedras de moinho e são puxados com força por uma multidão que corre em frente deles dando-se as mãos.[35]

Depois do longo cerco do inverno, chega a agradável primavera. Entre as guerras e epidemias havia interlúdios de paz e alegria, tanto mais valiosos pela sua transitoriedade.

---

35 STEPHEN, W. F. *A Description of London (Descriptio Londonie)*, trad. H. E. Butler. In: STENTON, F. M. Norman London. *Historical Association Leaflets*, n.93-94, p.31, 1934).

8
Medo de doença

Sinais de vida abundam ao nosso redor, mas também, se olharmos atentamente, veremos sinais de deterioração e doença: folhas mofando e troncos de árvore apodrecendo; animais feridos, doentes e morrendo. Não obstante, apesar da afirmação usual de que os seres humanos são parte da natureza e, portanto, devem se adaptar ou se submeter às suas regras, em nenhuma parte do mundo as pessoas aceitam a doença e a morte como uma coisa perfeitamente natural e, por conseguinte, não há necessidade de uma observação especial ou explicação. A noite segue o dia, o inverno segue o verão. As pessoas aceitam esses grandes ritmos da natureza como certos, mas não as alternâncias de doença e saúde, nem a morte como um fim inevitável da vida.

Somos a favor da vida, especialmente como se manifesta na saúde de nosso próprio corpo. A integridade do corpo é o alicerce da nossa sensação de ordem e completude. Quando adoecemos, também parece que o mesmo acontece com o mundo. Quando fechamos os olhos e morremos, o mundo também cai no esquecimento. O corpo é nosso cosmos mais íntimo, um sistema cuja harmonia é sentida em vez de percebida simplesmente pela mente. Ameacem o corpo e todo o nosso ser se revolta. Por que persiste a dor? Por que sinto náusea? Antes que a ciência médica tivesse alcançado um grau de precisão, a resposta a tais questões raramente estava confinada a causas materiais específicas. Somente o estômago dói; no entanto, explicar por que ele dói pode exigir do curandeiro a busca das perturbações na sociedade humana, no mundo dos espíritos e entre as estrelas. Veremos depois que o medo da doença está estreitamente ligado ao medo de muitos outros fenômenos, incluindo defeitos na própria pessoa, em objetos estragados ou enfeitiçados, pessoas ruins, espíritos demoníacos e um cosmos funcionando mal.

A doença obriga a pessoa a dirigir sua atenção para a hostilidade do mundo. Que pode ser feito? Os seres humanos têm procurado respostas na natureza, estudando as suas propriedades e processos com a esperança de encontrar cura. Com exceção de alguns grupos primitivos, como os tasadai, a maioria das sociedades humanas tem adquirido algum conhecimento das virtudes medicinais das substâncias naturais. Também frequentemente mostram uma profunda compreensão a respeito de como o bem-estar físico das pessoas é afetado pela sua condição mental. Uma civilização complexa como a chinesa ostenta uma sofisticada e *sui generis* tradição médica, cuja erudição e pragmáticos descobrimentos complementam e suplementam os da ciência ocidental.

Uma história inspiradora pode ser contada sobre este campo da atividade humana. Mas, antes do início da sociedade moderna e da higiene, o êxito no combate às doenças tinha um âmbito muito limitado e somente disponível a uns poucos sofredores, o que fez que pouco se fizesse para acalmar a sensação de desamparo de todas as pessoas. A origem e cura de muitas doenças eram simplesmente desconhecidas. Por que uma pessoa ficava doente com as veias inchadas, enquanto outra permanecia com o corpo sadio? Apareciam epidemias repentinas assim como incompreensíveis flagelos sobre os quais as pessoas tinham pouco controle. Que ar ruim poderia fazer com que toda população de uma aldeia ardesse em febre? Havia sido violado algum tabu? Estavam os deuses irados? O que permite que um cometa ou uma conjunção incomum de estrelas seja um agouro? Está claro que à medida que estudemos o medo das doenças em várias culturas também conheceremos a existência de um número maior de ansiedades que incomodam a humanidade.

Como a etiologia de uma doença frequentemente é complexa, não deveria surpreender que os povos iletrados em diferentes partes do mundo raramente concordam sobre a origem de qualquer classe de doença específica. Não obstante, as opiniões primitivas tendem a se enquadrar em duas grandes categorias. Em uma, a causa é percebida como externa: a pessoa sofre porque é invadida por um agente externo – um objeto maligno ou espírito – do meio ambiente. Na outra, a causa da doença é interna: a pessoa fica doente porque violou um tabu e ofendeu os deuses. Para um indivíduo permanecer sadio e íntegro deve se proteger de ameaças externas, e em algumas culturas também deve estar certo de que, consciente ou inconscientemente, não é a causa real de desarmonia.[1]

No pensamento primitivo, as intrusões nocivas são de três tipos. Uma é o objeto estranho. A doença é atribuída à presença no corpo de uma partícula de osso, um cabelo, um pedregulho, uma lasca de madeira, ou até pequenos animais – vermes e insetos, por exemplo. Essas coisas, que obviamente não pertencem ao corpo, levam à doença. Porém nem todas as pessoas que aceitam esse conceito insistem que o osso ou a lasca de madeira são em si mesmos patogênicos; mas veem o objeto como contendo

---

1 CLEMENTS, F. E. Primitive Concepts of Disease. *University of California Publications in American Archaeology and Ethnology*, v.32, n.2, p.185-252, 1932.

uma essência espiritual que é a verdadeira instigadora da desordem. A mente primitiva parece considerar o objeto causador de doença como um espírito com forma tangível. Obtém-se a cura extraindo-o.

Outro tipo de ameaça vem dos maus espíritos, fantasmas ou demônios. As intrusões dos espíritos nem sempre são ruins. Uma pessoa pode chegar a ser possuída por um ser divino, comportar-se erraticamente, cair em transe e exprimir palavras que são oráculos. Uma pessoa possessa, não estando doente no sentido usual, merece respeito em vez de comiseração. O único perigo é que possa enlouquecer – "embriagada de Deus". Por outro lado, uma pessoa possuída pelo demônio está doente, e a cura se obtém com um exorcismo exitoso.

O terceiro tipo de perigo provém de magia e bruxaria. Seres humanos maléficos, dotados de magia ou poder sobre forças sobrenaturais, enfeitiçam suas vítimas causando doença ou morte. No Velho Mundo existe também a antiga e difundida crença no mau-olhado. Raramente é descrito de forma precisa como age o mau-olhado. O próprio olhar parece ter o poder de prejudicar.[2] Na Europa, na Idade Média, a ciência médica pensava que o olho podia até transmitir a mortal peste bubônica.

Uma pessoa também pode cair doente pela perda da sua alma. Fantasmas e feiticeiros têm o poder de extrair a alma de uma pessoa; ou a alma, quando sai do corpo adormecido e vai em suas perambulações noturnas, pode deparar-se com um contratempo que a impeça de regressar. O remédio em tais casos é encontrá-la e recolocá-la no corpo. Finalmente, a violação de um tabu é uma causa de doença. A violação pode ser completamente casual e, não obstante, encolerizar os deuses, que enviam a doença como forma de castigo. Esta explicação pressupõe a existência de um complexo sistema de dogmas religiosos vin-

---

2 MALONEY, C. (Ed.) *The Evil Eye*. New York: Columbia University Press, 1976.

culado ao costume social. O antigo Oriente Próximo, Polinésia e centros culturais mais avançados do Novo Mundo eram os principais centros para a ideia de tabu. Que a violação de um tabu pode trazer doença é provavelmente uma crença muito mais recente do que a noção de que a doença é causada pela intromissão de um objeto ou feitiçaria.[3]

Como uma sociedade extensa e sofisticada como a chinesa pode enfrentar a doença? No nível prático, a China a tem enfrentado acumulando um grande cabedal de conhecimento médico, que tem sido testado através de séculos de uso. Essas substâncias ainda são usadas pelas pessoas e merecem o respeito da ciência moderna. Muito da erudição médica chinesa, entretanto, é derivado de conceitos que têm sido fortemente influenciados pelas grandes tradições religiosas e filosóficas do taoismo, budismo e confucionismo. Se a nossa tarefa fosse examinar a ciência médica chinesa, seria bom se acompanhássemos o seu desenvolvimento pelos intrincados caminhos da prática e da teoria. Mas nosso propósito aqui é descrever o medo da doença na China, e como os chineses têm respondido a este elemento de incerteza em suas vidas. Para alcançar este propósito, faríamos bem em distinguir entre uma elitista e uma popular visão sobre o motivo de uma doença ocorrer.

Para as autoridades eruditas, doença significava um desequilíbrio entre um organismo aflito e as forças cósmicas; a cura estava na recuperação do equilíbrio. A doença era vista, fundamentalmente, da mesma forma que outros desastres naturais ou provocados pelo homem, como inundação, seca, guerra e rebelião, todos desvios da harmonia cósmica. Para uma pessoa do povo, a causa da doença era mais específica e personalizada: era atribuída a um antepassado negligenciado, fantasma, demônio

---

3 LOUDON, J. B. (Ed.) *Social Anthropology and Medicine*, Artigos de uma Conferência, Canterbury, England, apr. 1972 A.S.A. [Association of Social Anthropologists] Monographs, n. 13. New York: Academic Press, 1976.

ou espírito de raposa; e a cura precisava de sacrifício expiatório ou o uso de poderes mágicos para derrotar o mal. Entre os cultos e incultos, no entanto, a explicação do infortúnio pessoal divergia grandemente no nível de abstração linguística. Assim, os intelectuais falavam dos princípios universais polarizados *Yin* e *Yang*, enquanto os camponeses entendiam a desordem pessoal, social e as desordens naturais em termos de luta entre os espíritos bons (*shen*, do lado de *Yang*) e os maus (*kuei*, do lado de *Yin*).[4]

O mais importante texto de medicina chinesa era o *Huang Ti Nei Ching* (O clássico mais íntimo do Soberano Amarelo). Esta coleção foi publicada entre os anos 450 e 350 a.C., o que a torna contemporânea à coleção completa das obras de Hipócrates. A coerência da obra baseia-se no conceito de *Yin* e *Yang*, os cinco elementos e o elaborado sistema de correspondências, tão característico da visão chinesa do mundo. Em geral, a obra não atribui importância aos conselhos práticos. O autor de *Nei Ching* mostrou mais preocupação em aconselhar o doente para voltar-se ao Tao. Por que as pessoas na Antiguidade viviam até os cem anos e com saúde? Resposta: Elas entenderam o Tao, modelaram a sua conduta de acordo com *Yin* e *Yang* e viveram de acordo com as artes da adivinhação. O corpo humano tem regiões *Yin* e *Yang*, que deveriam estar harmonizadas com estes princípios polarizados no cosmos. *Yang* era o ar morno do Sul, que produzia febre e inflamação. O excesso pegajoso de *Yin*, por outro lado, era responsável pelas frentes frias do Norte. A localização geográfica afetava a natureza da doença. "As pessoas das regiões do Leste comem peixe e necessitam de sal ... O peixe produz sede nas pessoas, e comer sal prejudica o sangue. As

---

4 FREEDMAN, M. On the Sociological Study of Chinese Religion. In: WOLF, A. P. *Religion and Ritual in Chinese Society*. Stanford, California: Stanford University Press, 1974. p.19-41.

suas doenças são úlceras para as quais o melhor tratamento é a acupuntura". As leis das estações tinham de ser obedecidas. "Aqueles que desobedecem as leis da primavera serão castigados com uma lesão no fígado. O próximo verão lhes trará friagens. Aqueles que desobedecem as leis do verão serão castigados com uma lesão no coração. O outono lhes produzirá febres intermitentes."

No pensamento filosófico e religioso chinês foi dada muita ênfase aos vínculos entre a natureza e os seres humanos. Os textos médicos, que confiavam neste sistema de pensamento, diferem das belas-letras e obras filosóficas nos seus implacáveis diagnósticos sobre a natureza da ligação harmônica. Deixar de obedecer às leis naturais significava castigo na forma de febres. As forças cósmicas eram descritas como grandes poderes – não necessariamente benignos – diante dos quais os seres humanos sentiam-se vulneráveis. Exatamente quão vulnerável fica claro na atitude dos chineses para com o vento: somente permanecendo quieto como estava, sem intrometer-se, a pessoa podia estar fora de perigo. O *Nei Ching* diz: "O vento é a causa de cem doenças". A pele protegia a pessoa contra um vento malévolo, mas a pele tinha poros e podia ser penetrada.

> Se a pessoa sua quando fisicamente cansada, é suscetível a ventos (ruins), que causam erupções na pele ... Quando as pessoas estão calmas e sem culpa, sua pele fica fechada e protegida. Nem mesmo uma tempestade forte, aflições ou veneno podem prejudicar as pessoas que vivem conforme a ordem natural.[5]

---

5 MAJNO, G. *The Healing Hand*: Man and Wound in the Ancient World. Cambridge, Massuchusetts: Harvard University Press, 1975. p.238-44. Ver também VEITH, I. *Huang Ti Nei Ching Su Wen* [The Yellow Emperor's Classic of Internal Medicine]. Ed. rev. Berkeley: University of California Press, 1966; também PORKERT, M. *The Theoretical Foundations of Chinese Medicine*. Cambridge, Massachusetts: MIT Press, 1974.

Oposta à conjectura elitista, a do povo era concreta e dramática. Os acontecimentos, e não os princípios cósmicos abstratos, eram a maneira preferida de explicação. Os camponeses provavelmente concebiam *Yin* e *Yang* (se esses termos fossem usados) não como entidades universais atuando em reciprocidade e em oposição, mas como forças comprometidas em uma eterna luta, sendo as suas posições manifestadas em qualquer momento pelas alternâncias do dia e da noite, calor e frio, verão e inverno. Ainda mais comumente no pensamento do povo, *shen* (deus) foi substituído pela ideia de *Yang*, e *kuei* (fantasma ou demônio) tomou o lugar de *Yin*. Os maus espíritos podiam ser apaziguados com oferendas de papel-moeda queimado, comida e bebida; ou podia-se lutar contra eles. Os camponeses sentiam-se tão desamparados diante da multiplicidade de poderes que afetavam as suas vidas, que sem dúvida preferiam aplacá-los do que brigar. Eles queriam ter relações amigáveis tanto com os deuses como com os demônios, porque os deuses também podiam se ofender mesmo com atos inocentes e podiam mandar desgraças, incluindo doenças, como castigo. De fato, os camponeses frequentemente não conseguiam distinguir entre deuses e demônios, e às vezes até personalizavam os "cinco elementos" do cosmos como espectros da doença.

O sinólogo De Groot observou que no século XIX muitos manuais baratos contendo as características das doenças e a sua cura eram impressos para o uso dos semiletrados e analfabetos. Uma edição impressa na província de Fu-chien fornecia trinta prescrições, uma para cada dia do mês. Uma prescrição típica afirmava que, se alguém pegasse febre combinada com dor de cabeça naquele dia, podia ter a certeza de haver ofendido determinado tipo de espírito; ou o espírito infligiria diretamente a doença, ou enviaria um espectro para fazer o trabalho. As prescrições mencionavam não apenas os fantasmas e demônios, mas também o "*shen* doméstico terrestre", o "*shen* da terra que vagueia pelas ruas", as "criminosas influências da terra" e o *shen* da madeira, do metal, fogo e água. Em outras palavras, além dos elementos anormais da natureza, seus componentes fundamentais – terra, madeira, metal, fogo e água – podiam tornar-se malignos.[6]

Embora o método normal de evitar o infortúnio fosse aplacar os espíritos ofendidos, ocasionalmente as pessoas poderiam oferecer uma luta. Há uma grande coletânea de fatos e tradições sobre como lidar com animais-demônios que produzem desordens de todo tipo, inclusive da mente, ou demência. Entre os animais-demônios, acreditava-se que o espírito das raposas era o mais ativo e maligno; por essa razão, de tempos em tempos as pessoas saíam numa farra a matar raposas entre as tumbas antigas e fossos da cidade. Nem todos os demônios eram corporificados. Para expulsar os espectros desincorporados, usavam-se fogos de artifício, ruído, luz e fogo. No sul da China, durante a estação quente, quando o cólera ou algumas outras epidemias eram predominantes, uma orgia de explosões de fogos de artifício explodiria entre o pôr do sol e a meia-noite. Soldados podiam tocar suas longas trombetas para expulsar os demônios da pestilência; procissões com archotes e lanternas serpenteavam nas ruas com o mesmo propósito.[7]

No mundo ocidental, as ideias sobre causa e cura das doenças têm uma longa e complicada história. Algumas antigas ideias eventualmente tornaram-se parte da doutrina médica moderna, enquanto outras permaneceram como velhas crenças populares. Entre estas últimas, duas têm revelado uma extraordinária permanência: que a doença de uma ou outra forma está associada com os poderes espirituais do mundo, e que a causa derradeira está nas estrelas.

---

6 De GROOT, J. J. M. *The Religious System of China*. Taipei: Literature House, 1964, v.6, p.1110-11; também WALLNÖFER, H., ROTTAUSCHER, A. *Chinese Folk Medicine*. New York: Bell Publishing Co., 1965. p.96-9.

7 Ibidem, p.944-6.

A associação da doença com os espíritos e demônios tem assumido muitas formas. E. R. Dodds diz que a Grécia, no Período Arcaico, era acossada por uma opressiva sensação de maldade, o que para um poeta poderia parecer a realização da vontade de Zeus através de uma inexorável lei moral, mas que para os camponeses significava a onipresença dos demônios do universo.[8] O demônio podia ser um "herói". Os "heróis", no folclore grego, eram uma classe especial de antepassados cuja autoridade transcendia à dos parentes próximos. Geralmente eram úteis, mas, se não fossem apaziguados, podiam causar todo tipo de dano, inclusive doenças.[9] Responsabilizar os maus espíritos pelas dores no corpo era, por certo, comum. Já vimos que o mundo medieval estava repleto de apaziguados de Satanás, cujas existências ajudavam a explicar as numerosas doenças dos humanos pré-modernos. Que o diabo pode ser a causa direta da febre foi colocado pitorescamente por Cotton Mather em 1683:

> E quando o demônio tinha feito subir os Vapores Arsenicais que se transformavam em aljavas venenosas cheias de Terríveis Flechas, quão facilmente podia lançar o Miasma nocivo à saúde nos Sucos e Intestinos dos corpos dos Homens, que logo arderiam em chamas em um Fogo Mortal.[10]

Onde a doença é endêmica, ela pode parecer um poder implacável que a deifica e a transforma em um poderoso ser sobrenatural que deve ser aplacado. Povos antigos, inclusive os gregos, se referiam à fome e à pestilência como "deuses"; e alguns atenienses modernos ainda acreditam que uma certa fenda na

---

8 DODDS, E. R. *The Greeks and the Irrational*. Berkeley: University of California Press, 1951. p.29, 39.

9 NILSSON, M. P. *Greek Folk Religion*. Philadelphia: University of Pennsylvania Press, 1972. p.18.

10 Citado em RUSSELL, P. F. *Man's Mastery of Malaria*. London: Oxford University Press, 1955. p.88.

colina das Ninfas está habitada por três demônios cujos nomes são Cólera, Varíola e Peste Bubônica.[11] Na antiga Roma a malária era tão virulenta que foram construídos templos dedicados à deusa Febris. Ela era venerada na colina do Palatino e pensava-se que governava tanto a febre terçã como a quartã. Um intelectual moderno descreve "a grande, a poderosa, a santa" Dea Febris, deusa das febres, como "uma bruxa velha calva com uma barriga protuberante e veias inchadas".[12]

Quando uma doença ataca repentinamente, como em uma epidemia, é como se os deuses ou um deus justo estivesse zangado e as pessoas sendo castigadas pelas suas transgressões. Unir doença com pecado e castigo é, de fato, um traço importante da fé judaico-cristã. As dez pragas do Egito são um exemplo bem conhecido da Bíblia. Em Êxodo 9,3, Deus ordena a Moisés advertir o faraó: "A mão do Senhor se fará sentir sobre teus rebanhos que estão nos campos, sobre os cavalos, os jumentos, os camelos, os bois e as ovelhas, como uma peste mortífera". Vários versículos adiante, Deus estende seu castigo aos seres humanos, dizendo: "sobre todo o país do Egito, um pó fino cairá sobre homens e animais, formando tumores que provocarão pústulas" (Ex 9,9). Durante a Idade Média este elo entre pecado e doença não foi somente aceito, mas regulado com precisão. Muitos escritores equacionaram os pecados capitais com desordens específicas. A transgressão produzia calamidades corporais, mas era o demônio que tentava o homem a transgredir e, finalmente, era Deus quem permitia que o demônio agisse. Infortúnios dramáticos eram assim, sinais da ira justa de Deus, que devia ser aplacada pelo arrependimento.

O eterno costume de oferecer orações públicas para mitigar desastres tem perdurado até os tempos modernos. Em resposta

---

11 DODDS, E. R. *The Greeks and the Irrational*, op. cit., p.41-2.

12 SAMBON, L. W. A Medico-literary Causerie: The History of Malaria. *The Practitioner*, v.66, p.348-59, 1901.

à epidemia de cólera de 1832, o governo britânico anunciou um dia de jejum e humilhação durante o qual a nação reconheceria seus pecados e suplicaria a Deus que retirasse o castigo.[13] A resposta americana à epidemia de cólera da década de 1830 foi tipicamente moralista. As pessoas piedosas diziam que os países com menos cristãos tinham sofrido mais. O cólera não foi o flagelo da humanidade, mas dos pecadores impenitentes. Era um castigo, em especial, para os pecadores de hábitos desprezíveis e de intemperança. No dia 18 de julho de 1832, um observador escreveu: "A doença agora está, mais do que antes, deflagrando-se nos antros de infâmia e poluição ... Porém, os grupos trabalhadores de nossa população, em geral, parecem estar em perfeitas condições de saúde e segurança".[14] O cólera foi notificado em Nova York pela primeira vez no dia 26 de junho. No dia 29 de junho, inúmeras congregações da cidade rezaram e jejuaram. Cidadãos devotos pressionaram o presidente Andrew Jackson a declarar um dia de jejum nacional. Argumentaram que a Inglaterra fora capaz de minorar o golpe com o seu dia de oração nacional, e a severidade da epidemia na França poderia ser atribuída ao seu ateísmo. Jackson recusou-se a agir por motivos constitucionais. Em 1849, quando o cólera apareceu novamente nos Estados Unidos, o presidente Zachary Taylor não hesitou em recomendar um dia de oração nacional, jejum e humilhação.[15]

A segunda entre as crenças populares ainda vigente é que nosso destino e a derradeira origem de nossas doenças encontram-se nas estrelas. Desde os tempos babilônicos até o presente, a astrologia tem mantido seu domínio sobre a imaginação

---

13 LONGMATE, N. *King Cholera*: The Biography of a Disease. London: Hamish Hamilton, 1966. p.86, 179.

14 ROSENBERG, C. E. *The Cholera Years*: The United States in 1832, 1849, and 1866. Chicago: University of Chicago Press, 1962. p.42.

15 Ibidem, p.49, 121.

humana. A menor das desgraças na Terra tem sua causa última nas remotas regiões do céu. Tal crença baseia-se na ideia de que todas as coisas estão relacionadas, mas também na patética suposição de que o destino de vidas efêmeras está ligado aos grandes eventos do cosmos. Um grego antigo, discípulo de Hipócrates, poderia anotar as condições do tempo e das estrelas enquanto escrevia a história clínica do seu paciente.[16] Ele veria que o avanço da infecção de uma ferida na cabeça para o resto do corpo estaria relacionado com a hora em que a ferida foi feita, isto é, quando as Plêiades começaram a se pôr. Aristóteles acreditava que as fases da Lua influenciavam o curso das doenças. No século XVI e começo do XVII os médicos preconizavam que o período de lua cheia estava repleto de diferentes riscos para o doente. A Lua era "febrífuga, umectante e estimulante", de acordo com Francis Bacon.[17]

Eventos incomuns no céu pressagiavam calamidades na Terra. Na época da grande peste, em 1348, meteoros extraordinários foram noticiados em muitos lugares da Europa. As pessoas viram-nos com nervosismo. Outros fenômenos estranhos: uma coluna de fogo, no dia 20 de dezembro de 1348, que permaneceu por uma hora sobre o palácio do papa, em Avinhão, na hora do nascer do sol; e sobre Paris, uma bola de fogo foi vista em agosto do mesmo ano, na hora do pôr do sol.[18] Quando a peste bubônica devastou Londres, em 1665, foi anunciada por presságios nos céus e no ar. Os cidadãos de Londres levantaram-se para olhar um novo cometa resplandecente em dezembro de 1664, e o murmúrio nervoso na cidade era sobre qual seria seu significado. Em uma ou duas semanas tinha desaparecido, mas chegaram cartas de Viena que descreviam a visão de

---

16 HIPÓCRATES. *Of the Epidemics*, lv. 1, sec. 2:11.

17 RUSSELL, P. F. *Man's Mastery of Malaria*, op. cit., p.84.

18 HECKER, J. F. C. *The Epidemics of the Middle Ages*, 3.ed. London: Trübner & Co., 1859. p.15.

um cometa brilhante com "a aparência de um caixão de defunto, que causou grande ansiedade entre as pessoas". De outras partes da Europa chegaram relatos sobre terríveis aparições e ruídos estranhos no ar semelhantes ao troar dos canhões ou mosquetes.[19]

A febre amarela golpeou a Filadélfia em agosto de 1793, um dos piores desastres sofridos por uma cidade americana. Anteriormente, nesse mesmo ano, as pessoas estiveram inquietas por causa de vários tipos de acontecimentos incomuns: em julho, o céu estava azul e caiu um raio que rachou um majestoso carvalho velho em onze pedaços; uma chuva de granizo repentina abateu culturas de grãos e linho e quebrou centenas de janelas, enquanto a menos de cinco quilômetros tudo estava seco e calmo.[20] No inverno de 1831-1832, as pessoas começaram a ver agouros no céu depois que souberam que havia uma ameaça de cólera nos Estados Unidos. Um morador de Washington disse: "O Sol levantou-se e se pôs vermelho... e duas manchas pretas podiam ser vistas claramente no Sol".[21]

Acreditava-se que a peste bubônica tivesse origem na venenosa qualidade do ar. Mas o que tornava o ar pestilento? Em 1348, médicos doutos, professores da Universidade de Paris, estavam ansiosos para ligar causas gerais com particulares, as estrelas com o ar. Olhavam para o céu em busca de explicações em lugar de procurar presságios. A conjunção de Júpiter e Marte pressagiava calamidade porque, como os médicos de Paris explicaram, Júpiter, sendo um planeta morno e úmido, puxava para cima vapores da terra e da água, e Marte, sendo excessivamente quente e seco, acendia esses vapores; por isso os lampe-

---

19 BELL, W. G. *The Great Plague in London, 1665*. London: John Lane, 1924. p.1.
20 POWELL, J. H. *Bring Out Your Dead*. The Great Plague of Yellow Fever in Philadelphia in 1793. Philadelphia: University of Pennsylvania Press, 1949. p.2.
21 ROSENBERG, C. E. *Cholera Years*, op. cit., p.15.

jos, relâmpagos, luzes, vapores insalubres e fogos. Este relato, que foi aceito em toda Europa, reapareceu em 1665 como uma explicação para a epidemia que arrasou Londres. Um panfleto da época distinguia entre as causas específicas da corrupção do ar – cadáveres insepultos, fossos e valas fedorentas – e a causa geral, que se originava principalmente por "influências, aspectos, conjunções e oposições de planetas maléficos".[22]

Em meados do século XIX, a ciência médica tinha em grande parte se dissociado dos espíritos, demônios e dos elementos astrológicos mais rudimentares. Entre as ideias gerais prevalecentes sobre a causa das doenças na antiguidade e ainda respeitada por pessoas isoladas, uma permanece convincente no pensamento moderno, e essa ideia é a influência do meio ambiente. "Meio ambiente" é um termo amplo que inclui as estrelas em um extremo da escala e, no outro, localidades geográficas específicas. Em tempos antigos, pensava-se que tanto as estrelas distantes como o meio ambiente terrestre influenciava o bem-estar humano. Mesmo em nossos dias, as "estrelas" ainda desempenham um papel – ao menos, se acreditarmos no eminente cosmólogo Sir Fred Hoyle, que sugeriu que cometas do espaço exterior podem introduzir vírus e bactérias na terra e causar epidemias.[23] Entretanto, a maioria dos cientistas médicos, à medida que segue o rastro de uma enfermidade no meio ambiente físico, não olha para o céu, mas para a terra – para os poluentes do ar e da água. A ideia de que vapores nocivos na parte mais baixa da atmosfera causem doença é antiga. Baseada nos ensinamentos hipocráticos, a teoria foi aperfeiçoada por uma multidão de pensadores e escritores posteriores, incluindo Varrão (116-27 a.C.), Vitrúvio (fins do século I a.C.),

---

22 Citado em LEASOR, J. *The Plague and the Fire.* New York: McGraw-Hill Book Co., 1961. p.125.

23 HOYLE, F. (Sir), WICKRAMASINGHE, C. Does Epidemic Disease Come from Space? *New Scientist*, v.76, p.402-4, 17 nov. 1977.

Columela (ca. 3 a.C.-65 d.C.), Galeno (129-199) e Avicena (980-1037), o eminente médico árabe.

Quando a peste bubônica chegou à Itália em janeiro de 1347, médicos de Paris ofereceram uma interpretação sobre sua origem e difusão que permaneceu essencialmente inalterada até a segunda metade do século XIX.

> Na Índia e ao redor do Grande Mar, constelações, combatendo os raios do Sol, lutaram violentamente com as águas do mar, que subiam como vapor e desciam novamente durante vinte e oito dias. Por fim, a maior parte delas foi levada para cima como vapores; as que ficaram estavam tão estragadas que os peixes morriam. Os vapores nocivos que tinham sido levados não podiam ser destruídos pelo Sol, nem podiam ser convertidos em água salubre como granizo e orvalho, mas espalhados em um país estrangeiro através do ar. Isto aconteceu na Arábia, Índia, Creta, Macedônia, Hungria, Albânia e Sicilia, e se chegar até a Sardenha ninguém vai sobreviver, o perigo pode continuar até onde este ar chegar enquanto o Sol estiver no signo de Leão.[24]

Observe, neste relato, o papel atribuído às estrelas, a ideia de putrefação, e a noção de ar envenenado movendo-se de um lugar para outro, matando tudo o que encontrava em seu inexorável caminho. O ar é nosso meio ambiente universal; se estiver envenenado, ninguém pode escapar de uma morte angustiante. Durante a Primeira Guerra Mundial, as notícias de que um gás venenoso poderia ser usado em cidades densamente povoadas despertou um compreensível terror. Podemos imaginar o que sentiram as populações medievais e as posteriores quando escutavam os rumores de disseminação de gases letais.

Não faltou literatura para estimular a imaginação. Surgiram inúmeras teorias para explicar a contaminação do ar. Dentre as

---

24 CAMPBELL, A. M. *The Black Death and Its Meaning*. New York: Columbia University Press, 1931. p.41.

teorias não orgânicas, uma apontava para "emanações subterrâneas", como as culpadas. No século XIV, algumas pessoas acreditavam que os terremotos de 1347 permitiram que gases fatais escapassem das partes internas da Terra e contaminassem o ar da superfície. J. F. C. Hecker, um historiador das epidemias medievais que viveu no século XIX, encontrou argumentos para defender esta tese subterrânea. Ele ensinava que em seus dias as observações científicas demonstravam que as erupções vulcânicas podiam contaminar a atmosfera, dando dor de cabeça nas pessoas, tornando-as entorpecidas e inconscientes.[25] Quando a epidemia de cólera alastrou-se em 1832, os médicos ingleses, notando uma semelhança entre os sintomas do cólera e do envenenamento por arsênico, imaginaram se a própria doença não poderia ser causada por um composto semelhante, mesmo desconhecido. O culpado favorito, no entanto, era portentosamente chamado de "fluido elétrico" ou "eflúvio elétrico miasmático". Um doutor arguia que, assim como o temporal com trovoada azeda o leite, a eletricidade na atmosfera pode acidificar os fluidos corporais e, com isso, produzir cólera.[26]

Para alguns escritores de 1830, elementos inorgânicos ou a eletricidade eram agentes mais dignos de infecção do que "um mero contágio animal". Eles estavam reagindo à doutrina tradicional e amplamente aceita de que pântanos, águas estagnadas e matéria orgânica deteriorada eram as principais fontes patogênicas. Tradicionalistas (ou miasmáticos) discorriam sabiamente sobre nuvens nocivas, fluidos putrefatos e miasmas tóxicos, mas eram vagos quanto à natureza da toxina e como eram transmitidas aos seres humanos.[27] Eles procuravam utilizar o

---

25 HECKER, J. F. C. *Epidemics of the Middle Ages*, op. cit., p.14-5.

26 LONGMATE, N. *King Cholera*, op. cit., p.73-4.

27 Os escritores clássicos às vezes eram mais precisos. Varro, por exemplo, chamava a atenção sobre os terrenos pantanosos porque "alguns animais minúsculos, invisíveis a olho nu, reproduzem-se aí, e, levados pelo ar, en-

jargão e falar de "veneno gasoso", "indisposição colérica" e "peculiaridade atmosférica incontrolada". Opiniões médicas vagas e conflitantes contribuíram para a sensação de medo e apreensão: quase todo cheiro fétido, acreditava-se, poderia causar morte. Em 1848, miasmáticos em Londres atribuíam a infecção de cólera na prisão de Millbank ao "eflúvio" do lugar de fervura de ossos no outro lado do Tâmisa, em Lambeth. Eles também afirmavam que o cheiro de uma fábrica de adubo artificial era a causa de cólera e outras doenças no orfanato Christchurch em Whitechapel. Como prova, os miasmáticos diziam que os infelizes meninos das alas voltadas para a fábrica sempre sofriam muito, ao passo que, no outro lado do edifício, as meninas ficavam livres.[28]

O cheiro dos defuntos mal enterrados era considerado a principal fonte orgânica de infecção. Esta crença tinha o douto apoio de Avicena e foi popular a partir do final da Idade Média. Durante a grande peste de 1348, e novamente em 1665, muitas pessoas morriam tão rapidamente que o enterro era muitas vezes feito ao acaso: os cadáveres eram empilhados nos cemitérios das igrejas dentro da cidade, quando já não cabiam mais, eram cavadas grandes valas em áreas abertas para enterros em massa. Os terrenos de sepultamento eram lugares malcheirosos e horrendos: era muito natural que as pessoas olhassem para eles como fontes de vapores venenosos. A ideia ainda encontra defensores nos tempos modernos. Um médico escreveu em 1891 estar convencido de que os mortos envenenavam o ar. Ele acreditava que a origem da peste negra podia ser localizada no monte de cadáveres insepultos nos sucessivos desastres que surpreenderam a China. Ele invocou o envenenamento cadavérico como a razão do alto índice de mortalidade entre os sacerdotes e monges

---

tram no corpo através da boca e do nariz e causam doenças difíceis de curar". Citado em RUSSELL, P. F. *Man's Mastery of Malaria*, op. cit., p.12.

28 LONGMATE, N. *King Cholera*, op. cit., p.166.

na Europa. Os padres viviam nas aldeias perto dos cemitérios da igreja, enquanto dentro dos muros do mosteiro eram enterradas gerações de monges e também os corpos de príncipes e pessoas nobres dos arredores.[29]

Os seres humanos dependem de outros seres humanos quase tanto quanto dependem do ar. Quando uma epidemia mortal ataca, ambos são imediatamente suspeitos. Não apenas os cadáveres, mas os vivos vítimas da doença podem sujar a atmosfera. Na Idade Média os leprosos eram as pessoas mais suspeitas. Os leprosários eram construídos fora da cidade e situados a favor do vento sempre que possível.[30] No século XIX, os colonizadores europeus ampliaram este medo de uma raça pária ao incluir as populações nativas que, em seus bairros apinhados e fétidos, estavam sujeitas a hospedar toda classe de germes patogênicos. As autoridades britânicas médicas e militares, na Índia, acreditavam que o "ar impuro" soprando das cidades nativas podia pôr em perigo a saúde dos europeus. Recomendava-se aos colonizadores que se estabelecessem nas colinas bem acima do miasma pútrido das planícies, e também evitassem lugares a favor do vento que vinha das fedorentas cidades indianas.[31]

No apogeu da peste negra, o medo das vítimas da peste estimulou o reaparecimento de uma antiga crença no mau-olhado. Guy de Chauliac, um notável cirurgião e médico do papa Clemente VI, em 1348, pensou que a peste era tão contagiosa, especialmente quando havia escarro com sangue, "que não somente por morar juntas, mas até ao olharem-se umas à outras, as pessoas pegavam a doença". Um médico de Montpellier, em

---

29 CREIGHTON, C. *A History of Epidemics in Britain*. Cambridge: Cambridge University Press, 1891. v.1, p.175.

30 BRODY, S. N. *The Disease of the Soul*: Leprosy in Medieval Literature. Ithaca, N.Y.: Cornell University Press, 1974. p.67.

31 KING, A. D. *Colonial Urban Development*: Culture, Social Power and Environment. London: Routledge & Kegan Paul, 1976. p.108-11.

um tratado de maio de 1349, endossou a ideia. Falou de um mortal "espírito aéreo saindo dos olhos do doente" e surpreendendo os "olhos da pessoa sadia que ficava em pé olhando o doente, especialmente quando este agonizava".[32] Não obstante, o conceito ortodoxo era de que a doença era transmitida principalmente pela respiração, que contaminava o ar assim como faziam outros gases da decomposição.

A peste transformava todos, ao mesmo tempo, em desconfiados e suspeitos – vizinhos muito amigos e parentes próximos podiam ser portadores da morte. O medo da infecção era tanto que os que tinham de andar pelas ruas ziguezagueavam, cruzando de um lado para outro a fim de evitar contato com outros pedestres. O conhecimento e o medo do contágio aumentaram depois do primeiro ataque violento à Europa continental em 1348. As cidades procuravam se defender isolando os doentes. Um regulamento promulgado em 1374 ordenava que todos os doentes "fossem levados da cidade para o campo, para morrer ou se recuperar ali". Um costume cada vez mais comum era emparedar os doentes e suas famílias dentro das suas casas, onde por falta de cuidado e alimento pereceriam não apenas os doentes como também os sadios.[33]

Quando uma epidemia mortal irrompia numa cidade, a resposta quase instintiva dos seus habitantes era fugir. Mas para onde? Quer doentes, quer não, eram considerados por outras pessoas como contaminados pela doença e representavam uma ameaça mais específica, mas não menos funesta que o ataque violento de uma "nuvem envenenada". Em outubro de 1374, galeras genovesas trouxeram a peste bubônica para Messina, na Sicília. Sua extraordinária virulência obrigou os habitantes a abandonar suas casas. Eles se espalharam por toda Sicília e Calábria, mas os lugares onde procuraram abrigo não os rece-

---

32 CAMPBELL, A. M. *The Black Death*, op. cit., p.3, 61.
33 HECKER, J. F. C. *Epidemics of the Middle Ages*, op. cit., p.58-9.

beram. Foram obrigados a acampar entre as ervas daninhas e videiras.[34]

Histórias desse tipo, variando somente em escala e grau de hediondez, podiam se repetir uma e outra vez nas sucessivas aparições da peste. Em junho de 1665, os londrinos começaram a abandonar a cidade. Em julho as casas abandonadas, vazias e sem proteção eram mais numerosas do que as marcadas com uma cruz vermelha para indicar onde a peste tinha entrado. O êxodo foi finalmente controlado quando o prefeito se recusou a assinar mais documentos certificando a saúde daqueles que fugiam, e pela oposição dos municípios vizinhos em receber os migrantes, colocando guardas armados em suas estradas.[35]

Durante a epidemia de cólera de 1830, as autoridades da Rússia estabeleceram *cordões sanitários* ao redor das maiores áreas de infecção. Os militares e a polícia estavam encarregados de manter barreiras nas estradas que saíam das áreas infectadas e eram autorizados a atirar em qualquer um que fosse pego tentando deixar a cidade. Moscou tinha que ser protegida, mas para que a quarentena tivesse êxito as províncias vizinhas tinham que cooperar. O governo militar de Moscou pediu às autoridades em Tula, Riazan, Vladimir e Trev que destruíssem as pontes e bloqueassem o trânsito por água para prevenir que suas populações entrassem na metrópole.[36]

Na Espanha, as autoridades estabeleceram cordões tríplices e proclamaram que era uma violação grave abandonar uma cidade infectada. A Prússia colocou soldados ao longo das suas fronteiras como se estivesse se defendendo de um exército invasor. Nos Estados Unidos, o medo de uma epidemia de cólera em

---

34 CAMPBELL, A. M. *The Black Death,* op. cit., p.114.
35 BELL, W. G. *The Great Plague,* op. cit., p.94.
36 McGREW, R. E. *Russia and the Cholera 1823-1832.* Madison: University of Wisconsin Press, 1965. p.78.

1832 resultou em severas quarentenas e violência local. "Em Chester, Pensilvânia", Charles Rosenberg escreveu que

> várias pessoas suspeitas de portar a pestilência foram assassinadas ao lado de quem as tinha abrigado. Habitantes armados de Rhode Island obrigaram os nova-iorquinos que fugiam através do estreito de Long Island a voltar para trás. Em Ypsilanti, a milícia local atirou na diligência postal que vinha de Detroit, infectada pelo cólera.[37]

As notícias da aproximação da epidemia a princípio provocaram curiosidade, depois uma sensação de intranquilidade e, então – quando a invasão parecia inevitável –, uma crescente corrente de pânico. Os nova-iorquinos sentiram-se moderadamente perturbados quando ouviram dizer que o cólera tinha chegado à Inglaterra, depois seriamente alarmados quando souberam que a enfermidade tinha ultrapassado o Oceano Atlântico, cordão sanitário natural, e fora noticiada em Montreal. Durante um tempo houve rumores animadores de que estava se espalhando para o oeste, em vez de para o sul, mas esses fragmentos de boas notícias não impediram os nova-iorquinos de abandonar, em grande número, a sua cidade.

Moscou também foi apanhada pelo medo, à medida que, em 1830, o cólera avançava em sua direção. O governo publicava relatórios diários sobre o avanço da doença pelo Volga, durante os meses de agosto e setembro. O alarme difundia-se rapidamente entre os cultos em razão da troca de correspondência entre eles. No dia 5 de setembro, Ferdinand Christine escreveu para informar à Condessa S. A. Bobrinska que cinquenta pessoas por dia estavam morrendo em Astracã, que a situação em Saratov era quase tão má e as linhas de quarentena tinham fracassado em deter o cólera, que "um homem morreu no caminho e outro nos

---

37 ROSENBERG, C. E. *Cholera Years*, op. cit., p.37.

próprios portões de Moscou". Um ar opressivo pairava sobre a cidade. Os moradores lembravam e exageravam as consequências de epidemias anteriores, especialmente a de 1771, e ficavam neuroticamente desconfiados com qualquer sintoma de doença. Por volta do dia 11 de setembro, o governo não pôde mais controlar o pânico. Nem os médicos nem a polícia conseguiam persuadir as pessoas a permanecer em Moscou. Eles escapavam da pestilência da mesma maneira que tinham fugido dos exércitos de Napoleão em 1812.[38]

Quais eram os métodos usados para prevenir ou combater doenças epidêmicas? No século XIX a ênfase foi colocada na higiene pessoal e pública e na segregação do doente. Essas eram medidas sensatas. Em épocas anteriores, embora as pessoas estivessem conscientes da necessidade de quarentena e de limpeza, este conhecimento fora neutralizado por outras convicções, algumas das quais eram estranhas e relativamente inofensivas, ao passo que outras aumentavam o desconforto e horror da pestilência.

Na Idade Média, por exemplo, as intenções de higiene pessoal eram dificultadas pela noção de que um banho quente, na verdade qualquer tipo de banho, tendia a abrir os poros e consequentemente expor o corpo ao ar contaminado. O ar sendo o vilão, os médicos do medievo recomendavam às pessoas combatê-lo queimando madeiras cheirosas, junípero, freixo ou alecrim. Sempre que possível a casa devia estar cheia de plantas e flores cheirosas, e o chão borrifado com vinagre e água de rosas.

Outros grupos acreditavam que "o mal expulsava o mal". Longe de evitar certos tipos de maus odores, como os que emanam das latrinas, a pessoa devia aspirá-los.[39] No século XVII, as pessoas chegaram a afirmar que os vapores de enxofre eram um desinfetante poderoso e, portanto, procuravam salpicar pólvora

---

38 McGREW, R. E. *Russia and the Cholera*, op. cit., p.75-7.
39 ZIEGLER, P. *The Black Death*. New York: John Day Co., 1969. p.74-5.

nas panelas. As pessoas pobres queimavam sapatos velhos e sobras de pequenos pedaços de couro e chifre para obter o cheiro desejado. O fogo, que tinha sido usado para combater o ar podre desde os tempos de Hipócrates, continuou sendo um instrumento popular. Um panfleto publicado em Londres em 1665 recomendava às pessoas acender o fogo diariamente e empilhar nele mais ou menos uma dúzia de substâncias acres, "porque no fogo há uma maravilhosa grande virtude e força para purificar, corrigir e retificar a podridão e decomposição do ar".[40] Fogueiras eram acesas nas ruas de Londres no começo de setembro. Dia e noite sua fumaça e seu fedor acrescentavam mau cheiro a muita coisa que já estava fedorenta e horrível. Depois de anoitecer, na cidade brilhavam as chamas, enquanto poucos residentes podiam ser vistos.

Os camponeses chineses acreditavam que o barulho dos fogos de artifício e de armas de fogo poderia dispersar os demônios da doença. Em 1665 os londrinos pensavam a mesma coisa. Durante os meses de junho, julho e agosto podiam ser vistas pessoas disparando suas armas de fogo das janelas, na esperança de que as explosões levassem para longe o ar letal que tinha se acumulado ao redor de suas casas. A Associação de Médicos de Londres apoiava o disparo frequente de armas de fogo.[41] Até os céticos aprovaram este costume, por causa das "configurações das partículas no éter que poderiam ser radicalmente alteradas com as detonações". Em 1831 a revista médica inglesa *Lancet* publicou uma reportagem, um tanto condescendente, sobre como uma cidade da Pérsia tinha tentado afugentar o cólera:

> Tem-se informado que aqui se levou a cabo uma extraordinária medida curativa com a intenção de pôr de lado a presente calamidade. Salvas de artilharia e as detonações de mosquetes troavam desde o nascer até o pôr do sol; estrondosos gritos eram da-

---

40 Citado em LEASOR, J. *The Plague and the Fire*, op. cit., p.125.
41 Ibidem, p.126.

dos ao mesmo tempo por milhares de pessoas, e gongos e trombetas aumentavam a horrível comoção.[42]

Porém, quando a doença chegou a Londres em 1832, muitos cidadãos com espírito patriótico ofereceram conselhos às autoridades, e os conselheiros com o maior número de seguidores favoreceram o uso de explosivos. Em uma carta aberta ao Lorde Presidente do Conselho, um certo William Hunt pedia que 22 canhões fossem distribuídos ao redor de Londres e que eles "fossem disparados um por um em intervalos de uma hora cada, começando ao alvorecer e terminando ao pôr do sol", com o propósito de "desinfectar a atmosfera pela destruição dos prováveis animálculos".[43]

Qual era a aparência de uma cidade devastada? O caos, a morte por todos os lados e a desolação do abandono de todos aumentavam a atmosfera de horror. Tucídides, testemunha ocular da epidemia de tifo que assolou Atenas no ano 430 a.C., destacou a quebra da ordem social.

> Um agravante da calamidade existente foi o afluxo do campo para a cidade, e isso foi especialmente sentido com as chegadas adicionais. Como não havia casas para abrigá-los, tinham que ser alojados, na estação quente do ano, em cabanas sufocantes onde a morte devastava sem freio. Os corpos dos homens agonizantes permaneciam uns sobre os outros, e criaturas meio mortas cambaleavam pelas ruas e reuniam-se ao redor das fontes em seu anseio por água. Também os lugares sagrados em que tinham se alojado estavam repletos de cadáveres ... visto que o desastre tinha ido além de todos os limites, os homens, não sabendo o que lhes aconteceria, tornavam-se absolutamente indiferentes, fosse com o sagrado, fosse com o profano.[44]

---

42 LONGMATE, N. *King Cholera*, op. cit., p.5.
43 Ibidem, p.85.
44 THUCYDIDES. *The History of the Peloponnesian War*, lv.2, chap. 7:52. Comumente atribui-se a Tucídides a primeira descrição da peste bubônica. É mais

As crônicas de Henry Knighton descrevem cenas de desolação rural e urbana na Inglaterra do século XIV, assolada pela peste. Nos arredores de Londres morreram tantas ovelhas com a peste que, em um mesmo pasto, podiam-se contar 5 mil animais mortos e "apodreciam tanto que nem pássaros, nem bestas os tocavam". O abandono era geral. Knighton observou:

> depois da pestilência, muitos prédios, tanto grandes como pequenos, em todas as cidades, burgos e aldeias ruíram por falta de habitantes, e do mesmo modo muitas aldeias e povoados ficaram desabitados, e não sobrou nenhuma casa, porque todos os que aí moravam faleceram.[45]

Conforme as pessoas iam embora ou morriam, os prédios deterioravam-se: o resultado foi como se a doença pudesse apodrecer até os objetos inanimados da paisagem.

A epidemia de 1665 em Londres provocou cenas espectrais. Para imaginá-las precisamos lembrar as inúmeras e combinadas circunstâncias que produzem medo. O escritor moderno Walter George Bell chama a nossa atenção para o persistente repicar dos sinos de um ou outro campanário das centenas de igrejas, cada repique anunciando mais uma morte e aumentando a pressão nos nervos cansados. O que os ouvidos ouviam os olhos confirmavam. Ninguém podia sair às ruas sem encontrar pessoas carregando caixões de defunto. Havia poucos transeuntes, e desses poucos podia-se ver que muitos deles tinham feridas. Outros coxeavam dolorosamente devido às feridas que não tinham cicatrizado completamente. Nas ruas silenciosas brilhava a cruz vermelha nas portas, e as poucas casas que não estavam marcadas com a cruz tinham sido abandonadas pelos seus mo-

---

provável que ele tenha descrito o tifo exantemático e possivelmente a febre tifoide. Ver SPINK, W. W. *Infectious Diseases*: A History of Their Control. Minneapolis: University of Minnesota Press, 1978. p.144.

45 A partir da *Chronicum Henrici Knighton*, citado por DEBSON, R. B. (Ed.) *The Peasants' Revolts of 1381*. London: Macmillan & Co., 1970. p.59-63.

radores e abertas aos ventos. À noite podia-se escutar a carreta funerária ressoando forte nos seixos e a melancólica chamada dos carregadores, "Tragam os seus mortos!". Os cemitérios das igrejas estavam inchados com os cadáveres mal enterrados. Samuel Pepys escreveu, ao passar por tal lugar: "assustei-me mais do que poderia imaginar". Ainda no século XX, os cemitérios das igrejas na cidade de Londres estavam em lugares elevados, lúgubres lembranças do poder da peste.[46]

As medidas públicas usadas para enfrentar a pestilência e as respostas do público ao seu ataque pouco mudaram desde a Idade Média até a primeira metade do século XIX. Uma cidade esforçando-se por sobreviver durante a epidemia de cólera na década de 1830 era muito semelhante a um povoado medieval fustigado pela peste. Um residente da cidade de Cromarty, no estuário de Moray Firth (na Escócia), descreveu no final de 1832 sua cidade sitiada:

> A doença, semana após semana, rastejava pelas ruas e vielas ... Piche e alcatrão permaneciam ardendo durante as noites no meio das vielas infectadas, e a instável luz bruxuleava com efeitos espectrais nas casas e nos muros, e nas imagens dos observadores que fugiam. Durante o dia, os inúmeros caixões levados para o cemitério por uns poucos carregadores e a abundante fumaça que se levantava das fogueiras acesas para queimar as roupas dos infectados produziam um efeito triste e assustador.[47]

Diante do desastre ou de um iminente ataque violento, a resposta humana é frequentemente uma combinação de bom senso e medo supersticioso. As doenças com proporções pandêmicas, mais do que outras calamidades naturais, tendiam a produzir tais efeitos, em parte porque suas origens eram menos conhecidas e em parte porque suas trajetórias pareciam mais errá-

---

46 BELL, W. G. *The Great Plague*, op. cit., p.158-9, 192-4, 281.
47 Citado em LONGMATE, N. *King Cholera*, op. cit., p.63.

ticas. Uma doença podia surgir e desaparecer repentinamente. Podia atacar um bairro e pular sobre grande parte da cidade para atacar outro bairro. No passado, embora muitas medidas tomadas para combater a doença fossem razoáveis, quase com a mesma frequência iam além dos limites da razão. Fazia sentido purificar o ar, mas não queimar sapatos velhos. A quarentena era uma boa precaução, mas emparedar a família com seus membros doentes e deixá-los sem comida ou cuidados era uma crueldade extraordinária, somente explicável pelo pânico. Medidas e tratamentos rigorosos frequentemente originavam seu próprio terror, ultrapassando o da própria enfermidade.

Em um desastre natural como uma inundação, as autoridades e o populacho lutavam contra um inimigo natural externo. Em uma epidemia, os próprios seres humanos eram a maior causa de medo. As pessoas temiam o doente tanto quanto os suspeitos de estar doentes. E estes temiam os poderes extraordinários das autoridades, que podiam encerrá-los em hospitais imundos que na verdade eram armadilhas mortais ou atirar neles quando pensavam entrar numa área protegida.

Um surto de cólera ou peste bubônica ameaçava toda uma população. O terror ao contágio podia perturbar tanto a razão que, para os que estavam bem de saúde, os doentes pareciam não somente as vítimas do mal, mas os causadores. Porém, uma epidemia não gera apenas uma atmosfera de pânico e suspeita. Nas comunidades que eram muito unidas e o trabalho sofria uma tensão social não reconhecida, a doença poderia despertar sentimentos de profunda inimizade mesmo quando produzia apenas umas poucas vítimas. Quando uma pessoa ou família fica doente e a outra não, as condições são propícias para que os conhecidos e até os parentes se acusem mutuamente de feitiçaria e bruxaria.

9
Medo de natureza humana: bruxas

É racional temer as manifestações violentas da natureza. Ainda sentimos necessidade de nos proteger contra inundações, raios e cascavéis. O que não vemos de nosso protegido ambiente construído é o horror que antigamente esses elementos naturais inspiravam, porque eles também representavam a malignidade *humana*. No mundo todo as pessoas têm mostrado uma tendência a antropomorfizar as forças da natureza. De fato, não podemos abrigar um sentimento forte por nenhum objeto animado ou inanimado sem o dotar de atributos humanos. Mas o meio ambiente físico de noites escuras e cumes de montanha adquire uma dimensão extra de ominosidade, além da ameaça das forças naturais e espíritos, quando é identificado com a maldade humana de ordem sobrenatural, aquela das bruxas ou fantasmas.

Uma bruxa é uma pessoa que lança injúria por meio da prática de poderes excepcionais. Esses poderes podem ser considerados sobrenaturais porque operam de uma maneira que não pode ser detectada; a causa é reconhecível somente quando o dano torna-se conhecido. A crença nas bruxas de certo modo é universal. A importância das bruxas no sistema, no entanto, varia muito de uma cultura para outra.

As bruxas são necessárias para explicar melhor os infortúnios individuais do que os coletivos. Quando a seca atinge toda a comunidade, talvez os deuses estejam zangados e é necessária uma dança da chuva para restabelecer a harmonia do universo. Mas se um raio cai no gado de um homem e não nos de outros vaqueiros, ou se somente o filho de um homem fica doente, enquanto as crianças de outras pessoas permanecem sadias, como é que o indivíduo afetado vai aliviar a sua angústia? O que ele faz é procurar uma causa ou resposta para o desastre pessoal. Quatro tipos de respostas são possíveis: é o destino, a ação de uma ordem misteriosa que todos os mortais devem aceitar; é de fato um acidente que somente a lei da estatística pode explicar; é um castigo justo pelos erros individuais, como, por exemplo, a não observância de certos ritos; é causado por um ser maligno e invejoso – uma bruxa. Sem a aceitação filosófica de destino ou sofisticação estatística, somente as duas últimas respostas são viáveis, e das duas é mais fácil apoiar a ideia de que outra pessoa, e não a própria, é a culpada.

A bruxa é semelhante a uma pessoa qualquer. Pode ser meu vizinho do lado ou até um parente próximo – raras vezes pode-se saber. A pessoa que vejo diariamente, que sorri com tanta simpatia, pode, durante a noite, tramar feitiços que irão fazer que eu frature uma perna ou perca uma criança. As bruxas são inimigos internos incógnitos: é por isso que provocam tanto mal-estar. Considere os amba, um povo agrícola da Uganda Ocidental. Os 30 mil ou mais amba estão divididos em inúmeros pequenos povoados, a maioria dos quais eram entidades políticas independentes que de tempos em tempos guerreavam umas contra as outras. Os aldeões em diferentes partes do território amba são inimigos reais ou potenciais. Entre eles a relação é utilitária durante os intervalos pacíficos e violenta quando aumentam as tensões entre as famílias. Os outros aldeões, no entanto, não são bruxos. As bruxas são problema somente onde as pessoas vivem muito perto umas das outras e reconhecem laços comunais. É entre os membros do mesmo povoado – amba descendentes de um mesmo ancestral comum – que são frequentes as suspeitas de bruxas. Apesar da ênfase na harmonia ideal dentro da aldeia, os amba estão profundamente conscientes da fragilidade de seus laços sociais.[1]

As bruxas são uma praga da comunidade local. Porém os habitantes de uma aldeia podem tolerar as suas próprias tensões sociais e apontar outras aldeias como particularmente dominadas pelas bruxas. Isso ocorre quando a relação entre diferentes povoados, ao contrário dos amba, não é de hostilidade aberta, mas de cautela e suspeita. A atitude, então, passa a ser: esses outros aldeões são como nós e temos negócios com eles, mas também de algum modo eles não são como nós. No sudoeste americano, por exemplo, os índios navajo de Ramah acreditam que o cânion de Chelly e o Cañoncito são duas áreas infestadas de bruxas. Eles tendem a sentir esses companheiros de tribo como estrangeiros, "navajos que não são inteiramente navajos". Existem, de fato, diferenças sutis, como o antropólogo Clyde Kluckhohn tem apontado. Ao contrário dos navajo de Ramah, os que vivem no cânion de Chelly têm uma alta proporção de sangue pueblo, e os que vivem na área de Cañoncito são em sua maioria descendentes de tribos que sofreram uma grande influência das missões espanholas durante o século XVIII.[2]

Infortúnios são imprevisíveis. Por quê? Uma resposta é que existem as bruxas. Pessoas de aparência comum podem, em

---

1 WINTER, E. H. The Enemy Within: Amba Witchcraft and Sociological Theory. In: MIDDLETON, J., WINTER, E. H. (Eds.) *Witchcraft and Sorcery in East Africa*. New York: Frederick A. Praeger, 1963. p.278-94.

2 KLUCKHOHN, C. *Navaho Witchcraft*. Boston: Beacon Press, 1967. p.74-5.

lugares secretos e escuros, subverter as crenças mais profundamente assumidas pela sociedade. No mundo todo os traços antissociais das bruxas são muito semelhantes porque em todas as comunidades duradouras os valores sociais básicos são quase iguais. Entre os mais importantes estão o respeito pela vida, pela propriedade e pelas regras de conduta sexual. As bruxas não somente mutilam, matam e destroem, mas parecem escolher indiscriminadamente suas vítimas, que podem ser um estrangeiro, um vizinho, um irmão ou irmã. As bruxas são luxuriosas e incestuosas, têm relações com cadáveres e demônios, não têm controle sobre seus impulsos.[3] As bruxas são uma força para o caos total, e estão fortemente associadas com outras forças ou manifestações de caos, tais como noites escuras, animais selvagens, campos indômitos, montanhas e tempestades.

As noites escuras diminuem a visão humana. As pessoas perdem a habilidade de manipular o meio ambiente e sentem-se vulneráveis. À medida que diminui a luz do dia, também diminui o seu mundo. Os poderes nefandos assumem o controle. Bruxas e fantasmas ocupam um lugar de destaque nas tradições do mundo ocidental. Os antigos gregos acreditavam neles e em Hécate, que era também deusa da Lua Negra – as noites negras quando a Lua não aparece. Nessas noites, Hécate aparecia nas encruzilhadas, invisível aos seres humanos, mas visível aos cachorros, que soltavam uivos de dar medo. Oferendas eram colocadas todos os meses nessas encruzilhadas para apaziguar a deusa e suas tropas. Nos tempos medievais os bons cristãos também evitavam as encruzilhadas durante as horas sem luz; onde outrora Hécate reinou, agora congregavam-se, vindos do inferno, bruxas e espíritos maléficos, sob a égide do próprio diabo. A noite encobria atividades ruins e simbolizava o mal; no medievo parecia correto que as bruxas se reunissem à noite. Nos manuais dos inquisidores são comuns as confissões do seguinte teor:

---

3 MAIR, L. *Witchcraft*. New York: World University Library, 1969. p.36-7.

Françoise Secretain acrescentou que costumava ir sempre ao sabá perto da meia-noite ... Mas sempre é uma condição destas reuniões demoníacas noturnas que, tão logo o galo cante, tudo desapareça ... Alguns têm dito que o canto do galo é mortal para Satã, assim como ele é temido pelos leões.[4]

Antes da era da luz elétrica, as pessoas em todos os lugares recolhiam-se às casas depois do escurecer. "É melhor estar em casa, porque lá fora é perigoso", diz um antigo ditado grego, encontrado em Hesíodo e no hino homérico a Hermes. Tal recomendação ainda faz sentido às pessoas em comunidades isoladas onde até hoje não chegaram as ideias e tecnologia modernas. A literatura etnográfica sobre a África fornece inúmeros exemplos. Os gusii, que habitam a fértil região montanhosa do sudoeste do Quênia, declaram abertamente que é perigoso dar um passeio à noite. As crianças aprendem cedo a ter medo da escuridão fora da cabana. Quando são pequenas e choram, as mães ameaçam jogá-las fora para as bruxas e hienas se não pararem de chorar. Os adultos temem sair de casa depois do pôr do sol. Os homens gusii carregam lanternas para acalmar seus medos. As mulheres são mais avessas a sair. As casadas, que durante o dia andam sozinhas quilômetros longe do lar, à noite ficam muito temerosas em caminhar sozinhas alguns metros até outra casa dentro do mesmo terreiro. O seu medo do escuro inclui muitas coisas, mas especialmente a probabilidade de encontrar bruxas trabalhando. Para os gusii este perigo é real porque seus amigos e vizinhos afirmam ter visto bruxas ou conhecerem alguém que as viu. Pessoas mais jovens, incluindo aquelas que frequentam as escolas missionárias, dão os seus depoimentos como testemunhas oculares. Dizem ter visto a sinistra

---

4 BOGUET, H. *An Examen of Witches*, publicado pela primeira vez em 1590, trad. ASHWIN, E. A. London, 1929, p.51; citado por PARRINDER, G. *Witchcraft*: European and African. London: Faber & Faber, 1963. p.38.

luz da tocha de uma bruxa quando tremulava à distância. Acredita-se que as bruxas à noite correm nuas levando um braseiro onde ardem ervas ou capim.[5] A crença nas bruxas é reforçada sempre que um gusii encontra um terreno queimado.

O medo da escuridão é ainda maior entre os kaguru do leste-central da Tanzânia. Devido principalmente ao medo das bruxas, em seus lares os kaguru fecham com cortinas as frestas das janelas, e alguns preferem defecar ou urinar em suas cabanas a se aventurar a sair depois do escurecer.[6]

Tanto as bruxas como os animais selvagens, que desafiam o controle humano, estão intimamente associados com o ocultismo. As bruxas europeias voam para os seus sabás montadas em bodes e cavalos. Apesar de o bode e o cavalo serem animais domesticados, não lembram as dependências da fazenda, mas sim o selvagem. O bode é um habitante dos cumes das montanhas, um proscrito da sociedade (o bode expiatório) maculado com uma reputação de sensualidade. O simbolismo do cavalo é extremamente complexo: representa desejos intensos e instintos; é o opressivo pesadelo dos sonhos; e é o presságio de guerra e morte. O cavalo apropriadamente evoca os apetites imoderados das bruxas, suas atividades noturnas relacionadas com a morte. Na África, as hienas são as aliadas mais frequentes das bruxas e o seu meio de transporte mais importante. As bruxas disputam corridas através do céu, agarradas ao ventre de suas hienas. Viajam de cabeça para baixo, tipicamente invertendo assim o comportamento humano normal. A maioria dos animais selvagens do mato é considerada por uma ou outra pessoa como parceiros das bruxas. Esses animais em geral são pretos, nojentos, perigo-

---

5 LeVINE, R. A., LeVINE, B. B. Nyansongo: A Gusii Community in Kenya. In: WHITING, B. B. (Ed.) *Six Cultures*: Studies of Child Rearing. New York: John Wiley & Sons, 1963. p.57-8.

6 BEIDELMAN, T. O. Witchcraft in Ukaguru. In: MIDDLETON, J., WINTER, E. H. (Eds.) *Witchcraft and Sorcery*, op. cit., p.61.

sos, ou diligentes à noite. Para os lugbara, da Uganda Ocidental, entre os parceiros estão sapo, cobra, lagarto, rã, chacal, leopardo, morcego, coruja e uma espécie de macaco que grita alto durante a noite.[7] Para os kaguru, são a hiena, o leão, a cobra; para os dinhas do Sul do Sudão, a hiena e a cobra preta, que é a cobra mais perigosa da África.[8] A distinção entre animais e humanos torna-se ainda mais imprecisa nos muitos relatos sobre bruxas que aparecem vestidas com couros de animais: elas são animais transfigurados. As bruxas navajo peregrinam a grande velocidade disfarçadas de lobos e coiotes. Numa cidade suíça, cinco bruxas foram queimadas em 1604 por terem investido contra uma criança disfarçadas de lobos. Até o século XIX, acreditava-se que as bruxas da Escócia e Gales eram capazes de se transformar em lebres para mamar o leite dos úberes das vacas.[9]

As bruxas vão no encalço de suas vítimas individualmente e, como regra, levam a cabo seus crimes sozinhas. Porém, não são completamente antissociais; têm suas próprias reuniões, seus sabás orgíacos. Frequentemente são realizados em lugares remotos e selvagens, como cumes de montanhas, cavernas, florestas e fontes. Um navajo conta: "As bruxas reúnem-se à noite. O lugar de reunião é geralmente uma montanha ou uma grande pedra oca. Elas [se despem]. Elas cantam e pintam o lugar de reunião. Elas fazem ruídos como os coiotes e as corujas".[10] Na África, as bruxas reúnem-se na savana indômita ou inabitada. Os kaguru dizem que elas se reúnem em cabanas abandonadas e à noite dançam no cume das montanhas.

---

7 MIDDLETON, J. Witchcraft and Sorcery in Lugbara. In: MIDDLETON, J., WINTER, E. H. (Eds.) *Witchcraft and Sorcery*, op. cit., p.262.

8 LIENHARDT, R. G. Some Notions of Witchcraft Among the Dinka. *Africa*, v.21, p.303-18, 1951.

9 JONES, E. *On the Nightmare*. New York: Liveright Publishing Corp., 1971. p.233-4.

10 KLUCKHOHN, C. *Navaho Witchcraft*, op. cit., p.137.

Quando a caça às bruxas estava no seu auge na Europa, aproximadamente entre 1580 e 1630, cada país podia reivindicar centenas de sabás. Somente em Lorena acreditava-se que existiam não menos de oitocentos lugares de reunião. Hugh Trevor-Roper chega a falar de centros nacionais e internacionais para a congregação de bruxas, dando como exemplos "Blocksberg ou Brocken, nas montanhas Harz, na Alemanha, 'o grande e suave prado' chamado Blakulla, na Suécia, e La Hendaya, o excelente lugar de diversão no sudoeste da França onde não menos de 12 mil bruxas podiam se reunir".[11]

Parece haver pouca dúvida de que as bruxas preferiam as terras altas. De acordo com o povo, lá elas resistiam melhor. A grande caça europeia às bruxas concentrou-se nos Alpes, Jura, Vosges e Pirineus. Nas áreas mais selvagens da região Basca, até no começo de nosso século, os camponeses e pastores ainda falavam de um espírito da montanha que dirigia as bruxas e tinha o poder de provocar tempestades. Em suas mentes, as forças personalizadas da natureza e das bruxas quase não se diferenciavam.[12]

Culpar as pessoas maléficas pelo mau tempo era muito comum na Europa, embora tal costume não se limitasse a esse continente. As bruxas trabalhavam de diversas maneiras e em diferentes escalas. Para estragar as colheitas de determinado distrito, uma bruxa podia conjurar uma chuva de granizo umedecendo a sua vassoura em algum líquido preto, apontando-a para o céu e depois para a plantação condenada. Em 1610, acreditava-se que as bruxas de Zugarramurdi, nos Pirineus ocidentais, provocavam tempestades para destruir totalmente os navios

---

11 TREVOR-ROPER, H. R. *The European Witch-Craze of the Sixteenth and Seventeenth Centuries and Other Essays*. New York: Harper Torchbooks, 1969. p.94.

12 BAROJA, J. C. *The World of Witches*. Chicago: University of Chicago Press, 1965. p.238. Sobre bruxaria nas regiões montanhosas do Savoia e do Jura, ver MONTER, E. W. *Witchcraft in France and Switzerland*: The Borderlands During the Reformation. Ithaca, N.Y.: Cornell University Press, 1976.

sos, ou diligentes à noite. Para os lugbara, da Uganda Ocidental, entre os parceiros estão sapo, cobra, lagarto, rã, chacal, leopardo, morcego, coruja e uma espécie de macaco que grita alto durante a noite.[7] Para os kaguru, são a hiena, o leão, a cobra; para os dinhas do Sul do Sudão, a hiena e a cobra preta, que é a cobra mais perigosa da África.[8] A distinção entre animais e humanos torna-se ainda mais imprecisa nos muitos relatos sobre bruxas que aparecem vestidas com couros de animais: elas são animais transfigurados. As bruxas navajo peregrinam a grande velocidade disfarçadas de lobos e coiotes. Numa cidade suíça, cinco bruxas foram queimadas em 1604 por terem investido contra uma criança disfarçadas de lobos. Até o século XIX, acreditava-se que as bruxas da Escócia e Gales eram capazes de se transformar em lebres para mamar o leite dos úberes das vacas.[9]

As bruxas vão no encalço de suas vítimas individualmente e, como regra, levam a cabo seus crimes sozinhas. Porém, não são completamente antissociais; têm suas próprias reuniões, seus sabás orgíacos. Frequentemente são realizados em lugares remotos e selvagens, como cumes de montanhas, cavernas, florestas e fontes. Um navajo conta: "As bruxas reúnem-se à noite. O lugar de reunião é geralmente uma montanha ou uma grande pedra oca. Elas [se despem]. Elas cantam e pintam o lugar de reunião. Elas fazem ruídos como os coiotes e as corujas".[10] Na África, as bruxas reúnem-se na savana indômita ou inabitada. Os kaguru dizem que elas se reúnem em cabanas abandonadas e à noite dançam no cume das montanhas.

---

7 MIDDLETON, J. Witchcraft and Sorcery in Lugbara. In: MIDDLETON, J., WINTER, E. H. (Eds.) *Witchcraft and Sorcery*, op. cit., p.262.

8 LIENHARDT, R. G. Some Notions of Witchcraft Among the Dinka. *Africa*, v.21, p.303-18, 1951.

9 JONES, E. *On the Nightmare*. New York: Liveright Publishing Corp., 1971. p.233-4.

10 KLUCKHOHN, C. *Navaho Witchcraft*, op. cit., p.137.

Quando a caça às bruxas estava no seu auge na Europa, aproximadamente entre 1580 e 1630, cada país podia reivindicar centenas de sabás. Somente em Lorena acreditava-se que existiam não menos de oitocentos lugares de reunião. Hugh Trevor-Roper chega a falar de centros nacionais e internacionais para a congregação de bruxas, dando como exemplos "Blocksberg ou Brocken, nas montanhas Harz, na Alemanha, 'o grande e suave prado' chamado Blakulla, na Suécia, e La Hendaya, o excelente lugar de diversão no sudoeste da França onde não menos de 12 mil bruxas podiam se reunir".[11]

Parece haver pouca dúvida de que as bruxas preferiam as terras altas. De acordo com o povo, lá elas resistiam melhor. A grande caça europeia às bruxas concentrou-se nos Alpes, Jura, Vosges e Pirineus. Nas áreas mais selvagens da região Basca, até no começo de nosso século, os camponeses e pastores ainda falavam de um espírito da montanha que dirigia as bruxas e tinha o poder de provocar tempestades. Em suas mentes, as forças personalizadas da natureza e das bruxas quase não se diferenciavam.[12]

Culpar as pessoas maléficas pelo mau tempo era muito comum na Europa, embora tal costume não se limitasse a esse continente. As bruxas trabalhavam de diversas maneiras e em diferentes escalas. Para estragar as colheitas de determinado distrito, uma bruxa podia conjurar uma chuva de granizo umedecendo a sua vassoura em algum líquido preto, apontando-a para o céu e depois para a plantação condenada. Em 1610, acreditava-se que as bruxas de Zugarramurdi, nos Pirineus ocidentais, provocavam tempestades para destruir totalmente os navios

---

11 TREVOR-ROPER, H. R. *The European Witch-Craze of the Sixteenth and Seventeenth Centuries and Other Essays.* New York: Harper Torchbooks, 1969. p.94.

12 BAROJA, J. C. *The World of Witches.* Chicago: University of Chicago Press, 1965. p.238. Sobre bruxaria nas regiões montanhosas do Savoia e do Jura, ver MONTER, E. W. *Witchcraft in France and Switzerland*: The Borderlands During the Reformation. Ithaca, N.Y.: Cornell University Press, 1976.

que entravam ou saíam do porto de Saint-Jean-de-Luz. Turbulência no ar e violentos fenômenos meteorológicos podiam ser o trabalho conjunto de uma bruxa e o demônio. Nicholas Remy, o autor de *Demonology* (1595) e o inquisidor que se gabava de ter queimado novecentas pessoas em quinze anos, insistia que quando árvores e casas eram atingidas por raios elas mostravam os sinais das garras do demônio, e que exalavam "um cheiro muito ruim de enxofre".[13]

Na África, os shona do Zimbábue acreditam que o raio é o instrumento da natureza preferido pelas bruxas. Um médico europeu relatou que no hospital de Harare muitos pacientes shona diagnosticavam os raios como a causa de suas doenças. Como poucas pessoas vivem depois de ter sido atingidas por uma poderosa descarga elétrica, devemos supor que o raio da bruxa é do tipo psíquico – um que pode, por exemplo, atingir suas vítimas durante o sono. Os shona às vezes encaram o raio como um pássaro, que põe seus ovos no lugar que cai. O envio de pássaro-raio não é mais difícil para uma bruxa do que o despacho de qualquer outro animal semelhante.[14]

Como as pessoas podem, então, se proteger contra as bruxas e outras forças do mal? Os europeus possuiam tratados e manuais nos quais se especificavam claramente os métodos para repelir o demônio e seus seguidores. O mais simples e mais popular era usar o nome do Salvador, da Virgem Maria, dos Evangelistas, ou as palavras de São João: "O verbo se fez carne". Esses talismãs lexicais podiam ser usados em lugares vulneráveis, objetos, animais e seres humanos.[15] O sinal da

---

13 REMY, N. *Demonology* (1595). Trad. E. A. Ashwin. London: J. Rodker, 1930. p.84.

14 CRAWFORD, J. R. *Witchcraft and Sorcery in Rhodesia*. London: Oxford University Press, 1967. p.265-6.

15 *Malleus maleficarum* (1489), trad. com introdução, bibliografia e notas de Montague Summers (1928; reimpressão; New York: Benjamin Blom, 1970), p.91-2.

cruz era e ainda é considerado eficaz. Em nosso século, quando os pastores bascos e viajantes se aproximavam dos rochedos íngremes de Ozquia ou Arkaitz, procuravam recolher seixos e fazer com eles o sinal da cruz para afugentar as bruxas e outros poderes demoníacos.[16]

Os índios navajo usam a medicina biliar – uma mistura feita de bílis de águia, de leão da montanha e de cangambá – como antídoto contra o "veneno de defuntos" das bruxas. O veneno de defunto é produzido com a carne dos cadáveres, sendo a das crianças a melhor. As bruxas moem o veneno até transformá-lo em um pó fino que possam jogar pelo fumeiro para dentro do *hogan*, colocá-lo no nariz ou boca de uma vítima que dorme, ou soprá-lo com um canudo na cara de alguma pessoa em uma multidão. Os navajos precavidos levam consigo a medicina biliar se preveem que estarão em uma grande multidão, quando viajam para longe de casa, e especialmente quando planejam atravessar uma região infestada de bruxas como a do cânion de Chelly ou Cañoncito.[17]

Medicina ou talismã proporcionam uma forma de proteção contra os desígnios dos poderes malévolos. Outra proteção é aprender a técnica para ler agouros, que permitiria a uma pessoa evitar horas e lugares de mau agouro, ou adiar um empreendimento se os sinais não fossem bons. Os antigos gregos, os romanos e os chineses acreditavam muito nos agouros. Em certas áreas da África do século XX, a habilidade para interpretar os agouros é necessária para manter a própria sensação de segurança onde proliferam as bruxas e outros espíritos malignos. Por exemplo, os zande do sudoeste do Sudão, possuídos pelas bruxas, atribuem a elas qualquer coisa incomum ou o menor infortúnio. Essas pessoas assustam-se muito quando veem um objeto que associam com bruxaria. A segurança reside em pos-

---

16 BAROJA, J. C. *World of Witches*, op. cit., p.176.
17 KLUCKHOHN, C. *Navaho Witchcraft*, op. cit., p.25, 47.

suir uma tábua com os oráculos, que os zande carregam consigo de modo que possam consultar a qualquer momento. Usam-na para decidir qualquer tipo de tarefa, uma viagem projetada, uma expedição de caça, casamento, ou qualquer coisa. Um homem que está longe de sua casa pode ser advertido pela sua tábua de oráculos para que deixe a aldeia do seu anfitrião a uma hora incomum, ou que se desvie da rota para evitar a bruxaria que o espera numa emboscada. Ele evita a bruxaria como se fosse um perigo natural ou uma armadilha humana colocada em um lugar fixo. Um zande sente-se seguro se puder prever a hora e local da ameaça. Apesar de todas as precauções, infortúnios ainda podem ocorrer, e nessa hora os zande atribuem às bruxas uma esperteza quase invencível.[18]

A crença na bruxaria modifica o comportamento. A pessoa fica em casa ao escurecer; evita certos lugares; oferece hospitalidade mesmo a pessoas rudes e estranhas porque é possível que estejam dotadas de poderes semelhantes aos das bruxas. Na África, o tamanho e a distância entre os povoados pode refletir o medo às bruxas: uma aldeia separa-se em grupos e uma parte se estabelece em outro lugar para evitar as pressões da bruxaria.[19] Durante o dia, até o comportamento social na hora de comer é afetado pelas precauções contra a bruxaria. Os wambugwe, um povo banto localizado na parte sul do lago Manyara, na Tanzânia, acreditam que as bruxas diurnas podem levar à doença lançando um mau-olhado na comida da vítima. Por esta razão os wambugwe tomam medidas extraordinárias para garantir a privacidade durante as refeições, que são consumidas dentro da casa mesmo quando faz muito calor. O antropólogo Robert Gray comenta amplamente sobre a suspeita neurótica dos wambugwe. Os descendentes da linha materna de uma pessoa são

---

18 MAIR, L. *Witchcraft*, op. cit., p.54-6.
19 WILSON, M. Witch Beliefs and Social Structure. *American Journal of Sociology*, v.56, n.4, p.307-13, 1951.

considerados de confiança, mas não os descendentes da linha materna do cônjuge; por isso, mesmo os parentes não vêm frequentemente para comer. Quando os homens estão fora de casa caçando ou abrindo clareiras na mata, não podem ir às suas casas na hora da refeição; mesmo nessa situação não podem ser relaxadas as precauções contra o mau-olhado.

> A não ser que todos os homens tenham um ancestral comum, eles se dispersam na hora de comer, e cada homem come sozinho, atrás de um arbusto ou árvore. Se o grupo for grande e for difícil se esconder, cada homem anda um pouco mais longe e se cobre completamente com sua roupa, enquanto come.[20]

---

20 GRAY, R. F. Some Structural Aspects of Mbugwe Witchcraft. In: MIDDLETON, J., WINTER, E. H. (Eds.) *Witchcraft and Sorcery*, op. cit., p.163.

10
Medo de natureza humana: fantasmas

Os fantasmas são pessoas mortas que, em algum sentido, ainda estão vivas. Eles podem ser conhecidos somente pelos seus efeitos, como uma porta que range ou uma doença repentina. Podem aparecer como uma sombra ectoplásmica ou névoa. Podem ter forma e expressão humana reconhecíveis, mas carecem da materialidade total de um ser humano vivo. Podem parecer enganosamente normais e íntegros como uma pessoa sentada ao lado. Ou podem ser zumbis, os mortos-vivos.

O medo de fantasmas tem suas raízes no receio do desconhecido e do bizarro. Os espectros assombram as pessoas essencialmente da mesma maneira como o fazem outras forças misteriosas no meio ambiente. Na mente pré-moderna, não há uma distinção clara entre divindades da natureza e ancestrais, ancestrais e fantasmas, fantasmas e bruxas, bruxas e assassinos, assassinos e assaltantes, assaltantes e animais selvagens. Onde as forças da natureza são benevolentes e previsíveis, as pessoas as reconhecem como divindades. Onde são ferozes e erráticas, as pessoas as chamam de demônios. Os espíritos dos mortos podem ser uma força para o bem; se tal é a crença, então são venerados como antepassados. Se se lhes atribuem intenções malignas, então são fantasmas que devem ser apaziguados. Um antepassado ou um herói humano morto é quase um deus; assim, um fantasma que causa dano é logo confundido com um demônio da natureza. Os fantasmas, como as bruxas, são um conceito intermediário a partir do qual a pessoa se move em uma direção, para o domínio sobrenatural dos deuses e demônios, e em outra, para o natural e humano domínio das feras selvagens, assassinos e assaltantes.

Nossos sentimentos para com os outros seres humanos frequentemente são ambivalentes. Nós os necessitamos e gostamos deles, mas há épocas em que nos ameaçam do mesmo modo que o fazem as feras, monstros e bruxas. Necessitamos da companhia dos outros, mas também secretamente desejamos a sua ausência. Essa ambiguidade se intensifica em nossa atitude para com os mortos, e especialmente com o cadáver. O cadáver de uma pessoa querida é um corpo em decomposição, um antepassado ou um demônio potencial? Quando morre alguém muito chegado, podemos ficar genuinamente tristes, porém não nos agrada pensar que pode voltar na forma de espírito ou cadáver ambulante espalhando cheiros de sepultura. Um missionário fez este comentário sobre os autênticos sentimentos confusos das pessoas enlutadas no Gabão, África Ocidental:

> O clamor de afeto suplicando ao morto voltar à vida é sincero, o sobrevivente deseja o seu regresso à vida; mas quase simultaneamente a esse clamor vem um medo de que o morto de fato possa regressar, não como o espírito conhecido, corporizado, útil e amigável, mas como um espírito descorporizado, invisível, alienado, talvez hostil, e envolto por uma atmosfera de medo comunicada pelo desconhecido e invisível.[1]

---

1 NASSAU, R. H. *Fetishism in West Africa*. New York: Charles Scribner's Sons, 1904. p.223-4.

Europeus e americanos estão iludidos se pensam que a afeição humana pode conquistar a revulsão produzida pela morte e a decomposição do corpo. O deprimente efeito da bem conhecida história de W. W. Jacobs, "The monkey's paw" (A pata do macaco), origina-se da repentina compreensão da insuficiência do amor humano. A história descreve um casal de velhos que possui uma pata enrugada de macaco que tem o poder de conceder três desejos. O primeiro desejo deles é dinheiro. Logo um estranho vem entregar o dinheiro, mas informa ao casal que o dinheiro é da sua empresa em sinal de pesar pelo acidente em que o filho deles foi atingido por uma máquina e morreu. Depois de se recuperar do choque, os dois cuidaram do funeral do filho em um cemitério das imediações. Em seguida regressaram à sua solitária casa e procuraram continuar vivendo o melhor que podiam. Aproximadamente uma semana depois, no meio da noite, a mulher repentinamente lembrou que a pata do macaco podia ainda conceder mais dois desejos. Ela a pega e pede que seu falecido filho regresse. No começo não aconteceu nada. No entanto, meia hora depois, o tempo que levaria uma pessoa para andar três quilômetros, o casal escutou uma batida forte e insistente na porta. A mulher corre escada abaixo para abri-la. Seu marido procura detê-la, mas ela grita: "É nosso filho, Herbert! Você tem medo de nosso próprio filho?". No instante em que a mulher se atrapalhava com a chave, o seu marido rapidamente pega a pata do macaco e faz o terceiro pedido, de que o corpo decomposto do seu filho deveria permanecer no túmulo e não regressar para pôr à prova o amor de uma mãe. A porta se abre repentinamente, entra o ar frio, mas tudo o que o casal pode ver lá fora é o lampião da estrada, a sua luz bruxuleando no tranquilo e deserto caminho.

O amor humano entre parentes chegados e vizinhos é inseguro se fracassa em reconhecer os seus próprios fantasmas. A crença em bruxas e fantasmas é evidência de fraquezas nos laços humanos que não são reconhecidos imediatamente porque, se o fossem gerariam um conhecimento que arruinaria gradativamente a imagem idealizada de boa vontade na qual se baseiam as regras aceitáveis de comportamento. Uma bruxa é uma vizinha ou parente de quem não gostamos e de quem desconfiamos. Nossa desconfiança, achamos, apoia-se em evidências objetivas, quando de fato a causa profunda pode se encontrar em nossos próprios sentimentos de hostilidade reprimidos. Um fantasma é frequentemente um parente morto por quem sentimos rancor ou culpa.

Nas sociedades em que existem tanto bruxas quanto fantasmas, a distinção entre eles não é clara. As bruxas estão intimamente ligadas com a morte, o morto e o espírito do morto. Mau tempo, montanhas ermas, caminhos solitários e casas abandonadas são ambientes tanto de bruxas quanto de fantasmas. Os lugares de sepultamento são os seus *habitat* familiares. Tanto as bruxas quanto os fantasmas podem assumir a forma de animais selvagens.

Para os navajo, os fantasmas são as bruxas no mundo dos mortos. A falta de um limite preciso entre os dois tipos de seres maléficos é sugerida pela atitude dos navajo para com os velhos. As pessoas de cabelos brancos são respeitadas, mas também temidas. Suspeita-se que elas sejam bruxas – a razão não está clara. Talvez os navajo vejam os velhos como uma carga econômica, como pessoas que ressentem sua perda de poder, que estão perto da morte e, portanto, reagem menos ao controle social. Os navajo não se sentem confortáveis com os anciãos e anciãs por outra razão: são "quase fantasmas". Os muito velhos, por estar perto da morte, participam dos seus atributos repelentes.[2] Por outro lado, quando morrem não se espera que regressem como fantasmas, porque se supõe que já viveram bem o tempo que lhes foi concedido na Terra.

---

2 KLUCKHOHN, C. *Navaho Witchcraft*. Boston: Beacon Press, 1967. p.104-5.

Em outras partes do mundo, encontramos uma tendência similar de misturar bruxas e fantasmas. Os kaguru, da Tanzânia, por exemplo, acreditam que tanto as bruxas como os zumbis dançam à noite no alto das montanhas.[3] No Zimbábue, os shona reconhecem a categoria de fantasmas conhecida como *ngozi*, que inclui os espíritos negativos de pessoas assassinadas, como também os de antepassados que sentem raiva de alguém. Devido a sua particular maldade, os *ngozi* são usados pelas bruxas.[4]

Por definição as bruxas são malvadas. Os espíritos dos mortos, ao contrário, podem ser malvados ou benevolentes. Onde quer que as bruxas existam são temidas; os mortos, ao contrário, não são temidos em todas as partes. Seus espíritos, especialmente os dos próprios antepassados, podem ser energia para o bem. Uma forte evidência de que as pessoas nem sempre temem os mortos é o costume de sepultá-los ou preservar suas partes nas casas em que viveram. Este costume era conhecido na Grécia, durante os tempos micênicos, e na Itália antiga. Os etnógrafos o tem encontrado em muitas partes diferentes do mundo, especialmente na África, América do Sul e Micronésia. Os habitantes das Ilhas Gilbert, na Micronésia, no oceano Pacífico, podem ser tomados como um exemplo de tal falta de medo. Quando um ilhéu morre, a sepultura é cavada no chão de sua casa. Um parente próximo fará então uma cama perto do túmulo e o abrirá de tempos em tempos para olhar os restos da pessoa amada. A caveira pode ser retirada e guardada em uma caixa. A viúva ou criança do defunto tem o privilégio de dormir e comer ao lado da caixa, levá-la em todas as excursões e untá-la

---

3 BEIDELMAN, T. O. Witchcraft in Ukaguru. In: MIDDLETON, J., WINTER E. H. (Eds.) *Witchcraft and Sorcery in East Africa*. New York: Frederick A. Praeger, 1963. p.66.

4 CRAWFORD, J. R. *Witchcraft and Sorcery in Rhodesia*. London: Oxford University Press, 1967. p.88.

com azeite de coco. Os ilhéus das Ilhas Gilbert esperavam que os espíritos dos parentes mortos os ajudassem em assuntos práticos da vida; por isso, queriam que os restos e lembranças do defunto guardados ficassem à mão.[5]

No extremo oposto estão os navajo. Sua aversão à morte e a todas as coisas ligadas a ela é total. Observadores dos navajo têm comentado amplamente sobre o seu medo mórbido de cadáveres. Os antropólogos Kluckhohn e Leighton notaram que, para os navajo,

até olhar os corpos de animais mortos, exceto aqueles abatidos para comer, é um perigo. Os humanos mortos são sepultados tão logo seja possível, e com tantas e cuidadosas precauções que um dos maiores favores que uma pessoa branca pode fazer aos navajo é se encarregar desta repugnante responsabilidade.[6]

Uma casa na qual uma pessoa faleceu é queimada, ou então se permite que as vigas do teto desabem, indicando que o lugar deve ser evitado. Um navajo arrisca-se a congelar em vez de procurar abrigo em uma dessas casas ou fazer fogo com a sua madeira.[7]

Os navajo evitam os cadáveres porque é possível que eles se transformem em fantasmas. De certa forma os fantasmas são mais terríveis do que as bruxas; estas podem ser capturadas e mortas, mas os espíritos dos mortos estão além do poder humano normal. Somente aqueles que morrem na infância ou na velhice não se transformam em fantasmas. Ao contrário, qualquer pessoa morta, não importa quão afetuosa possa ter sido

---

5 GRIMBLE, A. From Birth to Death in the Gilbert Islands. *Journal of the Royal Anthropological Institute of Great Britain and Ireland*, v.51, p.46-8, 1920.

6 KLUCKHOHN, C., LEIGHTON, D. *The Navaho*. Ed. rev. Garden City, N.Y.: Doubleday Anchor Books, 1962. p.184.

7 REICHARD, G. A. *Navaho Religion*: A Study of Symbols. New York: Pantheon Books, 1963. p.81.

quando viva, é uma fonte potencial de perigo. Os fantasmas permeiam o mundo dos navajo após o anoitecer. Aparecem em forma humana e como coiotes, corujas, camundongos, remoinhos, focos de incêndio ou objetos escuros indefinidos. Eles fazem ruídos de movimentos – sons sibilantes – que se assemelham aos chamamentos dos pássaros e outros animais. Todo tipo de figuras e ruídos noturnos desperta medo. Depois do pôr do sol, o medo dos fantasmas e bruxas mantém os navajo dentro de seus *hogans*.[8]

Na maioria das culturas, as atitudes para com os mortos e os seus espíritos são mais ambivalentes e complexas do que as dos ilhéus das Ilhas Gilbert e as dos índios navajo. Os mende de Serra Leoa atribuem um papel importante aos espíritos ancestrais. Os antepassados mende conservam seus desejos costumeiros e paixões. A maior parte do tempo estão dispostos a ajudar seus descendentes, mas podem se irritar por sinais de conduta imprópria; e, como eles são capazes de sentir fome e sede, podem tornar-se vingativos se negligenciados. Os espíritos dos antepassados mende, no entanto, não são realmente amedrontadores. Eles mostram o seu desgosto, mas moderadamente em sonhos ou fazendo ficar doente o culpado.[9] Os espíritos dos antepassados também desempenham um papel primordial na vida dos shona de Zimbábue. São conhecidos como os *vadzimu*, para diferenciá-los dos *ngozi*, que são fantasmas. Os shona olham com muito afeto os *vadzimu* de pais e avós, e os espíritos, por sua vez, promovem o bem-estar da estirpe. Porém, quando um *vadzimu* é ofendido, pode se transformar em um vingativo *ngozi*.[10]

Nas montanhas ocidentais da Nova Guiné os horticultores kyaka tendem a ver os espíritos dos mortos como hostis. Os

---

8 KLUCKHOHN, C., LEIGHTON, D. *The Navaho*, op. cit., p.184-5.
9 HARRIS, W. T., SAWYER, H. *The Springs of Mende Belief and Conduct*. Freetown: Sierra Leone University Press, 1968. p.14.
10 CRAWFORD, J. R. *Witchcraft in Rhodesia*, op. cit., p.78.

fantasmas assombram as árvores e cemitérios. Eles vêm em auxílio dos parentes, mas também podem estar cheios de ódio. Soube-se que eles têm lançado pessoas às árvores, deixando-as penduradas ali sem ajuda, seus olhos e ouvidos untados com excremento. Têm o poder de causar cegueira, lepra, bouba e inchaços internos, e também loucura.[11] Os mae, que também vivem nas Montanhas Ocidentais, veem os fantasmas ou como completamente mal-intencionados ou, no melhor dos casos, como neutros. A maioria das feridas, doenças e mortes lhes são atribuídas. As relações familiares entre os mae são tensas. Talvez por esta razão os fantasmas mais temidos sejam os dos parentes próximos com o mesmo sangue – pai, mãe, irmãos e descendentes que morreram solteiros.[12]

Entre os antigos gregos a ambivalência para com os mortos era evidente em sua atitude para com os heróis. Como muitos povos primitivos, os gregos acreditavam que o seu mundo tinha mais deuses e espíritos do que seres humanos; a paisagem grega estava repleta de lugares santos e santuários. Os santuários dos heróis compunham uma grande parte dessa paisagem de culto religioso, e alguns podiam ser lugares amedrontadores, como Pausânias, um geógrafo do século II d.C., o testifica.[13]

Quem era um herói? O herói era um homem corajoso. Quando vivo protegia seus parentes e amigos. Depois de morto seu poder era mais impessoal e ia além dos limites da sua própria família.[14] Os heróis não eram claramente distinguíveis dos antepassados. Ambos tinham funções protetoras, mas também po-

---

11 BULMER, R. N. H. The Kyaka of the Western Highlands. In: LAWRENCE, P., MEGGITT, M. J. (Eds.) *Gods, Ghosts, and Men in Melanesia*. Melbourne: Oxford University Press, 1965. p.139.

12 MEGGITT, M. J. The Mae Enga of the Western Highlands. In: LAWRENCE, P., MEGGITT, M. J. (Eds.) *Gods, Ghosts, and Men*. op. cit., p.111.

13 PAUSANIAS. *Description of Greece*, lv.9, p.31. trad. W. H. S. Jones. London: Loeb Classical Library, 1935. v.4, p.353, 355.

14 NILSSON, M. P. *Greek Piety*. Oxford: Clarendon Press, 1948. p.9.

diam fazer mal. Histórias espantosas circulavam entre os camponeses. Havia um herói malvado, Actêon, que devastou os campos dos beócios, e por recomendação de seu oráculo a sua estátua foi acorrentada em uma rocha. Existiu o herói de Temesa, a quem a mais bela virgem da cidade devia ser sacrificada até que o lutador Entimos o expulsou; e o herói Orestes, a quem os atenienses não gostavam de encontrar à noite, porque lhes podia arrancar as roupas e dar-lhes uma surra. Os heróis podiam causar doenças. Amedrontavam os camponeses, não apenas como fantasmas, mas também como aparições corpóreas, que infligiam ferimentos, como os bandidos.[15]

A construção de categorias tais como deuses, ancestrais, fantasmas e bruxas permite, em qualquer sociedade, que os camponeses e pequenos comerciantes vivam confortavelmente com as frequentes forças imprevisíveis do seu universo. Porém, as crenças populares carecem de consistência lógica e as categorias muitas vezes se superpõem. Na Grécia antiga, como já observamos, um ancestral podia ter autoridade sobre um grupo maior do que a sua parentela e ser venerado como um herói. Uma ideia similar existiu na China. Os chineses não atribuíam muito poder aos seus ancestrais, que por via de regra podiam afetar somente o destino dos seus descendentes. Apesar disso, um ancestral que chegasse a ser um funcionário público letrado durante sua vida poderia depois da morte ser elevado à condição de deus menor com jurisdição sobre as pessoas da totalidade de um distrito. Os deuses, ancestrais e heróis eram intercambiáveis. Hoje se pode escutar, na Taiwan moderna, um camponês instruído ou um comerciante novato negar a posição sobrenatural dos deuses, afirmando que os numerosos templos dedicados a eles não são outra coisa senão santuários para os heróis. "Um

---

15 NILSSON, M. P. *Greek Folk Religion*. Philadelphia: University of Pennsylvania Press, 1972. p.91, 113.

deus local é uma espécie de herói, como o é Lincoln para vocês", respondeu uma pessoa a um pesquisador americano.[16]

Os chineses são muito conhecidos pela sua devoção aos espíritos ancestrais. Oficialmente, esses espíritos são sempre bondosos, sendo sua principal preocupação o bem-estar da sua prole. Os vivos, por sua vez, têm obrigações definidas para com seus ancestrais pela dádiva da vida e pelo apoio durante a infância. Os ancestrais mortos pedem aos vivos respeito e atenção para ser felizes no outro mundo. Eles têm o poder de exigir, se necessário for, o cuidado que necessitam. Este elemento de ameaça, que mantém a hierarquia social entre os vivos, continua na relação entre os vivos e os mortos. Os chineses não gostam de admitir que os ancestrais possam ser ruins, porém, à medida que as desgraças acontecem repetidamente, as pessoas às vezes são obrigadas a aceitar esta possibilidade. Eles dizem então que os ancestrais são capazes de causar dano somente porque "não têm coração", e que mesmo quando as pessoas fazem regularmente oferendas aos seus antepassados não podem ter certeza de que eles não vão voltar e causar aborrecimento.[17]

Um ancião que morre não se torna imediatamente um ancestral; ele é por algum tempo um cadáver. O momento do rito da morte em que os chineses se sentem mais apreensivos é o curto período antes de colocar o corpo no caixão, quando os vivos estão diretamente expostos ao cadáver. O cadáver exposto é temido porque é um estado indefinido entre um ancião vivo e um ancestral enterrado. Nessa circunstância o comportamento do cadáver é imprevisível: pode até se transformar em um enfurecido monstro. Por isso, qualquer pessoa presente ao ato de

---

16 WOLF, A. P. Gods, Ghosts, and Ancestors. In: _____. (Ed.) *Religion and Ritual in Chinese Society*. Stanford, California: Stanford University Press, 1974. p.141.

17 AHERN, E. M. *The Cult of the Dead in a Chinese Village*. Stanford, California: Stanford University Press, 1973. p.199-200.

pôr o cadáver no esquife, seja parente ou não, deve receber uma proteção ritual contra algum dano. Um procedimento do ritual é chamado "corte". Em certa fase do processo de colocar o morto no ataúde, a ponta de uma corda é amarrada ao cadáver e o resto dela é segurado pelos presentes no velório. A corda, então, é cortada com a finalidade de impedir que o defunto volte depois a aborrecer os descendentes.[18]

Uma vez enterrada, a pessoa morta é transformada em um ancestral, cujo comportamento pode ser previsto. Os familiares sobreviventes, por seu lado, agora sabem como agir com respeito ao morto. Contudo, os aldeões chineses não se sentem completamente confortáveis nos lugares onde as pessoas são enterradas. A sepultura é localizada nos limites ou fora da aldeia. Fica na franja do mundo *Yang* dos vivos; é a entrada para o mundo *Yin* dos mortos. Os vivos têm a sensação de que pouco controlam o acesso a esta entrada, onde podem se reunir fantasmas hostis. Ao contrário, os aldeões relacionam-se com confiança com os espíritos dos ancestrais no panteão ancestral que está localizado no interior do povoado. Quando os aldeões visitam a sepultura, aproximam-se do desconhecido mundo *Yin*. Por outro lado, quando as almas dos antepassados visitam o panteão elas se reintegram ao mundo *Yang* dos vivos, e os vivos sabem muito bem relacionar-se familiarmente com as almas de seus antepassados.[19]

Para ser um ancestral, deve ter tido descendência masculina. Mas muitas pessoas morrem antes de contrair matrimônio, e muitos daqueles que sobrevivem para se casar não geram herdeiros varões. O *status* desses seres acha-se entre o de ancestral e o de fantasma (ou *kuei*, com a conotação do mal). As pessoas que morrem como descendentes da linha agnada, mas não têm descendência própria que os venere, são tratadas como "quase

---

18 Ibidem, p.171.
19 Ibidem, p.172-4.

ancestrais" e suas tabuletas são colocadas à direita no altar familiar. As pessoas que contribuem para a linhagem, mas não são membros dela, são tratadas como "quase fantasmas" e suas tabuletas são colocadas em um canto da cozinha ou em um corredor.

Os bebês e crianças pequenas que morrem tornam-se fantasmas. As almas dos próprios filhos, se morrem muito jovens, juntam-se às almas dos malfeitores – bandidos e criminosos – como fantasmas que vagueiam perigosamente pelo mundo. Para apaziguar-lhes são construídos santuários fora de casa e nos campos. Os espíritos dos estrangeiros e dos malfeitores também devem ser aplacados da mesma maneira, e pela mesma razão os estrangeiros vivos são tratados com cautela e aos bandidos se entrega dinheiro para deles se livrar. Uma complicação adicional é esta: do mesmo modo que do seu ponto de vista meus parentes são estranhos, os meus ancestrais, para você, são fantasmas com vontade e poder de lhe causar dano.[20]

Semelhantemente a outros povos, os chineses desconfiam e temem tudo que seja estranho e desconhecido. Originalmente a palavra para fantasma, *kuei*, significava uma criatura simiesca bizarra – um animal selvagem. Seu significado foi depois ampliado para abranger raças estrangeiras e, finalmente, seres espectrais que não pertenciam ao mundo conhecido e respeitável da família, das autoridades públicas, dos ancestrais e dos deuses.[21]

Até mesmo nos tempos modernos, em países de grande cultura, a população rural continua carregando o pesado fardo de antigos medos que seus primos da cidade mais ou menos aprenderam a descartar. Em um país como a China, a dicotomia entre o urbano e o rural permaneceu bem definida até pelo menos a época da Segunda Guerra Mundial: enquanto os estudantes uni-

---

20 WOLF, A. P. Gods, Ghosts, and Ancestors, op. cit., p.146-7.
21 CHIEN-SHIH, S. An Essay on the Primitive Meaning of the Character *Kuei*. *Monumenta Serica*, v.2, p.1-20, 1936-1937.

versitários discutiam as teorias da relatividade de Einstein, do outro lado dos muros da cidade os aldeões ainda usavam a magia para afastar epidemias e demônios.

Em 1934, o sociólogo Wolfram Eberhard analisou as lendas populares que coletara na província chinesa de Chê-chiang e descobriu as seguintes crenças típicas a respeito de fantasmas e demônios: os cadáveres dentro dos caixões – mas que ainda não tivessem sido enterrados ou sepultados adequadamente – transformavam-se em fantasmas; os seres humanos cujas vidas foram ceifadas não descansam em paz – por isso as vítimas de assassinato e pessoas que são forçadas pelas circunstâncias a se enforcar (geralmente mulheres jovens) podem voltar como fantasmas.

Nas lendas populares chinesas, o fantasma amedronta por causa da sua aparência grotesca. A surpresa aumenta o horror: um fantasma pode no início simular a forma de uma bela pessoa; mas no momento em que a pessoa começa a aceitar a metempsicose, transforma-se em um monstro com cabelo comprido, língua grande, garras e sangue escorrendo pelo seu vestido branco.[22]

Não sabemos se os fantasmas vivem bem ou mal na República Popular da China. Sabemos que na zona rural de Taiwan eles estiveram presentes na consciência do povo, pelo menos até o final da década de 1950, como mostra a tradição sobre fantasmas na aldeia de Peihotien. A aldeia está localizada no rio Tamsui e nessa época estava a uma hora de trem e mais uma caminhada da cidade de Taipei. Depois que a água do rio Tamsui foi utilizada em projetos de irrigação, o rio foi reduzido às proporções de um córrego. Não obstante, os pais na aldeia ainda proíbem seus filhos de nadar ou brincar perto dele. Era esta a ra-

---

22 EBERHARD, W. *Studies in Chinese Folklore and Related Essays*, Indiana University Folklore Institute Monograph Series, Bloomington, 1970. v.23, p.69-71.

zão do medo deles: no passado, muitas pessoas se afogaram quando as balsas soçobravam ao cruzar o rio. Os habitantes da aldeia acreditavam que as almas dos afogados permaneciam na água como almas penadas até que conseguissem puxar outras vítimas que as substituíssem.

Os fantasmas de Peihotien não se limitavam ao rio. Margery Wolf, no seu estudo sobre a aldeia, reportou que várias aparições foram observadas perto de uma caverna de bambu, e que outra foi vista repetidas vezes num chiqueiro abandonado penteando o seu longo cabelo. "Um quarto bastante confortável em uma casa perto da aldeia raramente é alugado e apenas a forasteiros, devido aos hábitos desagradáveis do fantasma do dono anterior".[23]

Quase em todo lugar suspeita-se de que os mortos ressentem de sua condição: costumam regressar e visitar os lugares e pessoas que outrora conheceram. Esses espectros, forças potenciais de caos, pairam logo além do mundo dos vivos e constituem-se em ameaças periódicas. As pessoas enfrentam essas ameaças definindo o seu próprio espaço, com bandeiras levantadas ao seu redor, e limpando-o ritualmente de tempos em tempos. O estudioso erudito Sir James Frazer coletou evidências em todas as partes do mundo para mostrar como os vivos procuram romper os vínculos com os mortos e se proteger das suas nefandas influências.[24]

Os arunta, na Austrália Central, acreditavam que depois da morte de um homem deveria ser permitido que seu fantasma perambulasse livremente por um período de 12 a 18 meses; depois disso o espírito inquieto devia ser confinado a um lugar mais restrito. Porque se sabe que um fantasma – qualquer fan-

---

23 WOLF, M. *The House of Lim*: A Study of a Chinese Farm Family. New York: Appleton-Century-Crofts, 1968. p.15-6.

24 FRAZER, J. G. *The Fear of the Dead in Primitive Religion*. London: Macmillan & Co., 1934. vol. 2.

tasma – gosta de voltar ao campo queimado e solitário onde sua morte ocorreu, em determinado dia um bando de homens e mulheres iria ao campo, dançaria ao redor de seus restos carbonizados, gritaria e golpearia o ar com suas armas e mãos para fazer sair o espírito do lugar que ele tanto amava. Quando a dança acabava, o grupo todo começava a seguir o fantasma de volta à sua sepultura, onde presumivelmente deveria permanecer.[25]

O costume amplamente difundido entre os índios americanos era de destruir a propriedade do defunto, ou recusar-se a usá-la, por medo da possessividade do fantasma. Os aths da ilha de Vancouver mostravam uma variação deste costume. Quando um homem morria, os seus bens pessoais eram enterrados com ele, mas os artigos de pouco valor, tais como canoas, o alicerce da casa e a armação de pesca eram herdados pelo filho primogênito. No entanto, entre os aths mais supersticiosos, a casa do homem falecido, com tudo que contivesse, era queimada. Desta forma os descendentes não tinham oportunidade de acumular riqueza através de herança.

Um costume mais sensato, mas que igualmente desencorajava a volta do fantasma, era retirar todos os materiais da propriedade do homem falecido e usá-los para construir uma casa em outro lugar.[26] Alexander von Humboldt dizia o seguinte sobre as tribos indígenas do vale do Orinoco:

> Algumas tribos, por exemplo a tamanaca, estão acostumadas a devastar a terra de um parente falecido e cortar as árvores que ele havia plantado. Dizem que "olhar os objetos que pertenceram a seus parentes os entristece". Preferem apagar do que guardar as lembranças. Os efeitos dessa sensibilidade dos índios são prejudi-

---

25 SPENCER, B., GILLEN, F. J. *The Native Tribes of Central Australia*. London: Macmillan & Co., 1899. p.498-508.

26 SPROAT, G. M. *Scenes and Studies of Savage Life*. London: Smith, Elder & Co., 1868. p.159, 160; FRAZER, J. G. *Fear of the Dead*, op. cit., p.128.

ciais para a agricultura, e os frades se opõem energicamente a essas práticas supersticiosas.[27]

Porém, James Frazer pensava que a verdadeira motivação era o medo dos mortos, um medo que os tamanaca relutavam em admitir para Humboldt.[28]

Era como se os fantasmas pudessem ser desencorajados pelas mais simples barreiras materiais. Os kpelle da Libéria acreditavam que duas estacas fincadas na terra e entrelaçadas com vime formavam uma barreira suficiente para evitar que os fantasmas perturbassem os aldeões. Na Índia havia um antigo costume que, quando as carpideiras abandonavam o lugar de cremação, o sacerdote oficiante levantava uma barreira de pedras entre o morto e os vivos. As tribos das montanhas ao norte da Índia adotaram e mantiveram esse costume até boa parte do século XX. Na Europa os camponeses agricultores pareciam acreditar que a água era uma proteção efetiva contra os espíritos inquietos dos mortos. Na Transilvânia, no final do século XIX, o cortejo que retornava de um funeral podia se afastar dois ou três quilômetros de sua rota para evitar todas as pontes e procurar cruzar um riacho com águas correntes, certificando-se assim de que a alma errante do morto não seria capaz de seguir as pessoas enlutadas até suas casas. Em localidades da Alemanha, assim como na moderna Grécia e Chipre, uma versão mais econômica do que essa é a de despejar água atrás do defunto ao ser retirado da casa; a ideia é de que, se o fantasma voltar, não poderá atravessar a água. Os fantasmas podem ser mantidos fora das residências fechando todos os buracos. Na Inglaterra e Savoia, os chefes de família ao longo do trajeto de um

---

27 HUMBOLDT, A. *Personal Narrative of Travels in the Equinoctial Regions of America*. London: George Bell & Sons, 1852. v.2, p.487.
28 FRAZER, J. G. *Fear of the Dead*, op. cit., p.132.

cortejo fúnebre certificavam-se de que suas portas e janelas estivessem bem fechadas.[29]

Era possível, por meios físicos, evitar que os fantasmas entrassem em uma casa ou expulsá-los se estivessem dentro dela. Em Madagascar, as pessoas acreditavam que os espíritos dos mortos pairavam ao redor dos povoados, esperando um momento oportuno para retornar a suas ex-casas. Em épocas de inundações ou chuvas torrenciais, homens e mulheres batem violentamente nos lados dos seus abrigos numa tentativa de repelir os *angrata*, ou fantasmas que tentam entrar com a água.

Os alemães pensaram, outrora, livrar suas casas dos fantasmas sacudindo toalhas aqui e acolá, ou varrendo-os para fora com uma vassoura.[30] O costume na antiga Roma era mais refinado e aperfeiçoado. O pai da casa levantava-se à meia-noite e, após se purificar, pegava feijões pretos e os jogava por sobre o seu ombro sem olhar para trás, dizendo ao mesmo tempo: "Com estes feijões eu me redimo e redimo, também, a minha família". Nove vezes repetia as palavras mágicas, enquanto os fantasmas o seguiam e iam catando os feijões. Uma vez mais o dono da casa lavava-se e fazia ressoar vasos de latão. Nove vezes ele repetia o preceito "Fantasmas de minha família, vão-se embora", e então a purificação ficava completa.[31]

Se era possível que até aqueles parentes que morreram de morte natural pudessem não descansar em paz, para a mente dos supersticiosos era muito mais provável que as pessoas que tivessem sido assassinadas voltassem como fantasmas. Porém, nessa eventualidade medidas podiam ser tomadas. Uma lenda sobre Yang Chien, fundador da dinastia Sui, da China (581-618), ilustra esse tipo de crença. Após o imperador ter-se muda-

---

29 Ibidem, p.32-6, 47-8.
30 Ibidem, p.17-8, 36.
31 BAILEY, C. *Phases in the Religion of Ancient Rome*. 1932; reedição, Westport, Connecticut: Greenwood Press, 1972. p.39.

do para a sua capital recentemente construída, Ta-hsing, ele inundou os palácios da antiga capital, Ch'ang-an, para que os fantasmas dos príncipes que ele assassinara na sua escalada para o poder não pudessem regressar e incomodá-lo.[32]

Onde quer que os fantasmas sejam reconhecidos como visitantes habituais, as pessoas desenvolvem métodos padronizados de resposta. Coletivamente, podiam construir santuários para que os fantasmas pudessem ser aplacados com toda cerimônia. Individualmente, a pessoa que deparasse por acaso com um espírito em um campo solitário saberia como afastá-lo com palavras sagradas e gestos rituais, e se um fantasma insistisse em assombrar a casa de uma pessoa, o ocupante podia pedir ajuda a um sacerdote. Os seres humanos aprendem a tomar precauções contra os ataques dos demônios e fantasmas da mesma maneira que o fariam contra os ataques de bandidos. Uma típica ilustração tomada da Inglaterra do final do medievo é a seguinte:

Durante o reinado de Ricardo II, um monge em Yorkshire registrou vários encontros entre as pessoas de seu bairro e os fantasmas. Em um dos relatórios, um fantasma importunava um alfaiate chamado Snowball. O fantasma assumia diferentes formas: um corvo, uma meda de turfa, um cachorro com uma coleira de corrente, uma cabra e, finalmente, "a aparência de um homem de grande estatura, horrível e magro". Em cada encontro, Snowball defendia-se com um gesto religioso, como fazer o sinal da cruz, erguer em sua frente o punho da espada com a forma de cruz, ou pronunciar os nomes da Trindade. No último encontro, que foi arranjado de antemão, Snowball tomou precauções excepcionais: levou consigo os quatro Evangelhos e outras palavras sagradas; traçou um grande círculo com uma cruz; ficou em pé no centro do círculo e colocou dentro relicá-

---

32 WRIGHT, A. F. *The Sui Dynasty*: The Unification of China, A.D. 581-617. New York: Alfred A. Knopf, 1978. p.67.

rios em forma de cruz. Por que, perguntou o frade, Deus permite que o fantasma atormente o alfaiate? Resposta: o alfaiate tem negligenciado a frequência à missa. Que pretendia o fantasma? Ele pretendia ser aliviado do seu terrível sofrimento pelo castigo da excomunhão. Ele pediu a Snowball que encontrasse um padre que pudesse lhe perdoar. Também pediu que "um total de nove vezes vinte missas fossem celebradas em seu nome".[33]

De acordo com essa história, vemos que os fantasmas, na Inglaterra medieval, eram considerados criaturas perigosas e bizarras. Por outro lado, tanto a Igreja como o cidadão comum parece que sabiam exatamente como agir diante deles. A cultura medieval aceitava, em grande parte, todo tipo de espíritos, assim o pavor que provocavam pode não ter sido tão intenso como o que uma pessoa moderna poderia sentir diante do inteiramente inexplicável. E pode bem ser que os encontros mais amedrontadores com os fantasmas tenham ocorrido a partir do século XVIII, uma época em que a crença neles, embora diminuindo, de modo algum tinha desaparecido. Isto está bem claro: a razão por que as histórias sobrenaturais produzem tão grande terror deve-se a um profundo *insight* psicológico, que é produto da sensibilidade moderna.

No mundo de língua inglesa, quando pensamos em fantasmas e casas assombradas, forçosamente nos voltamos à mãe pátria. A erudição sobre fantasmas foi especialmente rica durante a era vitoriana, mas o gosto por histórias de mistério persiste até hoje.[34] Sociedades arqueológicas, historiadores locais e fol-

---

33 ERICKSON, C. *The Medieval Vision*: Essays in History and Perception. New York: Oxford University Press, 1976. p.14-6; GRANT, A. J. Twelve Medieval Ghost Stories. *Yorkshire Archaeological Journal*, v.27, p.365-6, 1923-1924.

34 BRIGGS, J. *Night Visitors*: The Rise and Fall of the English Ghost Story. London: Faber & Faber, 1977.

cloristas continuam selecionando histórias de fantasmas e acrescentando novas histórias à medida que elas aparecem. Somente em Wiltshire, um folclorista em 1973 coletou 275 relatos diferentes, e a lista está longe de se completar.[35] A alfabetização generalizada, mesmo na Inglaterra, tem sido um fato há menos de duzentos anos. Na falta de livros que descortinassem o mundo, homens e mulheres estavam intensamente engajados nos eventos locais e em histórias da sua própria localidade transmitidas oralmente com floreios e aumentadas, de geração em geração. Dessas histórias, aquelas sobre fantasmas parecem ter deixado uma impressão mais indelével.

As histórias de fantasmas por si só podem ter apenas um valor momentâneo como entretenimento, sem o apoio de outras crenças e costumes supersticiosos, e estas abundam na Inglaterra do século XIX. A tradição da aldeia incluía todo tipo de agouro sobre a morte. À medida que a morte se aproximava as corujas cantavam, os cães uivavam e os gatos iam embora. A cera derretida que escorria por uma vela acesa pressagiava uma mortalha. A gente do campo receava os mortos e era avessa a entrar à noite em um cemitério. Não gostavam da ideia de deixar o defunto na casa. Um carro funerário provocava mal-estar. Os fantasmas se intrometiam nas atividades diárias da vida, e não somente nas histórias. Um século atrás, não era incomum solicitar-se ao sacerdote local que minorasse o comportamento desprezível deles. Em Wyke House, Trowbridge, um fantasma causou tantos problemas que pelo menos 12 padres anglicanos vieram para expulsá-lo.[36]

Os fantasmas podem ao mesmo tempo ser patéticos e amedrontadores. Há um indizível ar de tristeza e frustração na ma-

---

35 WILTSHIRE, K. *Ghosts and Legends of the Wiltshire Countryside*. Salisbury, Wiltshire: Compton Russell, 1973.

36 WHITLOCK, R. *The Folklore of Wiltshire*. London and Sydney: B. T. Batsford, 1976. p.116-7, 126.

neira como assombram localidades específicas. Aparecem no mesmo lugar e na mesma hora repetidamente. Na Inglaterra corriam rumores de que muitas casas velhas e abandonadas, hospedarias e mosteiros recebiam visitas do além-túmulo. Os mortos voltavam a essas construções por muitos motivos. Um mito popular é que seus restos haviam sido incomodados, ou que não estavam contentes com a maneira como foram enterrados. Este assunto pode muito bem ser, no mundo ocidental, o protótipo da história de casa assombrada. Uma antiga versão é a de Plínio, o jovem, que observou a aparição de um fantasma repetidamente em uma casa ateniense até que o esqueleto de um homem foi descoberto no quintal, exumado e enterrado com cerimônias.[37]

Na Inglaterra moderna, histórias semelhantes são contadas. Duas crianças que passavam uma temporada em uma casa de Lacock foram assustadas por um "homenzinho horrendo" que andava em seu quarto. Muitos anos depois um esqueleto foi encontrado emparedado no dormitório. Uma mulher que dormia em uma velha mansão senhorial em Sutton Veny pensou ter sentido durante duas noites consecutivas que a cabeça de uma criança descansava sobre o seu ombro. Posteriormente, quando uma ala do prédio foi derrubada, os trabalhadores descobriram os esqueletos de cinco crianças.[38] Naturalmente apenas em um país há muito tempo habitado poderia se incorporar, em uma casa, durante sua construção, os restos de esqueletos de moradores anteriores.

Outros dois tipos de histórias sobre fantasmas servem para ilustrar ainda mais o forte sentimento dos ingleses sobre a continuidade do lugar e das pessoas que nele moram. Um tipo baseia-se na crença de que um hóspede poderia aparecer em uma

---

37 COLLISON-MORLEY, L. *Greek and Roman Ghost Stories*. Chicago: Argonaut, 1968. p.20.

38 WHITLOCK, R. *Folklore of Wiltshire*, op. cit., p.125.

casa que, de certo modo, tenha sido violada: por exemplo, um novo rico toma posse de uma mansão ancestral de uma antiga família, ou um convento que foi convertido em albergue para estudantes que estão em férias ou em viagem. Tais hóspedes, geralmente, são inofensivos, e não particularmente amedrontadores. Durante a noite, alguém pode ver a figura de um monge encapuzado desaparecendo através de uma parede que, vários séculos atrás, tinha uma porta que conduzia à adega. O monge-fantasma volta porque a casa, não importa quanta modificação tenha sofrido, era e continua sendo o seu lar. O segundo tipo de história encontra-se na própria moradia. Uma história típica é mais ou menos assim. Uma ciclista é apanhada por uma chuva inesperada em uma estrada rural. Ela vê uma casa pequena na beira da estrada, entra para se resguardar e é recebida por um velho taciturno. Quando a chuva passa, a ciclista continua a sua viagem até a cidade, onde um amigo atônito lhe diz que não existe tal cabana nesse trecho do caminho; existem apenas as ruínas de uma vivenda abandonada há cinquenta anos. Esse tipo de história sugere que as pessoas relutam em admitir que as casas e outros objetos profundamente humanos possam, assim como os mortais que os fizeram, desaparecer para sempre do cenário.

Em uma solitária região de turfa, um pastor pode dizer ter encontrado soldados estranhos usando saias e marchando por uma trilha inexistente, ou um carro fúnebre puxado por cavalos pretos com uma coroa em cima do caixão. Um historiador moveria a cabeça indicando aquiescência e diria: "Sim, existiu um caminho através dessa turfa e é bem possível que os soldados romanos tenham marchado por lá", ou "Na época medieval os cortejos reais podem ter passado por lá". Como poderia um pastor analfabeto, na Inglaterra do final do século, ter conhecido esses fatos? Ele poderia, é verdade, ter visto quadros de soldados romanos. Qualquer que seja a origem da história, o ponto significativo é que foi contada e lembrada: pessoas que viveram em uma época de trens e carros sem cavalos não tiveram dificuldade para aceitá-la.

Os fantasmas são os últimos seres supersensíveis a perder seu domínio nas paisagens da Europa. Os deuses e deusas da natureza foram embora primeiro. Na Inglaterra, o rio Ribble foi outrora o lar de uma deusa a quem eram oferecidos sacrifícios em intervalos regulares. Agora é a residência de um fantasma chamado Peg O'Nell, que exige uma vida a cada sete anos. No rio Swale, a Toca de Hoggett provavelmente deve a sua reputação de lugar assombrado a outro espírito esquecido do rio. A toca agora tem o nome de Tom Hoggett, um ladrão de estradas dos tempos das carruagens, que se afogou no rio ao tentar atravessá-lo para não ser capturado. Conta-se que ninguém que caía no rio saía vivo, não importando quão bom nadador pudesse ser. O Wild Hunt do deus germânico Woden pode ter sido o predecessor do "fantasma da carruagem", que é o veículo favorito do mundo dos fantasmas. De acordo com Cristina Hole "quase não existem velhos caminhos na Inglaterra por onde a Carruagem não tenha rodado". "Às vezes vem para levar um moribundo; outras o morto a usa em sua última perambulação pelos caminhos e campos do seu antigo lar".[39]

Os fantasmas demoram para se apagar da imaginação. A maquinária moderna não necessariamente os destrói. Uma fábrica abandonada ou um velho moinho são lugares apropriados para aparições. Os automóveis-fantasmas substituem as carruagens-fantasmas. Nos caminhos solitários remanescentes da Inglaterra, os motoristas ainda podem dar carona a um fantasma. Ainda circulam histórias sobre casas assombradas e isso pode afetar os aluguéis. "Uma casa que, segundo a opinião geral, está assombrada frequentemente é difícil de se alugar; de fato, tão difícil que muitas vezes ações legais tiveram que ser

---

39 HOLE, C. *Haunted England*: A Survey of English Ghost-Lore. 2.ed. London: B. T. Batsford, 1950. p.139.

movidas contra aqueles que espalharam a história ... e desta maneira depreciaram o valor da propriedade".[40]

Os Estados Unidos da América parecem ser o país menos hospitaleiro do mundo para os fantasmas. Não acreditam na santidade do passado. O culto dos antepassados não desempenha nenhum papel em sua religião. Thomas Jefferson certa vez disse: "Os mortos não têm nenhum direito. Eles não são nada ... Nosso criador fez a terra para uso dos vivos e não para os mortos". A América, uma nação nova, não tem lugares preferidos pelos fantasmas: casas antigas que pertençam a famílias que têm histórias de sangue, velhas hospedarias e mosteiros abandonados. A nação tem sua face voltada para o futuro, e projeta uma imagem pública de cidades florescentes, campos de milho vigorosos e rodovias expressas. Essa imagem não corresponde a toda a realidade do país. A paisagem americana tem uma dimensão de tempo. Pode-se sair de carro por uma estrada de terra batida no Tennessee, Kentucky, ou nas montanhas Ozark, e em poucos minutos entrar em outro mundo, de comunidades estruturalmente entrelaçadas que conservam muitas das superstições e costumes da velha Europa. Nos vales isolados, fantasmas e bruxas são parte da tradição dos vivos tanto quanto morrer na própria casa e manter o cemitério familiar. Uma trilha no campo ou uma ponte coberta, tão pitoresca para um turista de passagem num dia de sol, pode parecer ominosa para um velho caminhando lentamente para casa antes que anoiteça.

No campo a vida pode ser confortável, mas também insegura. A morte é onipresente, em vez de uma distante ideia abstrata. Lembranças da morte estão por toda parte. Se um montanhês do Kentucky vê uma nuvem que se assemelha a um caixão, ou se escuta uma vaca mugindo à noite, sabe que alguém conhecido vai morrer. Se a pessoa mais idosa que está à mesa tomando café da manhã num domingo cedo espirra, ele saberá de uma

---

40 Ibidem, p.4.

morte antes do fim da semana. Uma porta que se abre sem causa aparente pressagia morte. Sonhar com água barrenta é presságio de morte. Quase tudo o que ocorre inesperadamente e está, portanto, além do controle da pessoa é de mau agouro.[41]

Os laços humanos íntimos de alguma maneira compensam a sensação preponderante da precariedade da vida. Mas também podem gerar sentimentos reprimidos de hostilidade que podem ser projetados no mundo além da morte. O auxílio ou prejuízo que uma pessoa recebe de outra não termina ao cessar a vida; os espíritos dos parentes e vizinhos permanecem por perto e continuam preocupando-se com os afazeres dos viventes. Nas montanhas Ozark algumas pessoas idosas esperam fazer desaparecer um fantasma colocando pedrinhas na sepultura da pessoa morta. Nos escritos de Vance Randolph, em 1947, ele dizia ter visto sepulturas notáveis pelas suas coberturas de pedra, e que tinha observado adultos jogando pedras nelas com um ar de desculpa.[42] Mesmo o fantasma de sangue idêntico pode não ser bem recebido. Em meados da década de 1930 um homem do condado de Wayne, no Kentucky, dizia:

> Eu sempre mantenho uma ferradura sobre a minha porta para manter afastados os maus espíritos. Moramos muito perto do cemitério. E meu filho, Ed, disse que tem visto em seu quarto o seu irmão Charlie, todas as noites. Se estivesse vivendo honradamente ele não deveria estar vendo Charlie todas as noites. A mim Charlie nunca aborrece! Era meu filho que morreu e está sepultado neste cemitério atrás de casa.[43]

---

41 MONTELL, W. L. *Ghosts Along the Cumberland*: Deathlore in the Kentucky Foothills. Knoxville: University of Tennessee Press, 1975. p.14, 22, 29.

42 RANDOLPH, V. *Ozark Superstitions*. New York: Columbia University Press, 1947 p.238.

43 MONTELL, W. L. *Ghosts Along the Cumberland*, op. cit., p.6.

Todos os seres malvados, incluídos os fantasmas, são cidadãos das trevas. A população rural no Sul costumava dizer que vagabundear à noite é um pecado. As pessoas respeitáveis permanecem dentro de casa. Quando as famílias se visitavam ou iam à loja tomavam todos os cuidados para lá chegar "ao cair da escuridão". As esposas nas montanhas Ozark raramente varriam suas cabanas após o cair da noite e nunca varriam nada além da porta, pois os fantasmas durante a noite permaneciam ao redor das cabanas e era perigoso ofendê-los ao jogar sujeira em suas faces.[44]

Sabe-se que pessoas falecidas há anos visitam a América contemporânea; todavia as visitas de personagens históricos são menos noticiadas nos Estados Unidos do que na Europa. Um lugar assombrado de interesse histórico foi a montanha Breadtray no condado de Stone, Missouri. As pessoas da montanha evitavam o marco histórico, acreditando que os espanhóis, séculos atrás, haviam enterrado uma grande quantidade de ouro na montanha Breadtray pouco antes de todos serem mortos pelos índios. Os viajantes que passavam à noite perto da montanha afirmavam que podiam ouvir soluços, gemidos e gritos abafados dos soldados mortos.[45]

Os fantasmas interioranos, tanto na América como na Europa, muito frequentemente visitam construções feitas pelo homem: nos Estados Unidos estas incluem casas velhas ou abandonadas, moinhos velhos, pontes cobertas e estradas. Fantasmas também aparecem em cenários naturais, tais como colinas, desfiladeiros e florestas. Onde quer que um fantasma seja anunciado, esse lugar adquire caráter transcendente; é separado do mundo comum. Uma paisagem, para continuar assombrada, deve ser mantida pela arte do contador de histórias, o que até a Segunda Guerra Mundial era um passatempo em muitos lares e

---

44 RANDOLPH, V. *Ozark Superstitions*, op. cit., p.71.
45 Ibidem, p.217.

vendas do interior. Para as pessoas que não gostavam de dançar ou jogar baralho, contar histórias sobrenaturais era praticamente a única maneira de diversão social.

Será que os habitantes rurais acreditam nas histórias que eles contam tão ingenuamente? Muito possivelmente sim: a psicologia de adotar como verdadeiros os fantasmas criados pela própria imaginação através de repetidas narrações é um fato conhecido. Evidência de tal credulidade e autopersuação baseia-se também em levantamentos etnográficos. Por exemplo, os habitantes de uma comunidade do Tennessee, perto de Nashville, como em algumas outras partes do Sul, produzem uísque de milho ilegalmente. Eles procuram proteger seu alambique de duas maneiras: colocando sentinelas e espalhando histórias assustadoras sobre fantasmas. Na verdade, muitos alambiques estão localizados na vizinhança de isolados cemitérios de família, na suposição de que ninguém se atreveria a chegar perto deles depois do pôr do sol. Embora os fabricantes ilegais de bebidas alcoólicas tentassem obter vantagem das superstições de outras pessoas, eles mesmos não eram diferentes e também acreditavam em fantasmas. Tornam-se vítimas de suas próprias histórias.[46] Trabalham nos alambiques à noite com uma alegria forçada que mal esconde o seu próprio nervosismo.

Grande parte do medo humano provém de outras pessoas que sustentam o nosso mundo, mas também que o ameaçam. As forças naturais destrutivas e as doenças usam máscaras humanas, e nas bruxas e fantasmas o medo da maldade humana adquire uma dimensão sobrenatural. Onde alguém pode se esconder? O lar, ainda que seja um refúgio das ameaças externas, não está isento de conflitos, que são muito mais intensos por

---

46 MATTHEWS, E. M. *Neighbor and Kin*: Life in a Tennessee Ridge Community. Nashville, Tennessee: Vanderbilt University Press, 1965. p.68-9; WELLER, J. E. *Yesterday's People*: Life in Contemporary Appalachia. Lexington: University of Kentucky Press, 1966. p.44.

ocorrer entre membros da família, em que os sentimentos fraternos são fortes. Nos tempos modernos o lugar-comum de homicídio não é a rua, mas a residência privada. Juntamente com o lar, a zona rural projeta uma imagem de paz. Mas vejamos quão enganosa pode ser esta imagem. A violência e o medo têm sido componentes habituais da cena rural. Rixas, guerras, banditismo e vingança nas cidades do interior e aldeias explodem periodicamente para destruir a aparente calma superficial da zona rural. A cidade é a tentativa mais ambiciosa do gênero humano para criar ordem física e humana. Porém, o sucesso foi e é confuso. A aglomeração de pessoas que pode gerar grandes realizações também produz a ocasião para a violência e o caos. A fim de evitar a violência e prevenir o caos, os dirigentes poderosos e os governos têm criado paisagens de castigos medonhos.

11
Violência e medo no campo

Um indicador de governo eficiente, mesmo que não seja bom, é paz no campo e na cidade. No início do século IV, um governador romano da Bretanha (por exemplo, Pacacianos) poderia muito bem ter se gabado diante de uma visita:

> O senhor tem viajado o dia todo com conforto, e em nenhum lugar foi roubado, importunado ou ameaçado. O senhor tem visto os nativos colhendo tranquilamente seu cereal. O senhor tem passado sozinho por várias aldeias na planície aberta, sem fortificações e sem proteção exceto a que os donos de escravos dariam sem falhar, em caso de necessidade.[1]

---

1 Pacatianus apud PIKE, L. O. *A History of Crime in England*. London: Smith, Elder & Co., 1873. v.1, p.30. Ele explica a razão pela qual o fez na p.431. Das numerosas vilas na Roma britânica, somente algumas tinham paliçadas. Ver COLLINGWOOD, R. G., MYERS, S. N. L. *Roman Britain and the English Settlements*. Oxford: Clarendon Press, 1937. p.302.

Os governantes da dinastia T'ang, na China, mesmo nos anos de decadência, teriam razões para fazer declarações iguais. Embora a evidência para tal afirmação seja indireta, é persuasiva. Um monge japonês, Ennin, esteve na China entre os anos 838 e 847. Durante esse período viajou muito de barco por rios e canais e a pé pelas estradas e caminhos periféricos do país. Das anotações de Ennin em seu diário, emerge um quadro detalhado do império T'ang. Edwin Reischauer comenta:

> Talvez o aspecto mais surpreendente dessa descrição complexa seja algo que não aparece em nenhuma parte. Nem uma só vez durante os meses da sua andança pelas maiores cidades do país e por áreas montanhosas e costeiras remotas e escassamente povoadas Ennin esteve em perigo de ser abordado por bandidos ou bandoleiros de qualquer tipo.[2]

O monge japonês e seus companheiros mais de uma vez atravessaram uma área que recentemente tinha passado por uma carestia, todas as vezes em completa segurança e sem temer que nada desagradável pudesse acontecer. Quando o governo era eficiente e confiável, nem mesmo a fome provocava necessariamente violência.

Em geral, prosperidade e paz caminham juntas. A Europa conheceu períodos de prosperidade na zona rural e, provavelmente, também de segurança. Brunetto Latini (1294?) falou sobre casas senhoriais da *Île de France*, rodeadas de jardins, pomares e paz rural. No século seguinte Froissart descreveu a rica região de Contentin com evidente admiração. As literaturas francesa e alemã dessa época ridicularizavam os camponeses prósperos que tinham os meios, mas não tinham muito *savoir-faire* para imitar efetivamente os socialmente superiores.[3]

---

2 REISCHAUER, E. O. *Ennin's Travels in T'ang China*. New York: Ronald Press Co., 1955. p.138-9.

3 POWER, E. E. Peasant Life and Rural Conditions (c. 1100 to c. 1500). In: *The Cambridge Medieval History*. Cambridge: Cambridge University Press, 1958. v.7, p.730.

De fato, houve épocas em que "o campo era farto e cheio de coisas boas" (Froissart), mas esses tempos não duraram. A rica região de Cotentin foi devastada pela guerra pouco depois. Os períodos de tranquilidade e ordem no campo foram breves interlúdios na história das nações e impérios. Completamente à parte das guerras, epidemias e fomes, a violência era endêmica nas aldeias e o mesmo ocorria nas cidades. Desde a era romântica, os ocidentais instruídos estiveram propensos a esquecer todo o sectarismo e sangue na zona rural e considerá-los não somente confiáveis, mas inerentemente saudáveis e bons. Ler sobre crimes em uma paróquia rural produz um choque, porque a justaposição de violência com jardins de rosas e trevos silvestres parece incongruente. Nas modernas rodovias e estradas rurais os motoristas não sentem o menor temor de ser emboscados por bandidos. É somente quando passam com o carro pelo deteriorado centro da cidade que, intranquilos, trancam as portas do carro por medo de ser atacados ao parar no semáforo.

Mas, se considerarmos um espaço de tempo maior, rapidamente somos forçados a descartar essa imagem de paz rural e desordem urbana. É verdade que em alguns lugares, em certos períodos históricos – por exemplo, a Espanha do século XVI –, o acirramento da luta entre cidades fazia parecer tranquilo o campo.[4] Em outros, nossa informação, embora pouco conclusiva, aponta para o outro lado. Considere o provérbio *Stadtluft macht frei* – "O ar da cidade torna a pessoa livre" – do final da Idade Média. Ele expressava a liberdade civil e política que um cidadão tinha em comparação com a vida restrita de um servo, mas também afirmava a maior segurança das posses e da pessoa do cidadão. O morador da cidade, atrás de seus muros, tem menos a temer de ataques de bandidos e exércitos do que o camponês

---

4 THOMPSON, I. A. A. A Map of Crime in Sixteenth-Century Spain. *Economic History Review*, v.21, ser.2, p.244-67, 1968.

isolado e desprotegido. Isso era verdade na Alemanha mesmo no século XVII, na época da Guerra dos Trinta Anos.

Os historiadores têm retratado os europeus medievais como emocionalmente instáveis, dados a atos impulsivos e explosões de raiva seguidas de demonstrações extravagantes de contrição. Para um estudioso, a característica mais forte dos londrinos do século XIII era sua "capacidade temerária para violência". Para outro, na sociedade da área rural de Midlands no final do mesmo século "a expectativa de vida era curta, a morte em todas as suas formas estava sempre presente" e "violência, subornos e corrupção eram maneiras normais de resolver os problemas que surgiam entre os homens".[5] James Given fez uma tentativa para calcular a taxa de homicídios daquela época em diversos condados ingleses usando os registros de cortes reais ambulantes que tinham competência para julgar todos os crimes. Ele concluiu que, no século XIII, a taxa de homicídios chegava a 28 por 100 mil pessoas por ano em condados essencialmente rurais como Bedford e Kent. A rural Warwick teve uma taxa geral de homicídios de 19 por 100 mil por ano em um período de 25 anos. Norfolk apresentou a menor taxa média, 9 por 100 mil por ano nos 23 anos cobertos pelas visitas. O homicídio era notavelmente menos comum nas áreas urbanas. A taxa para Bristol em 1227 e 1248 foi de apenas 4 por 100 mil; em Londres era de 8 por 100 mil em 1227 e 15 por 100 mil em 1276. Esses números tornam-se mais chocantes quando os comparamos com a Inglaterra moderna, cuja taxa tem ficado em cerca de 0,4 por 100 mil desde 1930, ou mesmo com os Estados Unidos em 1974, em que ela era de 9,7 por 100 mil.[6]

---

5 WILLIAMS, G. A. *A Medieval London*: From Commune to Capital. London: Athlone Press, 1970. p.21-2; HILTON, R. H. *A Medieval Society*: The West Midlands at the End of the Thirteenth Century. London: Weidenfeld & Nicolson, 1966. p.55, 218.

6 GIVEN, J. B. *Society and Homicide in Thirteenth-Century England*. Stanford, California: Stanford University Press, 1977. p.35-9, 175.

Paisagens do medo

No final da Idade Média, a maior ameaça à vida, ao corpo e à propriedade provinha de outras pessoas do bairro, urbano ou rural. A violência e o crime eram endêmicos nas comunidades. Entretanto, os horrores no lar eram considerados normais. As pessoas estavam mais conscientes do perigo quando viajavam. Entre outras coisas, havia ladrões de estrada com os quais tinham que lutar. Embora se soubesse que quase todas as valetas ou matagais podiam indicar perigo, certas localidades e caminhos eram especialmente ameaçadores. As moitas no desfiladeiro, em Trimpley, na borda da floresta de Wye, eram frequentadas por um bando especializado em roubar os caixeiros-viajantes. O lugar onde os três condados de Lincolnshire, Leicestershire e Rutland uniam-se também era um dos abrigos favoritos dos ladrões. Do ponto de vista dos criminosos apresentava duas vantagens: existiam vários caminhos próximos dali e os limites dos condados estavam tão mal definidos que os xerifes relutavam em assumir responsabilidade. Visto que os comerciantes eram uma boa fonte, os ladrões de estrada operavam comumente em caminhos que ligavam feiras importantes e cidades-mercados. Por exemplo, a garganta de Alton, no movimentado caminho entre Londres e Southampton, era notória pelos roubos e assassinatos.[7]

Em 1285 o Estatuto de Winchester reconheceu a necessidade de privar os ladrões de lugares onde se esconder. Eduardo I ordenou que as margens das estradas fossem desobstruídas 61 metros nos dois lados, de modo que os malfeitores não pudessem se esconder no mato, moita, buraco ou valeta. Somente árvores grandes como o carvalho podiam permanecer. A responsabilidade pelo desmate da terra foi atribuída aos proprietários; se eles negligenciassem sua obrigação podiam ser duramente multados pelos crimes cometidos em suas propriedades. Onde

---

7 BELLAMY, J. *Crime and Public Order in England in the Later Middle Ages.* Toronto: University of Toronto Press, 1973. p.43.

o caminho passava por um parque, era obrigação do dono fidalgo limitá-lo com uma espessa cerca viva ou uma vala tão larga e profunda que os ladrões não a pudessem cruzar facilmente ou nela se esconder antes ou depois dos seus assaltos.[8]

O apelo ao lorde era um tanto irônico, pois os nobres se achavam entre os piores transgressores da ordem social no campo, especialmente nos séculos XIV e XV. Os atos de violência criminal não estavam restritos a nenhuma classe social. A nobreza e a pequena fidalguia perpetravam crimes tão frequentemente quanto os seus inferiores. A simples ideia de uma classe criminosa, diferente da dos cidadãos obedientes à lei, não era de maneira clara mantida pelas pessoas do final da Idade Média; um indivíduo podia transgredir a lei por ganância ou vingança quando a ocasião se apresentava, e então voltar, sem tomar consciência, a respeitar a lei.

Os magnatas locais proporcionavam liderança e uniforme aos bandos de ladrões que andavam ao léu; às vezes as duas classes julgavam conveniente unir forças. Um magnata, rodeado por seus criados de libré, acreditava estar acima da lei. Ele travava batalhas contra seus rivais, e em uma luta podia arregimentar até vários milhares de sequazes. Os partidários do magnata podiam agir por conta própria e saquear a região, matar, mutilar e violentar mulheres sob a proteção das cores do lorde. Comparados com os ladrões comuns de estrada, as gangues de libré eram mais bem organizadas, mais abertas em seus contra-ataques e muito mais destruidoras. Um testemunho duradouro de semelhante turbulência é o grande número de castelos construídos a partir do século XI. As ruínas desses bastiões, agora, são vistas através de uma névoa romântica. Esquecemo-nos de que o seu desconforto e incomodidade eram o preço que os magnatas e seus seguidores tinham de pagar pela segu-

---

8 SALUSBURY, G. T. *Street Life in Medieval England.* Oxford: Pen-in-Hand Publishing Co., 1948. p.151.

rança em uma paisagem de violência. Ao chegar o século XIV, os castelos pontilhavam a paisagem inglesa, cerca de quarenta só em Kent.[9]

A Inglaterra medieval foi conhecida na Europa por sua alta taxa de criminalidade. Esta má reputação perdurou durante todo o período Tudor. Por volta de 1500, um visitante italiano declarou que "em país nenhum do mundo há mais salteadores e ladrões do que na Inglaterra; assim, poucas pessoas aventuram-se a ir sozinhas ao campo, exceto durante o dia, e ainda menos à noite, nas cidades".[10] Na primeira década do século XVII, o viajado Sir Thomas Chaloner afirmou que as depressões econômicas levaram "mais à forca em um ano na Inglaterra do que em muitos anos em grande parte da Europa".

A cidade, com sua população heterogênea e a abundância de bens móveis, fornecia amplas oportunidades para roubo. Os crimes contra a propriedade eram muito mais comuns nas cidades grandes do que no campo; mas em relação a crimes violentos contra as pessoas, essas diferenças entre o rural e o urbano eram em grande parte eliminadas ou até invertidas. Durante o reinado de Elizabeth, a taxa de assassinato e carnificina no Sussex rural (1,4 por 10 mil) era realmente o dobro da de Essex (0,7 por 10 mil), um condado que já recebia influência comercial de Londres.[11]

---

9 HOSKINS, W. G. *The Making of the English Landscape*. London: Hodder & Stoughton, 1955. p.91; HARVEY, A. *The Castles and Walled Towns of England*. London: Methuen & Co., 1911. p.1-2. "Na Europa Medieval abundavam os castelos. Somente a Alemanha tinha mais de 2 mil, agora a maioria deles desapareceu." HEER, F. *The Medieval World*. New York: Mentor Books, 1962. p.32.

10 TREVISANO, A. *A Relation of the Island of England*. Trad. C. A. Sneyd. London: Camden Society, 1847, v.37, p.34.

11 COCKBURN, J. S. The Nature and Incidence of Crime in England, 1559-1625: A Preliminary Survey. In: COBURN, J. B. (Ed.) *Crime in England, 1550-1800*. Princeton, N.J.: Princeton University Press, 1977. p.55-6.

A Inglaterra era um posto avançado da Europa. Como era a vida no continente nessa época? Para uma descrição do mundo Mediterrâneo podemos nos basear no levantamento magistral de Fernand Braudel. Nos países do litoral do mar Mediterrâneo a pobreza e as lutas aumentaram sobremaneira quase no final do século XVI e tornaram-se mais acentuadas no século seguinte. Durante todo esse período, como Braudel apontara, "distúrbios irrompiam regular, anual e até diariamente, como os simples acidentes de trânsito a que ninguém mais prestava atenção". Os historiadores, agora, julgam difícil classificar e explicar esses distúrbios. As revoltas, rebeliões, rixas, vinganças, pilhagens improvisadas e assassinatos eram praticados por pessoas desesperadas, o conflito principal de homens contra homens? Qualquer que seja a classificação, propagação e frequência desses fatos, indicam uma paisagem social extremamente insegura, na qual violência, injúria, e morte inesperada eram marcas permanentes. E, quaisquer que sejam as outras explicações, uma causa subjacente era a pobreza – indigência extrema existindo lado a lado com a opulência e o poder.

A pobreza produzia vadios e vagabundos, mendigos, ladrões, assassinos e bandidos. Um escritor do século XVI acreditava que somente na Espanha havia 150 mil deles.[12] Esses indesejáveis invadiam em massa as cidades, de onde eram expulsos periodicamente e iam atormentar novamente a zona rural. Próximo de Saragoça, em julho de 1586, um veneziano queixou-se:

> a gente tem de viajar com calor ardente e com grande risco pelos assassinos que em grande número existem na área rural, tudo porque em Valência deram uma ordem de expulsão do reino a todos os vadios depois de passado um certo tempo, com a ameaça de maiores penalidades; alguns têm ido para Aragão e outros para a

---

12 THOMPSON, I. A. A. Map of Crime in Sixteenth-Century Spain, op. cit., p.244.

Catalunha. Outra razão para viajar durante o dia com um forte guarda-costas!

Nenhuma região do mundo mediterrâneo estava livre do flagelo do banditismo. Aparecia em todas as partes: nos portões de Alexandria e Damasco; no campo perto de Nápoles, onde foram construídas torres de observação para prevenir contra os bandidos; na Campanha Romana, em que as autoridades às vezes costumavam queimar os matagais para forçar a saída dos ladrões aí escondidos; e ao longo da estrada principal do império turco, trechos dela podiam estar ladeados com um grande número de proscritos enforcados. Na Espanha, a estrada entre Saragoça e Barcelona – uma artéria importante do império – era extremamente perigosa. Os nobres viajavam em caravanas munidos de armas; mensageiros do governo eram frequentemente roubados ou nem conseguiam chegar ao destino. Na Catalunha, como no vale inferior do Ródano, todas as fazendas tinham casas fortificadas.

As zonas montanhosas e fronteiriças, onde a autoridade do governo era fraca, eram os baluartes dos proscritos: por exemplo, as montanhas da Dalmácia entre Veneza e a Turquia; a vasta região fronteiriça da Hungria; os Pirineus perto da fronteira francesa; e a região acidentada da Calábria. Os assaltantes de estradas dominavam quase abertamente grandes trechos da Calábria e Apúlia. Quando aí os viajantes pensavam evitar os caminhos perigosos, arriscavam-se a cair nas mãos dos piratas que infestavam as águas litorâneas. Em geral, a Itália – por ter sido um mosaico de insignificantes Estados soberanos – era o paraíso dos bandidos. Eles podiam procurar refúgio em um estado vizinho quando sua base de operações não era segura.

Os nobres da Europa, assim como os da Inglaterra, às vezes concordavam ou até dirigiam diligentemente as atividades dos proscritos. Indubitavelmente existiam vínculos entre a nobreza catalã e os bandidos dos Pirineus, entre a nobreza siciliana e os ladrões do sul da Itália, entre os magnatas dos Estados papais e os proscritos dos arredores de Roma. Frequentemente esses nobres eram os filhos menores ou aventureiros que tinham perdido suas fortunas.

Os bandidos perpetravam atrocidades de todo tipo. Saqueavam a terra, mutilavam ou matavam os viajantes, destruíam a safra e o gado daqueles que ofereciam resistência, incendiavam as casas e violavam e matavam os moradores, sequestravam para pedir resgate e profanavam as igrejas. Os proscritos das montanhas apossavam-se das fazendas férteis das planícies. Qualquer rumor de um iminente ataque produzia pânico. Os bandidos, quando apanhados, eram brutalmente castigados. Uma nota oficial datada do final de setembro de 1585 impassivelmente informa: "Este ano vimos mais cabeças de bandidos na ponte Santo Ângelo que melões no mercado".[13]

No século XVII, o banditismo e a violência rural instigada e dirigida pela nobreza local continuava mortificando os pontos mais pobres da Europa – o sudoeste da França, por exemplo, naquela extensa faixa de solos empobrecidos que circunda a fértil bacia fluvial da Aquitânia. Essa região, durante o reinado de Luís XIII, era famosa pela falta de lei e ordem. Entre os anos de 1628 e 1644, distúrbios e até guerras estouravam periodicamente por toda parte entre os camponeses. A ferocidade da nobreza rural, cavalheiros bandidos, assim como famílias ilustres, estendiam um manto opressivo sobre toda a região. Ninguém nem nenhuma propriedade estava segura. "A nobreza geralmente não reconhecia nem razão nem justiça, somente a força e a violência", relatava o marquês de Sourdis a Richelieu, em julho de 1640.[14]

---

13 BRAUDEL, F. *The Mediterranean and the Mediterranean World in the Age of Philip II*. New York: Harper & Row, 1973. v.2, p.734-56.

14 BERCÉ, Y. M. De la criminalité aux troubles sociaux: la noblesse rurale du Sud-Ouest de la France sous Louis XIII. *Annales du Midi*, v.76, p.43, 1964.

Quando chega o século XVIII, o campo nas partes prósperas da Inglaterra e França parece apresentar paisagens risonhas livres dos conflitos sanguinários e temores de outros tempos. Para a pequena nobreza, até a natureza selvagem começava a parecer sublime, uma fonte de inspiração em vez de uma presença ameaçadora a ser evitada; talentosos jardineiros paisagistas transformavam as propriedades rurais em obras de arte pastoril. Ao contrário, as cidades pareciam abarrotadas, dominadas pelo crime, caóticas e sujas. Essa antítese entre campo e cidade, a julgar pela evidência literária, era e permanece até hoje uma cena comum.

No entanto, outra visão é possível. Podemos perguntar: Como era visto o campo do século XVIII pela cidade? Para um cavalheiro de Londres, provavelmente parecia atraente, mas também de difícil acesso. Nenhum subúrbio se expandia interminavelmente além da Londres dessa época. Porém, o que rodeava a cidade era ainda menos atrativo. A terra adjacente aos caminhos fora de Londres estava encharcada pelas águas drenadas e maciçamente poluídas com lixo e estrume. Numerosos porcos aí viviam. Uma cadeia de fumegantes fornos de olaria circundava a maior parte de Londres, e nas olarias viviam e dormiam vagabundos, ladrões e assaltantes de estrada, que usavam os fornos pra cozinhar a sua comida.[15]

Todas as estradas fora de Londres sofriam, em diferentes graus, as depredações dos bandidos. A estrada Great North e a floresta de Epping eram os campos de jogo de Dick Turpin, Jerry Abershaw e o capitão Mcheath. Em outra parte, grande número de facínoras, conhecidos e desconhecidos, frequentavam a cavalo os pântanos e urzais silvestres e a terra comunal – Hounslow, Bagshot, Wimbledon, Hamgton, Hilton, Harlington, Wandsworth e Finchley; em todas elas cresciam abundantes matorrais

---

15 GEORGE, M. D. *London Life in the XVIIIth Century*. London: Kegan Paul, 1925. p.97.

e juncos.[16] Uma viagem sem incidentes através de tais lugares era um motivo de surpresa e congratulações. "Como esperava, fui roubado ontem à noite", escreveu o primeiro ministro Lord North a um amigo no outono de 1774. Horace Walpole se queixou de que uma pessoa era "forçada a viajar mesmo ao meio-dia como se estivesse indo a uma batalha ... Em que campo de carnificina este país está se transformando".[17] Enquanto as casas rurais com seus portões de ferro e suas terras vigiadas eram lugares angelicais de paz e beleza, os caminhos que as uniam entre si e com a capital, especialmente quando passavam através de matorrais e floresta, só podiam ser vistos com medo pelos viajantes. Será que a carruagem ficaria atolada no barro? Poderia o eixo da roda suportar outro impacto? Quem poderia estar escondido na próxima moita?

Ao falar sobre Paris, julgamos que os viajantes tinham os mesmos medos. Uma faixa de bosques e terrenos arborizados circundava parcialmente Paris no final do século XVIII. Nos lindos mapas a nanquim e aguada feitos na maior parte nas décadas de 1760 e 1770 as florestas aparecem como agradáveis manchas de verde escuro. "Mas", escreve Richard Cobb,

nada de fato poderia ter sido menos tranquilizador, uma vez que essas cores convencionais foram transformadas pela realidade invernal da floresta, ramos partindo-se como indícios alarmantes no fundo da floresta, ou revelando uma espessa cobertura de verão ... à medida que o prudente viajante andava ou cavalgava, preferentemente acompanhado, bem pelo meio do caminho, sentindo a presença daqueles que o observavam através das matas e troncos. As rodovias eram apenas duvidosas, frágeis fronteiras entre enormes áreas de florestas primevas; e as lindas cores da paleta do cartógrafo não nos dizem nada ... dos porcos selvagens e lobos ... dos mu-

---

16 SYDNEY, W. C. *England and the English in the Eighteenth Century*, 2. ed. Edinburgh: John Grant, 1891. v.2, p.29.

17 HIBBERT, C. *Highwaymen*. London: Weidenfeld & Nicolson, 1967. p.13.

tilados, corpos meio devorados jazendo nas matas, às vezes a poucos passos dos caminhos militares do rei.

As florestas também abrigavam predadores humanos. Uma das piores áreas era a do Bosque de Bolonha. "Muitas mulheres pobres mascateiras, quando regressavam de uma feira ou mercado, em Versalhes, eram roubadas e, em algumas ocasiões, violadas e depois assassinadas, nesta última parte do trajeto, durante o fim da tarde e ao anoitecer".[18]

Ladrões e assaltantes de estrada faziam que o campo parecesse sinistro. Embora os mais notórios entre eles (Dick Turpin e Louis Dominique Cartouche, por exemplo) fossem de origem citadina, a maioria dos bandidos era de origem rural e suas ocupações anteriores eram de trabalhadores agrícolas, diaristas ou pastores.[19] Os camponeses que possuíam terra dificilmente se transformavam em proscritos, exceto talvez em extrema necessidade. Porém, a violência certamente não era desconhecida dentro do seu estilo de vida. Na França do século XVIII, poucos habitantes da cidade estavam inclinados a ver os camponeses como rústicos amantes da paz em um ambiente bucólico. Havia muito pouca sensibilidade quanto a isso. Os parisienses, de fato, tendiam a considerar os habitantes da área rural adjacente a Paris como mais ou menos selvagens, nus e canibais, pessoas que eram por natureza sórdidas, brutais e sanguinárias. Uma variedade de incidentes apoiava essa percepção. A população rural mostrava pouca tolerância pelos costumes alheios; eram rápidos em se ofender e facilmente recorriam à força física.

Em uma aldeia, um soldado fora espancado até morrer porque, inteiramente contra a sua vontade, ele tinha pecado contra os

---

18 COBB, R. C. *Paris and Its Provinces, 1792-1802*. London: Oxford University Press, 1975. p.40-1.

19 HOBSBAWM, E. J. *Bandits*. London: Weidenfeld & Nicolson, 1969. p.24-33.

mores tribais rurais, ao se recusar inicialmente em beber de um copo que lhe oferecera um camponês que já havia nele bebido ... Um rapaz de 15 anos foi apunhalado até a morte aparentemente porque não compreendeu o que os aldeões tentavam lhe dizer.[20]

No século XVIII, certas partes da zona rural da França – a região de Lion, por exemplo – sofriam explosões de violência coletiva. Alguns desses distúrbios surgiam espontaneamente entre famílias e alguns eram dirigidos sem muita premeditação contra os cobradores de impostos ou direitos de senhoria; outros, todavia, tinham uma periodicidade quase ritual.[21]

Uma circunstância que permitia e talvez ajudasse esse tipo de incidente violento, especialmente aqueles com intervalos regulares, era o prolongado tempo livre dos trabalhadores do campo. Os jovens trabalhadores ingleses, que dispunham de muito menos tempo livre do que seus companheiros franceses, canalizavam suas energias para esportes impuros; mas um camponês francês que trabalhasse a terra tinha direito a até sessenta ou setenta dias de férias ao ano. Como ele usava o feriado? Procurava distração em conflitos de tipos semirrituais. Em dias de festa um grupo de trabalhadores agrícolas podia ir a pé oito ou mesmo 16 quilômetros até a aldeia vizinha pelo simples motivo de começar uma briga com os trabalhadores de lá. Brigavam sem armas e rasgavam as roupas uns dos outros. Disputas desse tipo entre paróquias e aldeias eram comuns. A sociedade as aceitava porque era o meio de que dispunham os jovens trabalhadores rurais para acertar suas vinganças. Em geral, as pessoas pobres da zona rural proferiam insultos e usavam a força física com incrível naturalidade. Uma vaca pastando em lugar errado,

---

20 COBB, R. C. *Paris and Its Provinces*, op. cit., p.35.

21 HOURS, H. Émeutes et émotions populaires dans les campagnes du Lyonnais au XVIIe siècle. *Cahiers d'Histoire*, v.9, p.137-54, 1964; BILLACOIS, F. Pour une enquête sur la criminalité dans la France d'Ancien Régime. *Annales–Économies, Sociétés, Civilisations*, v.22, n.2, p.345, 1967.

uma cabra voraz sem rumo, ou o mau uso de açudes e córregos não levavam a litígio, mas sim a pancadas e ameaças. Uma família tornava-se inimiga de outra. Olwen Hufton relata em um estudo recente:

> As esposas brigavam em público nas ruas ou mercados ou nos lugares para lavar roupa. As tricoteiras de meias aliviavam a monotonia de seus trabalhos quando, sentadas à porta de seus casebres, diziam obscenidades às mulheres de reputação duvidosa ou àquelas de que pessoalmente não gostavam, quando passavam. Os pastores nas encostas solitárias das montanhas podiam passar horas em disputas violentas com alguns de seus companheiros, podiam surrar um viajante solitário, sem pensar em roubar, mas simplesmente por possuir um verdadeiro gosto pela violência.[22]

Tais quadros da vida campestre sacodem a nossa profunda crença no rústico aprazível. Porém, se refletirmos, a vida no campo – despojada do artifício amortecedor e das sofisticações da civilização – deve muitas vezes ser dura e cruel. A população do campo vive perto da violência. A fazenda é frequentemente um lugar para matar. Embora seja um excesso de sentimento lamentar o destino da vegetação, aí ainda permanece o abate de animais, uma experiência corriqueira do fazendeiro, para a qual as pessoas da cidade podem virar o rosto com desagrado. Qualquer um gostaria de saber se anos de sofrimento combinados com essa necessidade de matar embotam a sensibilidade dos trabalhadores em relação ao próprio sofrimento, ao de outros seres humanos e dos animais. Richard Jefferies, quando escreveu em 1874, comentou sobre a "maneira brutal" como os trabalhadores agrícolas tratavam meninos sob seu controle, a mesma "brutalidade insensível" com que tratavam o gado sob o cuidado

---

22 HUFTON, O. H. *The Poor of Eighteenth-Century France, 1750-1789.* Oxford: Clarendon Press, 1974. p.360-3; citado na p.363.

deles.[23] Ronald Blythe, na década de 1960, relatou com a mesma ênfase a insensibilidade dos jovens fazendeiros de Suffolk para matar. A pena de morte era bem-aceita por eles, uma atitude completamente oposta à dos jovens da cidade da mesma idade. "Todos têm um traço de crueldade. Matam animais de um jeito que perturbaria qualquer rapaz da cidade ... A morte é tão familiar quanto o nascimento. Para eles é perfeitamente racional tirar a vida de um assassino".[24]

Nos Estados Unidos, a predisposição à violência e à presteza para matar têm sido parte da tradição de fronteira. Nas planícies e florestas, fazendeiros isolados em suas propriedades rurais e comunidades de tempos em tempos sentiam que precisavam fazer justiça com as próprias mãos. Depositavam sua confiança nas armas e nos grupos de vigilantes organizados para proteger não apenas a propriedade, mas também suas profundas convicções e costumes quando pareciam ameaçados por estranhos. No Sul era mais provável a ocorrência de linchamentos em pequenas cidades rurais do que nas poucas cidades grandes.

Apesar de os americanos estarem cientes do crime e do derramamento de sangue no campo, tendem a romantizar o seu passado rural. "Crime" imediatamente sugere a cidade. É uma crença comum que, assim como as cidades cresceram rapidamente no século XIX, também cresceu a taxa nacional de criminalidade. A evidência dessa similaridade é no melhor dos casos ambígua. Roger Lane sugere que em Massachusetts a taxa dos crimes graves, na realidade, baixou quando a população urbana aumentou entre 1835 e 1900. Em 1835, Massachusetts tinha 81% de população rural e ainda era esmagadoramente pré-industrial e nativa. Nenhuma cidade dispunha de força policial; e

---

23 JEFFERIES, R. *The Toilers of the Field*. London: Longmans, Green & Co., 1892. p.109. Publicado pela primeira vez em *Fraser's Magazine* in 1874.

24 BLYTHE, R. *Akenfield*: Portrait of an English Village. New York: Pantheon Books, 1969. p.170.

Paisagens do medo

embora as áreas rurais apenas constituíssem uma sociedade de fronteira, as pessoas que aí viviam eram mais livres do que obedientes à lei. Antes de 1900 a população da Comunidade* tinha aumentado mais de quatro vezes e 76% dela era urbana.

> O deslocamento para as cidades produziu, para bem ou para mal, uma geração mais afável, mais "civilizada", mais socializada que suas predecessoras. O que fora tolerável em uma sociedade informal e independente já não era aceitável em uma cujos membros viviam uns próximos dos outros ... Todas as cidades grandes e muitas das pequenas dispunham de forças policiais.[25]

As pessoas da zona rural estão expostas tanto ao lado rude como ao suave da natureza. O rigor da natureza é raramente representado nos croquis geográficos das cenas campestres, exceto quando o assunto é o povoamento da fronteira. Muito frequentemente são apresentadas com cores cálidas da primavera e verão, ou os matizes poéticos do outono, em vez dos desolados e inconfortáveis cinzas do inverno. Verão e inverno são dois mundos diferentes, como os camponeses das latitudes médias e altas sempre conheceram. Richard Jefferies escreveu em 1874:

> No verão os mornos raios solares irradiam um encanto sobre as toscas paredes, o sapé deteriorado e a janela coberta pelas heras [da cabana dos trabalhadores rurais na Inglaterra]; mas com as frias rajadas e a chuva constante do inverno tudo isso muda. A cabana, quando o teto perde as folhas, transforma-se no mais miserável dos refúgios. A chuva entra pelos buracos no teto da cabana,

---

* Nos Estados Unidos, Commonwealth (Comunidade) era a designação oficial de quatro estados da federação: Kentucky, Massachusetts, Pensilvânia e Virgínia. (N. T.)

25 LANE, R. Crime and Criminal Statistics in Nineteenth-century Massachusetts. *Journal of Social History*, v.2, n.2, p.156-63, 1968. Citado na p.163.

o chão de barro fica úmido e até pegajoso. O vento frio entra pelo caixilho da porta mal ajustado e penetra com terrível força por baixo da porta.[26]

Para as comunidades isoladas nas montanhas Apalaches, o inverno é como ficar sitiado. Uma criança disse a Robert Coles na década de 1960: "O inverno é a pior época – o tempo e a comida começam a chegar ao fim – então, não íamos à escola nessa época. Chegamos a pensar que hibernaríamos como fazem os animais. Entramos na cabana e aí permanecemos". A mãe montanhesa explica à sua criança por que estão escondidos: "Filho, estamos escondidos porque senão morreríamos. Ficaríamos congelados até morrer, ou então morreríamos de fome, porque só temos comida suficiente para alimentar um corpo em repouso, nada mais, e talvez nem tanto".[27]

Para o fazendeiro americano próspero que vive em uma boa casa, o inverno não significa muito sofrimento. A seca ou chuva em excesso pode reduzir a sua receita, mas não põe em perigo a sua vida ou a de sua família. A ameaça à vida e ao corpo tem outra causa. O trabalho nas fazendas modernas mecanizadas é solitário e pode ser perigoso. Os veículos são a principal causa de morte nos acidentes rurais, e a solidão contribui para este perigo, porque um acidente no campo – quando a carne se entrelaça com o ferro – não recebe cuidado médico imediato. Assim o diz dramaticamente James Dickey em sua novela *Deliverance*: "O trabalho com as mãos deve ser tremendamente perigoso, com todo esse ar fresco e o sol radiante ... um trator agarrando um braço em algum lugar no meio de um campo onde nada acontecia, exceto que o sol queimava mais cruelmente a boca aberta

---

26 JEFFERIES, R. *Toilers of the Field*, op. cit., p.90-1.

27 COLES, R. *Children of Crisis; Migrants, Mountaineers, and Sharecroppers*. Boston: Little, Brown & Co., 1972. v.2, p.337.

pelos gritos do coitado".[28] Durante a década de 1950, as estatísticas registradas pelo Conselho Nacional de Segurança mostravam que a agricultura nos Estados Unidos era uma ocupação perigosa. A sua taxa de ferimentos era superada apenas pela construção civil, mineração e indústrias manufatureiras. Na Califórnia, no mesmo período, a taxa de ferimentos na agricultura ocupava o terceiro lugar e não o quarto.[29]

Já vimos como o campo está exposto a tipos diferentes de violência. Talvez, entre todos, os mais difíceis de suportar, do ponto de vista dos lavradores, tenham sido os cometidos pelos donos e capatazes. Em épocas passadas, os camponeses viviam com um medo angustiante de perder sua terra e os já escassos direitos, tais como pastagem de uso comunal. Os lavradores que não possuíam terra não tinham certeza de ter emprego: podiam perder o emprego após repetidos verões chuvosos e colheitas menores, que requeriam menos mãos para realizá-las. E podiam ser despedidos de acordo com o humor do fazendeiro. A perda do trabalho também significava a perda da cabana de aluguel baixo que estava ligada ao emprego.

A opressão no campo, contudo, não é notoriamente visível e raramente deixa marcas duradouras. Ao examinar as mudanças que a Inglaterra fez nos campos cercados, vemos que resultou no aumento da produção agrícola e em bem-cuidados campos rodeados por cercas vivas que todos agora admiramos. Esta foi a história feliz gravada orgulhosamente na terra. Atrás dela ficaram muitas histórias de privação e medo, que, se não fosse pela documentação literária, teriam desaparecido gradualmente de nossas consciências porque deixaram sua marca principalmente nos perecíveis corpos e mentes das pessoas.

---

28 DICKEY, J. *Deliverance*. New York: Dell Publishers, 1971. p.51-2.
29 NELSON, L. *American Farm Life*. Cambridge, Massachusetts: Harvard University Press, 1954. p.56.

No período Tudor, à medida que os campos aráveis eram cercados e transformados em pastagens, uma queixa comum era "a terra criava ovelhas em vez de homens".[30] Rebeliões estouraram em 1536 e 1549, e novamente em 1554 e 1569. Em Oxfordshire, houve brigas pelos campos cercados, em 1596. Descontentamento agrário na parte central da Inglaterra, em 1609, levou a uma rebelião armada. Os movimentos pelos campos cercados, no século XVIII, pouco afetaram as terras aráveis; por isso o seu impacto na população rural – afugentando as pessoas da terra – também foi menos severo. Não obstante, o número de pequenos fazendeiros diminuiu e os trabalhadores da terra constataram que, conforme a população das aldeias – com suas classes sociais e econômicas mesclando-se – começou a se desintegrar, o mesmo aconteceu com suas esperanças de melhoria por meio de poupança, trabalho duro e bom casamento.[31]

Mesmo na primeira metade do século XX, opressão e medo angustiante podiam fazer parte do cotidiano de um trabalhador de fazenda. Esta é a revelação mais chocante no relatório de Ronald Blythe sobre uma aldeia de Suffolk. Um trabalhador idoso lembrou como eram as coisas na década de 1920:

> Hoje me dia você pode ser um homem entre os homens, mas não naquela época ... Eu vivi quando outros homens podiam fazer o que quisessem comigo. Tínhamos tanto medo. Até temíamos o tempo! Hoje em dia um fazendeiro deve pagar toda semana, qualquer que seja o tempo. Mas éramos sempre mandados embora para casa. Temíamos a chuva; nossos poucos vinténs eram levados pela água.[32]

---

30 O mais famoso e influente desses lamentos aparece em *Utopia*, de Thomas More, com sua primeira publicação em 1516.

31 TATE, W. E. *The English Village Community and the Enclosure Movements*. London: Victor Gollancz, 1967. p.67, 174.

32 BLYTHE, R. *Akenfield*, op. cit., p.47-8.

Os Estados Unidos gabam-se da grande riqueza da sua agricultura. Os americanos estão conscientes desta abundância, não tanto pelas cifras sobre produção, mas pela evidência dos sentidos: riqueza e abundância podem ser vistas no Meio Oeste nos campos de milho e nas ricas casas de fazenda com as suas dependências, nos seus enormes rebanhos de gado nas planícies, nos maquinários da atividade agrícola, no Texas e na Califórnia, mas acima de tudo na cornucópia dos supermercados – prateleiras transbordando com os lindos produtos dos pomares e das hortas.

Quem colhe essas verduras e frutas? O trabalho é feito por cerca de dois milhões de trabalhadores migrantes das partes mais pobres do Sul, do México e de Porto Rico. Anualmente se deslocam para o Norte movendo-se em grupos de acordo com a maturação das safras. Sem o seu trabalho duro essa toranja ou essa salada não chegaria até a sua mesa. Porém, podemos viajar de carro de Nova York à Califórnia, de Dallas a Minneapolis e não ver nenhum acampamento de migrantes; também é provável que não descubramos sua existência ao examinar minuciosamente os mapas topográficos mais detalhados. Os trabalhadores migrantes e seus casebres são invisíveis. A classe média americana assim o quer. A pessoa tem de viajar de carro por caminhos secundários e procurar os casebres antes de poder distinguir uma fileira de barracões, tão modestos que não conseguem sobressair na paisagem. A curiosidade de um estranho é, em todo caso, firmemente desencorajada pelos avisos "não passar" e pelos guardas armados.[33]

Os trabalhadores temporários são recrutados e supervisionados pelos líderes das turmas que controlam o preço do serviço através de uma mescla de promessas auspiciosas e ameaças terríveis. Por trás dos líderes, relatou Robert Coles, "há um vir-

---

33 MOORE, T. *The Slaves We Rent*. New York: Random House, 1965. p.xi, 15-7, 36-7.

tual exército de diferentes guardas privados, 'homens contratados', supervisores, capatazes, 'patrulheiros', que por sua vez podem geralmente estar subordinados a xerifes e auxiliares". Para os produtores e os guardas contratados, os trabalhadores migrantes são animais, ou, na melhor das hipóteses, crianças que requerem constante vigilância e disciplina. Um guarda assim falou para Coles:

> Nos casebres, são como porcos. Tem coisa jogada por toda parte. Quando não agem como porcos, são selvagens como animais selvagens ... destruindo qualquer coisa que lhes tenhamos construído. No trabalho são preguiçosos ... [à noite costumam] beber e se você não os controla e mantêm aqui na propriedade, eles se perdem e nunca mais aparecem. Muitos deles são assassinados. Brigam quando bebem.[34]

Para o trabalhador migrante, a vida está dominada por uma sensação difusa de impotência, de onde surgem de forma repetitiva sentimentos de angústia e medo. A homens e mulheres "boa colheita" é prometida durante a viagem, mas será que a safra estará madura quando lá chegarem? Frequentemente não está. Os trabalhadores podem ter de esperar uma ou duas semanas. Durante esse tempo se endividam com o líder da turma para resolver seus gastos de subsistência de modo que seus primeiros escassos ganhos simplesmente desaparecem. O que eles estão fazendo apinhados em um ônibus ou caminhão propenso a acidentes, que os leva cada vez mais longe de casa? Por que estão nesta terra estranha, açoitados por homens armados? Será que vão receber toda a remuneração prometida; se não receberem o que poderão fazer? Que acontece se ficarem doentes?[35]

---

34 COLES, R. *Migrants, Mountaineers, and Sharecroppers*, op. cit., p.457, 459.
35 WRIGHT, D. *They Harvest Despair*: The Migrant Farm Worker. Boston: Beacon Press, 1965.

Tom, uma criança migrante, descreveu um quadro para Coles. Mostrou campos escuros, confusos, fechados com uma cerca preta e os contornos de homens sem rostos. Para as famílias como as de Tom, campos e caminhos são ao mesmo tempo temíveis e promissores. Tom explicou:

> Se realmente for muito ruim na fazenda, você pode fugir no meio da noite. Os guardas dormem e, antes que acordem, você pode já estar longe e, então, você tem outra oportunidade de encontrar um lugar de trabalho melhor. É por isso que é preciso prestar atenção ao caminho; e, quando se afastar, permaneça em uma cabana perto de um campo de trabalho, você deve lembrar do ônibus, assim está preparado para partir.[36]

O caminho pode levar ao trabalho. Ele significa outra oportunidade, embora para os trabalhadores migrantes frequentemente signifique mais uma limitação do que um símbolo de liberdade. Os migrantes têm de se manter em movimento. A polícia se encarrega disso. "Se o encontrarem sentado ao lado da estrada, levam-no para a cadeia", disse Tom. "Tampouco o deixam sair facilmente. Fazem-no prometer ir embora e nunca mais voltar".

As crianças veem a zona rural com emoções confusas. O campo é lugar de trabalho para eles e para seus pais: significa algum dinheiro, mas também um trabalho árduo. Potencialmente, um campo ao lado da estrada é uma área de descanso e brincadeira depois de um longo confinamento dentro de um veículo cheio de gente. Na verdade, pode se transformar em uma atraente cilada.

> Uma vez eu estava realmente assustado, e também todos os demais. Íamos descendo por uma estrada que pensávamos ser

---

36 COLES, R. *Migrants, Mountaineers, and Sharecroppers*, op. cit., p.96.

segura e chegamos onde havia uma pequena lagoa, e descemos e brincamos! ... Então, o homem chegou. Ele disse que todos seríamos presos e que não prestávamos, e que devíamos estar na cadeia e lá permanecer a vida toda.[37]

A zona rural quase sempre exala um ar de inocência. Até as cabanas abandonadas podem parecer pitorescas. Se da janela de nosso carro chegamos a avistar as costas curvadas de homens, mulheres e crianças colhendo tomate no campo, nossa reação imediata provavelmente é "a vida sadia do trabalho ao ar livre" em vez de "opressão, dor e medo". Como Raymond Williams nos lembrava em seu estudo do cenário inglês, o sofrimento no campo não deixa marcas. O processo de exploração rural "dissolve-se na paisagem". É na cidade que emerge conspicuamente na forma de tribunais de justiça, mercados financeiros, poder público e a arrogante ostentação da riqueza.[38] A cidade, que em muitos aspectos é o engano supremo da humanidade, também existe como um monumento à cobiça e à culpabilidade humana.

---

37 Ibidem, p.95.
38 WILLIAMS, R. *The Country and the City*. New York: Oxford University Press, 1973. p.46.

12
Medo na cidade

A cidade representa a maior aspiração da humanidade em relação a uma ordem perfeita e harmônica, tanto em sua estrutura arquitetônica como nos laços sociais. Em todo lugar que o urbanismo apareceu de forma independente, descobrimos que suas raízes assentam-se em um centro cerimonial prestigioso em vez de em um lugarejo.[1] Uma função primeira e essencial da cidade foi ser um símbolo vivo da ordem cósmica: por isso seu padrão geométrico era simples, com muralhas e ruas frequentemente orientadas pelos pontos cardeais, o mesmo acontecendo com seus imponentes monumentos. Correspondendo a este desejo de perfeição física estava o anseio por uma sociedade estável e harmoniosa.

---

1 WHEATLEY, P. *The Pivot of the Four Quarters*: A Preliminary Inquiry into the Origins and Character of the Ancient Chinese City. Chicago: Aldine Publishing Co., 1971.

Na Antiguidade, as pessoas discerniam uma estabilidade e previsibilidade nos céus que não conseguiram encontrar na Terra. Os gregos, por exemplo, distinguiam explicitamente entre uma natureza ordenada acima da órbita da Lua e uma natureza desordenada abaixo dela, distinção esta que foi mantida por pensadores europeus da Idade Média. Alhures, a diferença entre essas duas esferas da natureza era pelo menos implicitamente reconhecida. Um astrônomo babilônio ou chinês podia observar nos céus a fixidez da Estrela Polar e a regularidade do movimento dos astros, especialmente as trajetórias diárias e sazonais do Sol. Próxima da Terra, porém, a natureza parecia muito mais *errática* e complexa. Quem poderia predizer o tempo, ou discernir um padrão nacional de distribuição dos montes, vales ou riachos? Quem poderia dominar os caminhos dos homens e dos animais? As pessoas sempre temeram o caos. Para minimizar sua presença disfarçada, as antigas civilizações da América Central, Oriente Próximo, Índia e China construíram centros cerimoniais e cidades geométricas que refletiam a regularidade dos céus.

Aos olhos de reis e governantes, a ordem social que mais se ajustava à cidade cósmica era a hierárquica. No topo estavam o governante paternal e sua corte de sacerdotes e funcionários; na base estava o populacho leal e trabalhador, ocupado principalmente na agricultura que os chineses chamavam de atividade "fundamental". Para os camponeses submetidos às mudanças das estações e conscientes de que viviam sob a proteção do Sol, da Lua e das estrelas, trabalhar no campo coincidia com a visão cósmica do mundo. Por sua vez, os astrônomos da corte, que afirmavam ter competência para ler os mapas celestiais, produziam calendários com a intenção de ajudar os camponeses.[2] As cerimônias, realizadas dentro dos limites da capital, destina-

---

2 EBERHARD, W. The Political Function of Astronomy and Astronomers in Han China. In: FAIRBANK, J. K. (Ed.) *Chinese Thought and Institutions*. Chicago: University of Chicago Press, 1967. p.33-70.

vam-se a abranger o mundo todo, e não apenas aqueles que viviam dentro das muralhas da cidade. O próprio governante principal, como intermediário entre o céu e a Terra, podia participar dos ritos sazonais.

Este ideal de uma ordem física e social perfeita dificilmente durou mais do que umas poucas décadas. Sua existência dependia da força – da aplicação de regras estritas para regular o comportamento humano. O uso da força, porém, era ineficaz. O excesso de força acabava com a vida na cidade e a reduzia a um simples centro cerimonial com magníficos monumentos. Caso se usasse pouca força, a capital continuava a atrair multidões de pessoas dedicadas a atividades econômicas e comerciais, e cuja presença inevitavelmente quebrava a ordem idealizada.

Às vezes, governantes poderosos procuravam controlar as atividades não agrícolas, confinando-as a certos pontos dentro da cidade geométrica, ou restringindo-as a mercados além das portas da cidade. Apesar desses esforços, em poucos anos os subúrbios profanos tendiam a tornar indefeso o centro cerimonial. Esses subúrbios, explodindo com uma população extremamente heterogênea, livre do controle diário do governo, frequentemente significavam ameaça específica à ideologia de uma ordem hierárquica imperial. Os artesãos, vendedores e mercadores pareciam desenraizados – sem laços, quer com a terra, quer com os ciclos sazonais da natureza. O meio ambiente no qual viviam e negociavam era uma confusão selvagem de casas caindo aos pedaços, lojas e becos tortuosos – um contraste gritante com a forma harmoniosa, a calma e a magnificência do centro cerimonial. Por mais que a cidade tenha mudado com o correr do tempo, o conflito persiste entre o desejo por uma ordem socioestética imposta e a realidade das massas vivendo em um mundo dinâmico, mas confuso.

É uma profunda ironia que frequentemente a cidade possa parecer um lugar assustador. Construída para corrigir a aparente confusão e o caos da natureza, a cidade em si mesma se transforma em um meio ambiente físico desorientador, no qual os prédios de apartamentos desabam sobre seus habitantes, ocorrem incêndios e o trânsito ameaça a vida e mutila as pessoas. Apesar de cada rua e prédio – e na verdade todos os seus tijolos e blocos de pedra – serem sem dúvida os produtos de planejamento e reflexão, o resultado final pode ser um imenso labirinto desordenado.

Consideremos algumas das manifestações de desordem na cidade do ponto de vista do meio ambiente físico, começando pelo ruído. O ruído não é problema no campo, a não ser que a pessoa viva perto de uma ruidosa cachoeira. De qualquer modo, as pessoas tendem a aceitar a maioria dos ruídos da natureza – desde as ondas batendo na praia até o cricrilar dos grilos – como tranquilizantes. O ruído na cidade é outra coisa. Para os recém-chegados, a cacofonia urbana pode, inicialmente, ser a experiência mais desorientadora e assustadora. O ruído é o caos auditivo, e a maioria das pessoas é mais capaz de tolerar a desordem visual do que a auditiva, porque o som tende a afetar emoções mais básicas do que a visão.[3] Com o tempo a pessoa aprende a tolerar o ruído, que deixa de assustá-la. Porém, o ruído continua a criar tensão e ansiedade – passando a nos lembrar o caos.

O ruído não é o maior defeito das cidades, apesar do trânsito congestionado dos veículos motorizados e dos aviões. Os bairros comerciais das cidades tradicionais eram às vezes muito mais estridentes. De fato, as queixas sobre o ruído urbano têm sido registradas desde os tempos antigos. Na Roma imperial, os cidadãos podiam encontrar lugares de beleza e tranquilidade em mais de quarenta parques e jardins. Porém, nas ruas de

---

3 WYBURN, G. M., PICKFORD, R. W., HIRST, R. J. *Human Senses and Perceptions*. Edinburgh: Oliver & Boyd, 1964. p.66; KNAPP, P. H. Emotional Aspects of Hearing Loss. *Psychomatic Medicina*, v.10, p.203-22, jul.-aug. 1948.

Roma reinava uma intensa animação, um empurra-empurra e uma gritaria infernal. Os inúmeros vendedores eram, em grande parte, os responsáveis, tanto pela animação como pela cacofonia. Os satiristas romanos destacavam a cadência das ferramentas dos vendedores, a pressa, os empurrões e os palavrões usados como parte do trabalho deles. A chegada da noite não trazia paz, porque era quando as carruagens podiam legalmente entrar na cidade. Juvenal não exagerou muito quando afirmou que o trânsito noturno condenava os romanos a uma insônia permanente.[4]

A próspera cidade medieval era inundada pelo som dos sinos e pelo barulho do vai e vem agitado das pessoas. Os sinos anunciavam o começo e o fim do dia; os sinos da igreja repicavam quase incessantemente. Os gritos humanos enchiam o ar. Ao amanhecer o pregoeiro proclamava que os banhos estavam abertos e a água, quente; depois vinham outros proclamando em altos brados suas mercadorias – peixe, carne, mel, cebolas, queijo, roupas usadas, flores, pimenta, carvão e outros produtos. Mendigos e frades mendicantes estavam em todas as partes pedindo esmolas e donativos. Os pregoeiros anunciavam mortes e outras notícias.[5]

No século XVIII os sinos não repicavam tanto, mas aumentou o número dos agressivos pregoeiros de rua, que faziam mais ruído. Em 1711, Joseph Addison queixava-se:

> O leite geralmente é vendido em uma nota acima do lá, e com sons tão extremamente estridentes que faziam cerrar nossos dentes. O limpador de chaminés não usa um só diapasão, às vezes usa um baixo profundo e outras vezes um trinado agudo ... A mesma

---

4 CARCOPINO, J. *Daily Life in Ancient Rome*: The People and the City at the Height of the Empire. New Haven, Connecticut: Yale University Press, 1940. p.50, 180; Juvenal, Satires III, lines 236-59.

5 MUNRO, D. C., SONTAG, R. J. *The Middle Ages*. New York: Century Co., 1928. p.345.

observação pode ser feita sobre os vendedores de carvão, e o que dizer dos vendedores de cacos de vidro ou pó de tijolo.[6]

Os lojistas londrinos mantinham ainda o velho costume de colocar na porta um aprendiz que gritava convidando a comprar. Mesmo as ruas de bairros residenciais não escapavam dessas táticas de venda. Essas ruas eram invadidas por uma interminável procissão de mascates que gritavam suas mercadorias e serviços.

Na cidade medieval, tal como na cidade do século XVIII, as pessoas de diferentes classes sociais e ocupações viviam umas próximas às outras; e embora tivessem muito mais tolerância ao ruído e à confusão do que temos atualmente, havia limites. De acordo com a crônica da época, a um estudante na Alemanha medieval foi permitido despejar de sua casa um ferreiro, cujo martelar incessante perturbava seus estudos; outro estudante procurou impelir, sem sucesso, um barulhento tecelão a mudar de local. Em Iena, "um certo tanoeiro costumava levantar-se à meia-noite e fazer tanto barulho ao colocar os aros nos barris, que punha em risco a saúde dos vizinhos, pela perda constante do sono".[7] Na Paris do século XVIII, o barulho das carruagens e vendedores tornava o repouso quase impossível, exceto em noite alta.

Durante o século XVIII, o rápido aumento do trânsito sobre rodas foi uma nova grande fonte de barulho ensurdecedor. Na América colonial os viajantes ficavam impressionados pelo contraste nítido entre a tranquilidade do campo e o burburinho da multidão nas cidades. Por exemplo, a Filadélfia era famosa pelo grande número de carruagens barulhentas e especialmente pela

---

6 Citado em MASSINGHAM, H. & P. (Eds.) *The London Anthology*. London: Phoenix House, 1950. p.447-8.

7 RAWLING, M. *Everyday Life in Medieval Times*. London: B. T. Batsford, 1968. p.68-9.

aterrorizante confusão do trânsito ao norte da rua do Mercado. Quando o botânico James Young chegou à cidade, num dia de julho de 1763, ele não se preocupou com o trânsito até que se viu "emaranhado entre carroças, carretas, carregadores do mercado e poeira". Um estudante de medicina que vivia na Rua Dois escreveu para sua casa execrando "o trovejar de carruagens, diligências, caleches, carroças, carretas e toda a irmandade de ruídos, [que] quase continuamente fere nossos ouvidos".[8]

Em 1771, Londres possuía mil carruagens de aluguel. A princípio eram veículos muito pesados com postigos de ferro forjado; suas rodas rangendo sobre as pedras do calçamento das ruas produziam um barulho torturante.[9] Os lojistas queixavam-se amargamente, mas sem resultado. Um século depois, o barulho do trânsito, se é que era possível, piorou ainda mais; não apenas o número de veículos aumentou como suas pesadas rodas, ainda não recobertas por borracha, produziam barulho nas ruas pavimentadas com blocos de pedra. "No meio dos parques Regent ou Hyde", Stephen Coleridge lembrou, "ouvia-se o rumor do trânsito por todos os lados, formando um cinturão de imenso barulho; e em qualquer loja da rua Oxford, se a porta estivesse aberta, ninguém escutava ninguém até que se fechasse a porta novamente".[10]

Tradicionalmente, os pobres muito mais do que os membros das classes média e alta eram agredidos pelo barulho. Diante de outros perigos que o pobre tem de enfrentar, o ruído passa a ser um mal menor. O fato é que, na cidade, os prédios construídos para alojar as pessoas podem ser em si mesmos uma ameaça à vida e provocar mutilação. Os conjuntos habitacionais são

---

8 BRIDENBAUGH, C. *Cities in Revolt*: Urban Life in America, 1743-1776. New York: Alfred A. Knopf, 1955. p.243.

9 BAYNE-POWELL, R. *Eighteenth-Century London Life*. London: John Murray, 1937, p.33.

10 BETJEMAN, J. *Victorian and Edwardian London*. London: B. T. Batsford, 1969, p.ix-xi.

construídos às pressas para alojar os pobres, ou os pobres se mudam para casas velhas quase sempre em ruínas. Embora isso aconteça em nossos dias, raramente se tem notícia de que um prédio de apartamento desmoronou em cima de seus ocupantes – pelo menos não na sociedade ocidental. Isso não acontecia no passado. Jérôme Carcopino, escrevendo sobre a Roma imperial, observou que "a cidade era constantemente invadida pelo barulho dos prédios desmoronando ou sendo demolidos para prevenir esses desmoronamentos".[11] Juvenal culpava aos senhorios inescrupulosos.

> Quem, nos montes de Tivoli [um lugar de veraneio de Roma], ou em uma pequena cidade como Gabi, teme o desmoronamento de sua casa? Porém Roma está assentada sobre pedaços de cano e de palitos de madeira; assim era mais barato para o senhorio recompor suas ruínas, remendar as velhas paredes rachadas e notificar todos os inquilinos que podiam dormir tranquilos, embora as vigas em cima de suas cabeças estivessem podres.[12]

As casas de fachadas altas do fim da Idade Média e da Renascença tinham geralmente o topo pesado, o que as tornava instáveis. Os andares superiores eram salientes e as frentes das lojas, sobrecarregadas com pesados letreiros de metal, inclinavam-se perigosamente na direção das ruas. Conforme as vigas mestras começavam a apodrecer, as paredes desmoronavam. Em Londres, no século XVIII, as casas velhas, decrépitas, ruíam com tanta regularidade que tais desastres pareciam normais. Dorothy George escreveu:

> Para Samuel Johnson, Londres em 1738 era um lugar onde "as casas ao desabar trovejavam em sua cabeça". Quando um mensa-

---

11 CARCOPINO, J. *Daily Life in Ancient Rome*, op. cit., p.31.
12 JUVENAL. Against the City of Rome. In: _____. *Satires*. Trad. Rolfe Humphries. Bloomington: Indiana University Press, 1958. p.40.

geiro entrava em uma taverna trazendo uma notícia urgente, a primeira suposição (em 1718) era que tinha vindo avisar os frequentadores de que a casa estava caindo ... O desmoronar de casas novas ou meio construídas era frequentemente noticiado nos jornais do século XVIII.[13]

Charles Dickens descreveu em seu livro *Bleak House* [Casa desolada] um dos piores cortiços de Londres, chamado Tom--all-Alone's:

> Recentemente em Tom-all-Alone's ocorreram dois desastres com nuvens de pó, como na explosão de uma mina; e cada vez uma casa caiu. Estes acidentes mal foram mencionados nos jornais e um ou dois de seus moradores foram parar no hospital mais próximo. Os destroços permanecem e não há quartos de aluguel nos casebres. Como outras casas estão quase caindo, pode-se esperar para logo um grande acidente em Tom-all-Alone's.[14]

Uma cidade pode ter lindos edifícios e praças ordenadas e, no entanto, a impressão geral é de desordem. Roma, nos tempos de Augusto e de Trajano, tinha seus espaços ordenados e dignos, mas justaposta a eles havia uma confusão selvagem de frágeis construções e ruelas lúgubres e estreitas que ziguezagueavam subindo e descendo abruptamente as Sete Colinas. Nas noites sem Lua, as ruas ficavam mergulhadas em uma escuridão impenetrável. Os cidadãos precavidos ficavam em casa. Os que iam a festas e regressavam tarde, meio embriagados, arriscavam-se a se perder, mesmo quando escapavam dos ladrões e assaltantes. Petrônio descreveu essa situação da seguinte maneira:

---

13 GEORGE, M. D. *London Life in the XVIIIth Century*. London: Kegan Paul, 1925. p.73-4.
14 DICKENS, C. *Bleak House*, chap.16, citado em BELL, A. D. *London in the Age of Dickens*. Norman: University of Oklahoma Press, 1967. p.157-8.

Por cerca de uma hora ficamos procurando o caminho, arrastando nossos pés sangrentos sobre os cacos de louça e estilhaços de cerâmica esparramados pelas ruas, e foi somente a sábia previsão de Giton que ao final nos salvou. Com medo de ficar perdido, mesmo durante o dia, o rapaz tinha astutamente marcado com giz, ao longo do caminho, cada coluna e pilastra, e agora, mesmo apesar da noite escura como breu, as marcas brilhavam o suficiente para nos manter em nosso caminho.[15]

Tem sido muito comentada a desordem das casas e vielas nas cidades do final do período medieval. Em Leeds, os espaços abertos e jardins que outrora se estendiam atrás das casas e lojas, na segunda metade do século XIV, foram reconstruídos e transformados em "becos escuros e abafados". Nessa mesma época em Florença, uma cidade maior e mais importante, as casas eram grudadas umas às outras, as ruas eram tortuosas e serpenteavam sem nenhum sinal racional de ordem. A altura dos edifícios variava loucamente. Incrustada entre duas torres maciças de 27 metros de altura podia aparecer uma casinha pequena de um só andar, que pelo menos permitia a penetração de luz e ar em um distrito normalmente escuro, úmido e fétido.[16]

Apesar das cidades medievais diferirem muito quanto a forma e estilo, ainda é possível fazer alguns comentários gerais sobre suas ruas: a maioria das ruas não era pavimentada e era tão mal cuidada que qualquer chuva as transformava em riachos barrentos. As "grandes vias" de Southampton, do final da Idade Média, por exemplo, foram descritas em um documento da épo-

---

15 PETRONIUS. *The Satyricon*. Trad. William Arrowsmith. New York: Mentor Books, 1960. p.84.

16 WOLEDGE, G. The Medieval Borough of Leeds. *The Thoresby Miscellany*, 2. Leeds: The Thoresby Society, 1945. p.294; citado em CREESE, W. L. *The Search for Environment*: The Garden City, Before and After. New Haven, Connecticut: Yale University Press, 1966. p.72; BRUCKER, G. A. *Renaissance Florence*. New York: John Wiley & Sons, 1969. p.11.

ca como "cheias de perigo e riscos para se andar em algum veículo ou simplesmente nelas entrar".[17] A estreiteza e a tristeza das vielas e becos provavelmente produziam sensações contraditórias de constrangimento e caos. Mesmo as principais artérias de Paris tinham somente seis metros de largura, que mal permitiam o cruzamento de dois veículos. Uma rua comercial podia começar com a largura de quinze metros ou mais, porém barraquinhas temporárias logo se intrometiam usurpando o espaço, e com o passar do tempo se transformavam em apêndices de uma pujante cena comercial. A ideia de uma grande via eficiente ainda não conseguia impor-se no Ocidente: as ruas eram tanto lugares – centros de uma atividade confusa – quanto passagens.

Na Europa, ainda muito tempo depois, a circulação de pessoas e mercadorias era primitiva. No século XVIII, o rio Tâmisa continuava sendo a maior via de transporte. As pessoas se locomoviam livremente em embarcações. As ruas, no entanto, dificilmente encorajavam um transporte sem dificuldades. Os pedestres tinham que andar devagar e com muito cuidado. Como Sir Walter Besant explicava,

> Os degraus das casas chegavam até a calçada – os transeuntes tinham ou de enfrentar a lama da rua ou passar por cima dos degraus. As pedras do pavimento estavam quebradas aqui e acolá, expondo pequenas poças de barro e sujeira ... Além disso, toda casa tinha um alçapão para a entrada no porão e suas portas de madeira constantemente eram levantadas para a entrada de carvão ou mercadorias; e os comerciantes rivalizavam entre si para avançar cada vez mais suas vitrines salientes e arredondadas.[18]

---

17 PLATT, C. *The English Medieval Town*. New York: David McKay Co., 1967, p.48.
18 BESANT, W. (Sir). *London in the Eighteenth Century*. London: Adam & Charles Black, 1903. p.90.

No início do século XIX as ruas de Paris eram um tremendo labirinto, o que fazia com que uma viagem curta fosse uma complexa caminhada. O Barão Haussmann, que como prefeito do Sena transformou Paris ao criar bulevares arejados, lembrava o caminho tortuoso que tinha que seguir, em seus tempos de estudante, para ir de sua casa, na margem direita do rio Sena, até a Escola de Direito, no Quartier Latin.

> Saindo às sete da manhã do bairro de Chaussée d'Antin, eu chegava primeiro, após muitas voltas, à rua Montmartre e à Porta de Saint Eustaque; cruzava a praça de Halles e seguia pelas ruas das Lavadeiras, Saint Honoré e Saint Denis, cruzava a velha ponte Au Change – a qual tive que reconstruir mais baixa e mais larga –, depois andava ao longo do antigo Palácio de Justiça e, à minha esquerda havia muitos botequins imundos que até há pouco tempo desfiguravam a *Cité*. Continuando o meu caminho pela ponte de Saint Michel, tinha que cruzar a pobre e pequena praça [praça de Saint Michel] ... Finalmente entrava pelas voltas da rua de la Harpe para subir o monte Sainte Geneviève e chegar, pela passagem do Hospital d'Harcourt, à rua de Maçons-Sorbonne, à praça Richelieu, à rua de Cluny e à rua do Grès, na praça do Panteon, na esquina da Escola de Direito.[19]

A longa caminhada diária de Haussmann de casa até a escola era atípica na época. Normalmente, as pessoas permaneciam em seus próprios labirintos e só se aventuravam a sair em raras ocasiões. Para os residentes locais, seu próprio bairro de ruas serpenteantes, becos sem saída e quintais podia parecer familiarmente complexo e íntimo. No entanto, para os estrangeiros, perambular por aí era um fato desconcertante e ameaçador quando o sol começava a se pôr e as sombras se alongavam.

---

19 PINKNEY, D. H. *Napoleon III and the Rebuilding of Paris*. Princeton, N. J.: Princeton University Press, 1958. p.16-7.

Paisagens do medo

Especialmente para as crianças pequenas, as ruas das cidades medievais estavam cheias de perigos, não tanto pelo trânsito de carruagens, quanto pelo grande número de animais soltos. As funções urbanas e rurais não eram espacialmente separadas: assim como os pomares e os campos penetravam no coração da cidade, também o gado o fazia. Os pedestres tinham de suportar os porcos, cavalos, vacas e ovelhas soltos. Os porcos, apesar de bons comedores de lixo, eram um inconveniente perigoso. Ao final da Idade Média os vereadores baixaram leis para controlar o movimento dos porcos, porém com muito pouco êxito. Cavaleiros a galope atropelavam as crianças. Todos os tipos de acidentes ocorriam e podiam ocorrer em um trânsito que era quase totalmente sem regulamentação.

As carruagens apareceram nas cidades europeias no século XVI. Umas poucas vielas foram alargadas e endireitadas para facilitar sua passagem, o que teve como efeito benéfico a melhoria da circulação e permitiu a entrada de mais luz e ar. Porém, elas logo acrescentaram às ruas seu próprio tipo de caos e perigo. Pela primeira vez, nas ruas, os ricos foram separados dos pobres. Os fregueses das carruagens desfrutavam de privacidade e segurança, enquanto seus veículos colocavam em perigo os pedestres.[20] Para proteger a vida e os membros (braços e pernas) dos pedestres, assim como as fachadas das lojas, foram colocados postes nos lados das ruas para limitar a área que as carruagens podiam usar. Esse foi o começo das calçadas. Nos primeiros anos do século XVIII, as melhores ruas comerciais da Europa e dos Estados Unidos colonial tinham esses postes. Sem dúvida os acidentes fatais declinaram, mas os pedestres ainda sofriam a indignidade de ser salpicados com as sujeiras fedorentas quando

---

20 MUMFORD, L. *The City in History*: Its Origins, Its Transformations, and Its Prospects. New York: Harcourt, Brace & World, 1961. p.370; KAPLOW, J. *The Names of Kings*: The Parisian Laboring Poor in the Eighteenth Century. New York: Basic Books, 1972, p.16.

as carruagens passavam rápido. A sensação de confusão e de risco de viver na época colonial numa cidade dos Estados Unidos foi esboçada por Carl Bridenbaugh:

> O ir e vir nas ruas percorridas por cavaleiros, cavalheiros em caleches e carruagens, uma variedade de carretas, carroças, carros de carga, carroças grandes e cobertas que eram puxadas por um e até oito cavalos ou bois e grande número de bestas de carga, e ainda inúmeros trabalhadores empurrando carrinhos de mão e um sem-número de carregadores levando pacotes grandes e pequenos. Em toda parte morriam crianças embaixo dos cascos dos cavalos e das rodas; nem os adultos escapavam dos cavaleiros a galope, dos carroceiros imprudentes, ou dos cavalheiros que corriam e de suas bagagens que se espatifavam contra os outros veículos nas ruas.[21]

Bridenbaugh atribuiu a maioria dos acidentes ao excesso de velocidade. Uma das causas mais importantes foi a falta de regras que ordenassem o trânsito. Em 1765, quatro jornais, para beneficiar seus leitores da cidade e de parte da área rural de Boston, imprimiram regulamentos sobre como andar e guiar carros na cidade, chamando em especial a atenção para um regulamento "ao qual todas as cidades europeias com regulamentos têm aderido ... principalmente mantenha-se sempre a sua direita durante o percurso".[22] De fato, as cidades europeias eram mal administradas e tinham poucas regras de trânsito que pudessem ser aplicadas. Aristocratas arrogantes e ricos comerciantes, em seus cavalos e carruagens, estavam entre os piores infratores. No final do século XVIII, as autoridades de Paris ordenaram que todos os cavalos tivessem guizos de maneira que os pedestres pudessem ser avisados e tivessem uma chance de salvar suas vidas.[23]

---

21 BRIDENBAUGH, C. *Cities in Revolt*, op. cit., p.34.

22 Ibidem, p.243.

23 KARMEL, A. *My Revolution*: Promenades in Paris 1789-1794, Being the Diary of Restif de la Bretonne. New York: McGraw-Hill Book Co., 1970. p.3-4.

O aspecto do meio ambiente físico que provocava o maior medo na cidade não era o tráfego, mas sim o fogo – violento, incontrolável, o fogo deu ao povo dos tempos medievais a imagem vívida do inferno. O fogo não foi o maior risco nas grandes cidades cerimoniais do passado. Muitos edifícios eram feitos de materiais não inflamáveis, como pedra e barro. Além do mais, eles em geral ocupavam terrenos espaçosos que serviam para aplacar o fogo. Por exemplo, em Ch'ang-an, capital da China durante a dinastia Tang (608-917 d.C.), as avenidas, que dividiam a cidade em blocos amuralhados, eram excepcionalmente largas, variando de 67 a 147 metros.[24] A propagação das labaredas de fogo que irrompiam em um quarteirão apinhado de gente podia ser prevenida por essas muralhas e amplas avenidas. Durante a dinastia Sung (960-1279), à medida que as cidades se tornavam densamente povoadas e as ruas mais estreitas, o fogo passou a ser uma ameaça constante e uma causa de intranquilidade entre a população urbana. Kai-feng, capital do Sung setentrional, tinha apenas uma rua larga: o Caminho Imperial; todas as outras eram muito mais estreitas que as de Ch'ang-an. Foi nesta cidade apertada que pela primeira vez se criou uma organização para combater o fogo. Hang-chou, capital do Sung meridional, era ainda mais apinhada do que Kai-feng. Dificilmente passava um ano em Hang-chou sem que irrompesse um grande incêndio, e podiam ocorrer vários no mesmo ano. Funcionários faziam o que podiam para combater essa ameaça. Torres de observação controladas dia e noite foram erguidas nos quarteirões apinhados e 3.200 soldados foram organizados em esquadrões com o propósito de apagar as chamas dentro e fora das muralhas da cidade.

O fogo atemorizava os moradores dessas cidades, que sabiam que suas casas de madeira e bambu, aglomeradas ao longo

---

24 SCHAFER, E. H. The Last Years of Ch'ang-an. *Oriens Extremus*, v.10, p.137, October 1963.

das estreitas ruelas, eram altamente inflamáveis. O pânico era comum. Um édito imperial proibia rumores sobre incêndio e informações alarmantes de incidentes ocorridos. O terror de incêndio encontrava consolação na superstição. Assim, quando o fogo irrompeu não muito depois que uma baleia foi encontrada encalhada perto de Hang-chou em 1282, o povo procurou ligar os dois fatos. Templos foram dedicados aos deuses do rio e aos reis dragões na esperança de que essas divindades da água pudessem proteger a capital dessa calamidade.[25] O fogo era símbolo de raiva e ferocidade. Nos templos que atendiam às crendices do povo, as ferozes divindades budistas eram representadas com halos bordejados com chamas.

Uma história semelhante pode ser contada sobre a Roma do século I d.C. As casas facilmente pegavam fogo, porque eram construídas de material frágil, sustentadas por vigas de madeira. As estufas portáteis que aqueciam as casas, assim como as lamparinas e tochas que iluminavam as moradias à noite, eram riscos a mais para o início de um incêndio. Por último, a água era escassa e nem sempre atingia os andares superiores das residências coletivas.

Augusto, no ano 6 d.C., criou uma brigada contra incêndio com sete tropas, cada uma com 1.000 a 1.200 homens, organizada sob o comando de um chefe. Essa guarnição tornou-se de grande importância e quem exercia esse posto era um alto oficial de polícia, ocupando a segunda posição, após o prefeito.[26] Durante o tempo de Trajano (98-117), apesar da preocupação do imperador com a segurança da cidade, os incêndios eram ocorrências diárias. Os homens ricos, preocupados com suas mansões e riquezas mundanas, podiam manter tropas de escravos

---

25 GERNET, J. *Daily Life in China on the Eve of the Mongol Invasion, 1250-1276*. London: George Allen & Unwin, 1962. p.34-8.

26 JOLOWICZ, H. F. *Historical Introduction to the Study of Roman Law*. Cambridge: Cambridge University Press, 1965. p.347.

para defendê-las das chamas devoradoras. O medo do fogo era uma obsessão, tanto entre os ricos como entre os pobres. Juvenal estava preparado para deixar Roma, escapando dele: "Não, não, eu preciso viver onde não haja incêndios e as sirenas não soem à noite!"[27]

Em 1183, William Fitz Stephen observou: "As únicas pragas de Londres são a embriaguez imoderada dos tolos e a frequência dos incêndios".[28] As casas e lojas medievais eram extremamente vulneráveis aos incendiários e ao fogo acidental. Através de quase toda a história europeia, os moradores das cidades viviam ansiosos em relação ao fogo, que, uma vez começado, se espalhava rapidamente para outros quarteirões densamente construídos, consumindo, com grande facilidade, os prédios de madeira cobertos de sapé. Poucas casas tinham paredes de pedra. No século XII, as poucas casas de pedra, construídas pelos ricos, eram consideradas tão singulares que o material de sua construção devia ser orgulhosa e legalmente registrado. Até as igrejas eram cobertas com junco ou sapé.[29] No reinado de Ricardo I (1189-1199), o prefeito de Londres publicou um regulamento que exigia que as paredes em comum das casas fossem construídas de pedra. Não é preciso dizer que o regulamento não foi rigorosamente implementado, menos ainda nos quarteirões mais pobres.

Telhados de sapé eram pavios para o fogo. No século XIII eles começaram a ser substituídos por telhas de cerâmica. A lei que controlava o uso dessas telhas foi rigorosamente implementada em Londres em 1302, mas relaxada outra vez, mais

---

27 CARCOPINO. *Daily Life in Ancient Rome*, p.33; JUVENAL. *Satires III*, lines 197-8.

28 STEPHEN, W. F. *A Description of London (Descriptio Londonie)*. Trad. H. E. Butler. In: STENTON, F. M. (Ed.) *Norman London*, Historical Association Leaflets, n.93-94. London, 1934. p.30.

29 STENTON, D. M. *English Society in the Early Middle Ages*. Harmondsworth, Middlesex: Pelican History of England, 1965. p.193.

tarde.[30] As autoridades encorajavam os cidadãos a construir com pedra e tijolos, mas poucos podiam ou desejavam fazer isso. Uma das razões para essa relutância foi o crescimento vertical das casas no século XV, não apenas em Londres, mas também em Gênova, Paris e Edimburgo. Sob a pressão de acomodar mais e mais gente, as casas cresceram em altura, das típicas casas de dois andares dos tempos mais antigos para quatro e até seis andares. Os tijolos foram evitados como material de construção porque era mais fácil usar a madeira para erguer paredes mais altas e mais leves.

Por fim, durante o reinado de Elizabeth, Londres passou a utilizar o tijolo, apesar de esta transformação só haver sido completada após o incêndio de 1666, que destruiu três distritos da cidade. Paris começou a se transformar em uma cidade de pedra no mesmo período. No entanto, o processo foi lento e muitas casas, mesmo no século XVIII, tinham apenas os alicerces de pedra; os andares superiores ainda eram feitos com madeira. No incêndio da Ponte Pequena, em 27 de abril de 1727, as casas de madeira queimaram violentamente como um "grande forno, no qual se viam as grandes vigas caírem".[31]

Na América colonial, Boston estava especialmente propensa ao que era chamado de "grandes" incêndios – o primeiro ocorreu em 14 de março de 1653 e levou a cidade a baixar seu primeiro código sobre incêndio. Em 27 de novembro de 1676, outro desastre se abateu sobre Boston, o que fez com que se decidisse pela compra, na Inglaterra, de um carro contra incêndio. Como os ingleses, desde 1649 os membros do Conselho Municipal adotaram o regulamento para "cobrir" incêndio ao toque de um sino. Um homem era contratado para tocar um sino às

---

30 PENDRILL, C. *London Life in the 14th Century*. London: George Allen & Unwin, 1925. p.12.

31 BRAUDEL, F. *Capitalism and Material Life, 1440-1800*. New York: Harper Colophon Books, 1975. p. 194-5.

Paisagens do medo

nove horas da noite e às quatro e meia da manhã. Entre essas horas todos os incêndios deveriam ser cobertos (curfew = *couvrir feu*), isto é, dominados para diminuir o risco de combustão. Nova Amsterdã e outras vilas tinham regras semelhantes.[32] Nas primeiras décadas do século XVIII, à medida que as cidades se tornavam mais apinhadas, a ameaça de incêndio crescia. Apesar de as casas apresentarem melhoras na construção, muitas tinham chaminés defeituosas, que eram a causa mais comum de incêndio nos povoados coloniais. Nova York e Filadélfia gozavam de relativa imunidade contra incêndios, porque a maioria de suas casas era construída com tijolos ou pedra.

É claro que medo de incêndio não é apenas um pesadelo do passado. Quase todo dia as manchetes dos jornais informam sobre incêndios que consumiram casas e lojas durante a noite. Quando eclode ocasionalmente um grande desastre, tomamos conhecimento pelos jornais da manhã de que fumaça e chamas engoliram um teatro ou clube, queimando e matando seus apavorados clientes. Um filme como *Inferno na torre* mostra a ansiedade das pessoas que trabalham ou vivem em arranha-céus e que podem facilmente imaginar ou sentir o que é ficar preso no quinquagésimo andar de um prédio sem nenhuma esperança de escapar. O ruído dos carros de bombeiro correndo, com suas sirenes ligadas, é um aspecto familiar do ambiente sonoro da cidade moderna. Apesar de hoje raramente ouvirmos falar de incêndio destruindo uma cidade inteira, isso não quer dizer que as chamas não devorem vários quarteirões da cidade, antes de serem controladas. Em 1972, incêndios nos Estados Unidos provocaram 12 mil mortes, ferindo mais de 300 mil pessoas e causando cerca de US$ 2,3 bilhões em perdas de propriedades.[33]

---

32 BRIDENBAUGH, C. *Cities in the Wilderness*: The First Century of Urban Life in America, 1625-1742. New York: Capricorn Books, 1955. p.58-9.

33 EMMONS, H. Fire and Fire Protection. *Scientific American*, v.231, p.21-7, jul. 1974; MUNSON, M. J. *Urban neighborhoods and the Fear of Fire*, School of

O medo da cidade como um ambiente físico não pode ser nitidamente isolado do medo dos habitantes da cidade. É sugestivo que muitas crianças ocidentais queiram ser bombeiros ou policiais quando crescerem – isso expressa uma necessidade de assumir autoridade e superar sua sensação de impotência e ansiedade tanto diante do ambiente físico quanto de adultos estranhos. Outrossim, é sugestivo o fato de que os primeiros regulamentos para controlar o fogo foram instituídos não apenas para controlar incêndios, mas também estrangeiros. Incêndio e multidão indisciplinada têm muito em comum. Incêndio, segundo Elias Canetti, é símbolo de multidão ou turba. O fogo pode irromper repentina e violentamente em qualquer lugar e, uma vez começado, é difícil predizer seu caminho de destruição. Seu movimento surge em uma direção e repentinamente muda; é como uma multidão enfurecida. Ambos, o fogo e a multidão, são cruéis destruidores de fronteiras: os tecidos físico e social da cidade cuidadosamente erigidos são destruídos.[34] No século XVI, em Nuremberg, as etapas seguidas para combater o fogo eram como aquelas adotadas contra um inimigo humano: "vale a pena ressaltar que, quando qualquer casa por acaso pegasse fogo ... eles estariam observando e tocariam os sinos de Laram. Os portões da cidade eram fechados, e toda a cidade se levantava em armas, com seus capitães ... colocados em formação de batalha como se o inimigo tivesse já entrado".[35]

Novamente consideremos a imagem popular da cidade como uma "selva". Essa metáfora pode se referir ao ambiente fí-

---

Architecture and Urban Planning, Princeton University, Working Paper n.13, 1975.

34 CANETTI, E. *Crowds and Power*. New York: Viking Press, 1963. p.20, 76.

35 SMITH, W. A Breeff Description of the Famous and Bewtifull Cittie of Norenbert. Lambeth Palace Livrary, ms.n.508, citado por Malcolm Letts na sua introdução a Theodor Hampe, *Crime and Punishment in Germany*. New York: E. P. Dutton & Co., 1929. p.17. Smith viveu em Nuremberg entre 1568 e 1588.

sico da cidade com seu emaranhado de ruas ou à população desorganizada e perigosa das ruas. Os dois componentes raramente podem ser separados. Na descrição de Henry Fielding das cidades de Londres e Westminster, em meados do século XVIII, podemos ver os dois componentes:

> Quem quer que considere ... a grande irregularidade de seus edifícios, o imenso número de ruelas, vielas, becos, passagens deve pensar que, se houvessem sido criados com o propósito de servir de esconderijo, dificilmente poderiam ter obtido melhor resultado. Deste ponto de vista, o todo aparece como um vasto bosque ou floresta, onde um ladrão podia se esconder com tanta segurança como o fazem os animais selvagens nos desertos da África ou Arábia.[36]

De uma perspectiva aristotélica e sociológica, a cidade não são "paus e pedras", mas uma complexa sociedade de pessoas heterogêneas vivendo perto umas das outras. Idealmente, pessoas de diferentes procedências habitam em harmonia e usam seus diferentes dons para criar um mundo comum. Todas as vezes que isso acontece, a cidade é, durante esse tempo, uma soberba realização humana. Porém, a heterogeneidade é também uma condição que incentiva o conflito. Durante sua história a cidade tem sido oprimida pela violência e pela ameaça constante do caos. Dentre os muitos intrincados temas desta história, merecem especial atenção os seguintes: conflitos violentos entre os cidadãos poderosos e a criação de uma fortificada paisagem do medo; perigo e ansiedade em relação aos estrangeiros no meio urbano; medo de anarquia e revolução, isto é, a queda de uma ordem estabelecida por massas inassimiláveis e incon-

---

36 FIELDING, H. An Enquiry into the Causes of the Late Increase of Robbers... (1751). In: *The Works of Henry Fielding*. London: Frank Cass, 1967. v.13, p.83.

troláveis; aversão e medo dos pobres, como uma fonte potencial de corrupção moral e de doença; e medo dos imigrantes pobres.

Como já foi observado, os poderosos e seus dependentes podiam se empenhar com seus rivais em batalhas sangrentas e aterrorizar o campo. Esse tipo de contenda podia ser observado nas cidades italianas, no fim da Idade Média e no Renascimento. Na verdade, a violência nas cidades da Romanha, entre 1450 e 1500, tinha muitas vezes origem rural; os donos da terra no campo continuavam suas contendas nas cidades, as quais, apesar de *cittá* (cidade) em sentido técnico, eram em tamanho e importância meramente *cittadine* (cidadezinha), não centros urbanos verdadeiros, mas grandes vilas. Em comunidades da Romanha, como Ímola e Forli, famílias rivais parecem ter lutado com um espírito de pura vingança mais do que por poder político.[37]

Na renascença italiana a violência e o crime transcendiam as classes. Em Florença cada classe social estava bem representada nos tribunais criminais; no entanto, a incidência era maior nos extremos da escala social. Os poderosos e os extremamente pobres tinham pouca paciência e eram propensos a brigas pela mínima provocação. Pequenos lojistas e comerciantes, com alguma riqueza a defender, ganha duramente, costumavam ser menos impetuosos. Os dois grupos sociais extremos eram violentos por diferentes razões. Os patrícios cultivavam um *éthos* de orgulho individual e confiança em si mesmos que estava em oposição às demandas de mudança social paulatina, essencial para o crescimento do mundo comercial no qual a maioria deles vivia. Muitas vezes seus acessos de combatividade eram tentativas para satisfazer seus desejos carnais ou seu amor-próprio. Os atos de violência da população, em contraste, parecem ser mais resultado de encontros casuais. Em Veneza, um incidente como

---

37 LARNER, J. Order and Disorder in Romagna, 1450-1500. In: MARTINES, L. (Ed.) *Violence and Civil Disorder in Italian Cities, 1200-1500*. Berkeley/Los Angeles: University of California Press, 1972. p.39.

dois barcos se chocando podia levar a uma luta fatal. Um encontrão casual na rua podia ter o mesmo resultado. "Até assuntos banais como uma discussão sobre se se devia servir peixe ou carne na refeição dos marinheiros, a teimosia de dois reclamantes de uma mesma cadeira em um lugar público, ou a ofensa a um cavalariço por um transeunte ao usar o estábulo dele como latrina, podiam acabar em mortes".[38]

Uma característica da cidade renascentista italiana era a heterogeneidade econômica e social de seus distritos e bairros. Nenhum quarteirão era reservado apenas para os ricos, nem havia guetos habitados exclusivamente por pobres. Cada distrito era uma mistura de palácios e casebres, fábricas e lojas, igrejas paroquiais e mosteiros. Nobres, ricos banqueiros e industriais viviam nas mesmas ruas com trabalhadores pobres e prostitutas. Esse padrão apareceu, em parte, por necessidade social que com o tempo se tornou uma tradição conscientemente mantida. Famílias proeminentes se estabeleceram em vários distritos durante os séculos XII e XIII, porque sua força política e física dependia de membros da família e parentes e também do apoio temporário de amigos, empregados e servidores que viviam no mesmo distrito. Por essas razões as famílias nobres e seus dependentes se agrupavam para proteger-se dos ataques de uma casa rival. Cidades como Gênova, Florença e Roma eram formadas por centenas de tais núcleos familiares, cada qual um centro de poder econômico e militar. O bate-boca acidental entre membros de clãs diferentes, ou até entre os empregados das casas rivais, podia terminar em batalha sangrenta.

A anarquia ameaçava constantemente o governo da cidade. A arquitetura urbana testemunhava a insegurança desses tempos. Barricadas eram construídas nos arredores de Gênova durante os períodos prolongados das disputas facciosas. Torres de

---

38 CHOJNACKI, S. Crime, Punishment, and the Trecento Venetian State. In: MARTINES, L. (Ed.) *Violence and Civil Disorder*, op. cit., p.14.

defesa, usualmente colocadas entre a praça interior e sua entrada mais vulnerável, alcançavam uma altura muito maior que o máximo de 25 metros que o prefeito procurava impor. No século XIII, as famílias florentinas aristocráticas continuavam a viver em altas e estreitas casas fortificadas, que se pareciam com as torres medievais. Elas tinham poucas janelas, e tão pequenas que forneciam um mínimo de luz e ar para os andares inferiores.[39] O historiador alemão Ferdinand Gregorovius descreveu a Roma do século XIII como se fosse um campo de batalha – uma paisagem do medo:

> Para qualquer lugar que se olhasse podiam ser vistas lúgubres, desafiantes torres construídas com material dos antigos monumentos, circundadas por crenas das formas mais originais, feitas com pedaços de mármore, tijolos e fragmentos de rochas vulcânicas. Assim eram os castelos e palácios dos nobres Guelfos e Gibelinos que esperavam sedentos por uma batalha nas ruínas das colinas clássicas, como se Roma não fosse uma cidade, mas um território aberto, cuja possessão tinha de ser disputada numa luta diária. Nessa época, em Roma, não havia nenhum nobre que não possuísse uma torre ... A família vivia com parentes e dependentes, entre ruínas, em cômodos desconfortáveis separados por pesadas correntes de ferro e somente de vez em quando saíam intempestivamente com o barulho selvagem das armas, para guerrear contra seus inimigos hereditários.[40]

Essas lutas entre famílias rivais eram uma característica das cidades mediterrâneas; disputas deste tipo não ocorriam nas cidades medievais ao norte dos Alpes. O estrangeiro ou vagabun-

---

39 HUGHES, D. O. Urban Growth and Family Structure in Medieval Genoa. In: ABRAMS, P., WRIGLEY, E. A. (Eds.) *Towns in Societies*: Essays in Economic History and Historical Sociology. Cambridge: Cambridge University Press, 1978. p.111; BRUCKER, G. A., *Renaissance Florence*, op. cit., p.11-3.

40 GREGOROVIUS, F. *History of the City of Rome in the Middle Ages*. London: George Bell, 1897, 5, pt. v.2, p.659-60.

do era uma das causas mais comuns de distúrbios em todos os centros urbanos. Ao contrário das querelas entre famílias, os estrangeiros desorganizados comumente atacavam depois do escurecer. Uma forma de precaução contra eles e contra a possibilidade de rixas entre os habitantes locais foi a imposição do toque de recolher. Quando os sinos anunciavam o toque de recolher, supunha-se que as pessoas deveriam permanecer em casa, ou como o regulamento de Leiscester de 1467 expressava: "Que nenhum homem ande após o sino tocar as IX badaladas da noite sem uma causa justa, sob pena de ser preso". As autoridades fizeram o máximo para minimizar as tentações de perambular. Os lojistas e taberneiros tinham instruções para fechar seus negócios após o dobrar dos sinos, embora fosse muito fácil eles se fazerem de surdos. Nas cidades inglesas o toque de recolher soava às oito horas da noite no inverno, e cerca de uma hora mais tarde no verão. Algumas vezes era permitido aos londrinos andar fora de casa até as dez horas da noite, mas essa era a hora mais tardia permitida.

Todas as regras eram aplicadas com mais rigor aos estrangeiros. Em Beverley, Inglaterra, eles deviam se recolher para suas casas uma hora mais cedo do que o faziam os habitantes nativos, e seus anfitriões tinham de dar testemunho do seu comportamento. Em Londres, já em 1282, cada vereador acompanhado de dois dos melhores homens da guarda visitava cada hospedaria para controlar seus hóspedes. Os que andassem na rua à noite e não pudessem dar explicações satisfatórias da sua atividade eram levados ou para a prisão ou para uma pousada e mantidos aí até a manhã seguinte, quando eram interrogados por um meirinho.[41] Em Cambridge, em 1445, os burgueses eram advertidos no sentido de não albergar nenhuma pessoa com aparência suspeita. Na Alemanha medieval a lei dava pouca proteção aos

---

41 SALUSBURY, G. T. *Street Life in Medieval England*. Oxford: Pen-in-Hand Publishing Co., 1948. p.139-40.

estrangeiros. Os residentes abastados de Ausburg, quando infringiam a lei, eram tratados cortesmente no momento da prisão ou condenação. Os estrangeiros não recebiam essa cortesia e eram presos com rudeza e castigados. Além disso, um cidadão podia abusar e até matar com impunidade um estrangeiro intrometido. Um estrangeiro ferido por um cidadão nos arredores da cidade não podia obter compensação nos tribunais da cidade. Uma inquebrantável ética de grupo ia lado a lado com o medo a todas as coisas estrangeiras, inclusive pessoas.[42]

As cidades coloniais dos Estados Unidos suspeitavam profundamente dos estrangeiros. Em 1636, Boston fixou regras para excluir os estranhos pobres e indesejáveis quando os membros do Conselho Municipal proibiram qualquer morador de receber em casa um não residente por mais de duas semanas sem permissão oficial. Medidas similares foram tomadas em Charlestown e Filadélfia em 1685. Um ano antes Nova York havia codificado e publicado leis contra os "forasteiros". Os condestáveis tinham instruções para procurar todos os estrangeiros e apresentar uma lista deles ao prefeito.[43]

As cidades medievais europeias e as americanas do início da colonização eram pequenos lugarejos com uma população de menos de 10 mil habitantes. Elas podiam usar o toque de recolher porque relativamente poucos estrangeiros com ar suspeito perambulavam pelas ruas e seus movimentos podiam ser controlados. Numa grande metrópole como Roma do século II d.C. ou Londres do século XVIII, o toque de recolher sem o apoio de um destacamento com muitos policiais seria totalmente ineficiente. Ou, então, quando a noite se aproximava, os próprios cidadãos reconheciam a necessidade de se recolher para a segurança de seus lares, deixando os becos escuros aos ladrões e aos

---

42 BAR, C. L. *A History of Continental Criminal Law*. Boston: Little, Brown & Co., 1916. p.108.

43 BRIDENBAUGH, C. *Cities in the Wilderness*, op. cit., p.66, 79-80.

imprudentes foliões. Em noites sem lua os cortiços de Roma pareciam excessivamente sinistros. As pessoas respeitáveis erguiam barricadas nas entradas de suas casas; as lojas ficavam silenciosas e os comerciantes passavam correntes seguras pelas folhas de suas portas. Se pessoas ricas iam a festas e andavam pelas ruas, o faziam protegidas por escravos que carregavam tochas para iluminá-las em seu caminho. Carcopino escreveu:

> Nenhuma pessoa normal aventurava-se a sair sem um pouco de apreensão. Juvenal queixa-se que ir a um jantar fora sem ter feito seu testamento era se expor a ser taxado de negligente. Ele afirmava que Roma em seus dias era mais perigosa do que a floresta da Galinária ou os pântanos de Pontine.[44]

O crime na Londres do século XVIII era corrente. Após o escurecer os cidadãos relutavam em ir às ruas pouco iluminadas. O delegado da cidade de Londres observou, em 1718:

> A queixa de todos os taberneiros, donos de casas de diversão, lojistas e outros é que seus fregueses estavam temerosos de sair de suas casas e lojas quando escurecia, de medo que lhes surrupiassem seus chapéus e perucas de suas cabeças ... ou que os deixassem cegos, fossem derrubados, feridos ou esfaqueados; nem as carruagens escapavam, também eram interceptadas e roubadas nas ruas públicas.[45]

Em 1751, Fielding, juiz de Bow Street, informava:

> Os inocentes são aterrorizados, insultados e intimidados com ameaças e execrações, expostos ao perigo de pistolas carregadas, golpeados com cacetes e esfaqueados, tendo como consequência a perda da saúde, de membros do corpo e muitas vezes da vida; e sem o mínimo respeito à idade, dignidade ou sexo.

---

44 CARCOPINO. *Daily Life in Ancient Rome*, op. cit., p.47-8.
45 Citado em GEORGE, M. D. *London Life*, op. cit., p.10-1.

Fielding observou que os roubos nas ruas ocorriam comumente à noite, e que as pessoas que se locomoviam em liteiras e carruagens eram atacadas da mesma forma que aquelas que andavam a pé.[46] Samuel Johnson, que gostava da agitação da metrópole e comparava a rua Fleet à vida, sabia quão perigosas podiam ser as ruas: andava sempre com um pesado bordão.[47] Muitos cidadãos andavam armados. Os amigos, quando estavam em uma taberna ou casa de diversões e chegava a hora de voltar para casa, formavam grupos com o propósito de se proteger mutuamente. Muitas famílias se recusavam a ir ao teatro por causa dos perigos da volta para casa. Jonas Hanway se queixava, em 1775:

> Jantei com meu amigo; não posso voltar para casa, nem na minha carruagem, sem correr o risco de uma pistola ser apontada para o meu peito. Construí uma elegante quinta a dez ou vinte milhas da capital: sou obrigado a procurar uma força armada para que me leve até lá.[48]

Os criminosos agiam impunemente no centro de Londres. Além disso, grandes setores da metrópole estavam completamente dominados por eles. Não somente cidadãos comuns, mas também policiais hesitavam em se aventurar nessas áreas deterioradas, conhecidas como *alsácias* no século XVIII e como *rookeries* cem anos mais tarde. A origem da *alsácia* remonta a um refúgio medieval, que era o lugar onde os pecadores podiam buscar proteção contra a prisão e os malfeitores podiam se esconder antes de enfrentar o meirinho ou renunciar a viver no refúgio.[49] Um ato de 1623 aboliu o refúgio, mas na prática continuou a

---

46 FIELDING, H. An Enquiry..., op. cit., p.113.
47 BAYNE-POWELL, R. *Eighteenth-Century London Life*, op. cit., p.198-9.
48 Citado em TOBIAS, J. J. *Crime and Industrial Society in the 19th Century*. New York: Schocken Books, 1967. p.24; ver também PRINGLE, P. *Hue and Cry*. New York: William Morrow & Co., 1955.
49 PIKE, L. O. *A History of Crime in England*. London: Smith, Elder & Co., 1876. v.2, p. 252-5.

existir, talvez em outra parte da cidade, como uma área de criminosos. Ladrões e assaltantes encontraram o paraíso no labirinto de becos e vielas arruinados, que surgiram principalmente no período entre os governos de Elizabeth e Cromwell. No final do século XVII, Londres estava deteriorada por uma série de áreas de criminosos. Alsácia (ou Whitefriars) era o nome genérico, mas Southwark Mint tinha fama de ser ainda pior. Outros bairros, como Minories, Baldwin's Gardens e Gray's Inn Lane, eram refúgios adequados aos ladrões mais procurados.[50] Os Atos sobre Melhoramentos, do século XVIII, limparam alguns desses cortiços infestados de criminosos, mas não todos, e novos apareceram em outros lugares.

No século XIX, os *rookeries* eram uma parte importante dos ambientes sórdidos que existiam em Liverpool, Manchester e Londres. St. Giles, em Holborn, era um dos piores *rookeries* de Londres. Charles Dikens o descreveu como:

> Uma rua escura dilapidada, evitada por todas as pessoas decentes; onde as casas deterioradas eram invadidas, quando estavam quase em ruínas, por alguns vagabundos audazes, que, depois de se apoderarem delas, se dedicavam a alugá-las por quartos. Ora, nesses cortiços caindo aos pedaços, à noite, viviam enxames de miséria. Como em uma miserável ruína humana, vermes parasitas apareciam nesses abrigos arruinados; assim, essas ruínas de casas criaram ninhos de seres imundos que rastejam para fora e para dentro das rachaduras nas paredes e prateleiras.[51]

O medo recorrente sentido pelos governantes, funcionários e cidadãos era da desordem pública e violência em uma escala que pudesse levar à revolução e anarquia. A visão de multidões de pessoas aglomeradas em um só lugar, a maioria delas pobres e sem evidentes laços familiares e de riqueza, despertava ansiedade. Todos os governos assumiam a necessidade de manter a

---

50 TOBIAS, J. J. *Crime and Industrial Society*, op. cit., p.25.
51 DICKENS, C. *Bleak House*, op. cit., cap.16.

ordem pública, mas seus métodos de controle diferiam enormemente. A cidade chinesa tradicional representa um exemplo extremo de controle rígido. Na verdade, segundo alguns estudiosos, a cidade capital de Ch'ang-an durante as dinastias Han e Tang funcionava quase como um modelo de campo militar ou mesmo uma prisão esclarecida. As múltiplas paredes com poucas aberturas bem podiam sugerir uma prisão. Embora o propósito ostensivo das fortificações fosse proteger os habitantes contra os malfeitores e exércitos estrangeiros, elas também serviam como um eficaz dispositivo de controle interno.

No século II d.C., o império Han aventurou-se a fazer um censo de sua vasta população, porque tinha a maquinaria burocrática necessária para observar atentamente as idas e vindas de seus súditos, a maioria dos quais vivia em povoações amuralhadas. Vejamos como os habitantes de Ch'ang-an viviam encurralados: a cidade tinha uma fortificação externa irregular; dentro dela a terra estava subdividida em 160 distritos e cada um tinha seu próprio cercado perfurado por um único portão; dentro de cada distrito habitado, as propriedades particulares eram circunvaladas: os portões residenciais abriam para estreitas vielas, em vez de abrir diretamente para a rua. As pessoas que queriam ir de suas casas para o campo tinham, portanto, que passar por três conjuntos de portões – os da casa, do distrito e da cidade – que permaneciam fechados à noite e tinham vigias.

Durante a dinastia Tang, as regras foram relaxadas a ponto de o portão da residência de um alto funcionário poder ser aberto diretamente para a rua. Outro indício de relaxamento era que a maioria dos distritos tinha quatro portões em lugar da única abertura dos tempos de Hang.[52] No entanto, a vida em Tang Ch'ang-an era altamente controlada. O toque de recolher impunha a toda população um ritmo diário. Até 636, os portões dis-

---

52 MIYAZAKI, I. Les villes em Chine à L'époque des Han. *T'oung Pao*, v.48, p.376-92, 1960.

tritais abriam-se ao amanhecer com os gritos de uma patrulha militar, e depois pelo rufar dos tambores nas ruas. A *Nova História de Tang* descrevia assim o policiamento da capital:

> Ao pôr do sol, os tambores rufavam oitocentas vezes e os portões eram fechados. Durante a noite, soldados a cavalo, empregados pelas autoridades para o serviço de policiamento das ruas, faziam rondas gritando as horas, enquanto as patrulhas militares faziam as rondas em silêncio. Às cinco horas da manhã os tambores eram rufados dentro do palácio e depois em todas as ruas, de maneira que o ruído fosse ouvido em toda parte; então, todos os portões dos distritos e mercados eram abertos.[53]

O sistema distrital de governo e controle urbano não podia, no entanto, resistir à pressão de uma economia de mercado em expansão. Mesmo no século VIII, essa pressão já era sentida no mercado ocidental de Tang Ch'ang-an. O sinólogo E. H. Schafer o descreve como: "um amontoado de bazares e armazéns movimentados, roucos e multilíngues, cujos visitantes também eram divertidos pelos prestidigitadores e ilusionistas de todas as nacionalidades, sem mencionar os contadores de histórias, atores e acrobatas". No final do século IX, à medida que a economia de moeda continuou expandindo-se, apareceram por toda parte as casas públicas de prostituição perto dos lugares movimentados, incluindo os portões da cidade, mercados e templos. Em várias vielas se praticava a prostituição.[54]

Os regulamentos que regiam o sistema distrital se enfraqueceram progressivamente. Foram os mercados os primeiros a obter o direito de abrir à noite; depois se esparramaram, sem medo de penalidade, além de suas áreas designadas, para os quarteirões residenciais; finalmente as muralhas que circunda-

---

53 BALAZS, É. *Chinese Civilization and Bureaucracy*: Variations on a Theme. New Haven, Connecticut: Yale University Press, 1964. p.68-9.

54 SCHAFER, E. R. Last Years of Ch'ang-an, op. cit., p.138, 156.

vam os mercados foram derrubadas.[55] Já no século XI, o sistema distrital de controle da população não funcionava mais. Durante todo o período Sung (960-1279), um comércio impetuoso tomou conta de porções cada vez maiores das cidades capitais, destruindo sua tranquila ordem hierárquica. Em Kai-feng, capital do Sung setentrional, não era incomum que as casas dos dignitários e dos plebeus, prédios do governo e mercados estivessem justapostos.[56] Em Hang-chou, capital do Sung meridional, podia se ouvir o grunhir dos porcos quando estavam sendo abatidos, não longe do Caminho Imperial.

Na Europa, o controle da população nunca foi tentado na escala e com o rigor que o aplicaram os governantes chineses, apesar de certamente ter existido o medo de rebelião. O toque de recolher amplamente imposto nos tempos medievais serviu para controlar a violência local e a possibilidade de uma revolta em grande escala. Os governos regulavam o porte de armas durante o dia ou à noite, especialmente para os estrangeiros. Os cidadãos eram advertidos contra o uso de armaduras a não ser que tivessem pelo menos o título de cavalheiro ou de nobre. No século XIV, as autoridades londrinas legislaram contra o uso de máscaras ou qualquer outro meio de esconder o rosto em lugares públicos durante o Natal e em outros tempos considerados instáveis.

Esses sinais de nervosismo eram periodicamente justificados pelos fatos. Ocorriam rebeliões; o poder constituído podia oscilar e cair. A Florença renascentista era bem protegida dos inimigos externos por muralhas. Rigoroso toque de recolher dava um aspecto de calma durante os tempos normais, mas não se podia confiar que esses tempos durassem. Em um período

---

55 BALAZS, É. *Chinese Civilization*, op. cit., p.70-1.

56 HO, P. Loyang, A.D. 495-534: A Study of the Physical and Socio-economic Planning of a Metropolitan Area. *Harvard Journal of Asiatic Studies*, v.26, p.90, 1966.

particularmente turbulento, entre junho de 1342 e agosto de 1343, o regime comunal foi três vezes deposto pela força. E um caos ainda maior ameaçou ocorrer. No verão de 1378, o espectro da anarquia assustou muitos dos ricos florentinos quando se viram ameaçados por inúmeros pobres famintos, multidões de trabalhadores desempregados, muitos carregando armas e um regime fraco que mal podia manter o controle. Com os primeiros sinais de distúrbio em junho, cidadãos proeminentes foram para o campo, lojas e fábricas fecharam e quase todas as atividades de negócio cessaram. Circulavam rumores de que os trabalhadores iriam saquear a cidade. Leonardo Bruni, em sua história oficial, escrita em 1415, expressou o medo de toda a classe dominante de seu tempo com estas palavras: "Não tem fim ou medida o desejo irrefreável da plebe sem lei que cobiça a propriedade dos homens ricos e honoráveis, e não pensa senão em roubar, matar e oprimir".[57]

As autoridades da cidade, em tempos passados, ainda mais do que hoje, ficavam nervosas quando viam bandos de pobres afluir em seus distritos. No século XVI, a expansão de Londres além de seus antigos limites alarmava o governo. Por cerca de cem anos, começando com Elizabeth I, foram feitas tentativas para restringir a construção de novos edifícios. Esta política falhou totalmente em controlar o crescimento: o que conseguiu, principalmente, foi favorecer o aparecimento de cortiços habitados por criminosos, justo o que as autoridades temiam. Paris se expandiu vagarosamente nos quatro séculos que precederam o Grande Século. No começo do século XVII a muralha de Filipe Augusto (uma relíquia do fim do século XII) permanecia intacta na Rive Gauche. Paris era ainda uma cidade de tamanho modesto, que se mantinha em seus limites. Durante o reinado de Luís XIII (1610-1643), um aumento rápido da população criou um

---

57 BRUCKER, G. A. The Ciompi Revolution. In: RUBINSTEIN, N. (Ed.) *Florentine Studies*. London: Faber & Faber, 1968. p.314.

sentimento de ansiedade entre as autoridades de que a capital poderia se tornar grande e complexa demais para ser eficazmente governada. O rei alegava que o recente crescimento da cidade tornava difícil o destino do lixo bem como garantir o suprimento de alimentos. Ele também asseverava que isso era a causa de furtos, roubos e assassinatos.

Sob Luís XIV, Paris começou a se organizar mais seriamente contra o crime. Foi estabelecido o cargo de tenente da polícia. Em 1667, seu primeiro ocupante conduziu pessoalmente duzentos homens armados e um esquadrão de sapadores para tomar de assalto e capturar o maior refúgio de criminosos de Paris, o Pátio dos Milagres. No mesmo ano, foi inaugurado um sistema municipal de iluminação das ruas e Paris, pela primeira vez, saiu de sua escuridão noturna. Nos dias curtos de inverno os negociantes não precisavam mais correr para suas casas antes que a noite caísse. Durante o dia, Paris também parecia mais clara com a construção de suas primeiras praças públicas, dignas desse nome, que permitiam a penetração da luz solar nos compactos quarteirões.[58] Apesar das melhorias na implementação da lei e da iluminação, o medo de desordem pública continuava a existir porque os camponeses continuavam chegando a Paris. Uma série de éditos reais, em 1724 e 1726, renovados em 1728 e 1765, procuraram restringir o crescimento da cidade proibindo a construção além de um determinado ponto; mais preocupante ao governo era o problema do abastecimento de alimentos e a ameaça de revoltas pelo pão de cada dia.[59]

No século XIX, a transformação de Paris, por Luís Napoleão, serviu a vários propósitos, um dos quais o de facilitar a vigência da segurança pública. Os críticos de Luís Napoleão disseram que ele ordenara a construção de bulevares retos para obter

---

58 BERNARD, L. *The Emerging City*: Paris in the Âge of Louis XIV. Durham, N.C.: Duke University Press, 1970. p.156-66.

59 KAPLOW, J. *The Names of Kings*, op. cit., p.13.

uma visão mais efetiva das linhas de sua artilharia, que os construiu amplos para impedir que barricadas fossem erguidas, atravessando os apinhados quarteirões da classe trabalhadora para romper, e se necessário cercar, essas áreas potenciais de rebelião e de resistência. Os modernos historiadores consideram essas críticas injustas. Napoleão III desejava a adesão da população de Paris ao seu regime, mas ele esperava conseguir isso criando uma bonita e ordenada cidade, mais do que através da ameaça de força. Por outro lado, algumas dessas considerações estratégicas devem ter feito parte dos planos de Napoleão, como também o fizeram dos governos precedentes. Depois de tudo isso, entre 1827 e 1848, nas ruas parisienses barricadas foram erguidas oito vezes na parte oriental da cidade densamente povoada, e em três ocasiões foram o prenúncio de revolução.[60]

Na América, o medo do estrangeiro e da desordem pública era um lugar-comum nas cidades do século XVIII, que se expandiam rapidamente. Índios e negros, escravos e libertos eram vistos como a maior ameaça à lei e à ordem. Em 1740, os habitantes negros de Nova York chegavam a um quinto do total da população da cidade. De medo, os cidadãos brancos os tratavam asperamente, o que tinha como resultado previsível torná-los cada vez mais inquietos. Durante o ano de 1741 o pavor constante de revolta dos negros culminava com rumores histéricos de uma "conspiração negra". A milícia foi chamada. Centenas de pessoas deixaram a cidade. Os negros foram recolhidos e, antes que o furor se atenuasse, 13 deles foram queimados vivos, oito enforcados e 71 levados para fora da colônia. Apesar de ter havido ocasiões de crime e desordem dos negros, a "conspiração" provavelmente só existia na imaginação dos cidadãos dominados pela ansiedade.[61]

---

60 PINKNEY, D. H. *Napoleon III*, op. cit., p.35-7.
61 BRIDENBAUGH, C. *Cities in the Wilderness*, op. cit., p.380.

Filadélfia, a Cidade do Amor Fraterno, era a "Cidade do Medo Fraterno", segundo o historiador John Alexander. No final do século XVIII, o medo era de estrangeiros e pobres. Filadélfia era uma cidade cosmopolita: estrangeiros falando em suas próprias línguas estavam por toda parte. Os residentes alemães eram em número suficiente para que as placas fossem escritas em alemão e em inglês. Os imigrantes irlandeses e seus descendentes formavam outro grande segmento da população. No final desse período, o francês foi introduzido pelos refugiados da Revolução Francesa e da revolta dos negros no Haiti. Os antigos residentes tinham razão de sentir medo dos pobres e dos novos imigrantes que não encontravam trabalho e se desesperavam. "Os registros do tribunal da cidade revelam que, durante o período de 1794-1800, pelo menos 68,3% dos criminosos convictos eram ou nascidos na Irlanda ou negros. Menos de 12% dos criminosos eram nascidos na Pensilvânia, e menos de 6% na Filadélfia".

A cidade era segregada espacialmente: no centro viviam os abastados, e na periferia, os pobres em casas deterioradas. Os cidadãos respeitáveis se queixavam constantemente da desordem nas ruas, especialmente perto dos limites da cidade onde se congregavam os indigentes. Os filadelfianos autênticos se lamentavam da visibilidade crescente dos "malfeitores" de todo tipo – incluindo "crianças rudes e soltas". Na mente de certos negociantes e chefes de família se confundiam o medo de pobre e o de fogo: os pobres eram suspeitos de provocar incêndios com o fim de saquear as ruínas queimadas.[62]

Os medos urbanos dos americanos da classe alta e dos intelectuais eram complexos. No tempo em que o governo da cidade ainda em grande parte estava nas mãos de uma elite, suspei-

---

62 ALEXANDER, J. E. The City of Brotherly Fear: The Poor in Late-Eighteenth-Century Philadelphia. In: JACKSON, K., SCHULTZ, S. (Eds.) *Cities in American History*. New York: Alfred A. Knopf, 1972. p.79-97.

tava-se profundamente dos sem-propriedade, da multidão instável e dos agitadores que podiam incitar a violência. O medo das massas rebeldes se intensificou com o exemplo das turbas violentas de Paris de 1789, 1820, 1848 e posteriores. Na segunda metade do século XIX, a chegada maciça de imigrantes nas cidades americanas, que, com o passar do tempo, organizaram poderosas máquinas políticas, fez que os patrícios perdessem o controle dos governos urbanos. Seus medos políticos, então, foram coloridos de hostilidade étnica, um sentimento visceral de desagrado pelos modos de viver em clã e o linguajar inculto dos novos americanos. Além disso, os patrícios, que tinham orgulho de sua capacidade de pensar calma e racionalmente, sentiam uma repugnância estética pelo que percebiam que era uma predisposição do populacho urbano para a fanfarronice e expansividade.

Na Europa, os governos e os cidadãos abastados também viam com apreensão o inchaço das populações de suas metrópoles. O que esse influxo maciço pressagiava? Ao passar por Manchester, em 1842, Cooke Taylor observou que ninguém podia

contemplar estas "colmeias de gente" sem sentir ansiedade e apreensão quase chegando à consternação. A população a cada hora aumentava de tamanho e força ... Nós falamos deles como o lento levantar-se e o gradual aumento de um oceano, que deve em um futuro não muito distante engolir todos os elementos da sociedade e devolvê-los – Deus sabe para onde.[63]

Negociantes e outros membros da crescente classe média foram rechaçados sem saber por quê. Para eles, a classe baixa era perigosa, suas vielas e moradias "repletas de todo tipo de atrocidades". Uma metrópole em expansão ou uma cidade industrial era comumente descrita como grotesca e sombria, labi-

---

63 TAYLOR, W. C. Notes of a Tour in the Manufacturing Districts of Lancashire. Apud GLASS, R. Urban Sociology in Great Britain. In: PAHL, R. E. (Ed.) *Readings in Urban Sociology*. New York: Pergamon Press, 1968. p.67-8.

ríntica e sombria. Seus habitantes – escuros e mirrados em comparação com os membros bem alimentados da classe média alta – pareciam insuperavelmente estrangeiros, pagãos e hostis; eles falavam uma gíria que soava como uma língua primitiva e estrangeira. A partir de 1860, os ingleses cultos começaram a falar de uma "Londres mais escura" e de uma "Inglaterra mais escura", como eles o faziam de uma "África mais escura". Viam o *East End* de Londres como uma região "desconhecida" a ser explorada.[64] Eles sentiram, como nunca haviam sentido, que uma primitividade ameaçadora estava não apenas em um lugar distante de seu império, mas sim no meio deles. A reforma social na Inglaterra vitoriana foi estimulada de alguma forma pelo zelo cristão, mas também pelo medo de uma nova "sub-raça" humana que poderia contaminar ou agredir uma sociedade de classe média.

Esse sentimento de ansiedade na classe média urbana não estava, é claro, restrito aos britânicos. Afetou especialmente os franceses, alemães e americanos: Eugène Sue, influenciado pelos exemplos ingleses, escreveu a novela *Les mystères de Paris* [Os mistérios de Paris], em 1843, e Charles Loring Brace publicou seu tratado sociológico *The Dangerous Classes of New York* [As classes perigosas de Nova York], em 1877. Os franceses, no começo do século XIX, mal distinguiam os trabalhadores dos criminosos. As notícias dos jornais e as ilustrações nas novelas tendiam a mostrar os dois grupos integrados por tipos brutais e inúteis, desagradáveis ao contato e repulsivos quando vistos de perto.[65] Brace descreveu suas perigosas classes como consistindo principalmente de crianças americanas nascidas de imigrantes irlandeses e alemães, que ele julgava muito mais brutais do

---

64 WILLIAMS, R. *The Country and the City*. New York: Oxford University Press, 1973. p.221.

65 CHEVALIER, L. *Laboring Classes and Dangerous Classes in Paris During the First Half of the Nineteenth Century*. New York: Howard Fertig, 1973. p.413-6.

que os camponeses dos quais eles descendiam. Quase orgulhosamente, Brace observou que a "intensidade do temperamento americano" fazia que as crianças americanas filhas do vício fossem mais imoderadas do que suas contrapartes europeias.[66]

Além do medo da violência e uma espécie de aversão estética, os europeus da classe média evitavam os pobres porque acreditavam que eles eram portadores de doença. Como é sabido, a opinião médica atribuía a difusão das doenças epidêmicas exclusivamente ao ambiente físico contaminado – especialmente o ar – em lugar de atribuir às pessoas contaminadas. Esta era a teoria miasmática. Já no século XIX, no entanto, a antagônica teoria do contágio ganhava crescente aceitação. Para os miasmatistas, as favelas tinham de ser transferidas ou pelo menos circunscritas para que suas exalações pestilentas não envenenassem os distritos da classe média. Para os contagionistas, os próprios pobres eram suspeitos. Senhoras e cavalheiros evitavam os pobres fétidos que se acreditava serem portadores da fatal *contagia* em seu sangue, respiração e roupas. Ao descrever os horrores de uma favela junto à catedral de Southwark, Charles Dickens chamou a atenção para o sangue contaminado de um cidadão, que "propaga infecção e contágio" por toda parte. "Pode contaminar, esta mesma noite, as pessoas insignes (nas quais um químico ao analisá-las encontraria genuína nobreza) de uma Casa Normanda e sua Alteza não podia dizer *não* a esta infame aliança". Tudo sobre os moradores das favelas era ameaçador: "Não há um átomo de sua imundícia, nem um centímetro cúbico de qualquer gás pestilento onde ele vive, nenhuma obscenidade ou degradação dele, nenhuma ignorância, nenhuma iniquidade, nenhuma brutalidade de seus afazeres que não tenha retribuição".[67]

---

66 BRACE, C. L. *The Dangerous Classes of New York*, 3.ed. New York: Wynkoop & Hallenbeck, 1880. p.27.

67 DICKENS, C. *Bleak House*, op. cit., cap.46.

Turba, ralé, massa, os "sujos" – esses são alguns dos termos que os residentes fixos e as autoridades usam para expressar repugnância e horror quando veem pessoas estranhas chegando à sua cidade. Um mundo ordenado é ameaçado pelo caos e todo esforço é feito para evitá-lo. Temos visto no passado este tipo de medo de desintegração, e o vemos também hoje. São principalmente os medos dos proprietários de imóveis e membros das classes média e alta. Como a cidade vê os recém-chegados pobres vindos do campo ou de um outro país? Quais são seus medos quando têm de enfrentar um ambiente estranho e hostil? As respostas são difíceis de obter para os períodos históricos mais antigos. Conhecemos os medos urbanos da época dos Tudor, na Inglaterra, e da França de Luís XIII, por meio dos decretos que promulgaram e outros documentos. No século XIX a aflição da classe média em relação ao contínuo aumento de população nas metrópoles é amplamente registrado nos trabalhos literários dos reformadores sociais e novelistas. Por outro lado, os pobres e oprimidos sofriam quase sempre em silêncio; ou, se eles choravam de dor, seu choro era em grande parte ignorado e não documentado, se não fosse acompanhado de uma ação desesperada.

Apesar de haver pouca evidência direta dos próprios desprotegidos, podemos inferir seus medos através de como eram obrigados a viver. Essa evidência indireta é suficientemente abundante e variada para nos dar, por exemplo, um quadro de como um imigrante urbano se sentia nas últimas décadas do século XIX. Os registros são especialmente abundantes para a cidade de Nova York, o principal porto de entrada dos Estados Unidos. Para a maioria dos imigrantes, vir para os Estados Unidos e estabelecer uma base era uma experiência penosa, na qual breves fases de esperança se alternavam com longos períodos de depressão e profundo choque. Mesmo na década de 1860, uma viagem através do oceano Atlântico podia durar um mês. Superlotação, doença, falta de comida e água fresca e outras privações faziam a viagem de navio parecer mais uma forma de castigo diabólico do que um tipo de transporte. A primeira visão da baía de Nova York e o conjunto de edifícios produziam um momento de euforia, seguido imediatamente por um período de ansiedade intensa, na medida em que os recém-chegados enfrentavam o desafio das autoridades de imigração e saúde. Eles seriam rejeitados no último momento? Alguns eram, embora a maioria vencesse a última barreira para entrar na Terra Prometida. Uma família de imigrantes podia ser recebida por um conterrâneo, conhecido como "agenciador", que se oferecia para levar a bagagem a uma pensão. O otimismo produzido por esse gesto de boas-vindas era frustrado tão logo os recém-chegados viam a pensão, um prédio caindo aos pedaços, no qual moscas, percevejos e ratazanas eram convidados permanentes. Os donos cobravam preços exorbitantes não só pelos quartos, mas também pelo carreto e guarda da bagagem. Se os pensionistas não pudessem pagar, eram jogados na rua sem nenhum tostão, enquanto seus pertences eram apreendidos como forma de pagamento.

A partir de 1855, a fundação de eficientes sociedades de auxílio aos imigrantes e de um lugar centralizado para recebê-los (Castle Garden e Ellis Island) fizeram que a exploração flagrante dos imigrantes recém-chegados fosse menos comum. Mas eles ainda tinham que procurar um lugar barato para viver, e isso era geralmente uma velha residência particular convertida em cortiço, para receber pessoas como eles. Esses cortiços, espremidos uns contra os outros, eram abafados, úmidos e escuros, onde um quarto pequeno servia de moradia para uma família com quatro ou cinco crianças. Para o camponês da Irlanda ou da Alemanha do Sul, a falta de ventilação e luz do Sol era um choque. As indústrias ruidosas e sujas que se localizavam entre os prédios de cortiços provocavam outro choque. Essas fábricas, matadouros, estábulos, depósitos de venda de madeiras, carvoarias, estaleiros e cais nos bairros baixos de Manhattan ameaçavam fisicamente as famílias de imigrantes que viviam neles. Maquinarias abandonadas causavam mortes acidentais e mutilações, o mesmo acontecendo com o transporte de materiais volumosos e mercadorias. Vigas e tijolos caíam das frágeis construções; paredes desabavam e prédios inteiros podiam desmoronar até os alicerces. Os incêndios eram frequentemente causados pelas estufas a carvão nos quartos lotados dos cortiços. O simples rumor de incêndio produzia pânico porque seus residentes sabiam que seus prédios queimavam-se facilmente, que a porta da frente e as janelas eram as únicas saídas em caso de emergência e que muitos quartos não tinham nenhuma janela.[68]

O ambiente social era igualmente ameaçador. O salário por um trabalho pesado mal dava para sustentar a família de um imigrante. Muitos serviços eram temporários.

> Quando os operários da construção concluíam uma obra, tinham de voltar à estaca zero – procurar trabalho, mantendo-se com o pouco dinheiro economizado. Além disso eles estavam mais velhos e mais fracos; em cada novo trabalho existia o perigo de sofrer ferimentos que pudessem deixá-los inaptos para qualquer serviço.

No final do século, os judeus russos e poloneses, que chegavam aos montes ao Lower East Side de Nova York, tinham qualificação para trabalhos urbanos e encontravam emprego nas "confecções" que faziam roupas de todos os tipos. O pagamento, que já era miserável, podia ainda ser reduzido pelo patrão por qualquer ofensa trivial, risadinhas ou se olhassem pela janela.[69] Os inquilinos temiam o despejo. Para aqueles que haviam adquirido uns poucos bens pessoais, o despejo significava desastre. Os proprietários ostentavam tanto poder que os inquilinos davam prioridade ao aluguel – antes de roupa e lenha – que dificilmente deixavam de pagar.[70]

---

68 ERNST, R. *Immigrant Life in New York City, 1825-1863*. New York: Kings' Crown Press, 1949; NOVOTNY, A. *Strangers at the Door*. New York: Bantam Books, 1974.

69 NOVOTNY, A. *Strangers at the Door*, op. cit., p.138, 141.

70 ERNST, R. *Immigrant Life in New York*, op. cit., p.51.

Para os imigrantes que lutavam para sobreviver em seu miserável gueto, o mundo lá fora era ao mesmo tempo sedutor e aterrador, cheio de riquezas, mas também de hostilidades. O gueto propriamente dito, apesar da sujeira e superlotação, pelo menos oferecia o companheirismo dos de sua mesma classe, pessoas que falavam a mesma língua e praticavam a mesma religião. Por outro lado, o gueto de imigrantes estava longe de ser uma comunidade. A implacável pressão para sobreviver fazia que as relações sociais fossem tensas, inclusive as relações familiares. Alguns maridos simplesmente desapareciam, incapazes de enfrentar as brigas frequentes, o desagrado de ver os seus dependentes passar fome ou a vergonha de viver com esposas que ganhavam mais do que eles. Muitos casamentos eram formalmente anulados. Já em 1903, o Lower East Side tinha a mais alta taxa de divórcio de todos os distritos de Nova York. Outras maneiras de se evadir do sofrimento eram o jogo de azar, alcoolismo, crime e doenças mentais.[71]

Apesar disso, os imigrantes de ascendência europeia podiam pelo menos esperar que seus filhos fossem por fim aceitos pela sociedade em geral e se transformassem em prósperos cidadãos. Ainda quando o preconceito era mais virulento, os americanos nunca afirmaram que todos os europeus ameaçavam o estilo de vida americano. Os ataques centravam-se na "ralé" e "escória" da Europa, sugerindo, assim, que havia exceções. Aqueles contrários aos orientais, entretanto, tendiam a rejeitar todos eles como membros de uma raça desprezada. Mesmo em 1900, quando a imigração chinesa tinha cessado e os chineses não mais competiam com os americanos pelos trabalhos agradáveis, um sindicato podia se referir a essas pessoas como "mais servis e animalescas do que as bestas que vagavam nos campos".[72]

---

71 NOVOTNY, A. *Strangers at the Door*, op. cit., p.144, 149.
72 HIGHAM, J. *Strangers in the Land*: Patterns of American Nativism, 1860-1925. New York: Atheneum Publishers, 1969. p.25.

Os chineses viviam humilhados e com medo. A brutalidade casual era a sina de cada dia para o "João chinês". Cortar o seu rabicho era o esporte favorito dos "valentões", e podia receber uma saraivada de pedras todas as vezes que ousasse sair de seu bairro.

> Nunca ninguém saberá quantos chineses foram assassinados na Califórnia; na mais conhecida violação à lei, cerca de vinte chineses foram mortos a tiros e enforcados, na sonolenta vila de Los Angeles, durante uma noite de 1871. As cortes de justiça não conseguiam fazer justiça, porque os membros ocidentais do júri atuavam com a convicção de que os chineses eram mentirosos natos.[73]

A partir de 1880, os chineses começaram a sair da Califórnia e se estabeleceram em áreas metropolitanas de diferentes partes do país. Assim os bairros chineses foram se espalhando, estando a maior parte agora em São Francisco e Nova York. Não era permitido aos imigrantes chineses praticar muitas das profissões e atividades comerciais, de maneira que eles só podiam esperar ganhar a vida nas grandes cidades, onde os serviços humildes e os negócios modestos, como, por exemplo, lavanderias manuais, restaurantes de comida chinesa e lojas de antiguidades atraiam fregueses americanos.

Os chineses se congregavam em uma área da cidade porque não lhes era permitido ou tinham medo de viver em outra parte. Procuravam segurança no meio dos seus semelhantes. Suas instituições sociais eram mais o fruto da adversidade do que do orgulho. O Chinatown era e é um gueto. Este fato tende a se perder na confusão de percepções públicas contraditórias. No final do século XIX, os americanos eram propensos a ver o bairro chinês como um lugar de tentação, corrupção e medo. Eles achavam que ali estavam concentrados os antros de jogo e ópio, ca-

---

73 DANIELS, R. *The Politics of Prejudice*: The Anti-Japanese Movement in California and the Struggle for Japanese Exclusion. New York: Atheneum Publishers, 1969. p.17.

sas de prostituição, gângsteres e traficantes de escravos brancos. Uma imagem oposta tem surgido no século XX, especialmente a partir da Segunda Guerra Mundial. Os residentes de Chinatown, assim como a sociedade americana em geral, promoveram com êxito a ideia de que o gueto era uma comunidade próspera na qual as tradicionais virtudes confucianas de amor familiar e lealdade filial eram preservadas e que o crime, especialmente entre a juventude, raramente ocorria.

Se Chinatown como um antro de iniquidade era uma distorção, também o era o posterior mito cor-de-rosa. Sem dúvida existiam no bairro chinês famílias felizes e bons serviços comunitários, mas também existia um facciosismo intenso que periodicamente explodia com violência. Guerras entre sociedades secretas, muitas das quais se originaram quando a população chinesa era predominantemente masculina, não acabaram na década de 1920 como comumente se acredita. Vinte e mesmo trinta anos depois, associações de ajuda mútua e clãs – infiltrados por membros de sociedades secretas – continuavam a brigar entre si por emprego e poder. Contratar rufiões com o propósito de extorquir e importunar as pessoas é uma prática que perdurou nas lutas pelo poder.[74] Porém, quando se viam diante das ameaças do mundo exterior, os grupos rivais se uniam para se defender do inimigo comum e, com isso, durante um tempo pelo menos, o bairro chinês parecia uma verdadeira comunidade.

No gueto podem emergir ligações causadas pelo desespero. Vejamos outro caso: as costureiras de Chinatown, que no começo da década de 1970 formavam a maior força de trabalho em-

---

74 LYMAN, S. M. Strangers in the City: The Chinese in the Urban Frontier. In: TACHIKI, A., WONG, E., ODO, F. (Eds.) *Roots*: An Asian American Reader. Los Angeles: UCLA Asian American Studies Center, 1971. p.159-87; _____. Red Guard on Grant Avenue. In: BECKER, H. S. (Ed.) *Culture and Civility in San Francisco*. New Brunswick, N. J.: Transaction Books, 1971, p.20-52.

pregada por uma única indústria. Não há dúvida de que são muito mal pagas e exploradas de outra maneira pelos empregadores chineses. As trabalhadoras queixavam-se de seus patrões na privacidade de seus lares. Certamente existe antagonismo e conflito, mas também existe um profundo sentido de solidariedade, porque as costureiras e os donos das lojas estão bem conscientes do poderoso e hostil mundo exterior, diante do qual os dois grupos – apesar dos seus *status* serem díspares dentro do gueto – se sentem como vítimas.[75]

Os habitantes do gueto raramente se aventuravam além dos limites de seu pequeno mundo. No começo do século XX, os residentes do bairro chinês em São Francisco estavam restritos a uma área de sete quarteirões. Atravessar as fronteiras definidas por ruas tais como Kearny e Broadway era quase como correr o risco de sofrer alguma ofensa física. Quando os residentes do bairro chinês ocasionalmente saíam do gueto para fazer compras na Union Square, eram obrigados a levar um apito de polícia, embora, se fossem atacados por rufiões, assobiar o apito dificilmente fazia que a polícia aparecesse para ajudar. Na década de 1940, muito mais esclarecida, uma família chinesa da classe operária podia realmente sair do gueto e morar entre americanos brancos: porém, vivia com medo. Mesmo que os vizinhos brancos parecessem tolerantes e amigos, existia sempre a sensação de que a qualquer momento eles poderiam se tornar hostis. Para prevenir-se contra essa possibilidade, uma família chinesa procurava apaziguar os comerciantes locais presenteando-os com comida nos feriados nacionais, como se o barbeiro e o garçom do bar da casa ao lado fossem pequenos deuses de incerta benevolência.[76]

---

75 VICTOR, G., NEE, B. B. *Longtime Californ*: A Documentary Study of an American Chinatown. New York: Pantheon Books, 1973. p.299-300.

76 Ibidem, p.165-6.

Para o pobre e o oprimido, o gueto é o lar, mas também um lugar muito perigoso. De fato, ameaças imediatas à vida e à propriedade vinham de pessoas da mesma etnia que moravam ou estavam na mesma área e não da sociedade branca que, por mais que fosse poderosa e opressiva, estava distante. Quando as guerras de quadrilhas explodiam no bairro chinês, a segurança era encontrada na vizinhança próxima, onde estavam concentrados membros do próprio clã e aliados. Em um gueto de negros, a segurança podia estar confinada a um pequeno quarteirão ou a uma esquina da rua, ou, por último, reduzida à paz da casa. Um negro podia sentir-se tão fraco e vulnerável que se retirava para o único espaço – a casa – que ainda podia controlar. Diante da bruxuleante tela da TV em um quarto na penumbra, com uma cerveja na mão, a pessoa sente-se segura; além das quatro paredes existem exigências e ameaças, lembranças permanentes do isolamento e inadequação.

Um gueto étnico pode muitas vezes dar impressão enganosa de unidade. As casas, ruas, pessoas e atividades têm uma marca própria. Desses sinais um forasteiro pode inferir uma comunidade de interesses, uma grande ligação que não existe. As características de um gueto nos Estados Unidos são a fragmentação social e uma difusa sensação de precaução que pode ser transformada em hostilidade aberta entre os diferentes grupos fragmentados. A guerra entre quadrilhas é a manifestação mais dramática desse fenômeno. Quadrilhas rivais dividem o gueto como pistas de corridas de cavalo e brigam entre si pelo direito de mandar em trechos de ruas deterioradas, áreas sujas de estacionamentos de automóveis, *playgrounds*, escolas e casas particulares caindo aos pedaços. Elas aterrorizam a população local, tanto os velhos como os jovens. Em um estudo sobre um distrito negro em Filadélfia, o geógrafo David Ley observa: "o medo das quadrilhas é um grande obstáculo para a locomoção dos adolescentes, inclusive a ida para a escola". Os meninos podem sentir-se amedrontados em ir ao cinema com medo das "brincadeiras" de mau gosto dos jovens de outros bairros durante o trajeto ou dentro do cinema.[77]

O crime, enquanto confinado ao gueto, frequentemente é tolerado pelas autoridades das grandes cidades. O mito da tranquilidade nos bairros chineses, por exemplo, foi criado em parte porque as vítimas da violência eram principalmente chineses em vez de brancos, e em parte porque os líderes do bairro chinês preferiam acalmar os conflitos entre eles e, desse modo, ganhar maior poder em lugar de cooperar com o sistema judicial de fora do bairro. Mas os medos e frustrações do gueto podiam não ser contidos. Na década de 1960, as quadrilhas de chineses adolescentes em São Francisco brigavam não somente entre si, mas também contra quadrilhas de negros e de brancos. O tumulto de Watts (Los Angeles), em agosto de 1965, acelerou a tomada de consciência da possível existência de um amplo e violento descontentamento entre os negros urbanos da nação. Ainda que a fúria dos negros na ocasião estivesse limitada ao bairro de Watts e tenha causado a destruição de propriedades dos brancos, em vez de pessoas, a classe média branca americana se sentiu ameaçada.[78]

Quando os líderes da sociedade organizada perceberam o caos iminente proveniente de elementos da população que eles não queriam ou não podiam assimilar, o que é que eles fizeram? Historicamente, recorreram à criação de paisagens do medo: o anterior foi de tortura pública e morte, seguido por artes mais refinadas – diabólicas ou redentoras, dependendo do ponto de vista de cada um – de reclusão.

---

77 LEY, D. *The Black Inner City as Frontier Outpost*. Washington, D.C.: Association of American Geographers, 1974. p.212-4.

78 BULLOCK, P. *Watts*: The Aftermath. New York: Grove Press, 1969. p.37; CONOT, R. *Rivers of Blood, Years of Darkness*. New York: Bantam Books, 1967. p.454.

13
Humilhação pública e execução

Uma comunidade tribal não tem encraves permanentes de estrangeiros morando em seu meio a ponto de perturbar a paz. Quanto aos marginais dentro da estrutura social, o ostracismo é comumente suficiente para recuperá-los. É verdade que as bruxas são inimigas inerentes e, às vezes, devem ser mortas, mas a morte não se justifica como uma dissuasão. Não é necessário que a máquina da justiça e do castigo seja pública porque os membros da tribo respondem a sinais mais sutis. Porém, quando os "estrangeiros" desarraigados são numerosos e constituem um segmento importante da sociedade, as sanções sociais perdem eficiência. Os governantes, de medo que o seu mundo possa se desintegrar, usam a força para impor a ordem. Para que a força fosse um impedimento efetivo as autoridades outrora constituídas acreditavam que ela tinha que ser, ao mesmo tempo, severa e visível. O resultado foi a criação de uma paisagem de castigo, que na Europa foi especialmente notável e horrível do final da Idade Média até o fim do século XVIII.

Quando os seres humanos tinham fé na vida após a morte e, além disso, acreditavam que o seu governante tinha poder tanto sobre esta vida quanto sobre a outra, não era essencial o uso de formas severas de castigo físico. No Egito, na época do Antigo Império, um homem que infringia as imunidades do templo sofria a perda do seu estado civil e, com isso, o direito a um ritual de enterro. Isso significava que o agressor não só perdia a liberdade nesta vida, mas também a possibilidade de desfrutar da bem-aventurança na outra. Nos tempos do Novo Império, entretanto, os medos metafísicos tinham diminuído tanto que foi necessário aumentá-los com o medo do castigo físico, o qual incluía açoite, mutilação e morte por empalação.[1]

A antiga Roma fornece outra ilustração desse processo. No período republicano, o castigo por traição era um tipo de excomunhão civil que tinha o efeito de reduzir o culpado a um estado de inexistência. O exílio (imposto pelo decreto conhecido como "interdição de fogo e água") pode parecer pior do que a morte. Depois do período imperial, no entanto, essa perda de direitos civis e a sentença de exílio, especialmente em sua forma mais branda de *relegatio*, já não mais induzia a um grande medo nem sequer a um grande incômodo; o transgressor podia isolar-se nas províncias e levar uma vida tolerável apoiado pelos amigos e parentes. Para dominar o terror, o castigo tinha que ser principalmente físico. Durante o Império, os cidadãos condenados por crimes contra o Estado podiam ser banidos para uma ilha desabitada, onde as suas probabilidades de sobrevivência eram mínimas, ou receber a pena de morte. Por volta do ano 222 d.C., a pena de morte chegou a ser o castigo para tudo, exceto as manifestações mais brandas de traição.[2]

---

1 WILSON, J. A. *The Culture of Egypt*. Chicago: University of Chicago Press, 1951. p.241-3; ver também LORTON, D. The Treatment of Criminals in Ancient Egypt (Through the New Kingdom). *Journal of the Economic and Social History of the Orient*, v.22, pt.1, p.50-1, 1977.

2 JOLOWICZ, H. F. *Historical Introduction to the Study of Roman Law*. Cambridge: Cambridge University Press, 1965. p.326, 412-3; SHOWERMAN, G. *Rome and the Romans*. New York: Macmillan Co., 1931. p.410.

Vários fatores justificam a introdução de leis mais severas durante o período imperial. Um foi a infiltração na sociedade romana do que se pode chamar de analogia militar. O cidadão romano nato desfrutava de ampla proteção contra o julgamento arbitrário de um magistrado, mas como soldado no campo de batalha estava, em matéria de disciplina, sujeito à vontade do comandante. Isso era exercido com um mínimo de restrição legal.[3] Os imperadores, pouco a pouco, foram incorporando os poderes arbitrários do comandante durante a guerra e passaram a olhar os romanos não como cidadãos, mas como sujeitos e soldados submetidos à disciplina. As penalidades máximas, incluindo mutilação e morte, podiam, então, ser aplicadas a homens livres.

Outro fator na crescente tolerância para com sentenças severas foi o espetáculo diário de crueldade com que eram tratados os escravos. As penalidades cívicas não se aplicavam aos escravos, os quais aprendiam obediência por meio do medo ao castigo e à morte. Os romanos livres e não livres estavam expostos ao espetáculo habitual de escravos sendo publicamente açoitados ou executados por crucificação, para o que existia um lugar especial – o Campus Equilinus. Semelhantes lugares de execução, repletos de cruzes e outros instrumentos de tortura, provavelmente decoraram todas as grandes cidades do Império Romano, como advertência aos escravos e a todos os transgressores da lei, e como sinal de um regime severo e impiedoso.[4] Nessas circunstâncias, qualquer sentimento para com os direitos dos cidadãos naturalmente deteriorava-se. Para as autoridades parecia necessário usar em primeiro lugar métodos cruéis para controlar os escravos, depois as pessoas de classe baixa (os *humiliores*, ou plebe) e, finalmente, os próprios cidadãos, especialmente porque, durante o Império, a classe dos cidadãos havia aumentado consideravelmente. Uma paisagem do medo foi cria-

---

3 ESMEIN, A. *A History of Continental Criminal Procedure*. Boston: Little, Brown & Co., 1913. p.26-7.
4 HENGEL, M. *Crucifixion*. London: Student Christian Movement Press, 1977. p.54.

da deliberadamente porque se chegou a acreditar que a imposição de castigo e morte tinha de ser pública para desencorajar os eventuais rebeldes e criminosos. Como disse Quintiliano, "seja onde for que crucifiquemos o culpado, os caminhos mais movimentados são os escolhidos, onde o maior número de pessoas possa ver e ser persuadido pelo medo. Porque as penalidades não se relacionam tanto com a vingança como com seus efeitos exemplares".[5]

Comparados com os romanos, os germanos, na periferia do Império, tratavam mais humanamente os seus transgressores. Por Tácito sabemos que a pena de morte era imposta somente a crimes contra a comunidade, tais como desertar para o inimigo e uma retirada vergonhosa na guerra, ao passo que a pior ofensa contra o indivíduo, isto é, homicídio, somente estava sujeita à penalidade de pagar com um certo número de gado e ovelhas.[6] Em uma sociedade onde cada guerreiro era um valioso recurso, a execução e mutilação não eram consideradas castigos apropriados para um simples assassinato e roubo. Um sistema similar desenvolveu-se na Inglaterra. O rei Ethelbert de Kent, no século VII, promulgou leis que continham uma lista de multas para uma variedade de violações variando de fornicação até assassinato. A quantia da compensação a ser paga em cada caso era cuidadosamente adaptada ao *status* da vítima e do criminoso.

Em meados do século X os castigos haviam se tornado mais severos. Isso ocorreu em parte porque as pessoas com cargos de autoridade estavam mais conscientes do problema de roubo e de outros sinais de desordem social. Quando Athelstan introduziu leis severas no seu reino, tanto os seus administradores

---

5 QUINTILIAN. *Declamationes* 274; citado por HENGEL. *Crucifixion*, p.50.

6 TACITUS. Germany and Its Tribes, secs. 12, 21, trad. A. J. Church e W. J. Brodribb, *The Complete Works of Tacitus*. New York: Modern Library, 1942. p.714, 719.

como os bispos o elogiaram. Morte e mutilação substituíram a compensação material em um número crescente de transgressões. A feitiçaria e a magia em casos que provocavam morte incorriam em pena de morte sob as leis de Athelstan. Devido a uma lei de Canuto, uma mulher perdeu "o nariz e as duas orelhas" por adultério.[7]

Apesar de Guilherme, o Conquistador, ter abolido a pena de morte, substituiu-a pela igualmente terrível – frequentemente pior – pena de mutilação. Se uma pessoa fosse considerada culpada de certos crimes, seus olhos eram arrancados, ou seus braços e pernas eram cortados, ou era reduzida a apenas cabeça e tronco, que serviam como testemunhos de seus crimes. A lei de Guilherme, segundo um escritor moderno, "povoou o país com seres horríveis dos quais só sobravam a cabeça e o tronco. Cegos, sem braços e sem pernas, só podiam mover-se rolando sem direção. Suas vidas comumente curtas eram sustentadas pela caridade de seus parentes e amigos, se tivessem a boa sorte de ter algum".[8]

No século XVI, a mutilação tinha se tornado um grotesco ritual público. Meia dúzia ou mais de funcionários eram necessários para cortar a mão de um homem. Primeiro, o servidor do depósito de madeira trazia um cepo e cordas. O mestre-cuca, então, dava o manchil ao servidor da ucharia, que o usava para realizar o ato. O servidor do galinheiro ficava de prontidão com um galo, cujo corpo ia ser colocado ao redor do coto da munheca. Outros serventes que tinham funções eram o camarista da copa, o servidor ferreiro, o cirurgião-chefe, o camarista do depó-

---

7 ATTENBOROUGH, F. L. (Ed.) *The Laws of the Earliest English Kings*. New York: Russell & Russell, Publishers, 1963. p.131; HIBBERT, C. *The Roots of Evil*: A Social History of Crime and Punishment. Boston: Little, Brown & Co., 1963. p.5; STENTON, F. M. *Anglo-Saxon England*. Oxford: Clarendon Press, 1947. p.349-50.

8 POTTER, J. D. *The Fatal Gallows Tree*. London: Elek Books, 1965. p.10.

sito de velas e o servidor da despensa.[9] Esse complicado ritual servia para acentuar a majestade da lei e a infâmia do crime.

Este costume antigo de mutilar provavelmente ofenderia a sensibilidade moderna mais que qualquer outra forma de castigo. Teve uma longa vida. Na Europa continuou a ser usado para crimes, exceto homicídios, até boa parte do século XVIII. Do ponto de vista das autoridades a mutilação tinha pelo menos duas vantagens: era relativamente barata e produzia vítimas que dramaticamente apregoavam o poder da corte, do rei e do Estado.

Na Idade Média todas as cidades e aldeias de qualquer tamanho e todos os castelos feudais tinham os seus instrumentos de prisão e castigo. Ao contrário dos instrumentos dos tempos modernos, os da época medieval ficavam expostos: permaneciam proeminentes ao longo dos caminhos, próximos aos edifícios públicos e nas praças dos mercados. Eram um componente normal da paisagem. A julgar pelas primeiras publicações medievais, os ingleses confiavam no tronco para castigar muitas ofensas. Este era colocado na entrada de uma cidade ou fixado no tribunal de justiça. O tronco servia de cárcere ao ar livre para os servos fugitivos e para os trabalhadores; imobilizados, esperavam que os seus amos os reclamassem. As pessoas suspeitas de ofensas criminosas também eram colocadas no tronco antes do julgamento; alguns não sobreviviam para ser julgados, enquanto outros podiam perder um pé como resultado da má circulação do sangue. De acordo com o regulamento do trabalho de 1351, todas as aldeias que não tivessem tronco precisavam erguer um.[10] Em 1405, foi aprovado um regulamento pelo qual toda cidade ou vila seria rebaixada ao *status* de vilarejo se não possuísse esse artefato. Até 1890 ainda podia se ver o tronco em aldeias

---

9 PIKE, L. O. *A History of Crime in England*. London: Smith, Elder & Co., 1876. v.2, p.82-4.

10 BELLAMY, J. *Crime and Public Order in England in the Later Middle Ages*. Toronto: University of Toronto Press, 1973. p.182.

isoladas, embora 1872 tivesse sido a última data que registra seu uso em Newbury, Berkshire, quando um homem sofreu essa antiga indignidade por embriaguez e má conduta em uma igreja paroquial.[11]

O pelourinho também era uma visão notória e familiar nas cidades da Europa. Excetuando talvez o tronco, nenhuma máquina de castigo era mais amplamente usada. Quase todos os mercados tinham um pelourinho, porque as autoridades locais que esquecessem de manter um à mão, para uso imediato, corriam o risco de perder o direito de ter um mercado. Em Londres, os homens eram colocados no pelourinho por inúmeras e diferentes ofensas, incluindo o uso da magia, pedido de esmolas sob falsas aparências e a falsificação de cartas, contratos e escrituras. Porém, mais frequentemente os homens sofriam no pelourinho por práticas comerciais fraudulentas. Daí a conveniência de colocar esse instrumento de tortura e humilhação na praça do mercado, onde compradores e vendedores podiam ser advertidos. No grande mercado de Cheap, em Londres, a natureza da transgressão era revelada com clareza. Um açougueiro que vendeu carne podre, por exemplo, podia ter a sua fedorenta mercadoria empilhada na sua frente e queimada embaixo de seu nariz.[12] O pelourinho infligia maior sofrimento à vítima do que o tronco. As duas mãos, assim como a cabeça, eram prensadas entre duas tábuas, e às vezes as orelhas eram puxadas para trás e pregadas na madeira. A exposição prolongada na frente dos expectadores, que zombavam e atiravam coisas no supliciado, podia facilmente acabar em morte. A França também usou o pelourinho para expor comerciantes desonestos, mas especialmente para castigar os blasfemadores. Um decreto de 1347 exi-

---

11 ANDREWS, W. *Old-Time Punishments*. Hull: William Andrews, 1890. p.132-3.

12 ROBERTSON JR., D. W. *Chaucer's London*. New York: John Wiley & Sons, 1968. p.47.

gia que um blasfemador fosse colocado no pelourinho; esse mesmo decreto especificamente permitia que as pessoas jogassem sujeiras em sua cara.[13] Com tais maus-tratos, a morte era uma ocorrência comum.

O pelourinho, ao contrário do tronco, às vezes atingia um tamanho monumental. No século XVI, em Paris, esse aparelho, situado no centro do mercado, era uma imponente torre de 18 metros de altura. Como o tronco, o pelourinho permaneceu por muitos anos; era um dos elementos mais estáveis na cambiante paisagem europeia. Até há pouco tempo, em 1830, os funcionários públicos ingleses ainda usavam o pelourinho para castigar os perjuros. Um decreto do Parlamento finalmente o aboliu em 1837.

Do final do período medieval até cerca de 1600, os métodos de castigo eram ao mesmo tempo diabolicamente cruéis e variados. A pena de morte era aplicada aos crimes mais inconsequentes quando estes ameaçavam os interesses dos proprietários de terra ou depreciavam o respeito devido à cidade. Na Alemanha do final do medievo (ca. 1400), a um homem apanhado cortando a cortiça das árvores podiam-lhe arrancar os intestinos e amarrá-lo em uma árvore. O castigo para o destruidor dos marcos de pedra que indicavam os limites de uma propriedade era uma morte penosa infligida com um arado. Os costumes mudavam de cidade para cidade. No Sul da Alemanha os costumes de execução incluíam esfacelamento na roda, esquartejamento, aguilhoamento com tenazes candentes, ser enterrado com vida e queimado. Algumas técnicas eram tão cruéis que até os carrascos as consideravam excessivas. Em 1513, em Nurenberg, algozes queixavam-se do seu desagradável trabalho, especialmente quando requeria sepultamento com vida. Eles certamente tinham em mente a difícil morte de Elizabeth Schellen-Claus,

---

13 BAR, C. L. *A History of Continental Criminal Law*. Boston: Little, Brown & Co., 1916. p.190.

uma ladra calejada que foi enterrada viva embaixo da forca, em 1497. "Esta pobre criatura lutou até que a pele das suas mãos e pés estivesse tão dilacerada que as pessoas tiveram muita pena dela." Comparada com tal barbaridade, a morte por enforcamento parecia misericordiosa. Porém, ao contrário dos esquartejamentos e enterros de pessoas com vida, cujos indícios desapareciam rapidamente, os patíbulos com os cadáveres balançando eram um traço indelével e notório na paisagem europeia; no sul da Alemanha, eles simplesmente marcavam os arredores de um importante tribunal, isto é, uma corte municipal.[14]

Na Inglaterra durante o mesmo período, os métodos de castigo eram igualmente cruéis e variados. Havia diferenças regionais que pareciam refletir tanto a natureza do crime quanto o profundo enraizamento das tradições locais. Assim escreve o historiador John Bellamy:

> Os costumes de Sandwich decretaram que todos os que fossem condenados por homicídio deviam ser enterrados vivos em um lugar que havia sido destinado para este fim em Sandown, chamado a "várzea dos ladrões". Em Pevensey qualquer homem "com privilégios" considerado culpado em uma causa criminosa contra a Coroa era levado à ponte da cidade na maré cheia e jogado na água do porto. Em Portsmouth qualquer homem que matasse outro era queimado. Em Halifax a execução dos ladrões era feita por uma guilhotina primitiva.[15]

Esta particularidade dos métodos de castigo físico não agradava aos reis ingleses, que pensaram centralizar o poder em suas próprias mãos. Eles hesitavam em permitir o uso de

---

14 HAMPE, T. *Crime and Punishment in Germany*. New York: E. P. Dutton & Co., 1929. p.46; BAR, C. L. *Continental Criminal Law*, op. cit., p.106-10; DuBOULAY, F. R. H. Law Enforcement in Medieval Germany. *History*, v.63, n.209, p.345-55, 1978.

15 BELLAMY, J. *Crime and Public Order in England*, op. cit. p.185-6.

qualquer aparelho para matar se não fosse aprovado por um antigo costume local. Preferiam o enforcamento, que do ponto de vista do valor preventivo tinha a vantagem de uma visibilidade duradoura.

Tácito observou que os germanos enforcavam seus traidores. Desde pelo menos o século I d.C., a morte de um transgressor por estrangulamento com cordas, em uma árvore ou poste, foi o método mais comum de execução pública. Sendo a forca e o cadafalso tão onipresentes quanto as torres das igrejas e os castelos, não surpreende que se tenham tornado tema na decoração europeia e em obras de arte. Na Inglaterra uma forca ou árvore com um homem pendurado era uma cena tão comum na periferia das cidades e no campo que parecia ser considerada quase como um enfeite natural da paisagem e, consequentemente, foi incorporada em certos manuscritos medievais.[16] Em suas obras, poetas e artistas descreveram e pintaram forcas e corpos balançando, intencionalmente no caso da "Ballade des pendus", de François Villon, ou real como no Wandering Fool, de Hieronymus Bosch.[17]

As máquinas de execução eram um direito feudal. Carlos V da França (1337-1380) permitiu que certos distritos tivessem forcas com dois postes, quando o número de postes em uma máquina era um símbolo de prestígio. O lorde que tinha o direito a uma forca de oito postes podia desprezar um primo que tinha direito a apenas dois na sua máquina de morte.[18] Da Idade Média até o século XVIII, na França, os criminosos condenados

---

16 WRIGHT, T. *The Home of Other Days*. New York: D. Appleton & Co., 1871. p.356-7.

17 BENSIMON, M. Modes of Perception of Reality in the Renaissance. In: KINSMAN, R. S. (Ed.) *The Darker Vision of the Renaissance*: Beyond the Fields of Reason. Berkeley and Los Angeles: University of California Press, 1974. p.223, 225.

18 PRITCHARD, J. L. *A History of Capital Punishment*. New York: Citadel Press, 1960. p.61-2.

eram mais frequentemente executados na forca do que por qualquer outro método. Como resultado, em cada cidade e em quase todas as aldeias estava em pé um cadafalso permanente, que, devido ao costume de deixar os corpos no poste até que se reduzissem a pó, era muito raro encontrar um que não tivesse cadáveres ou esqueletos presos.

Paris, do século XII em diante, transformou-se no principal lugar de enforcamentos como também de muitas outras funções. Um cadafalso monumental foi erguido no alto de Montfaucon, entre os subúrbios de Saint-Martin e Temple. Essa notória estrutura foi feita de alvenaria. Dez ou 12 camadas de pedra bruta formavam um recinto fechado de 12 por nove metros. Levantaram-se 16 pilares, e cada um media aproximadamente nove metros de altura. Os pilares estavam unidos uns aos outros por dois barrotes de madeira paralelos que sustentavam correntes de ferro nas quais os criminosos eram pendurados. Montfaucon era usado não somente para levar a cabo a sentença de pena de morte, mas também para expor os cadáveres transportados de outros lugares de execução em todo o país. Em 1466, havia equipamento para expor os cadáveres de 52 malfeitores. Estavam aí cadáveres frescos, assim como os restos mutilados de criminosos que tinham sido fervidos, esquartejados ou decapitados; estes eram expostos em sacos de couro e vime. Não é preciso ter muita imaginação para visualizar o horrível cenário: a imensa forca em sua eminência, na hora do crepúsculo tendo como pano de fundo enormes nuvens anunciando chuva, os milhares de corvos banqueteando-se com os cadáveres que balançavam nas correntes de ferro.[19]

Na Inglaterra, a exposição patibular dos transgressores executados era uma prática aceita durante o século XIV. Seu amplo uso em épocas posteriores pode-se inferir dos velhos livros so-

---

19 LACROIX, P. *Manners, Customs, and Dress during the Middle Ages and during the Renaissance Period*. London: Bickers & Son, s.d. p.424.

bre estradas e dos guias que mencionavam as forcas e cadafalsos como marcos visuais. Por exemplo, as seguintes indicações figuravam no *Itinerarium Angliae*, de John Ogilby, um trabalho que foi publicado pela primeira vez em 1675 e reimpresso em várias edições durante as duas primeiras décadas do século XVIII:

> Passe as Forcas e três Moinhos de Vento, entre no subúrbio de York ... Além dos subúrbios (Durham), uma pequena subida, entre as Forcas e Crokehal ... Atravesse a rua Hare, e na altura de 13'4 começa a Floresta de Epping, uma Forca à esquerda ... Passe ao lado de Pen-menis-Hall, e na altura de 250'4 Moinho Hidravaght ambos à esquerda, e suba uma pequena colina, um cadafalso à direita ... Saindo de Frampton, Wilberton, e Sherbeck à direita, e depois de passar um cadafalso à esquerda cruzar uma ponte de pedra ... De Nottingham suba um morro, e passe ao lado de uma Forca.[20]

Para combater os "Horríveis Crimes de Assassinato", foi aprovado um decreto em 1752 que legalizava a conservação do cadáver de um delinquente em piche para poder ser exposto por longo tempo em um lugar proeminente. Como consequência disso, mais e mais corpos envoltos em piche, em diferentes graus de desintegração, apareciam no interior da Inglaterra, amedrontando os habitantes locais a ponto de, pelo menos à noite, as pessoas desviarem-se vários quilômetros de sua rota para evitar tal espetáculo. Porém, nem sempre era fácil evitá-lo. Na Inglaterra os funcionários da justiça tinham bons olhos para selecionar um lugar que fosse significativo; tentavam levantar o cadafalso perto da cena do crime, ou em lugar que pudesse ser visto da casa do criminoso. A visibilidade em si mesma era uma consideração importante. William Levin, executado em 1788, foi pendurado nas correntes na parte mais elevada de Helsby Tor, a

---

20 OGILBY, J. *Itinerarium Angliae, or A Book of Roads...* (1675); citado em RADZINOWICZ, L. *A History of English Criminal Law and Its Administration from 1750*. London: Stevens & Sons, 1948. v.1, p.214.

mais ou menos 13 quilômetros de Chester. Nesse lugar visível, o cadáver podia ser visto de vários condados. Os cadafalsos também eram feitos com a maior altura possível. Um pilar de 6,5 metros foi usado para exibir o corpo de William Jobling, executado em Durham em 1832 por assassinar um magistrado.[21]

Londres era o centro da pena de morte na Inglaterra, e Tyburn o centro de enforcamento em Londres e Middlesex. As primeiras execuções em Tyburn de que se tem registro foram em 1177. O incremento dos negócios tornou necessário o aumento de mais duas forcas em 1220. Nessa data Tyburn era provavelmente o principal lugar de enforcamento no país. Durante o reinado da rainha Mary, Tyburn tinha tanto trabalho que forcas extras foram levantadas além da cidade, em Hay Hill, Mayfair, Charing Cross, Fleet Street, Cheapsite e Bermondsey. Durante o reinado de Elizabeth I, a pressão constante nos recursos de Tyburn exigiu a ampliação das antigas forcas. Foi construída uma estrutura triangular capaz de acomodar pelo menos 24 criminosos ao mesmo tempo.[22] A máquina de Tyburn alcançou por isso uma grande monumentalidade, embora não tanto quanto Montfaucon, em Paris. Ao redor de 1783, quando a execução foi abolida em Tyburn, as forcas desse lugar, em seus 650 anos de funcionamento, já haviam estrangulado pelo menos 50 mil seres humanos.

Muito se tem escrito sobre a beleza dos jardins e paisagens ingleses do século XVIII; o que tendemos a esquecer é essa detestável paisagem de castigo. Também tem-se escrito bastante sobre a elegância da arquitetura em certas partes de Londres no século XVIII; o que nós talvez não lembremos é que Londres nessa época já tinha ganho o horrível título de "cidade das forcas". W. C. Sydney acreditava que esse título era justo:

---

21 RADZINOWICZ, L. *English Criminal Law*, op. cit., p.216.
22 POTTER, J. D. *Fatal Gallows Tree*, op. cit., p.22-3.

Qualquer que fosse a via pela qual um estrangeiro chegasse, então, a Londres, encontrava-se com o fato da estrita severidade da legislação criminal inglesa ao sentir-se impressionado pela visão das forcas. Se chegasse à metrópole pelos subúrbios da zona norte, ele deveria passar por Finchley Common, e observar não um, mas talvez cinco ou seis cadafalsos colocados muito perto uns dos outros. Se viajasse na parte de fora ou de dentro da diligência que corre através da parte ocidental da metrópole em direção a Holborn ou Picadilly, poderia observar da carruagem as forcas de Tyburn. Se proveniente de alguma costa estrangeira e navegando pelo rio Tâmisa em direção do porto de Londres com certeza cravaria seu olhar nos esqueletos daqueles que pagaram com suas vidas o castigo por amotinamento ou pirataria em alto-mar, pendurados nas correntes dos numerosos cadafalsos levantados nos pântanos, na parte baixa de Purfleet em Essex, por um lado, e Woolwich, no outro. Se ele atravessasse a pé as numerosas terras incultas ou as comunais na vizinhança da metrópole, teria, a menos que possuísse nervos de aço, sentido terror com os inesperados rangidos e tilintar das correntes nas quais o cadáver de algum ladrão de estrada enforcado ou assaltante apodrecia lentamente.[23]

Um transeunte tinha toda razão em tremer de medo à vista do cadafalso se estivesse viajando sozinho e à noite. O que o atemorizava não era a terrível consequência de ter dificuldades com a lei, mas o cadáver, que inspirava um medo primitivo. No entanto, a execução pública e o cadafalso não tinham a intenção de produzir sensação estranha; ao contrário, pretendiam intimidar a plebe, inspirar-lhe um respeito saudável e medo do poder legalmente constituído.

O enforcamento tinha que ser um evento público. Quintiliano prescrevia "o maior número de espectadores", e o Dr. Johnson expressou o mesmo sentimento. Para ele, "as execuções almejavam atrair espectadores. Se não atraíam espectadores, elas

---

23 SYDNEY, W. C. *England and the English in the Eighteenth Century.* 2.ed. Edinburgh: John Grant, 1891. v.2, p.277.

não cumpriam o seu propósito".[24] No século XVIII e na primeira parte do século XIX, os enforcamentos atraíam enormes multidões. As classes mais baixas consideravam como dia de festa o dia das execuções em Tyburn. A ocasião gerava um ar festivo e muita violência; por isso era chamada de "feira" (Feira de Tyburn) e também "jogo do enforcamento". Os artesãos em diferentes partes da metrópole podiam deixar os seus trabalhos para assistir a uma grande execução. À medida que o dia se aproximava, pessoas vindas de todas as partes convergiam para uma área de cinco quilômetros entre a prisão de Newgate e Tyburn. Chegavam a pé, a cavalo e em diligências. Enchiam as casas vizinhas, congestionavam os caminhos adjacentes, subiam em escadas de mão, plataformas e paredes para enxergar, e na própria localidade de Tyburn ficavam de pé, ombro com ombro nas pastagens vizinhas.[25] As multidões eram tão grandes e incontroláveis, a interrupção do trânsito e do comércio era tão grave que as autoridades finalmente decidiram abandonar o cortejo e enforcar os criminosos em Newgate, onde estavam encarcerados. Porém, as multidões não diminuíram. Aproximadamente 45 mil espectadores presenciaram a execução de John Holloway e Owen Haggerty no dia 23 de fevereiro de 1807. Eles ocuparam os espaços na frente da prisão de Newgate e todas as ruas adjacentes. Como resultado da aglomeração morreram 27 pessoas. Durante a execução de Fauntleroy, em 1824, reuniu-se uma multidão estimada em 100 mil pessoas. Os enforcamentos eram tão populares nas províncias quanto em Londres. O tamanho da multidão que assistia à sessão final de um julgamento criminal em uma cidade de um condado rivalizava com a da capital, pois as pessoas das áreas rurais para aí afluíam quando chegava a notícia de uma execução.[26]

---

24 Apud ibidem, p.294.

25 MARKS, A. *Tyburn Tree*. London: Brown, Langham, 1908.

26 COOPER, D. D. *The Lesson of the Scaffold: The Public Execution Controversy in Victorian England*. Athens: Ohio University Press, 1974. p.7, 20.

Do outro lado do Atlântico, nos Estados Unidos, o mesmo tipo de drama mórbido era representado no Sul antes da Guerra Civil. Na Carolina do Sul nenhum espetáculo reunia mais gente ou era lembrado mais pitorescamente que o estrangulamento de um criminoso. Os enforcamentos eram anunciados com bastante antecipação, até semanas antes, e no dia marcado reuniam-se cidadãos de todas as partes do distrito como se fosse uma grande celebração social. As autoridades encarregadas eram cuidadosas. Levantavam as forcas em "um lugar plano, baixo" e rodeado por terrenos altos que serviam como anfiteatro. E onde o declive era insuficiente construíam plataformas de madeira para que os espectadores da última fila não fossem privados de uma boa visão.[27]

As execuções públicas conseguiam atrair multidões, mas não comunicar as pretendidas lições. A majestade da lei pouco impressionava as pessoas, muitas das quais aproveitavam a ocasião para bebedeiras pesadas, violência e roubos. Os espectadores não olhavam com desdém os criminosos que iam ser enforcados; dificilmente caçoavam deles como o faziam com os pequenos transgressores que sofriam no tronco ou pelourinho. Na verdade, as multidões frequentemente saudavam com vivas os réus, como se fossem heróis. A proximidade da morte lhes emprestava encanto. Os espectadores lhes atribuíam seus próprios sentimentos de inquietação, sua excitação. A admiração pelos condenados ia além da morte. Em várias partes da Inglaterra, eram atribuídos poderes mágicos ao cadáver de um enforcado. As pessoas simples pensavam que tocá-lo poderia curar doenças da pele, bócio ou abcessos.[28]

---

27 WILLIAMS, J. K. *Vogues in Villainy*: Crime and Retribution in Ante-Bellum South Carolina. Columbia: University of South Carolina Press, 1959. p.101.

28 ROBIN, G. D. The Executioner: His Place in English Society. *British Journal of Sociology*, v.15, p.234-53, 1964.

Nenhum desses efeitos tinham sido antecipados pelos funcionários da justiça, que viam a execução pública como um espetáculo moralizador secular e acreditavam, também, que operava como um poderoso freio. Na Inglaterra, o novelista Henry Fielding foi um dos primeiros críticos eloquentes da execução pública. A sua nomeação como comissário de polícia em 1748 lhe permitiu ler informação confidencial sobre a classe criminosa de Londres. Ele convenceu-se de que o enforcamento não diminuía o crime; ao contrário, pensou ser uma das causas do aumento dos roubos em meados do século. Se o populacho tinha de aprender a ter medo, a lição poderia ser mais bem dada longe do carnaval público do enforcamento. "Um homicídio no palco, se o poeta souber como manejá-lo, produzirá maior terror na audiência do que se fosse diante dos olhos".[29] Como se poderia criar uma paisagem do medo mais convincente? Jeremy Bentham, um reformador que pensou como diminuir a dureza da lei criminal, advogava, entretanto, não o enforcamento privado, mas um ritual mais bem encenado que pudesse inspirar medo nos corações tanto dos criminosos quanto dos espectadores. Um patíbulo preto, funcionários da justiça envoltos em crepe negro, um carrasco mascarado e uma música religiosa fúnebre talvez preparassem "os corações dos espectadores para receber a importante lição que logo teria lugar".[30]

A execução pública foi abolida na Inglaterra no ano de 1868. Durante toda a primeira parte do século XIX, acumularam-se evidências que mostravam que o espantoso carnaval em vez de desencorajar promovia a desordem social e a violência. Se é que amedrontavam as pessoas, amedrontavam as pessoas erradas –

---

29 FIELDING, H. An Enquiry into the Causes of the Late Increase of Robbers... (1751). In: _____. The Works of Henry Fielding. London: Frank Cass, 1967. v.13, p.123-4.

30 BENTHAM, J. The Works of Jeremy Bentham. Ed. John Bowring. New York: Russell & Russell, Publishers, 1962. v.1, p.549.

cidadãos sensíveis e obedientes à lei – e não aos criminosos calejados e à plebe.

Charles Dickens foi um poderoso partidário da reforma. Ele articulou com energia o sentimento de um número crescente de legisladores que deploravam o ambiente macabro e desvairado de um enforcamento público. Dickens presenciou a execução do senhor e da senhora George Manning no cárcere da viela Horsemonger, em 1849. Ele viu romper o dia sobre amontoados de ladrões, prostitutas, rufiões e vagabundos. Os milhares e milhares de rostos levantados, banhados pelo brilhante sol dourado, pareciam-lhe brutais e inexprimivelmente repulsivos. As pessoas pareciam tão obscenas na sua alegria que pensou: "um homem tem razão de sentir vergonha de ser homem". Três anos depois, Dickens lembrou novamente a cena. Ele não podia esquecer as duas silhuetas balançando no topo do portão de entrada. "Eu não conseguia, por algumas semanas, apesar dos maiores esforços, imaginar o exterior daquele cárcere (que, devido à terrível impressão que recebi, estava o tempo todo obrigado a fazê-lo) sem ver as duas silhuetas ainda penduradas no ar matutino".[31]

Entre as ideias e sentimentos que convergiam para acabar com a execução pública na Inglaterra, assim como (um pouco antes) nos Estados Unidos, uma foi a crescente sensibilidade de uma classe média grande e em expansão. Seus membros toleravam cada vez menos o que consideravam grosseiro e vulgar. À medida que seus gostos se fizeram mais distintos, eles queriam se afastar disso, ou que fossem suprimidos todos os sinais externos de vida rude e violenta. Seria melhor se o pobre, o doente mental e os infratores da lei não existissem. A segunda melhor opção era segregar os pobres em favelas e guetos, os loucos e os criminosos em asilos e prisões – tão longe quanto possível dos bairros de classe média alta e alta.

---

31 COLLINS, P. *Dickens and Crime*. London: Macmillan & Co., 1962. p. 240.

14
Exílio e reclusão

As sociedades complexas são intricados códigos de intercâmbio; alguns desses códigos estão formulados em leis e regulamentos; a maioria deles são padrões de comportamento idiossincráticos que as instituições dominantes na sociedade têm conseguido com maior ou menor êxito inculcar. Mas uma sociedade complexa nunca está imune à ameaça da anarquia (ou rebelião). Sua diversificada e estratificada população inevitavelmente contém elementos que, por razões diferentes, afastam-se das normas geralmente aceitas, ou procuram deliberadamente subvertê-las. Os loucos não obedecem às regras de bom comportamento. Tampouco o fazem os vagabundos e ociosos e, em geral, os pobres despojados e desarraigados. Para os membros de uma sociedade estabelecida, tais pessoas são nômades e instáveis; não estão vinculadas a um lugar, não têm laços familiares nem bens materiais. São vistas como violentas, dispostas a cometer crimes contra a propriedade e as pessoas.

O que a sociedade faz com esses elementos marginais? No passado, sua presença era tolerada se não fossem violentos e tivessem alguns meios legais para se manter. Os deficientes mentais, mendigos, vagabundos e os pobres desamparados viviam entre respeitáveis e ricos. Se as pessoas à margem da sociedade cometessem um crime, podiam ser rápida e duramente castigadas. Vimos como antes dos tempos modernos o uso da força podia ser brutal. Porém, a maioria das sociedades tinha ainda outros dois métodos para impor a ordem ou evitar os perigos do caos interno: exílio e reclusão. Com o exílio, o perigo é expulso do corpo social; com a reclusão é isolado em um lugar, e assim tornavam-no inócuo.

Na antiga Roma e na China, os transgressores da classe alta eram banidos para ilhas desertas e províncias remotas onde, com a conivência da família e amigos, podiam viver com razoável conforto. Os delinquentes da classe baixa também eram banidos, mas tinham que usar correntes e fazer trabalhos extenuantes.[1] Na época moderna, a deportação foi um tipo importante de castigo. Do século XVII até o início do século XIX, tanto a Inglaterra como a França deportavam seus devedores e criminosos para as colônias. Em linhas gerais essa história é familiar e não precisa ser aqui repetida. Menos conhecido é o exílio local – banimento da comunidade.

Que poderia fazer uma comunidade com os membros que eram indecorosos, desempregados e fonte potencial de crime? A resposta era que, se essas pessoas não pudessem provar que eram parte da comunidade em razão do nascimento ou longa residência, eram expulsas. As cidades pequenas temiam os estrangeiros que eventualmente poderiam ser uma carga econô-

---

1 BODDE, D., MORRIS, C. *Law in Imperial China*. Cambridge, Massachusetts: Harvard University Press, 1967. p.81-2, 84-5; BALAZS, É. *Le Traité juridique du "Souei-Chou"*. Leiden: E. J. Brill, 1954. p.23, 59, 66; SHOWERMAN, G. *Rome and the Romans*. New York: Macmillan Co., 1931. p.411.

mica e romper a ordem de um compacto tecido social. As cidades podiam se dar ao luxo de ser mais tolerantes, mas até as maiores comunidades podiam, ao se sentir pressionadas, afastar seus membros parasitas quando eles se concentravam em grande número. No final do século XVI, Paris tinha uma população de 100 mil habitantes, dos quais cerca de 30 mil eram mendigos. Obviamente, nenhuma cidade podia esperar sobreviver por muito tempo com tamanha carga. Em 1606, um decreto do Parlamento ordenou que os mendigos de Paris fossem chicoteados em praça pública, marcados no ombro e expulsos. Para proteger a capital contra o seu regresso um decreto de 1607 fixava grupos de arqueiros em todos os portões da cidade.[2]

Como a sociedade enfrentava o problema dos doentes mentais? Loucos são aqueles cujas mentes divagam. Sem o controle das mentes racionais, seu comportamento é errático, inofensivamente desordenado ou até violento. Desde os tempos da antiga Grécia até fins do medievo, os doentes mentais receberam – além da medicina de natureza mágica ou sagrada – dois tipos básicos de tratamento: os violentos eram acorrentados em casas particulares e instituições religiosas; os inofensivos eram pouco controlados e lhes era permitido misturar-se com a população. Quando os insanos eram muito numerosos e inoportunos, eram expulsos da cidade e encorajados a vaguear pelo campo. A decisão de deportar os lunáticos para mais longe foi tomada entre fins da Idade Média e o século XVI. As autoridades da cidade contratavam marinheiros e comerciantes para levarem os mentalmente confusos a cidades distantes onde podiam se sentir literalmente perdidos.

Naturalmente, as sociedades queriam se livrar dos doentes mentais. Quando era possível comprovar que tinham vindo de outros lugares, em geral eram para lá mandados de volta. Cida-

---

2 FOUCAULT, M. *Madness and Civilization*: A History of Insanity in the Age of Reason. New York: Vintage Books, 1973. p.47.

des alemãs, assim como de outros países, usavam esse recurso. Até onde os funcionários locais estavam dispostos a chegar? Os conselheiros de Nuremberg, entre 1377 e 1397, deportaram 13 doentes mentais às expensas públicas, para Bemberg, Passau e Regensburg, e a lugares tão distantes quanto Viena e Hungria.[3] Uma maneira mais bondosa era embarcá-los e enviá-los em peregrinação a lugares santos como o popular santuário de Saint Dympha, em Gheel, perto de Antuérpia. Ao longo do rio Reno e entre os canais flamengos era provável ver esses "barcos dos loucos" transportando sua carga de insanos a lugares distantes. Esse procedimento, registrado por Sebastian Brant em sua bem conhecida sátira *Das Narrenschiff*, alcançou o máximo de popularidade na Europa Ocidental durante o século XV.[4] No "barco dos loucos", as imagens de loucura e água estavam habilmente associadas: a água, um meio fluido expressando um estado que necessita de definição, é um símbolo adequado da loucura. Em contraste, a sanidade é a terra firme que as mentes instáveis esperam alcançar e aí se ancorar.

Para a nossa maneira de pensar, a resposta mais simples contra a ameaça de pessoas incontroláveis é confiná-las em um espaço, isto é, em prisões e asilos. Essa ideia não foi, entretanto, posta em prática em nenhuma oportunidade antes do século XVI. Evidentemente existiam prisões nos tempos antigos, mas não eram consideradas como um meio para controlar as pessoas indisciplinadas, nem tinham a intenção de ser um método de castigo. Os gregos pouco usaram as prisões: a lei grega proibia a detenção de qualquer pessoa acusada de um crime grave se ela pudesse encontrar três pessoas que se responsabilizassem por

---

3 ROSEN, G. *Madness in Society*. Chicago: University of Chicago Press, 1968. p.140.

4 KINSMAN, R. S. Folly, Melancholy and Madness: A Study in Shifting Styles of Medical Analysis and Treatment, 1450-1675. In: _____. (Ed.) *The Darker Vision of the Renaissance*: Beyond the Fields of Reason. Berkeley e Los Angeles: University of California Press, 1974, p.282.

ela. Os romanos reconheciam a possibilidade de prisão, mas a repudiavam. De acordo com Ulpiano, um jurista que trabalhou no início do século III d.C., uma prisão (*carcer*) poderia ser usada para prender pessoas, mas não para castigá-las. Era um lugar para deter indivíduos suspeitos antes do julgamento e criminosos convictos até que chegasse a hora da execução da pena de morte.[5]

Essa visão da função da prisão subsistiu com escassas mudanças durante todo o período medieval da história europeia. A reclusão era um meio, não um fim. Por exemplo, os devedores eram lançados no cárcere até que pagassem suas dívidas, e os prisioneiros importantes eram mantidos em calabouço até que o seu resgate fosse recebido. Um prisioneiro podia definhar numa cela escura e bolorenta por um ano ou mais. Ele não podia ter dúvidas de que estava sendo cruelmente castigado, mas a sociedade fingia interpretar de outro modo a sua situação. Essa diferença é importante porque, no momento em que a sociedade visse a prisão como um lugar de castigo, também a veria como um lugar de redenção. Consequentemente, brutalidade, idealismo e desesperança entrelaçavam-se e produziam as contraditórias imagens de prisões e asilos que ainda nos confundem. Para entender por que acontecia esta ambivalência, devemos olhar para a primeira tentativa europeia sistemática de criar lugares de reclusão: as casas para leprosos.

A lepra era pandêmica na Europa entre os anos 1000 e 1400 d.C. Nessa época os leprosários, quase 19 mil, representavam a face bexiguenta da Europa. Em 1226 mais de 2 mil apareceram nos registros oficiais da França. No século XV, a Grã-Bretanha tinha 362 lazaretos, dos quais 285 estavam na Inglaterra.[6] Quase

---

5 RIEMSCHNEIDER, K. K. Prison and Punishment in Early Anatolia. *Journal of the Economic and Social History of the Orient*, v.22, pt.1, p.114-5, 1977.

6 SPINK, W. W. *Infectious Diseases*: A History of Their Control. Minneapolis: University of Minnesota Press, 1978. p.159.

sempre estavam localizados fora dos povoados; o leprosário mudava-se à medida que a cidade se expandia em sua direção. A condição desprezível da instituição é sugerida pelo fato de, em Rostock, Colônia e outros lugares, estar situada no lugar onde em outros tempos os criminosos haviam sido executados. Também, quando possível, os leprosários eram construídos na direção do vento em relação à cidade, de maneira que o ar repugnante não contaminasse os habitantes sadios. Os leprosos eram isolados. As cerimônias religiosas praticadas para afastá-los do mundo pouco diferiam dos ofícios para os mortos.[7]

Por que existia tanto medo dos leprosos? O medo em nosso tempo baseia-se na suspeita de que a doença é transmissível. Tinham as pessoas da Idade Média conhecimento desse fato? Em 1346, Eduardo III publicou um decreto expulsando todos os leprosos residentes em Londres: pensava que eles pudessem procurar alívio em conjunto ao infectar deliberadamente os sãos.[8] No final do século XV, quase não se duvidava de que a infecção fosse a razão inevitável para isolar os leprosos. Menos claro é o que motivou a construção de lazaretos e colônias no começo da Idade Média. O perigo de infecção não parecia então preocupar a mente das pessoas. Nada nas cartas patentes dos hospitais revela alguma preocupação em diminuir o aumento da doença. Sabia-se que os doentes procuravam ser admitidos no hospital: a admissão era considerada um privilégio, a expulsão um castigo. Se as pessoas temiam a doença, o medo não era suficiente para prevenir que os velhos e doentes procurassem comida e asilo em um leprosário. Ademais, apesar de os afetados viverem separados, não estavam sob prisão domiciliar. Um doente podia

---

7 JEANSELME, E. Comment l'Europe, au Moyen Âge se protégea contre la lèpre. *Bulletin, Société Française d'Histoire de la Médecine*, v.25, p.75-81, 1931; BRODY, S. N. *The Disease of the Soul*: Leprosy in medieval Literatura. Ithaca, N. Y.: Cornell University Press, 1974. p.73-5.
8 KINSMAN, R. S. Folly, Melancholy, and Madness, op. cit., p.293.

sem grande dificuldade obter licença para visitar uma cidade vizinha e até pernoitar lá.[9]

Algum medo de contágio provavelmente sempre existiu, especialmente quando eram visíveis as horríveis feridas; todavia, o maior motivo para segregar os leprosos nos séculos XI e XII era o fato de se pensar que carregavam o estigma da corrupção. A lepra era vista como uma doença moral, e suas vítimas ameaçavam a sociedade quer com seus maus comportamentos, quer por meio da infecção. A lepra e a luxúria na mente medieval estavam unidas. Os leprosos eram pessoas obscenas e lascivas, pecadoras. Mas, embora fossem pecadores, de algum modo, ao contrário de outros pecadores, eram perdoados do peso total da responsabilidade de seus pecados. A Igreja os declarava mortos para o mundo, mas suas almas ainda podiam ser salvas.

Os hospitais para leprosos eram essencialmente instituições religiosas; mesmo os administrados pelos cidadãos de uma cidade funcionavam sob o patrocínio da Igreja. Os regulamentos dos leprosários salientavam a salvação da alma. Em alguns estabelecimentos o pessoal religioso era muito mais numeroso que os doentes. Sob a influência da Igreja, as atitudes para com a lepra tornaram-se altamente contraditórias: a doença era a marca externa tanto dos pecadores condenados ao inferno quanto de alguém sob a graça celestial de Deus – isto é, uma pessoa digna de participar da agonia e humilhação do próprio Cristo para a salvação do mundo. São Hugo de Lincoln (1140-1200) escreveu com extravagante entusiasmo sobre os leprosos como as flores do Paraíso, pérolas na coroa do Rei Eterno.[10] O bispo de Tournai recomendava em 1239 que a doença fosse considerada uma dádiva de Deus. As colônias de leprosos eram, na ver-

---

9 RICHARDS, P. *The Medieval Leper and His Northern Heirs*. Cambridge, Eng.: D. S. Brewer, 1977. p.33, 51.

10 CLAY, R. M. *The Medieval Hospitals of England* (1909). London: Frank Cass, 1966, p.50-1.

dade, lugares de horror, "cidades dos condenados"; por outro lado, através das lentes da visão mística, eram percebidos como dotados da graça celestial.

Por volta de 1400 começou a declinar a virulência da lepra. A doença deixou de aterrorizar a sociedade. Os leprosários diminuíram, e assim uma forma de reclusão chegou ao fim. Mas não a reclusão em si. De fato, podemos considerar o século XV como o começo de uma "época de reclusão" à qual ainda pertencemos. Que forças e acontecimentos produziram essa mudança? A mais evidente dentre elas pode ser resumida da seguinte maneira: a Europa ocidental sofreu uma severa desarticulação econômica e social durante os séculos XV e XVI. Algumas dessas desarticulações significaram progressos no sentido de mudança de uma economia feudal para uma economia capitalista. A população cresceu rapidamente, os salários diminuíram e o desemprego era grande. As cidades ganharam novas indústrias e prosperaram, mas ao mesmo tempo enchiam-se de pobres e desempregados. Os campos rurais ingleses, antes cultivados, foram cercados e usados pelos fazendeiros abastados para criar ovelhas. Camponeses sem trabalho e sem terra vagueavam sem rumo pelas estradas e pelas cidades. As guerras contribuíram para o caos social e a propensão à violência. Desertores, soldados desmobilizados e homens desengajados de exércitos particulares uniam-se às crescentes torrentes de mendigos e vagabundos. Enquanto a demanda por instituições de caridade aumentava, as organizações religiosas, que antes dirigiam asilos de pobres e hospitais, estavam deterioradas e não podiam atender as mínimas necessidades dos pobres e doentes.[11]

---

11 JORDAN, W. K. *Philanthropy in England, 1480-1660*. London: George Allen & Unwin, 1959; COBURN, J. S. The Nature and Incidence of Crime in England, 1559-1625: A Preliminary Survey. In: _____. (Ed.) *Crime in England, 1550-1800*. Princeton, N.J.: Princeton University Press, 1977. p.60-1; GEREMEK, B. Men Without Masters: Marginal Society During the Pre-industrial Era. *Diogenes*, n.98, verão 1977. p.28-54.

Os governantes viam alarmados essa crescente onda de vadiagem. Os mendigos solitários eram uma praga invisível e um incômodo; e pior ainda, muitos vagabundos aterrorizavam o país, em bandos organizados. Roubavam, saqueavam, violavam as mulheres e matavam; convertiam-se em peste nos casamentos e funerais; e os que dentre eles tinham mais consciência política predicavam a sedição.[12]

Os monarcas Tudor da Inglaterra reconheceram a vadiagem como uma ameaça à ordem pública e um desafio a sua autoridade. Periodicamente eram aprovadas leis severas para limitar a movimentação sem destino. Todo o peso da legislação e da política Tudor estava voltado para a ideia de confinar as pessoas pobres em suas casas localizadas nos limites paroquiais. A paróquia era a unidade básica desta responsabilidade. Aqueles que dela saíam deviam ser a ela mandados de volta. O decreto de 1495 exigia que todos os funcionários, do xerife para baixo, até os insignificantes guardas, colocassem os vagabundos nos troncos a pão e água durante três dias e duas noites, e então os obrigassem a voltar dentro de um período de seis semanas às paróquias onde nasceram ou nas quais moraram muito tempo. Em 1531, uma lei impunha penas severas contra os mendigos que não tinham licença; vadios e ociosos rebeldes eram chicoteados e depois mandados de volta a suas paróquias.[13]

Em resumo, os pobres tinham de ficar quietos em um lugar. O que a comunidade local deveria fazer com eles? Idealmente os indigentes exemplares incapazes de se cuidar encontravam refúgio em um asilo. Por outro lado, os mendigos e desocupados vigorosos eram colocados em uma casa de correção onde, pelo trabalho, reza e aquisição de hábitos aceitáveis podiam se tor-

---

12 AYEDELOTTE, F. *Elizabethan Rogues and Vagabonds* (1913). New York: Barnes & Noble, 1967. p.52-3.

13 RIBTON-TURNER, C. J. *A History of Vagrants and Vagrancy*. London: Chapman & Hall, 1887. p.67-78.

nar membros produtivos da sociedade. A primeira casa de correção foi aberta em Londres em 1556. Foi a transformação de um velho palácio chamado Bridewell, que havia pertencido a Eduardo VI. O palácio restaurado recebeu vagabundos e prostitutas robustos, que eram obrigados a trabalhar: as mulheres na cardagem e fiação; os homens na padaria, na moenda de milho no moinho de roda ou na fabricação de pregos em uma forja. Em 1576, o Parlamento tentou diminuir a pobreza ao ordenar que cada condado instalasse pelo menos uma *bridewell* ou casa de correção dentro de seus limites. Talvez tenham sido instaladas, deste modo, cerca de 200 *bridewells*. A casa de correção não foi originalmente criada para ser um lugar de castigo. Seu propósito aparente foi o de empregar os pobres, ensinar aos jovens um ofício e reformar os vadios. Umas poucas instituições dessas, especialmente na primeira fase após sua fundação, conseguiram um certo sucesso ao restituir aos internos uma vida ordenada, mas no final do século XVII tornaram-se indiferenciadas de um cárcere comum.[14]

Inspiradas nos protótipos ingleses, centenas de casas de correção apareceram na Europa durante os séculos XVII e XVIII. A primeira destas foi a *tuchthuis*, ou casa de disciplina, em Amsterdã. Fundada em 1598 e ocupando um convento de freiras abandonado, atendia uma grande mistura de gente que variava de infratores perigosos e condenados à prisão perpétua, passando por delinquentes leves como mendigos e fugitivos principiantes até os incorrigíveis filhos de burgueses ricos. A *tuchthuis* foi planejada pelo seu primeiro fundador como um reformatório no qual os reclusos que recebiam treinamento vocacional em uma variedade de técnicas aprendiam a ser diligentes e temerosos a Deus. De fato, essas casas holandesas logo se transformaram em fábricas municipais com mão de obra cativa cruelmen-

---

14 HOWARD, D. L. *The English Prisons*: Their Past and Their Future. London: Methuen & Co., 1960. p.11.

te explorada em benefício de comerciantes e fabricantes de manufaturados. As instituições holandesas ofereceram os modelos para o estabelecimento de casas de disciplina similares em outras partes da Europa. A primeira casa de disciplina alemã, desempenhando também o papel de casa de correção, foi construída em Hamburgo, em 1620. Seus amplos alojamentos podiam acomodar 500 reclusos. Embora a instituição proporcionasse trabalho aos pobres que queriam trabalhar, seu propósito primordial era receber mendigos, bêbados e desocupados das ruas e obrigá-los a ganhar a vida com trabalhos forçados. No fim do século XVIII, a Alemanha possuía sessenta dessas instituições.[15]

A maior casa de reclusão europeia foi o Hôpital Général de Paris. Logo após a sua fundação em 1656, seus ocupantes chegaram ao surpreendente número de 6 mil, o que queria dizer que, em Paris, uma em cada cem pessoas tinha passado algum tempo naquele lugar. Não obstante se pretender que o Hôpital Général fosse um refúgio para os pobres e doentes, seu funcionamento demonstrou um total descaso pelo conceito de cuidado médico. A principal preocupação da instituição era a ordem – como a entendiam a monarquia absoluta e a nova burguesia. A inatividade era a fonte de todo mal, e o próprio mal podia ser definido simplesmente como a força que produz destruição e caos. No trabalho – duro e persistente – residia a salvação pessoal e social; todos os meios podiam ser usados para impô-lo, incluindo grilhões, cadeias, chicote e calabouço. O modelo de Paris era considerado um sucesso. Um édito real, datado de 16 de junho de 1676, exigia o estabelecimento de um *hôpital général* em todas as cidades do reino.[16]

---

15 SELLIN, J. T. *Slavery and the Penal System*. New York: Elsevier Scientific Publishing Co., 1976. p.70-82.

16 FOUCAULT, M. *Madness and Civilization*, op. cit., p.41.

Quem se beneficiava com essas permanências passageiras nesses lugares de confinamento? Em princípio grande variedade de tipos humanos habitantes de Paris que passaram pelo Hôpital Général: delinquentes, depravados, libertinos, blasfemadores, lunáticos, pródigos, perdulários, grávidas solteiras, aleijados e incuráveis, mendigos, crianças abandonadas, jovens e idosos sem casa. Apesar de a instituição parisiense tentar separar seus clientes por uma simples regra de sexo e idade, esta frequentemente era uma tarefa imprecisa: assim, a unidade conhecida como Salpétrière, destinada a mulheres e meninas, incluía homens velhos assim como rapazes, e entre as mulheres uma miscelânea de tipos desde lunáticos delirantes até mães doentes.[17]

Nos séculos XVII e XVIII, a sociedade respeitável da Europa Ocidental tendia a mostrar cada vez menos tolerância ao convívio com pessoas que eram consideradas esquisitas e insubordinadas. Os proscritos e marginais eram, se não uma ameaça física, pelo menos uma fonte de vergonha; pouco importava se eram criminosos ou devedores, bêbados ou lunáticos, desde que fossem afastados da sociedade respeitável e encarcerados. O grande defeito das casas de reclusão europeias, como observou o reformista inglês John Howard no quarto final do século XVIII, era esta mistura indiscriminada dos reclusos.[18]

A teoria e a prática de reclusão eram ricas em contradições, paradoxos e ironias. Já vimos a ironia em converter um palácio ou um convento em uma casa de correção. Em verdade, na Europa a maioria dos cárceres em meados do século XVIII eram lugares horríveis, tanto vistos de fora como por dentro. Na Inglaterra nenhum foi construído especialmente com o propósito de

---

17 GUILLAIN, G., MATHIEU, P. *La Salpétrière*. Paris: Masson, 1925. p.20, 35.

18 HOWARD, J. *Prisons and Lazarettos* (4.ed., 1792). Montclair, N. J.: Patterson Smith, 1973. v.1, p.8.

alojar depravados, a menos que se considere o calabouço do castelo. O tipo de estrutura colocado em uso incluía o porão de uma casa e o portão da muralha da cidade – Newgate, por exemplo. Por outro lado, existiam poucos lugares de reclusão, quase palacianos no luxo, que haviam sido construídos com um senso de orgulho comunitário. O Hôpital Général de Paris foi o exemplo máximo. Sua dimensão e prestígio inspiraram a construção em Londres do novo Hospital Bethlem para dementes, que foi inaugurado em 1676. Este asilo – New Bedlam – foi muito admirado em seu tempo. O redator de um jornal, John Evelyn, o considerava "excelente". Os visitantes estrangeiros eram pródigos em elogios. Logo após a inauguração, um escritor de baladas fez um cartaz impresso só de um lado com cem linhas intitulado "Beleza de Bethlem, Caridade de Londres e Glória da Cidade".[19] A instituição, no entanto, reunia evidentes contradições. Uma era entre a esplêndida arquitetura exterior e as celas fétidas, correntes, grilhões e chicotes interiores. Outra, igualmente dolorosa, agora que temos consciência disso, era a defasagem entre o estado ruinoso dos dementes e a sua popularidade como atração turística. No século XVII e primeira parte do século XVIII, os lunáticos eram vistos como a criatura mais vil, alguém reduzido quase ao estado de pura animalidade, mas possuindo ainda uma alma que podia ser salva. Onde o criminoso e o doente mental eram presos juntos, a compaixão ia para o criminoso por ter de suportar essa companhia. Porém não somente a ralé, mas os mais refinados membros da sociedade afluíam em multidão a Bedlam na busca de entretenimento. Do mesmo modo que em nossos dias as pessoas podem cruelmente importunar os animais enjaulados no zoológico, assim antigamente os visitantes de Bedlam deliberadamente procuravam irritar os asilados acorrentados em suas celas, ou os embebeda-

---

19 O'DONOGHUE, E. G. *The Story of Bethlehem Hospital*. London: Fisher Unwin, 1914. p.202, 210.

vam com gim para conseguir atos mais grotescos. Antes que suas portas fossem finalmente fechadas ao público em 1770, o Hospital Bethlem chegou a admitir anualmente 96 mil visitantes. As entradas pagas no portão mantinham a instituição.[20]

Dos diferentes tipos de pessoas mal-afamadas confinadas atrás das grades, somente os lunáticos atraíam grande número de expectadores curiosos. Delinquentes, mendigos e vagabundos em suas celas não ofereciam um atrativo especial. As prisões eram evitadas; elas produziam inquietação e até medo. Na Inglaterra, pelo menos desde o século XV, o termo "febre das cadeias" estava em moda e pronunciado com temor: era empregado geralmente ao referir-se às doenças que quase invariavelmente aniquilavam os presos. No século XVII o Parlamento fez tímidas tentativas para reduzir a virulência da febre das prisões, mas com parcos resultados. Após mais de um século continuou sendo uma aflição comum. Por que aparentemente persistiu, sem poder ser erradicada? Quem deu uma resposta foi o Dr. William Smith que, ao escrever em 1776, levantou seu dedo acusador contra o planejamento das prisões e o seu deplorável estado de manutenção. As celas de algumas prisões estavam no subsolo; nelas "eram colocados os prisioneiros para lutar com ratos pela escassa quantidade de comida jogada a eles através de um alçapão". Frequentemente as celas eram úmidas e o chão chegava a estar coberto com vários centímetros de água. As prisões não tinham chaminés, nem lareiras, nem camas, mas feixes de palha, e estes passavam tanto tempo sem que fossem trocados que exalavam "um bafo repugnante".[21] No levantamento feito por John Howard na Europa continental, fica claro que as prisões de lá não eram melhores.

---

20 REED JR., R., R. *Bedlam on the Jacobean Stage*. Cambridge, Massachusetts: Harvard University Press, 1952. p.25.

21 HINDE, R. S. *The British Penal System, 1773-1950*. London: Gerald Duckworth & Co., 1951. p.13.

Naturalmente, as pessoas tinham motivo para temer a prisão: coisas horríveis aconteciam atrás de suas paredes. Em meados do século XVIII, no entanto, ingleses e franceses repentinamente viram os lugares de confinamento como fontes de um mal que não podia ser contido; se espalharia e ameaçaria a cidade mesmo que os delinquentes permanecessem atrás das grades. O medo era de uma podridão indefinida tanto física quanto moral. Acreditava-se que a violência e degradação das prisões e asilos produziam um ar nocivo que podia ser sentido a centenas de metros de distância. A ideia de fermentação, então nova para a ciência, aumentou a suspeita. Toda classe de vapores nocivos e líquidos corrosivos podiam estar fermentando no confinamento das celas da prisão, de onde certamente escapariam para atacar as áreas residenciais vizinhas.

Temiam-se mais coisas além da febre das cadeias. Na Inglaterra, um acontecimento em particular aumentou o medo do que poderia ser um mal incontrolável. Em abril de 1750, dois prisioneiros doentes de Newgate infectaram a Old Bailey, onde estavam esperando o julgamento. O resultado foi cinquenta mortos, incluindo o juiz, o jurado, os advogados e muitos espectadores. "Este desastre convenceu a Câmara Municipal de Londres a começar as negociações com *Whitehall* (o governo britânico) sobre o auxílio financeiro para reconstruir o que o xerife Janssen tinha chamado 'esse abominável lugar de bestialidade e corrupção'".[22] Quando uma epidemia eclodiu de um extremo a outro de Paris em 1780, os cidadãos estavam tão convencidos de que a infecção tinha vindo do Hôpital Général, que falaram em incendiar os edifícios de Bicêtre.[23]

A velha Europa era uma mistura de esplendor e decadência; no outro lado do Atlântico existia um Novo Mundo estimulante.

---

22 IGNATIEFF, M. *A Just Measure of Pain*: The Penitentiary in the Industrial Revolution, 1750-1850. New York: Pantheon Books, 1978. p.44.

23 FOUCAULT, M. *Madness and Civilization*, op. cit., p.202-4.

Como evoluiu o expediente de reclusão na América do Norte durante o período colonial e nas primeiras décadas da independência americana? A história, bem relatada por David Rothman, difere e ainda assemelha-se à experiência europeia.[24] No começo do período colonial, dificilmente se podia falar na existência de instituições de reclusão. As casas de correção que começaram a proliferar na Europa na segunda metade do século XVII não encontraram eco no Novo Mundo. A principal razão era que a pobreza nunca fustigou as comunidades locais; as famílias cuidavam de seus próprios dependentes. Apenas algumas cidades mantinham um asilo, e usavam-no como último recurso. Nova York abriu em 1736 um asilo com múltiplos propósitos. Era uma "Casa para Pobres, Casa de Trabalho e Casa de Correção". Os dementes leves também eram admitidos e trabalhavam com os outros internos. A disciplina pouco diferia da de uma casa normal e, realmente, a arquitetura da instituição simulava a de uma residência comum. O mesmo se pode dizer do asilo de Boston e de asilos similares em qualquer outra parte. Comumente ocupavam espaço dentro dos limites da cidade e não apresentavam nada diferente. Nem na aparência nem no modo que operavam. Os cárceres do período colonial também assemelhavam-se à casa de família normal em estrutura e rotina. Não eram destinados a intimidar os criminosos. As fugas eram fáceis e frequentes.

Por outro lado, é evidente que a América colonial conservou muitas das atitudes do Velho Mundo para com os criminosos, vagabundos e lunáticos. O castigo físico era severo e incluía o tronco ou pelourinho, além das forcas, que eram equipamentos padronizados em povoados de porte regular. Rigorosos códigos foram sancionados como lei para encarcerar mendigos e vagabundos. Na colônia de Nova York, o código n.1.683 atribuía po-

---

24 ROTHMAN, D. J. *The Discovery of the Asylum*: Social Order and Disorder in the New Republic. Boston: Little, Brown & Co., 1971.

der aos policiais da cidade de mandar de volta os vagabundos "para o condado de onde vieram". Os regulamentos contra a vadiagem foram reforçados em 1721.

O tratamento dos doentes mentais graves era parecido com o da Europa. O primeiro hospital geral na América colonial, o Hospital da Pensilvânia, abriu suas portas aos doentes em 1756. Os doentes mentais eram presos no porão. Frequentemente eram acorrentados a argolas de ferro pregadas no chão ou na parede de suas celas. O guarda carregava consigo um chicote e o usava à vontade. Os lunáticos eram considerados animais selvagens. As pessoas da cidade divertiam seus hóspedes de outra cidade levando-os a observar e a zombar dos doentes mentais. Uma cruel fantasia dessa época era que os insanos, como as feras, eram insensíveis ao tempo e, portanto, podiam permanecer nus em suas celas. O erudito Dr. Benjamin Rush lutou contra esse costume sádico, mas ele mesmo não tinha se livrado da noção de que os doentes mentais eram sub-humanos. Ele acreditava, por exemplo, que os dementes podiam ser "domesticados" através da privação total de comida, citando em apoio da sua ideia o fato de que na Índia os elefantes selvagens eram domesticados negando-lhes as vitualhas até que se transformassem em pálidas sombras do que foram antes. Ele também sugeriu que os métodos usados para domar cavalos selvagens fossem aplicados aos doentes violentos.[25]

Segundo Rotham, duas grandes mudanças na mentalidade penal ocorreram no período entre a Independência e a Guerra Civil. Da Independência até a primeira década do século XIX, os americanos sob a influência das ideias do Iluminismo cogitaram diminuir o castigo físico, especialmente o uso da forca, e eram favoráveis a um sistema gradativo de encarceramento que estivesse de acordo com a severidade da ofensa. O medo de uma

---

25 DEUTSCH, A. *The Mentally Ill in America*, 2.ed. New York: Columbia University Press, 1949. p.64-5.

prisão certa em lugar da utilização incerta da forca impediria o crime. Durante este período, a ênfase foi colocada na necessidade de reformar o sistema legal e a criação de prisões como seu instrumento material. Mas recebeu pouca atenção de como a reclusão poderia afetar os reclusos e a sociedade livre fora das prisões.

Na segunda década do século XIX, o foco do pensamento penal americano mudou de direção, do sistema legal para os criminosos e a penitenciária. Entre a década de 1820 e a Guerra Civil, a filosofia e a construção de lugares de reclusão passaram por mudanças que foram revolucionárias, idealistas e cheias de ironia. Uma ideia muito importante nessa época era que a sociedade, e não o pecado, causava o crime. E como viam a sua sociedade os americanos da era jacksoniana? Eles estavam orgulhosos e, não obstante, também profundamente intranquilos: orgulhosos porque tinham abandonado as crueldades do passado recente, e intranquilos porque podiam ver virtudes na antiga ordem social, nas comunidades estáveis e nas posições inalteráveis na escala social que seus predecessores desfrutaram, mas que, desafiadas, foram objetadas em seu próprio tempo. A sociedade parecia à beira do caos. Acreditava-se que os jovens, sem o apoio e o assédio da disciplina de suas famílias, podiam facilmente sucumbir às inúmeras tentações da cidade: tabernas, teatros cheios de fregueses dissolutos, casas de prostituição e ruas, cujos frequentadores incluíam muitos ladrões e bêbados.[26]

O que se podia fazer? Podia-se procurar fechar as tabernas e as casas de má reputação. Uma solução alternativa era criar um lugar especial para os marginais: separá-los da sociedade que os corrompera e colocá-los em um ambiente livre de corrupção, isto é, uma prisão. Esse tipo de lugar ideal exigia um isolamento quase total e a mais estrita disciplina. Obviamente não teria sentido retirar os criminosos dos seus ambientes depravados

---

26 ROTHMAN, D. J. *Discovery of the Asylum*, op. cit., p.69-71.

para apenas expô-los à má influência de outros convictos. Eles deviam ficar separados de outros prisioneiros assim como do mundo exterior; nem sequer as suas famílias deveriam visitá--los. A obediência tinha que ser absoluta e o chicote aplicado à vontade.

Um surpreendente dogma da fé reformista dessa época era a crença no poder da arquitetura para mudar a personalidade humana. Os reformadores empenhavam-se e não poupavam gastos para construir prédios que acreditavam poder reeducar as criaturas caídas em desgraça ao regular o seu tempo e espaço até nos mínimos detalhes. A arquitetura foi exaltada como uma importante ciência moral. O intricado interior da penitenciária refletia a necessidade de isolamento e controle. A grandiosidade exterior transmitia uma sensação de poder. As prisões na era jacksoniana, usualmente construídas em um ambiente pastoril, pareciam-se com castelos medievais no meio de seus domínios.

Quase não há dúvida de que os cidadãos estavam orgulhosos de suas instituições penais, que atraíam não somente turistas locais, mas também distintos reformistas e escritores do estrangeiro – inclusive Alexis de Tocqueville. Por volta da década de 1830 as penitenciárias americanas tinham alcançado fama mundial.[27] É estranho, para dizer o mínimo, que um país que se gabava da sua liberdade também oferecesse as suas prisões rigorosamente controladas para que o mundo as admirasse. De fato, alguns proponentes da penitenciária estavam tão encantados de suas criações que as sugeriram como um modelo valioso para uma sociedade mais ampla. Os asilos e as casas de correção, eles acreditavam, sairiam beneficiados com o programa de ação das prisões ideais; além disso, na opinião da Sociedade de Disciplina da Prisão de Boston, tais programas podiam também "pro-

---

27 McKELVEY, B. *American Prisons*: A Study in American Sosical History Prior to 1915. Chicago: University of Chicago Press, 1936. p.16-21.

mover muita ordem, seriedade e pureza nas famílias numerosas, internatos de homens e de mulheres, e universidades".[28]

Antes de 1800, os insanos leves eram cuidados em casa, por suas famílias, ou com dinheiro público nos asilos para doentes pobres. Os doentes graves eram tratados como criminosos se cometiam atos de violência, ou como criaturas sub-humanas a serem domesticadas, quer em reclusão em casa, quer no porão de um hospital. As ideias do Iluminismo tanto quanto as crenças e a caridade eficaz dos quacres finalmente transformaram as atitudes para com o tratamento dos mentalmente perturbados. Em 1792, o ano no qual o médico e reformista Philippe Pinel dramaticamente liberou os dementes de suas cadeias em Bicêtre, foi também o ano no qual os quacres de York, Inglaterra, inauguraram o Asilo (*Retreat*), um hospital para os mentalmente defeituosos, administrado de acordo com princípios humanos. Em 1817 os quacres da Pensilvânia inauguraram um asilo em Frankford inspirado no Retreat de York.[29] Até mais ou menos 1820, no entanto, as medidas tomadas para melhorar os asilos eram em sua grande maioria de caráter privado e ocasional; depois chegaram a ser mais ambiciosas, sistemáticas e públicas. Por volta de 1850, quase todas as legislaturas do Nordeste e Meio Oeste mantinham um asilo; em 1860, 28 dos 33 estados tinham instituições públicas para os dementes.

Qual foi a causa da reforma? A mudança é menos surpreendente se for vista como parte da ampla proposta da era jacksoniana que considerava a reclusão como uma solução aos problemas da sociedade. Sob a influência do Iluminismo e dos quacres, as pessoas dementes eram tratadas mais humanitariamente, mas os americanos começaram a ver que o cuidado gentil não

---

28 ROTHMAN, J. D. *Discovery of the Asylum*, op. cit., p.79-84; para casos europeus, ver FOUCAULT, M. *Discipline and Punish*: The Birth of the Prison. New York: Pantheon Books, 1977, e IGNATIEFF, M. *A Just Measure of Pain*, op. cit.

29 DEUTSCH, A. *The Mentally ill in America*, op. cit., p.92-5.

conduzia necessariamente à cura, e na década de 1830 chegaram a acreditar que a doença mental estava aumentando. Qual seria a causa? Influentes opiniões médicas e políticas não duvidavam de que a insanidade tinha raízes orgânicas e bioquímicas, porém acreditavam sobretudo que a causa principal estava na natureza caótica da sociedade. Os europeus há muito que suspeitavam da existência de uma ligação entre civilização e loucura, mas os americanos, com seu profundo preconceito antiurbano, transformaram a suspeita em uma doutrina. A correria e a violência da vida nas cidades, a mobilidade social, o desafio intelectual na participação política e a angústia de escolha quando há liberdade religiosa – tudo isso fazia grande pressão na mente. O louco, para sarar, devia ser removido da ordem social alarmantemente fluida da nova república e colocado em um meio ambiente isolado e especialmente criado onde prevalecessem a ordem e as rotinas disciplinadas.

A cura, como a recuperação dos criminosos, era arquitetônica e administrativa. Os asilos para doentes mentais multiplicaram-se. Eles apareciam nos terrenos planos das paisagens rurais e nas casas pequenas dos novos subúrbios. Suas paredes maciças tornaram-se marcos familiares na América antes da Guerra Civil. Dentro dos asilos ocorreram melhorias; os arquitetos das prisões deixaram de crer que era necessária a existência de celas escuras nos porões.[30] Durante as décadas de 1830 e 1840 era frequentemente benévolo o tratamento aos doentes. Os diretores médicos aboliram os chicotes e correntes, substituindo-os por uma vida altamente regulamentada, baseada na execução de trabalhos manuais escolhidos cuidadosamente. Sem dúvida o hospital psiquiátrico era extremamente repressivo. Seu aspecto exterior maciço, tão diferente das casas comuns, simbolizava o poder de um sistema totalitário. Porém, o poder tinha como finalidade restabelecer a ordem mental per-

---

30 ROTHMAN, D. J. *Discovery of the Asylum*, op. cit., p.129-30.

turbada; e o hospital, tanto em seu desenho físico quanto em sua administração, tinha algumas das características de uma "comunidade utópica" rigidamente organizada que procurava se distanciar das contínuas e conflitantes demandas do mundo.

Uma nação nova no Novo Mundo devia ter a sua parcela de delinquentes e loucos, mas seguramente não de indigentes. Durante os séculos XVII e XVIII os colonos americanos de fato não mostraram muita preocupação com os problemas da pobreza. Pelos padrões ingleses, o número de indigentes dependentes da caridade pública era pequeno. Tão recentemente quanto em 1814 o influente jornalista Hezekiah Niles chamou a atenção para o fato de que o Asilo de Filadélfia, que albergava aproximadamente 700 indigentes, teria que ter atendido 18 mil se a predominância da pobreza tivesse sido como na Inglaterra.[31]

No começo do século XIX, no entanto, ocorreu uma mudança de percepção. Os americanos adquiriram uma nova sensibilidade para com a pobreza extrema, vendo-a como um problema social e uma fonte potencial de distúrbio. O pobre precisava de alguma maneira ser controlado e tornado produtivo. As pessoas respeitáveis manifestavam pouca compaixão pelos indigentes saudáveis e fortes, que consideravam preguiçosos, sem caráter e intemperados. A sociedade não podia ser culpada da existência deles como o foi – em certa medida – pelos delinquentes e lunáticos. A sociedade em um sentido mais amplo foi, certamente, culpada de proporcionar tentações na forma de tabernas, lugares de venda de bebidas e salas de jogo, porém as pessoas respeitáveis acreditavam que mesmo que houvesse poucas tabernas ou que as salas de jogo estivessem bem escondidas, os pobres as encontrariam com uma diligência que nunca demonstravam para encontrar trabalho. Qual seria a solução? Não surpreende que nesta área como em muitas outras a resposta americana da

---

31 GROB, G. N. *Mental Institutions in America*: Social Policy to 1875. New York: Free Press, 1973. p.89.

época jacksoniana fosse a reclusão. Nas primeiras três décadas do século XIX o número de casas pobres aumentou rapidamente, primeiro nos estados de Massachusetts e Nova York, depois nos da Nova Inglaterra, Meio Atlântico e Meio Oeste. No Meio Oeste era tão grande o interesse em confinar os pobres que foram construídos asilos em povoados que apenas tinham poucos pobres para ocupá-los.[32]

O experimento americano com a reclusão desfrutou, na melhor das hipóteses, um êxito apenas temporário. Como um lugar ideal onde o criminoso, o lunático e o indigente podiam ser reeducados através do trabalho disciplinado, só tinha probabilidade de dar certo se fosse pequeno e recebesse apoio desinteressado da comunidade. Este quase nunca foi o caso. Conforme o número de marginais e indigentes aumentava, as instituições rapidamente ficaram superlotadas e foram obrigadas a mudar de perfil. O Hartford Retreat, inaugurado em 1824, podia acomodar 40 doentes, porém um total estimado em mil dementes necessitava de cuidados em Connecticut. A Casa da Indústria de Boston, construída em 1823, era um modelo de instituição que dava emprego aos pobres em condições de trabalhar. Somente dez anos depois, transformou-se em um depósito de doentes, dementes e crianças desamparadas.[33] Durante a década de 1850 quase todos os asilos estavam perdendo as suas funções específicas, e já na década de 1870 restavam poucos traços dos propósitos originais.[34] O mundo ordenado que seria criado atrás das paredes ruiu e ameaçava chegar ao caos. A ideia de tratamento moral ou reforma desaparecia gradualmente à medida que os guardas se preocupavam mais com a simples manutenção da segurança. No final do século XIX os grandes edifícios dos

---

32 ROTHMAN, J. D. *Discovery of the Asylum*, op. cit., p.184-5.
33 DEUTSCH, A. *The Mentally Ill in America*, op, cit., p.116-29.
34 ROTHMAN, J. D. *Discovery of the Asylum*, op. cit., p.237.

asilos, não mais cobertos com o manto idealista, apareciam nus na paisagem como objetos vergonhosos e repulsivos.

Encarcerar os marginais não resolvia os problemas da sociedade. Que melhores soluções seriam possíveis? A sabedoria predominante do século XX, desde a década de 1950, é devolver, tão logo se justifique, ao seio da sociedade os delinquentes, retardados mentais e dementes.[35] A prisão com as suas muralhas semelhantes às de uma fortaleza e as suas torres de vigilância ainda representam uma lembrança apavorante de uma antiga crença na regeneração por meio do confinamento. Agora está sendo substituída por um novo ideal, em parte induzido pela vergonha da invisibilidade: assim, uma prisão moderna pode, de longe, parecer uma escola secundária, ou localizar-se na baixada, incrustada nas ladeiras da colina para que mal possa ser vista da rodovia.[36]

---

35 The Plight of the "Deinstitutionalized" Mental Patient. *Science*, v.200, p.1366, jun. 1978.

36 Planeja-se uma nova cadeia estadual de alta segurança para Minnesota. É um prédio baixo assentado numa ladeira com vista para o rio Saint Croix, quase invisível da rodovia e circundado apenas por uma corrente ... Hoje, a tendência é construir prisões que não pareçam prisões". *Minneapolis Tribune*, jun. 17, 1978, p.11.

15
O círculo aberto

Procuramos segurança e somos curiosos: isso caracteriza não apenas os seres humanos, mas todos os animais superiores. "Segurança" e "curiosidade" têm a mesma raiz latina *cura*, que significa ansiedade, cuidado, cuidado médico e cura. Em um lugar seguro estamos cuidados e estamos descuidados. Mas nunca completamente descuidados porque o mundo está cheio de surpresas. Além disso, sabemos, assim como todos os animais superiores, graças ao cérebro e aos sensores para a distância, que sempre há outro mundo além, não importando qual seja o espaço que tenhamos circunscrito, conquistado e tornado seguro para nós mesmos. Ser curioso é sentir ansiedade e necessidade de diluir esta ansiedade com mais indagações. Se temporária, a surpresa e ansiedade podem ser agradáveis, desde que possamos controlá-las. A criança, segura em seu berço, se diverte com a surpresa e sente prazer com as brincadeiras dos adultos ao esconder o rosto com as mãos e ao destapá-lo dizendo "achou". Quando está aprendendo a andar, procura a emoção da exploração, usando a mãe como um ponto de partida. As crianças se deliciam com a desorientação – dando cambalhotas, balançando-se ou pendurando-se de cabeça para baixo nos galhos das árvores. Os adultos, bem alimentados e seguros em seu mundo de trabalho, procuram estresse agradável – *eustres* – como a felicidade que sentimos após vencermos o medo em esportes arriscados, como alpinismo.[1] O risco deve ser diferenciado do perigo. Alpinistas experientes detestam o perigo, mas aceitam com prazer o risco, porque o risco representa dificuldades que podem ser avaliadas e controladas.

> A face norte do Eiger (nos alpes bernenses) é frequentemente procurada, apesar de terem ocorrido muitas mortes lá, pois os acidentes são devidos principalmente à falha humana. Ao contrário, Marinelli Gully, cujas avalanches têm produzido muitas mortes, não causa a mesma atração. Os riscos controláveis fazem que uma rota perigosa atraia alpinistas, ao passo que perigos incontroláveis não os atraem.[2]

Enquanto sobrevivemos, conhecemos a segurança. O tamanho e caráter desse mundo seguro varia enormemente de pessoa para pessoa. Quanto mais saudáveis são os indivíduos, maior e mais complexo é o cenário no qual atuam com confiança. Por outro lado, para os esquizofrênicos e outros doentes mentais o cenário de apoio de que dispõem é, na verdade, pequeno e frágil. Um estudo das paisagens do medo seria incompleto sem uma breve entrada nos limitados círculos dos doentes mentais, para quem a segurança é uma preocupação permanente e a ânsia de aventura aparece raramente – se é que aparece.

---

1 CAZENEUVE, J. Jeux de vertige et de peur. In: CAILLOIS, R. (Ed.) *Jeux et Sports*. Paris: Encyclopédie de la Pléiade, 1967. P.683-731.

2 HOUSTON, C. The Last Blue Mountain. In: KLAUSNER, S. Z. (Ed.) *Why Man Takes Chances*: Studies in Stress-Seeking. Garden City, N.Y.: Doubleday Anchor Books, 1968. p.57.

No Centro Henry Ittleson, crianças esquizofrênicas (entre oito e 12 anos de idade) encontram dificuldade de experienciar ao mesmo tempo o eu (*self*) e o mundo como um *continuum* em tempo e espaço. As crianças ficam confusas e apreensivas. Elas procuram repetidamente estabilizar um mundo que carece de unidade, continuidade e permanência. Poucas coisas são admitidas como verdade; nada é verdadeiramente familiar. Para elas, indicações em relação ao tempo são difíceis de interpretar. Quando o céu está nublado e as luzes são acesas na sala, é difícil dizer: é dia ou é noite? A insegurança com o "tempo" obriga as crianças esquizofrênicas a tornarem-se excessivamente preocupadas com ele. Mantêm um controle íntimo de todas as horas que permanecem acordadas e qualquer interferência, atraso ou alteração de seus horários pode causar uma ansiedade aguda, que frequentemente é manifestada por um ataque de raiva.

Para as crianças perturbadas, tanto o espaço como as formas visuais são elusivos. Elas não podem apreender facilmente os sinais visuais mais comuns. As crianças esquizofrênicas parecem desconfiar de certas capacidades dos olhos, como sentidos de distância, descortino do mundo e estruturação efetiva do espaço. Relutam em usar a visão e o pensamento visual, preferindo a segurança dos sentidos de proximidade – tato, olfato e paladar. Por ser o mundo perceptivo dessas crianças doentes tão carente de estabilidade natural e familiaridade, elas procuram compensá-lo com conhecimento enciclopédico. Elas se transformam em geógrafos compulsivos. Estão preocupadas com mapas e relógios e fazem perguntas intermináveis sobre onde estão as coisas e quando. Tornam-se especialistas em informações factuais, do tipo que aparece nas plantas das ruas, das cidades e em horários de ônibus.

Em nenhuma instituição destinada a ajudar as crianças mentalmente perturbadas existem grandes espaços abertos, que encorajam movimentos a esmo, vertiginosos, cheios de ansiedade. No Centro Ittleson, o terreno aberto que rodeia o prédio está dividido para promover atividades planejadas. São construídas cercas para definir pequenas áreas, e cada uma tem uma função predeterminada: esta é uma área para bicicletas, aquela é uma área de jardim. O espaço interior também é cuidadosamente delineado de acordo com a função e o propósito. Em todos os avisos às crianças em relação a espaço e tempo, a maior ênfase é na clareza da mensagem. As crianças necessitam desenhar círculos fechados, seguros ao seu redor; o círculo aberto, a área sem fronteiras e qualquer espaço com limites ambíguos provocam ansiedade, em vez de um prazer estimulante.[3]

Os adultos esquizofrênicos sofrem de maneira semelhante. Um homem esquizofrênico senta-se em um quarto com pouca mobília. Olha para a janela ou para o lustre e indaga: "para que serve isto?". O limite entre o eu e o meio ambiente é débil, e o limite entre a fantasia e a percepção pode, às vezes, desaparecer completamente. Uma mulher doente diz: "A parede está mexendo ... Não sei o que está errado com minhas mãos, não consigo mantê-las imóveis", como se suas mãos, assim como a parede, fossem objetos inanimados incontroláveis. Um homem doente acredita que está bem e deve regressar ao mundo exterior, mas de vez em quando se alarma com a sensação de que o prédio onde está pode desabar. A fragilidade de seu ego é projetada para o meio ambiente externo.[4]

As vítimas de agorafobia estão em melhores condições do que daqueles que sofrem de esquizofrenia aguda, porque existem entre agoráfobos um mundo mais ou menos estável, e esse mundo é o lar; enquanto permanecem dentro desse círculo encantado se sentem competentes – somente além dele está o assustador espaço público, a *ágora*. Um sintoma dessa doença é o

---

3 GOLDFARB, W., MINTZ, I. Schizophrenic Child's Reactions to Time and Space. *Archivès of General Psychiatry*, v.5, p.535-53, 1961.

4 SEARLES, H. F. *The Nonhuman Environment*. New York: International Universities Press, 1960. p.15, 146, 309.

medo de atravessar qualquer espaço grande e aberto. O doente sente-se tonto, como se seu corpo, bem com o espaço que se estende à sua frente, estivesse prestes a perder seu centro e limites. Se existisse uma parede e ele pudesse andar encostado nela o sofrimento diminuiria um pouco, o mesmo ocorreria se ele pudesse abrir o guarda-chuva e andar embaixo de seu pequeno domo.[5] O maior medo do agoráfobo é perder o controle. No espaço público, seja aberto e vazio ou fechado e apinhado de gente, ele teme a possibilidade de desmaiar, morrer ou borrar-se todo. Uma viagem longa em um trem cheio é um pesadelo a não ser que o trem faça paradas frequentes e o doente saiba que seria fácil chegar até o banheiro.[6]

O agravamento do esquizofrênico é frequentemente precedido por uma sensação crescente de "esquisitice" em todas as coisas. Os objetos parecem adquirir um "significado mais profundo"; parecem misteriosos e sinistros. Este não é o mundo da criança ou do adulto normal, e no entanto tem algo em comum com o mundo dos superdotados. Eles fazem perguntas inusitadas. O que contamos como certo eles acham esquisito; o que aceitamos como estável e fechado eles percebem como cambiante e aberto. Ao contrário dos pacientes esquizofrênicos, os gênios acolhem com prazer – ou, ao menos, são altamente tolerantes – a incerteza. O círculo está trincado, mas eles acreditam que pode ser recomposto em um nível superior de generalização.

Para os gênios, aventurar-se além do círculo familiar implica, naturalmente, o risco de aproximar-se da beira da loucura. Blaise Pascal, certamente um gênio, é amplamente conhecido por ter escrito "O silêncio eterno desses espaços infinitos me assusta". Para os esquizofrênicos em um extremo e para alguém

---

5 WEISS, E. *Agoraphobia in the Light of Ego Psychocogy*. New York: Grune & Stratton, 1964 p.51-2.

6 MARKS, I. M. *Fears and Phobias*. New York: Academic Press, 1969 p.134.

como Pascal no outro, o mundo é vasto, instável e assustador. Pascal falou para as pessoas medrosas quando escreveu:

> Navegamos dentro de uma imensa esfera, do princípio ao fim, sempre à deriva na incerteza. Quando pensamos em ligar-nos a qualquer ponto e amarrar-nos nele, ele ondula e nos deixa; e se o seguimos, se esquiva ao nosso ato de apreendê-lo, escapa e desaparece para sempre. Nada nos resta. Esta é nossa condição natural e, no entanto, muito contrária à nossa propensão; ardemos no desejo de encontrar um terreno firme e as bases definitivas onde construir uma torre até o Infinito. Mas todo o nosso alicerce racha, e a terra se abre para os abismos.[7]

Onde está o terreno firme que todos almejamos encontrar? A maioria das pessoas não compartilha da angústia metafísica de Pascal. Simplesmente sobreviver, uma fé na fidedignidade do espaço que ocupamos parece essencial. A cultura reforça essa fé. O grau pelo qual a cultura é usada para esse reforço varia de grupo para grupo. Alguns povos necessitam previamente estabelecer uma estrutura (mental e material) bem articulada para se sentirem em segurança. Os balineses são um exemplo. Eles apresentam uma necessidade aparentemente desordenada para se orientar. Sua organização espacial, fixada nos pontos cardeais, é específica, é simbolicamente forte e afeta todos os aspectos de suas vidas: determina, por exemplo, a localização da aldeia, do quintal e do templo da família, e dentro de casa, onde as pessoas dormem. Os balineses temem a desorientação. Estar doente é estar *cercado*, isto é, desorientado. Apesar de apreciarem uma festa animada e o uso do álcool, não gostam da embriaguez, porque ela significa a perda dos referenciais da estrutura da vida (as direções, o calendário, o sistema de casta) que dá segurança aos adultos da mesma maneira que as trilhas demarcadas tran-

---

7 *Pascal's Pensées*. Introd. T. S. Eliot. New York: Dutton Paperbacks, 1958. n.72; ver também n.205, 206, 212, 229.

quilizam as crianças balinesas. Quando um aldeão se desorienta ao dar uma volta de motocicleta, logo fica ansioso e pode ficar doente por várias horas ou cair em sono profundo. A ideia da procura deliberada de *eustress*, de explorar o desconhecido, pode não estar longe dos pensamentos de um aldeão balinês.[8]

No dogma navajo, bom é o controle. O mal é o indefinido e aquele que não está ritualmente sob controle. Poucas coisas são inteiramente más porque quase tudo pode ser controlado e, quando assim está, o efeito maléfico desaparece. As coisas predominantemente más, como cobras, raios e trovões, podem ser assim transformadas em boas e até invocadas como poderes a serviço do bem. Tal crença é amplamente compartilhada – talvez seja universal. Os navajo são diferentes, tornando-a explícita. Um ritual determina o controle do espaço. Os exorcistas usam cantos maldosos para dispersar o mal, quanto mais distantes, melhor, a ideia é que quanto maior o espaço que o demônio circunda, menor é seu poder. Não é suficiente simplesmente afugentar o mal; o bem precisa ser atraído com cantos sagrados para preencher o espaço que ficou vazio. Tudo que é estranho e indefinido, que está além da compreensão dos navajo, é mau. Os círculos fechados lhes satisfazem completamente; e se eles forem pequenos e, portanto, sujeitos ao controle, são bons. O aro desenhado no chão para a cura é um exemplo de tal círculo; nele está concentrado o poder que o paciente pode absorver. Porém, os navajo têm medo também do círculo fechado. O mal pode ser aprisionado nele e, uma vez aprisionado, não pode escapar, nem o bem pode entrar. Por esta razão os navajo preferem o círculo aberto.[9]

---

8 BATESON, G., MEAD, M. *Balinese Character*. Special Publication of the New York Academy of Sciences, New York, 1942. v.2, p.6, 11. MEAD, M. Children and Ritual in Bali. In: MEAD, M., WOLFENSTEIN, M. (Ed.) *Childhood in Contemporary Culture*. Chicago: University of Chicago Press, 1955. p.42, 80.

9 REICHARD, G. A. *Navaho Religion*: A Study of Symbols. New York: Pantheon Book, 1963. p.5, 89, 158.

As culturas diferem nas maneiras de definir o espaço, mas precisam defini-lo. O requisito mínimo para a segurança é estabelecer uma fronteira, que pode ser tanto material quanto conceitual e ritualmente imposta. As fronteiras existem em todos os lugares e, portanto, obviamente, nas paisagens cercadas, nos campos e edifícios, do mesmo modo que existem nos mundos dos povos primitivos. As fronteiras existem em escalas diferentes. Da menor à universal, são reconhecidas três fronteiras: as da propriedade, as da casa e as do corpo.

No mundo ocidental os limites de uma propriedade podem ser estabelecidos por um antigo costume conhecido na Inglaterra como "fazer uma trilha marcando os limites por meio do caminhar repetido". A lenda conta que a fundação de Roma foi precedida pelo traçado de um círculo mágico ao redor da cidade para eliminar todos os poderes malignos, inclusive os lobos e as influências que causam a improdutividade da terra. O ritual passou a ser chamado de lupercais, e era celebrado todos os anos no dia 15 de fevereiro.[10] Sob o patrocínio dos cristãos, as trilhas demarcatórias feitas por meio do caminhar repetido eram lideradas pelos párocos ou anciãos da aldeia, e continuou sendo um costume praticado em partes isoladas da Europa ocidental até a Segunda Guerra Mundial. Outras culturas têm procedimentos similares para definir uma propriedade. Em Bali, por exemplo, a dança do dragão rodeia a aldeia e com isso cria uma área de segurança.

A casa é um espaço delimitado, mas tem aberturas que devem ser protegidas. Os gregos passavam piche em suas portas como prevenção contra fantasmas e demônios; os chineses usavam palavras auspiciosas e efígies dos deuses dos pórticos; os temne de Serra Leoa usam o *kanta*, que consiste em raízes e cascas de uma planta e frases sagradas do Alcorão para proteger

---

10 JAMES, E. O. *Seasonal Feasts and Festivals*. London: Thames & Hudson, 1961. p.178.

não apenas a fazenda e a casa, mas também as aberturas vulneráveis – portas – dentro da casa;[11] os moradores das montanhas Ozarks pregam na porta ou uma ferradura de cavalo ou três pregos em forma de um triângulo representando o Pai, o Filho e o Espírito Santo.[12]

Por último, o próprio corpo humano tem aberturas através das quais o mal pode entrar. A mais perigosa é a boca. Os atenienses mascavam sanguinheiro durante o período perigoso conhecido como Anthesteria para evitar que os espíritos maus penetrassem e possuíssem o corpo. Os balineses têm uma preocupação excepcional com a vulnerabilidade da boca. Para atender a necessidade de guardar constantemente esta abertura, costumam cobrir a boca com a palma da mão ou com um xale. Mascar bétel é outra maneira de diminuir a abertura, assim como colocar um grande naco de fumo na boca.[13] Na sociedade ocidental é falta de educação mastigar com a boca aberta. O alimento que entra pela boca nutre, mas também pode causar indigestão e doença; no século XV era dito às crianças para fazerem o sinal da cruz sobre a boca antes de começar a comer.

Estabelecemos fronteiras e protegemos as aberturas. Apesar disso, a segurança não é absoluta. O horror é o descobrimento repentino de traição e morte no mais sagrado recôndito de nossa alma. Em sua história "A máscara da Morte Vermelha", Edgar Allan Poe aborda habilmente este medo. Não há dúvida de que algo parecido ao que Poe descreve acontecia repetidamente no passado, quando a peste bubônica sitiava a cidade: os portões eram fechados e guardados por arqueiros, e dentro das muralhas os cidadãos dançavam na ilusão de segurança – até que a doença repentinamente começava a fazer vítimas entre eles.

---

11 LITTLEJOHN, J. Temne Space. *Anthropological Quarterly*, v.36, p.8-9, 1963.

12 RANDOLPH, V. *Ozark Superstitions*. New York: Columbia University Press, 1947. p.283-4.

13 BATESON, G., MEAD, M. *Balinese Character*, op. cit., p.20.

O medo da traição e da armadilha do mal vai além dessas experiências históricas. Pode bem ser que o desejo de autodestruição esteja enterrado no mais íntimo de nosso ser, que a irresistível ânsia de viver e crescer seja, periodicamente, desvirtuada por um desejo de morrer. É ainda mais certo que a ideia de traição seja uma lição indelevelmente aprendida na primeira infância. A mãe ocupa o centro do mundo da criança pequena, sempre uma presença confiável, uma fonte de amor e alimento. Todavia, inexplicavelmente, ela pode se transformar em uma figura ameaçadora e punidora – uma bruxa.

Um fato básico da condição humana é a vulnerabilidade da criança, o longo período de dependência dos pais; outro fato igualmente básico é a necessidade dos adultos de cooperar para poder sobreviver e sustentar um mundo. Os muitos desafios e ameaças da natureza podem ser superados somente quando os seres humanos se unem e exercem seu poder. Casas, celeiros e canais de irrigação são testemunhas visíveis do esforço humano para controlar os caprichos da natureza, e o esforço tem alcançado tanto êxito, que em uma sociedade tecnológica a natureza raramente infunde medo. Nos Estados Unidos, os desastres naturais, como inundações e furacões, matam cerca de 600 pessoas por ano, um número pequeno quando comparado com as 55 mil mortes anuais provocadas pelos acidentes de trânsito.[14] Isto é uma ilustração notável da situação sob a qual os homens trabalham. O controle sobre a natureza acontece quando as pessoas vivem juntas em grande número e cooperam entre si. Porém, quanto maior for a concentração de pessoas em um lugar, maior será a probabilidade de desordem e violência. As casas, cheias de gente que se protege das intempéries podem ser incubadoras de doenças contagiosas; a muralha da cidade que rechaça os

---

14 COOK, E. Revisão de Gilbert. F. White e J. Eugene Haas, *Assessment of Research on Natural Hazards, in Association of American Geographers, Annals*, v.68, n.2, p.289, 1978.

inimigos externos encerra grupos descontentes e indivíduos que periodicamente explodem em violência. O poder coletivo dos homens, outrora voltado contra a natureza, pode se voltar contra os elementos marginais e não permanentes da sociedade, criando uma paisagem de castigo, ou, mais sutilmente, um vasto sistema de controle burocrático, tão poderoso, arbitrário e inacessível quanto a própria natureza antes que fosse dominada.

16
Medos: passados e presentes

Muitas pessoas, mesmo no mundo ocidental moderno e afluente, são perseguidas pelo medo. Quase diariamente lemos sobre assaltos e assassinatos e sobre os idosos que residem nos centros das cidades que, devido ao medo, se transformam em virtuais prisioneiros dentro de suas próprias moradias. Embora os adultos jovens e cultos comumente não vivam com medo da violência física, outras ameaças mais nebulosas aborrecem suas vidas. Frequentemente, parecem estar preocupados com o futuro, tanto o próprio quanto o da humanidade. Eles têm a sensação desagradável de que "as coisas estão se tornando piores"; o futuro promete não apenas maior deterioração dos centros das cidades como também crise ecológica, tensão racial, fome mundial e desastre nuclear.

Tais medos contemporâneos incentivam essa forte tendência humana de aspirar a um mundo melhor – ou pelo menos mais seguro – quer no passado, quer num distante lugar protegido. É de estarrecer que possamos, deliberadamente, ignorar as conquistas reais da idade moderna, como o saneamento, e encontrar algo de admirável nos horrores do passado como a generalização da dor e a capacidade de suportá-la. Para John Wain, em sua recente biografia de Samuel Johnson, parece que as modernas cenas inglesas, feias e enfarruscadas, são uma profanação da beleza das paisagens do século XVIII, que descreve tão saudosamente. Entretanto, Wain tem de admitir que haveria um elemento incoerente naquele belo mundo já desaparecido, principalmente o grande número de pessoas e animais deformados.[1] Atualmente muitos humanistas lamentam o desaparecimento de todas as evidências da morte nas cidades modernas. Onde estão os pitorescos cemitérios que antigamente jaziam entre as casas dos vivos? Onde estão as coisas realísticas e saudáveis que nos lembram da morte? Porém, esses humanistas comodamente esquecem que o cemitério estava no centro das antigas vilas europeias porque a morte era a principal preocupação da vida.[2]

Queremos saber se o medo no passado era diferente em tipo, intensidade e frequência deste de nossos tempos. A questão está cheia de dificuldades. O medo não é apenas uma circunstância objetiva, mas também uma resposta subjetiva. Uma paisagem de cadafalsos e forcas é objetivamente uma paisagem do medo. Sem dúvida as forcas foram erguidas com o propósito de induzir ao medo e contam que as pessoas procuravam evitá-las quando viajavam à noite. Por outro lado, na maior parte da Europa esses horríveis instrumentos de execução chegaram a ser aceitos como um componente normal na cena urbana e rural. Serviam como simples referenciais – como as lagoas e os moinhos das vilas – nos velhos guias de estrada. O historiador Lynn White chama a atenção que, no século XV, "Os parisienses

---

1 WAIN, J. *Samuel Johnson*: A Biography. New York: Viking Press, 1975. p.43.
2 GOUBERT, P. *Louis XIV and Twenty Million Frenchmen*. New York: Pantheon Books, 1970. p.21.

gostavam de fazer piquenique junto à forca de Montfaucon nos arredores da cidade, onde podiam se divertir sob os restos remanescentes da morte".[3] Ficamos chocados e não compreendemos. No entanto, ocorrências de tamanha barbaridade podem ser facilmente multiplicadas. Se tivermos dúvida de que ocorreu algum progresso moral na história do Ocidente, devemos perguntar: Quais costumes hoje aceitos como normais ofenderiam profundamente a sensibilidade moral de nossos ancestrais? Seriam os velhos confinados e descuidados em asilos, as longas sentenças de prisão, os cortiços, a violência na televisão? Certamente não, exceto, talvez, em sua magnitude.

Antigos medos podem estar intimamente ligados a valores que na atualidade consideramos bons. Esta é uma fonte possível de confusão quando procuramos comparar os medos do passado com os do presente. Por exemplo, às vezes lamentamos a profanação da natureza. Florestas, montanhas e riachos já foram moradias dos espíritos e, por isso, impunham respeito e até medo. Vimos, por exemplo, como a antiga paisagem grega estava pontilhada de templos dedicados às divindades da natureza e aos espíritos dos heróis mortos. O desaparecimento desses templos na paisagem pode nos parecer uma perda, uma extinção gradual do poder do mundo natural, de tal maneira que seus aspectos são, agora, simplesmente agradáveis, mais do que impressionantes. Em sonho, desejamos a volta dos espíritos guardiães do lugar. Poderiam eles retornar à natureza e à nossa vida sozinhos, sem a companhia dos demônios e fantasmas? Na tradição cristã, uma crença profunda nos anjos sempre esteve acompanhada de uma crença profunda nas forças das trevas de satã. Essas paisagens vívidas do passado tinham manchas brilhantes de sol, mas também sombras escuras.

---

3 WHITE JR., L. Death and the Devil. In: KINSMAN, R. S. (Ed.) *The Darker Vision of the Renaissance*: Beyond the Fields of Reason. Berkeley and Los Angeles: University of California Press, 1974. p.31.

Ao comparar os medos dos tempos antigos com os de nossos dias, uma outra fonte possível de confusão está em nossa incapacidade em reconhecer a natureza profundamente ambivalente do ideal comunitário. Frequentemente lamentamos a frouxidão dos laços humanos no mundo moderno e suspiramos por aquela intimidade dos laços humanos que antes existiram (nós cremos) entre os membros de uma família, um bairro, uma vila ou uma cidade. Esquecemos que o medo foi e é uma razão comum para tecer estreitos laços entre as pessoas. Removidas as ameaças do meio ambiente, quer sejam as forças da natureza quer inimigos humanos, a união da comunidade tende a enfraquecer. Como uma ilustração, consideremos a natureza dos laços familiares na região de Mâcon, na França, na Idade Média. O historiador Georges Duby chama a atenção para o fato de que a família no século IX estava reduzida à sua expressão mais simples, a célula conjugal. Os laços de sangue eram muito fracos, porque não serviam a propósitos nem ofensivos nem defensivos. "A organização pacífica do antigo estado dos francos era ainda forte o suficiente para permitir a um homem livre viver uma vida independente e preferir, se assim o quisesse, a companhia de seus amigos e vizinhos à de seus parentes". Mas, após o ano 1000, a dissolução do estado obrigou as pessoas a organizarem-se em grupos bem mais unidos e exclusivos para se protegerem. Os nobres e cavaleiros buscaram refúgio na linhagem familiar e nos laços de sangue, enquanto os camponeses encontraram segurança fortalecendo o tecido social da vila.[4] No que se refere às cidades, já vimos como certas cidades italianas do último período medieval consistiam de núcleos familiares fortificados. Sem dúvida, existia uma forte lealdade em cada bairro protegido da Roma ou Florença medieval, mas

---

4 DUBY, G. *La Société aux XIᵉ et XIIᵉ siècles dans la région mâconnaise* (1953), citado por ARIÈS, P. *Centuries of Childhood*: A Social History of Family Life. New York: Vintage Books, 1965. p.353-5.

os laços eram forjados pela necessidade e pelo medo. Na escala nação-estado, é bem sabido que os cidadãos podem desenvolver um fervoroso sentimento de unidade e de nacionalidade quando ameaçados por um inimigo externo. Assim, desde a família até a nação-estado, os laços comunais podem aumentar ou diminuir com o medo. Um esfriamento da paixão e um afrouxamento dos laços comunitários – embora não necessariamente das amizades pessoais – parece ser o preço que temos de pagar por viver em um mundo que, de certa maneira, é mais seguro.

Sem dúvida, nos tempos modernos, o medo da natureza selvagem tem diminuído muito no mundo inteiro. O "selvagem", antigamente, significava um poder demoníaco inteiramente além do controle humano; na atualidade é uma frágil cadeia de vida que necessita de proteção e cuidado humano. É difícil ver a vegetação como uma ameaça. No entanto, foi uma ameaça para os agricultores primitivos que lutavam para evitar que seus cultivos fossem invadidos pelas plantas daninhas, que pareciam avançar com más intenções. No mundo moderno os animais selvagens estão protegidos. Em um parque nacional americano, raramente um urso ataca um visitante desprevenido e nos lembra dos perigos que, agora, encontramos apenas nos contos infantis. Tempestades e enchentes ainda causam grandes prejuízos à propriedade, mas nos países ocidentais desenvolvidos apenas poucas vidas são perdidas, o que dificulta convencer as pessoas a tomar precauções simples. Talvez somente um grande terremoto, ou a ameaça de um, seja capaz, agora, de provocar o tipo de terror que quase toda violência natural antes podia provocar. Quando a terra treme, nos sentimos subitamente privados de uma fonte essencial de segurança. Contudo, grandes terremotos raramente ocorrem. Para os californianos, muitos dos quais construíram suas casas sobre uma falha ativa, provavelmente a ameaça dos tremores econômicos é maior do que a dos tremores geológicos. Se as pessoas cultas do mundo ocidental ainda dizem temer a natureza, é o medo paradoxal de que plantas e animais, e mesmo rios e lagos, possam morrer por causa do abuso dos homens. A fragilidade da natureza, ao invés de seu poder, agora, nos causa ansiedade quase o tempo todo.

Todas as grandes realizações humanas parecem estar acompanhadas de uma sensação de inquietação, como se o sucesso pudesse despertar a inveja dos deuses, os únicos que têm o direito de criar; ou, como se o sucesso houvesse sido forjado à custa da natureza, que pode se vingar. A cidade é uma dessas grandes realizações humanas. Construir esse mundo artificial, necessariamente à custa do meio ambiente natural, provocava, em tempos passados, sentimentos de ansiedade e culpa. Consideremos a capital de Shang China (por volta de 1500 a.C.). Era uma cidade tanto para os vivos como para os mortos dos sacrifícios humanos, que eram enterrados embaixo de cada edifício importante – na realidade, embaixo de cada pilar de um edifício importante. À medida que os edifícios cresciam para o alto, os espíritos da terra precisavam ser apaziguados.[5] Os antigos hebreus também pareciam duvidar da retidão das grandes aspirações. No Gênesis lemos que, quando os descendentes de Noé tentaram construir uma cidade na terra de Shinar e, assim, trazer o céu até a terra pelo seu próprio esforço, o Deus zeloso interveio. Ele não apenas dispersou os construtores, como fez que falassem línguas mutuamente incompreensíveis, de maneira que nunca mais pudessem se congregar em número suficiente para formar uma sociedade importante e orgulhosa.

O sucesso engendra orgulho, e o orgulho está destinado a encontrar, cedo ou tarde, sua nêmesis. Todos os triunfos tecnológicos da era moderna não foram capazes de erradicar essa antiga crença. O progresso paulatino, que nos distancia das raízes naturais, tem causado inquietação entre alguns elementos da

---

5 CHÊNG, T. K. *Archaeology in China*: Shang China. Toronto: University of Toronto Press, 1960. v.2, p.53-5.

população. Quando o lampião a gás permitiu pela primeira vez a "conquista da noite", um jornal de Colônia, em 1816, arguia que era uma transgressão das leis de Deus e da natureza: "a iluminação artificial é uma tentativa de interferir no plano divino do mundo, o qual predeterminava a escuridão durante a noite".[6] Essas manifestações de dúvida e ansiedade têm sido frequentes desde o começo da Revolução Industrial. No entanto, dificilmente o medo da arrogância irresponsável resultante de um orgulho excessivo foi tão intenso e difundido como é agora. Dos desenvolvimentos tecnológicos que contribuíram para o atual mal-estar, o mais importante é o domínio da energia nuclear. É o último esforço espetacular da humanidade de trazer o céu até a Terra – isto é, de recriar, em contêineres feitos pelo homem, os processos que são naturais apenas para o Sol. Após muitos alertas prematuros, teremos por fim desencadeado uma força que não podemos controlar, que destruirá a Terra e a humanidade?

Outro antigo medo, como já vimos, é o de outras pessoas – estrangeiros em particular. Tal medo, como o da natureza, diminuiu nos tempos modernos, pelo menos quando as nações não estão realmente em guerra entre si. Uma causa para a diminuição da ansiedade sobre estrangeiros é o aparecimento de uma atitude nova e mais flexível para a divisão dos seres humanos em "nós" e "eles". Em contraste com as pessoas menos instruídas e tradicionais, que tendem a acentuar as diferenças entre "nós" e "eles", a sociedade moderna procura minimizá-las: assim, "nós" não é uma rede de laços íntimos e irrevogáveis, nem "eles" uma classe permanente de estranhos. Para poder viver, um homem ou uma mulher da época moderna deve aprender a lidar com instituições impessoais e a ajuda de estranhos. Além disso, porque as relações entre vizinhos e parentes são

---

6 LUCKIESH, M. *Artificial Light*: Its Influence on Civilization. New York: Century Co., 1920. p.158.

agora menos intensas, o medo de traição também diminuiu. As ansiedades com relação a bruxas e fantasmas são muito mais comuns em uma comunidade que mantém laços mais estreitos do que em um grupo com estruturas mais frouxas, no qual o envolvimento humano até entre parentes é muito mais frio e não se submete aos meios mágico-conspiratórios e à continuidade após a morte.

Os estrangeiros, até os que falam outra língua, podem ser tratados com tolerância e boa vontade, especialmente nas sociedades complexas em tempo de paz. Entretanto, a tentação de ver o outro como hostil e sub-humano está sempre presente, embora possa estar profundamente escondida. Em condições estressantes, fortes sentimentos de inveja, ódio e medo podem facilmente exagerar e distorcer as pequenas diferenças culturais e biológicas entre as pessoas, polarizando-as em boas e más, em anjos e bestas. Os estrangeiros se transformam, então, conscientemente, em inimigos que devem ser mortos e suas casas, destruídas. O que tão rapidamente cogitamos, prontamente será posto em ação se as circunstâncias forem propícias. Assim, a permanência do homem na Terra é arruinada pelas guerras cruéis, conquistas e *pogroms*.

A vontade de aniquilar tem sido demonstrada repetidamente. Nas guerras da antiga Mesopotâmia, por exemplo, as cidades eram arrasadas de maneira que até as deidades governantes tinham de fugir. No século IV d.C., a conquista dos nômades da China setentrional transformou essa região de antiga tradição agrícola em uma estepe deserta. Não somente cidades históricas como Chiang-an foram incendiadas e despovoadas, como também os campos deixaram de ser cultivados, com o abandono dos camponeses. No que foi o rico vale do rio Wei, perto de Chiang-an, vagueiam lobos e tigres. Quando a população chinesa remanescente, aterrorizada com os animais selvagens, apelou pela ajuda do chefe nômade Fu Sheng, ele recusou, dizendo sarcasticamente que, quando as bestas tinham o que comer, os

Paisagens do medo

camponeses deveriam arranjar-se por si só.[7] Em nosso tempo, defrontamos com a possibilidade de uma total destruição em um conflito nuclear entre as grandes potências. Nosso medo ansioso é agravado pela consciência da culpabilidade humana no passado. Sabemos que esse poder de aniquilar, recentemente conquistado, está inserido em uma vontade ainda incorrigível e em uma compulsão permanente de polarizar os seres humanos em campos irreconciliáveis do "eu" e do "outro".

Desde o começo da civilização, guerras brutais têm periodicamente dizimado cidades e nações. Pensamos em tais eventos, entretanto, como excepcionais. Entre eles se estendem – assim imaginamos – longos períodos de tranquilidade, nos quais as pessoas de tempos anteriores viviam pacatamente dentro de padrões invariáveis de vida. Comparado a essa imagem do passado, parece faltar estabilidade em nosso tempo: tanto os valores do meio ambiente físico quanto do sociocultural parecem estar constantemente mudando. Não temos o sentido de permanência nem em termos de localidade nem em relações humanas. No entanto, que razões temos realmente para pensar que o mundo agora é menos estável – mais cheio de eventos inesperados e ameaçadores – do que no passado? O campesinato chinês do século XIX vivia em um mundo tradicional, e "tradicional" implica rotina, a alma dos ciclos previsíveis. No entanto, poucas épocas foram tão inseguras quanto a deles. Podia mesmo transcorrer um período de cinco anos sem uma grande ruptura de seu mundo por um desastre natural ou conflito civil? Alguns historiadores nos querem fazer acreditar que pessoas contentes, com personalidades bem ajustadas, viviam na Inglaterra do século XVII, livres de incertezas estressantes e conflitos da vida moderna. Porém, a julgar pelo diário do padre fazendeiro Josselin, nada pode estar mais longe da verdade. Josselin era inseguro,

---

7 GROUSSET, R. *The Rise and Splendour of the Chinese Empire*. Berkeley and Los Angeles: University of California Press, 1959. p.171.

dominado pela ansiedade e falava quase constantemente de acidente, dor e morte. Embora ele ganhasse o suficiente para levar uma vida confortável, tinha boas razões para sentir medo por si e por sua família. Seu mundo, de fato, carecia de estabilidade: o tempo ameaçava sua safra; um incêndio podia não somente matar seus filhos, mas torná-lo pobre da noite para o dia, porque não existia proteção na forma de seguro contra incêndio e, sem os remédios modernos, mesmo um pequeno acidente como uma espetada do polegar com um espinho podia levar à gangrena e a uma morte dolorosa.[8]

Em tempos antigos, se as circunstâncias físicas eram inseguras, pelo menos as relações humanas gozavam de um grau de estabilidade desconhecido nos tempos modernos. Esta era a rocha sobre a qual podia ser construída a confiança e a sensação de bem-estar. Pelo menos assim acreditamos. Entretanto, isso também pode ser um mito. A morte frequentemente rompia os laços humanos, de modo que as pessoas se sentiam inibidas em investir sentimentos profundos e solidariedade em outras pessoas. Temos chamado a atenção para como, antes do século XVIII, os pais europeus muitas vezes mostravam uma aparente falta de afeto por suas crianças e adolescentes. A mortalidade infantil era extremamente elevada. Por que gastar tempo e amor com uma criança que pode logo morrer? Dos adolescentes que sobreviviam às doenças e acidentes da infância, poucos chegavam até a idade avançada. Aqueles que conseguiam mereciam o respeito devido aos campeões. Esquecemos que dois ou três séculos atrás era raro os pais viverem o suficiente para assistir ao casamento de seus filhos. O próprio casamento era sagrado e permanente, mas o que significava permanência? Na França do século XVIII, um casal de camponeses que casava quase com trinta anos podia esperar uma união conjugal de apenas cinco a

---

8 McFARLANE, A. *The Family Life of Ralph Josselin*: A Seventeenth-Century Clergyman. Cambridge: Cambridge University Press, 1970. p.171.

Paisagens do medo

dez anos antes que a morte levasse um dos cônjuges. Os viúvos voltavam a casar rapidamente, as viúvas nem tanto. O divórcio dificilmente era necessário quando a morte tantas vezes fazia o mesmo serviço.[9]

A percepção da mudança rápida no presente está sujeita à ilusão. Dois fatores nos levam a discernir maiores mudanças em nosso próprio tempo do que em tempos anteriores. Um deles é que estamos muito mais conscientes das incertezas em nossas próprias vidas do que nas de pessoas que vivem em lugares distantes ou que já morreram – a própria distância espacial e temporal produz uma ilusão de estabilidade. O outro é o "cronocentrismo": isto é, nos orgulhamos do dinamismo e progresso de nosso tempo e relegamos o passado a um estado de ciclos repetitivos, nos quais nada de realmente novo aconteceu. É uma crença comum que o número das invenções técnicas tenha crescido sem precedentes nas décadas recentes. Por exemplo, uma pessoa nascida em 1920 poderia agora testemunhar o aparecimento da televisão, tecnologia computacional, energia nuclear e voos espaciais. Essas coisas são reais. Por outro lado, uma pessoa nascida em 1860 e morta em 1920 teria visto o telefone, luz elétrica, automóvel, avião, rádio e cinema. E uma pessoa aposentada e conservadora que tivesse vivido entre 1800 e 1860 teria estado sujeita às inovações desagradáveis como o aparecimento da estrada de ferro, o navio a vapor, o telégrafo, luz a gás e a difusão das roupas feitas em série e das utilidades domésticas.[10] Mesmo que se pudesse afirmar que a velocidade dos avanços tecnológicos foi muito mais vagaroso na primeira metade do século XIX, é ainda possível que as pessoas daquele tempo vivenciassem esses avanços como vertiginosamente rápidos.

---

9 SHORTER, E. *The Making of the Modern Family*. New York: Basic Books, 1977. p.26.

10 BELL, D. citando Merwyn Jones. In: Technology, Nature and Society. *American Scholar*, v.42, p.396, summer 1973.

Na esfera social, podemos nos alegrar ou deplorar as mudanças extraordinárias que ocorreram nos Estados Unidos durante as últimas duas ou três décadas. Por outro lado, são elas realmente maiores do que as que ocorreram na era jacksoniana – aqueles turbulentos anos de aumento de população e mobilidade social que fizeram que até alguns idealistas relembrassem a ordem social "estável" de tempos passados com um pouco de saudade? Para retificar a nossa "cronomiopia", devemos ler documentos históricos antigos, porque neles encontraremos farta evidência da angústia causada por mudanças sociais, econômicas e até tecnológicas.[11]

A mente humana é um dom ambivalente. Apresenta-nos um mundo amplo, ordenado e bonito, mas também com imagens de caos, mal e morte. Muitos dos medos atuais já existiam em épocas remotas: por exemplo, medo de ser assaltado na cidade depois de escurecer. Alguns são novos e refletem maior conhecimento e maior consciência: por exemplo, a "explosão" demográfica, a crise mundial de alimentos, a possibilidade de conflito declarado entre as nações ricas e pobres e cenários sinistros de desastres tecnológicos.[12] As pessoas sempre conheceram escassez de alimentos e fomes coletivas, mas geralmente as enfrentaram como realidades existentes nestes ou naquele lugar, e não como uma catástrofe mundial iminente. A escala global e a futuridade são os novos medos. Cada vez mais os cidadãos cultos sentem maior ansiedade pelo mundo e por seu futuro, ainda que não tenham grandes dúvidas de que eles e seus filhos estarão confortáveis e bem alimentados. Os que desfrutam de uma situação estável e os ricos sempre tiveram medo dos pobres. Novamente a escala global e a futuridade mudaram.

---

11 EBERHARD, W. *Conquerors and Rulers*: Social Forces in Medieval China. Leiden: E. J. Brill, 1965. p.15-6.

12 ORR, D. W. Catastrophe and Social Order. *Human Ecology*, v.7, n.1, p.41-52, 1979.

Um parisiense, em 1661, tinha medo porque podia ver os mendigos assediando os portões da cidade. Hoje, um parisiense possivelmente sinta-se ansioso porque, na sua imaginação, vê a cidade (isto é, as nações ocidentais desenvolvidas) atacada, em um futuro imprevisível, pelas nações furiosas e famintas do Terceiro Mundo.

No âmbito individual e pessoal, a mente crítica, ao não respeitar a tradição, priva o homem e a mulher modernos de muitas crenças, que antigamente lhes davam conforto. Os seres humanos são frágeis, sua permanência na Terra está sujeita ao acaso. Os acidentes, e não o sofrimento, são nossos mais autênticos *memento mori* (lembra-te que hás de morrer), diz Iris Murdoch. Eles nos lembram de nossa contingência. A qualquer momento nosso caro e familiar modo de viver e a própria vida podem acabar devido a algo totalmente inesperado e horrível – uma coincidência fortuita de acontecimentos. Eu vou andando pela calçada assobiando uma música, um vaso de flores escorrega do peitoril da janela e cai na minha cabeça, matando-me ou reduzindo-me a um vegetal. Os seres humanos sempre tiveram consciência desse elemento de risco e têm procurado prevenir-se contra ele com crenças e amuletos, que são tão patéticos quanto engenhosos, indo do pé de coelho até a astrologia. A pessoa crítica que não acredita nessas coisas precisa aprender a viver na incerteza das estatísticas. Em relação à morte, todos sabem que a maioria das pessoas não consegue enfrentá-la, exceto sob os envoltórios de um consolo fictício. Sabemos das vantagens de encará-la de frente. Isso implica, possivelmente, em desespero. Porém, o paradoxo humano é tal que até a recusa de ser consolado por falsas imagens pode se transformar em uma fonte de consolo e força.

Índice remissivo

abandono e medo de abandono, 26, 43-4, 53-4; na cultura esquimó, 79, 82-3; na infância, 26, 32-3

Abrams, Philip, 104, 254

adolescência, 7, 10

adultos, 325; concepção infantil, 19-20, 41-55; esquizofrênicos, 328; medos em, 20; pesadelos, 29

aflição, 58-60, 81-2, 91-2, 294-5. *Ver também* medo

África e africanos: amba (povo), 168; boxímanes do Calaári, 36, 67-71, 78-9; costumes funerários, 84; crença em feitiçaria, 174, 177; crianças, 49-50; dinka (povo), 173; floresta tropical do Congo, 59-61, 66, 86; gabon (povo), 180; gusii (povo), 171-2; interpretação de agouros, 176-7; kaguru (povo), 172, 173-4, 183; kpelle (povo), 194; lugbara (povo), 171; medos noturnos, 36-8, 171-3; mende (povo), 87-9, 185; pigmeus mbuti, 59-67, 71; primeiros hominídeos, 74-5; shona (povo), 175, 183, 185; wambugwe (povo), 177-8; zande (povo), 177. *Ver também* Egito; culturas tribais

agorafobia, 328

Agostinho de Hipona, 123

agouros e presságios, 149-52, 176-8. *Ver também* sobrenatural

agricultores: e jogos de azar, 113-5; e violência, 220-6;

em civilizações arcaicas, 91-2; lugar na sociedade, 232-3; medos econômicos, 225-6. *Ver também* agricultura e povos agrícolas; campo

agricultura e povos agrícolas: amba (povo), 168; antigos, 81-90; movimento de cercamento na Inglaterra, 225-6; mende (povo), 87-9; pré-modernos, 98-106; agricultura nômade, 84-5; tarongan (povo), 87-9. *Ver também* agricultores; culturas tribais; zona rural

Ahern, Emily M., 188

ahts (povo), 193

alarme, 10, 11, 59. *Ver também* medo

albigenses, 127

Alemanha: caça às bruxas na, 173-4; cidades, 235-7, 249-51, 256-7, 267-8; crença em fantasmas na, 193-5, 200-1; medieval, 105-6, 129-31, 208-10, 235-7, 256-7, 287-90; punições na, 284-5, 287-90, 310-12; século XVII, 208-10; tratamento de doentes mentais na, 302-5. *Ver também* Europa; Idade Média

Alexander, John E., 266

Allestree, Richard, 47

Allison, T., 9

almas: de animais, 81-2; perda da alma, 142-3. *Ver também* espíritos; fantasmas e crença em fantasmas; vida após a morte

Alpes, 127, 174

alsácias, 258

amba (povo), 168-9

ambiente: como fonte de doenças, 151-7; em sociedades "sem medo", 58-71. *Ver também* campo; cidades e medo urbano; deserto; natureza; Paisagens do medo

América do Sul, 183

Ammar, Hamed, 51

Amsterdã, 310

anarquia, *ver* cidades e medo urbano

ancestrais e espíritos ancestrais, 87-8, 143-4, 179-83, 185-90

Andrews, William, 287

anfíbios, 23, 25, 173

Anglicus, Bartholomaeus, 130

animais domésticos, 9

animais selvagens, *ver* animais

animais: abate de, 221; almas dos, 81-2; amigáveis, 35-6; associados a bruxas, 171-6; concepção chinesa dos, 190; demônios, 133-4, 146-8; em sociedades "sem medo", 65-6; herbívoros, 9; medo de animais na Idade Média, 128-36; medo de animais na infância, 23, 25; reações de medo, 7-11, 23-5, 57-8; répteis e anfíbios, 22-6, 28-30, 48-9, 63-4, 133-4, 173-4, 331-2; sacrificiais, 113-4; selvagens, 9-11, 24, 129-33, 173-4, 179-80, 182, 190-1. *Ver também* nomes de animais

anjos, 118-9, 126, 339

anões, 35

ansiedade, 17, 33, 54, 59, 112, 325-6, 341-3; definição de, 9-11; na arte primitiva, 76-7. *Ver também* medo; Paisagens do medo

antropologia, 58. *Ver também* culturas tribais

Apalaches, 222-4

Apoko, Anna, 37

Appleby, Andrew P., 108-9

ar, como fonte de contaminação, 141, 151-7

aranhas, 24, 29

área doméstica: em sociedades "sem medo", 65-6; segurança da, 9, 77-9, 331-4. *Ver também* segurança

Ariès, Philippe, 42, 44, 47, 340

Aristipo, 41

Aristóteles, 151

Armstrong, Edward A., 132-3

arqueólogos, 58

arte: medieval, 120-1, 290; no Paleolítico superior, 76-7

ártico canadense, 81. *Ver também* esquimós

arunta (povo), 192

Ashwin, E. A., 171, 175

Ásia, 76, 84. *Ver também* China; Japão

asilos, 320-3. *Ver também* pobres; prisões

assaltantes, 129-31, 210-13. *Ver também* bandidos; ladrões; cidades e medo urbano; violência

assassinatos, 14-5, 65-6, 205-6, 218-9; como ritual, 94-5; fantasmas e, 188-90, 191;

taxa de assassinatos na Idade Média, 210-11, 213-4

astrologia, 149-51. *Ver também* corpos celestes

astronomia, 231-2. *Ver também* corpos celestes

Athelstan, 285

Attenborough, F. L., 285

Augusto (Roma), 246

Austrália, 192

aves, 10, 133; pássaro-raio, 175

Avicena, 153, 156

Ayedelotte, Frank, 309

Aykroyd, W. R., 99, 100

Bacon, Francis, 151

Bacon, M. K., 38

Bailey, Cyril, 195

Balazs, Étienne, 261, 262, 302

balineses, 45-9, 329-34

bandidos, 208, 219. *Ver também* ladrões

Baroja, Julio Caro, 174, 176

Barry, H., 38

barulho, 234-9

bascos, 179

Basore, J. W., 42

Bateson, Gregory, 331, 333

Bayne-Powell, Rosamond, 237, 258

Becker, E. J., 136

Becker, Howard S., 276

Bede, Venerable, 124, 135

Beidelman, T. O., 172, 183

Belden, Jack, 102

Bell, Daniel, 347

Bell, Walter George, 151, 159, 164, 193

Bellamy, John, 221, 287, 289

Bensimon, Marc, 290

Bentham, Jeremy, 297, 298

Beowulf, 130
Bercé, Y. M., 216
Bernard, Leon, 264
Berossus, 94
Besant, Walter, 241
Betjeman, John, 237
Bettelheim, Bruno,32, 34,
Bíblia, 97-8, 124-6, 149, 341-3
bicho-papão, 53-54
Billacois, François, 220
Birket-Smith, Kaj, 81
Blair, Peter Hunter, 124
Bleak House (Dickens), 239, 259
Bloch, Marc, 122, 125
Blurton-Jones, N. G., 36
Blythe, Ronald, 222, 226
Bodde, Derk, 302
bode expiatório, 171-3
bodes, 172
Boguet, H., 171
Bosch, Hieronymus: *Wandering Fool*, 290
Boston: incêndios em, 246-7; instituições penais em, 319, 323; estrangeiros em, 256. *Ver também* Estados Unidos: cidades coloniais
Bouwsma, W. J., 46
Bowlby, John, 20, 53
boxímanes !kung, *ver* boxímanes do Calaári
boxímanes do Calaári, 67-71; comparados aos esquimós, 77-8, 79-80; medos na infância, 35-6
boxímanes, *ver* boxímanes do Calaári
Brace, Charles Loring, 268, 269
Brant, Sebastian: *Das Narrenschiff*, 300

Brasil, 45
Braudel, Fernand, 132, 214, 216, 248
Breasted, James H., 93
Brehaut, Ernest, 120
Bridenbaugh, Carl, 237, 244, 249, 256, 266
Bridewell, 310. *Ver também* Inglaterra: prisões
Briggs, Julia, 197
Brodribb, W. J., 284
Brody, Saul Nathaniel, 157, 306
Brophy, Brigid, 52
Brown, Peter, 119
Brucker, Gene A., 240, 254, 263
Bruni, Leonardo, 263
bruxaria, 85-7; como fonte de doenças, 142-3. *Ver também* bruxas e bruxarias
bruxas e bruxaria, 9-11, 14-5, 28-30, 35-6, 50-3, 85-7, 167-78, 183-5, 343-4; ambiente de, 126-7, 173-4, 182-3; chinesas, 95-7; concepção medieval, 124-9; dedinição, 167-8; e animais, 171-6; e clima, 124-7, 174-6; e escuridão, 170-3; em sonhos, 134-6; proteção contra, 174-8; punição de, 281-2; relacionadas a fantasmas, 179-80, 182-5; sabás, 170-1, 173-4; traços antissociais das, 170-1; veneno do cadáver das, 174-8
budismo e budistas, 136, 143, 246
Bullock, Paul, 279
Bulmer, R. N. H., 186
Butler, H. E., 138, 247

Butzer, Karl W., 74, 93

caçadores, 35-6; esquimós, 77-84; expectativa de vida, 68-9; Homem de Neanderthal, 75; Homem de Pequim, 74-6; trabalhos artísticos, 76-7. *Ver também* caçadores-coletores; culturas tribais

caçadores-coletores, 57-71. *Ver também* culturas tribais; sociedades "sem medo"

cadáveres, 180-1, 184, 294-5; como fonte de doenças, 154-7; costumes funerários, 182-5, 187-90, 287-90; de pessoas executadas, 294-6; medo de cadáveres entre os chineses, 187-90, 190-1; uso de cadáveres por bruxas, 174-8. *Ver também* espíritos; fantasmas e crença em fantasmas; morte e medo da morte

cães, 23

Caillois, Roger, 326

Califórnia, 225, 227, 274, 341-3

Cambridge, Inglaterra, 254, 255

Campbell, Anna Montgomery, 154, 157, 158

campo, 14-5, 207-30, 234-5; americano, 201-6, 221-6; concepção romântica de, 208-10; medo de fantasmas, 201-6; na Idade Média, 208-14; na modernidade, 208-10; século XVI, 208-10, 212-6, 225-6; século XVII, 212-8; século XVIII, 216-23; século XIX, 221-4; trabalhadores rurais, 225-30;

violência no, 207-30, 251-2. *Ver também* agricultores; agricultura e povos agrícolas; fome; natureza

Canetti, Elias, 132, 250

canibalismo, 76

Canuto, 282

caos, 12-5, 97, 308; bruxas e, 170-1; contenção do, 11-2, 205-6; infância como, 45-7; na sala de aula, 26-8; urbano, 15-7, 231-5, 268-70. *Ver também* cidades e medo urbano; clima e medo do clima; desastres naturais; guerras; morte e medo da morte; natureza; ordem cósmica; segurança

Carcopino, Jérôme, 235, 238, 247, 257

Carey, Iskandar, 66

Carlos V (França), 290

Caroll, Lewis, 48

Carson, G., 134

Cartouche, Louis-Dominique, 219

casamento, 346. *Ver também* papéis sociais por gênero

cavalos, 172

Cavendish, Richard, 123

cavernas, 173

Cazeneuve, Jean, 326

celeiros, 103-5, 113-4

cemitérios, 337-40

cerimônias de iniciação, 19-20

chacal, 173

Chaloner, Thomas, 213

Chang-an, 243, 258-9, 344-6. *Ver também* China e chineses

Chao-ting Chi, 97

Chaucer, Geoffrey, 123, 126
Chauliac, Guy de, 157
Cheng, T. K., 342
Chenu, M. D., 122
Chevalier, Louis, 268
Chia Yi, 97
Child, I., 38
chimpanzés, 24
China e chineses, 94-106, 331-2, 334-5; cidades, 231-2, 244-7, 259-63, 344-6; confucianista, 95; costumes funerários, 187-90; crença em fantasmas e espíritos, 187-93, 195-6; crenças rituais e sobrenaturais, 94-5, 97-9, 161-2, 187-93, 195-6, 331-2; desastres naturais e fome, 94-106, 114-5; dinastia Ching, 98; dinastia Chou, 95; dinastia Han, 95, 97, 259-60; dinastia Shang, 94, 341-3; dinastia Sui, 195; dinastia Tang, 115, 207-8, 245, 260; exílio, 301-2; Homem de Pequim, 74-5; imigrantes, 273-8, 279; infanticídio, 41, 43; jogos de azar, 113-5; motins agrários, 12-4; nos tempos modernos, *ver* República Popular da China; período Sung, 245, 262; sacrifícios humanos, 94-5, 341-3; teorias de contaminação na China, 140-8, 161
Chojnacki, Stanley, 253
Christine, Ferdinand, 160
Church, A. J., 284
Cicchetti, D. V., 9

ciclo vital: adolescência, 7-11; idade adulta, 20-1, 28-30, 55, 325-6; infância, 14-5, 19-55; primeira infância, 9-15; puberdade, 19-20, 45-7; velhice, 65-6, 69-71, 79-80, 182-3
cidades e medo urbano, 14-7, 91-2, 230, 231-79, 302-3, 341-3; anarquia e revolução, 251-5, 259-70; arquitetura, 252-5; atividades rurais, 232-3, 242-4; barulho, 234-9; colapso de moradia, 237-40; como labirintos, 239-44; como selvas, 249-52; conflito de classes, 251-4, 256-9, 265-70; economia de mercado, 260-3; em cidades coloniais americanas, 235-7, 242-5, 256-7; epidemias e doenças, 153-4, 162-5, 268-70; execuções públicas, 282-5; grupos de minorias, 265-8; guetos étnicos, 270-9; heterogeneidade, 232-3, 251, 253; incêndios, 245-50; liberdade, 208-10; medievais, 235-6, 240, 241, 245-9, 254-6, 262-3; na China, 231-2, 244-7, 259-63; origens cerimoniais, 231-35; pessoas pobres, 237-9, 251-2, 256-7, 262-79; Renascença italiana, 252-3, 262-3; ruas, 239-44; século XVI, 243, 250; século XVII, 263; século XVIII, 216-23, 234-41, 243, 248-51, 265; século XIX, 242, 259, 264, 267-8; toque de

recolher, 247-51, 254-7, 262-3; trânsito, 235-9, 242-5; violência e crime, 212-4, 251-70. *Ver também* nomes de países e cidades

civilização asteca, 96, 97

civilização babilônica, 94-5, 149-51, 231-2

civilização grega, 331-4; bruxas, 170-3; cidades, 231-2; concepções de doenças, 146-51, 153-4, 162-4; costumes funerários, 182-5; crença em agouros, 176-8; divindades da natureza, 338-40; fantasmas e crença em espíritos, 170-3, 185-8, 338-40; infanticídio, 43; micênica, 183; prisões, 299; templo do Medo, 57-8; tratamento de crianças, 50-3; tratamento de doentes mentais, 302-3

civilização romana: condições urbanas, 234-5, 237-9, 240, 245-7; crença em agouros, 176-8; crença em fantasmas, 193-6; doenças e medo de doenças, 148-9; infanticídio, 41-2; justiça e punição, 281-5, 301-5; lupercais, 332; vida rural, 207-8

civilizações arcaicas, 91-100. *Ver também* civilização asteca; civilização babilônica; China e chineses; Egito; sumérios

Clark, Grahame, 76

Clark, Kenneth, 120

classe média, 251-4, 256-9, 265-70, 297-9

Clássico mais íntimo do Soberano Amarelo, O (*Huang Ti Nei Ching*), 144-5

claustrofobia, 30

Clay, Rotha Mary, 307

Clemente VI (papa), 157

Clements, Forrest E., 141

clima e medo do clima, 12-5, 84-5, 95-7, 181-3, 231-2, 344-6; bruxas e, 124-7, 174-6; na Idade Média, 123-7; no século XVII, 106-8; relâmpagos, 174-6, 331-2; seca, 58-60, 81-2, 91-2, 113-4, 294-5; temporais, 65-7, 331-2. *Ver também* desastres naturais; natureza

Cobb, Richard C., 218-20

cobras e medo de cobras, 23-5, 28-30, 48-9, 63-4, 173-4, 331-2; concepção medieval, 133-4; idade e, 23-5

Coburn, J. B., 214

Coburn, J. S., 308

Cockburn, J. S., 213

Cohen, Gustave, 17

Cohn, Norman, 120

Coleridge, Stephen, 237

Coles, Robert, 224, 227-9

coletores, 73-6. *Ver também* caçadores-coletores; culturas tribais

Collingwood, R. G., 207

Collins, Phillip, 298

Collison-Morley, Lacy, 199

Columela, 153

cometas, 124, 140-1, 151-3. *Ver também* corpos celestes

Comfort, Alex, 10

competitividade, 38-9, 63-4

"Conduza-nos, Bondosa Luz" (cardeal Newman), 11

confinamento, 301-24; leprosários, 157, 305-8; de pobres, 309-10, 321-4. *Ver também* prisões; punição

conflito de classes, 251-4, 256-9, 265-70

confucionismo, 143

Connecticut, 323

Conot, Robert, 279

Conselho Nacional de Segurança, 225

contos de fadas, 11-2, 32-6, 136-7

Cook, Earl, 334

Cooper, David D., 296

Copérnico, 121

Coram, Thomas, 43

corpo: integridade corporal, 139-40, 333; visões culturais do, 44-5. *Ver também* doença e medo de doenças

corporalidade, 120-1

corpos celestes: cometas, 123-4, 140-1, 151-4; como ordem, 231-2; concepção medieval, 123-6. *Ver também* astrologia; astronomia

corujas, 51, 173

costumes funerários, 182-5, 188-90; na China, 187-8. *Ver também* morte e medo da morte

Coulton, G. G., 124, 131-4

Crawford, J. R., 175, 183, 185

Creese, Walter L., 240

Creighton, Charles, 156

criança e infância, 19-55, 187-8, 325-6; aptidão para a violência, 47-8; astecas, 95-7; balineses, 48-9, 329-31; concepção ocidental *versus* não ocidental, 19-21; concepção primitiva, 36-8; concepção romântica, 19-20; crueldade com crianças, 41-55; curiosidade e imaginação infantil, 33-4, 36-8; disciplina e controle de crianças, 25-6, 28-33, 47-55; dos primeiros hominídeos, 73-6; em sociedades "sem medo", 63-6, 69-71; entre o povo navajo, 51; entre trabalhadores nômades, 227-9; esquimós, 77-80; esquizofrenia, 328; fantasmas de crianças, 188-90; na Idade Média, 44-5, 52-3, 242-44; *status* humano de, 41-9; visão da natureza humana, 26-8. *Ver também* medos na infância; medos infantis; primeira infância.

crianças, 9-15, 325-6; condição humana de, 41-8; enfaixadas, 47-8; enfaixe de, 47-8; fantasmas, 188-90. *Ver também* crianças e infância; medos infantis; medos na infância

Crisóstomo, Díon, 52

Cromwell, Oliver, 259

crueldade: com crianças, 41-55; com escravos, 282-4; como espetáculo, 17-8; na mitologia esquimó, 81-4; no campo, 221-3. *Ver também* punição culpa, 79-82

cultura ocidental: medo do holocausto nuclear na, 124-6; percepção do tempo na, 61-3; visão da infância na. *Ver também* Estados Unidos; Europa; nomes de cidades, países e séculos

culturas não ocidentais: educação infantil em, 48-51; medos na infância em, 35-9; mortalidade infantil em, 41-4; pesadelos em, 36-8; visão da gravidez e nascimento em, 36-8. *Ver também* África e africanos; China e chineses; culturas tribais; nativos americanos

culturas tribais, 14-7, 57-71; agrícolas, 82-90, 98-106, 168-9, 183-6; arte em, 76-7; caçadores, 35-6, 68-9, 74-84; caçadores-coletores, 38-9, 57-71; coletores, 73-6; competição em, 38-9, 63-4; concepções de doenças em, 140-3; costumes funerários, 182-5; crença em bruxas, 168-71, 172-8, 281-2; crença em fantasmas e espíritos em, 180-6, 192-5; crianças em, 36-9, 50-1, 171-3; Filipinas, 61-6, 69-71, 88; idosos, 65-6, 69-71, 79-80; infanticídio, 79-80; justiça e punição, 281-2; na Austrália, 192-3; Nova Guiné, 36-9, 185-6; rebanho, 38-9; sonhos, 134-6; visão do natural, 45-7, 117-8; xamãs, 134-6. *Ver também* África e africanos;

nativos americanos; sociedades "sem medo"

curiosidade, 33-4, 63-4; derivação da palavra, 325-6

Dangerous Classes of New York, The (Brace), 268-9

Daniels, Roger, 274

Dante: *A Divina Comédia*, 137

de Beer, Gavin Rylands, 129

De Groot, J. J. M., 146-7

De Vries, Jan, 111

Debson, R. B., 164

defecação, 46

Deliverance (Dickey), 224

deMause, Lloyd, 47, 49, 52

demônios, 143-4, 179-80, 331-2; ambiente de, 126-7; animais, 133-4, 146-8; concepção medieval, 118-23, 128-31, 133-4, 134-6; possessão por, 142-3. *Ver também* espíritos da natureza; seres sobrenaturais

Demonology (Dickey), 175

desastres naturais, 57-8, 91-116, 166, 344-6; doença e, 154-6; enchentes, 12-7, 98-100; erupções vulcânicas, 154-6; fome, 91-3, 97-111, 131-2, 148-9, 207-10; modernos, 334-5, 340-3; na China, 95-105, 115, 208; na Índia, 98-103; nos Estados Unidos, 334-5; seca, 81-2, 91-2, 113-4, 158-60, 294-5; terremotos, 145-6, 154-6, 341-3. *Ver também* natureza; clima; medo do clima

desconhecido, 32-3, 190-1

deserto, 66-71. *Ver também* boxímanes do Calaári

desorientação, 32-3, 35-6, 329-31; moral, 129-31

Deus, 52, 342-3; medieval, 121-3

deuses, 57; deuses locais dos Chineses, 187-8. *Ver também* divindades da natureza; sobrenatural

Deutsch, Albert, 317, 320, 323

Devereux, George, 39

DeVore, Irven, 38, 58, 69

Dia do Juízo Final, 124-5

diabo, o, 28, 47-8, 52-3, 134-6, 148, 171, 338-40; como fonte de mau tempo,123-6; sonhos com, 134-6. *Ver também* demônios; espíritos da natureza; mal

Dickens, Charles, 239, 259, 269-70, 298

Dickey, James: *Deliverance*, 224

dinka (povo), 173

Divina Comédia, A (Dante), 137

divindades da natureza, 85-90, 179-80, 200-1, 338-40. *Ver também* demônios

Dodds, E. R., 147-8

doença mental, 302-5, 312-5; agorafobia, 328; segurança e, 326-31; tratamento de doença mental nos E.U.A., 317-8, 320-3

doenças e medo de doença, 12-7, 139-66, 295-7; cólera, 146-51, 154-6, 158-65; como divindade, 148-9; concepção astrológica, 149-54; concepção elitista *versus* popular, 143-8; concepção grega, 146-51; concepção judaico-cristã, 148-9; concepções primitivas, 140-3; e ordem cósmica, 139-40, 143-6, 149-51; em Roma, 148-9; entre os pobres urbanos, 268-70; epidemias, 140-1, 146-52, 208-10; fantasmas e, 185-8; ignorância sobre, 140-1; lepra, 305-8; medievais, 142-3, 148-52, 154-9, 161-4; na China, 142-8, 161-2; na Rússia, 159-60; neurológicas, 69; no mundo clássico, 146-51; no século XVII, 158-9, 161-2; no século XIX, 149-56, 158-65; pragas, 149-59; prisões e, 313-6; teoria da contaminação pelo ar, 151-7; teorias sobrenaturais sobre, 142-51

doentes mentais, *ver* doenças mentais

"Dois irmãos, Os" ["The Two Brothers"], 33

dragões, 127, 129

Du-Boulay, F. R. H. 289

Duby, Georges, 106, 340

Eastman, Charles A., 39

Eberhard, Wolfram, 95, 190-1, 232, 348

economias pré-agrícolas, 73-4

Eduardo I (Inglaterra), 211

Eduardo III (Inglaterra), 306

Eduardo VI (Inglaterra), 310

Egito, 50, 92-3; celeiros, 97-8; dez pragas do, 148-9; punição, 281-2

elefantes, 66-7

Eliot, T. S., 330
Elizabeth I (Inglaterra), 211,
246, 257, 261, 290. *Ver
também* Inglaterra: Tudor,
213-4, 247-9, 257-9, 292-4
Emmons, Howard, 249
enchentes, 12-7, 98-100. *Ver
também* desastres naturais
energia nuclear, 343, 347
enfermidade, *ver* doenças e
medo de doenças
enforcamento, 289-99, 307-8,
315-6. *Ver também* execuções
públicas
Ennin, 208
enraizamento, 60-1, 69-71. *Ver
também* segurança
epidemia de cólera, 147-50,
155-6, 159-60, 165-6. *Ver
também* doenças e medo de
doença
epidemias, *ver* doenças e medos
de doença
Epiteto, 11
Erickson, Carolly, 121, 123, 197
Ernst, Robert, 272-3
erupções vulcânicas, 154-6. *Ver
também* desastres naturais
Escócia, 173
escravos, 282-4
escuridão e medo da escuridão,
141-3; bruxas e, 171-3; como
ambiente de fantasmas,
203-4; em adultos não
ocidentais, 36-8; em
sociedades "sem medo",
61-3, 65-7; na cidade,
239-40, 264-5; na infância,
22-3, 25-8, 36-8, 171-3
Esmein, Adhemar, 283

espaço, 326-34; corpo como,
334-5; definições culturais
de, 329-34; doméstico,
331-4; sagrado, 60-1. *Ver
também* segurança
Espanha: epidemia de cólera de
1830, 158-61; século XIX,
208-10, 213-6
espíritos da natureza, *ver*
demônios; divindades da
natureza; sobrenatural
espíritos, 50-1, 118-21, 179-80;
ancestrais, 87-90, 179-91;
apegados ao lugar, 87-8;
como fonte de doenças,
140-6; povos agrícolas e,
85-90. *Ver também* divindades
da natureza; fantasmas e
crença em fantasmas;
sobrenatural
esquimós, 77-84. *Ver também*
culturas tribais
Estados Unidos: cidades
coloniais, 235-7, 242-5,
247-51, 256-7; confinamento
de pobres, 321-4; crença em
fantasmas, 201-6; desastres
naturais, 334-5; epidemias,
149-52, 159-61; incêndios,
247-51; era jacksoniana,
317-23; execuções públicas,
295-7, 315-8; Guerra Civil,
317-8, 320-1; imigrantes,
270-9; medos étnicos e
raciais, 265-8; medos
urbanos nos, 247-51, 256-7,
265-8, 321-4; prisões e
asilos, 315-24; taxas de
homicídio, 210-11;
trabalhadores migratórios,

226-7; violência rural, 221-6; sul dos, 203-6, 295-7. *Ver também* Boston; Filadélfia; nativos americanos; Nova York; São Francisco; nomes dos estados

estranhos, 14-5, 249-52, 254-7, 343-4; medo de estranhos na infância, 20-3, 30-1, 35-6

estrelas, *ver* corpos celestes

estupro, 218-9

Ethelbert de Kent, 284

etnológos, 58

Europa: Alpes, 127-8, 174; animais selvagens, 128-34; bruxas, 171-6; cidades, 234-45, 262-79; crenças em fantasmas, 193-5; crianças, 47-9, 52-3; do Leste, 47-8; epidemias, 149-61; florestas, 128-31; fome, 105-11, 131-2; hospitais para enjeitados, 43; infanticídio, 43; leprosários, 305-8; mediterrânea, 213-6; mortes de crianças, 41-4; povos do Paleolítico superior, 118-9; século XVI, 133-6, 149-51, 174-6, 208-10, 212-6, 225-6, 241-2, 249-51, 284-7, 307-12; século XVII, 45-8, 106-11, 149-51, 161-2, 208-10, 212-8, 262-5, 309-13, 344-6; século XVIII, 57-8, 109-11, 216-45, 247-52, 256-60, 264-5, 289-97, 310-6, 346-7; século XIX, 57-8, 241-4; violência rural, 208-23. *Ver também* Idade Média *e* nomes de países

Evans, Ivor H. N., 67

Evelyn, John, 313

excuídos, 307-10, 313-8

execução, *ver* execuções públicas; punição

execuções públicas, 15-8, 282-5, 287-99, 338-40; crianças e, 52-3; enforcamento, 289-99; reação pública, 15-8. *Ver também* punição

exílio, 282-4, 301-3. *Ver também* punição

exorcismo, 142

fadas, 35

Fairbank, John K., 232

fantasmas e crença em fantasmas, 9-11, 14-5, 28-30, 50-1, 53-5, 143-4, 179-206, 331-2, 343-4; ambiente de, 182-3; assassinos e vítimas de assassinatos, 188-91; doença e, 185-8; em culturas tribais, 180-6, 192-5; em Madagascar, 193-5; em Roma, 193-6; histórias modernas de, 196-201; na Alemanha, 193-5, 200-1; na América, 201-6; na China, 187-93, 195-6; na Grécia, 185-8; na Idade Média, 195-8; na Inglaterra, 193-201; no campo, 201-6; possessão por, 142-3; proteção contra, 192-8; relacionados a bruxas, 179-80, 182-5. *Ver também* espíritos; morte e medo da morte; sobrenatural

fatalismo, 114

Feillet, A., 132

Feira de Tyburn, 293-5
Fernandez, C. A. II, 63
feto, condição humana de, 42
fezes, 48-9
Fielding, Henry, 251, 257-8, 297
Filadélfia, 249; barulho, 235-7; distrito dos negros, 276-8; estrangeiros na, 256-7; febre amarela, 151-2; medo de desordem pública, 265-6
Filipinas: filosofia e sistema filosófico, 11-2, 120-3; floresta tropical de Mindanau, 62-3, 71; tarongans, 87-9
"Fitcher's Bird", 33
Flandres, 106, 131-2
Florença, 240, 252-5, 262, 341
floresta tropical do Congo, *ver* floresta tropical; pigmeus mbuti
floresta tropical, 58-71, 73-4, 77-9
florestas, 12-4, 173-4; como força criadora, 58-63; como inimigas, 85-7; em contos de fadas, 32-6; concepção medieval, 128-31; no século XVIII, 118-9. *Ver também* floresta tropicai
fome, 91-3, 97-111; como divindade, 148-9; na China, 97-8, 100-6, 207-8; na Europa, 105-111; na Índia, 98-101, 105. *Ver também* desastres naturais
fome, 97-8.
forca, 338-40. *Ver também* enforcamento

Foucault, Michel, 303, 311, 315, 320
Fox, Lorene K., 37, 50
França: fome, 105-8; ambiente de bruxas, 173-4; hospitais para enjeitados, 43; justiça e punição, 287-92, 302-3, 310-5; leprosários, 289-90; medieval, 17-8, 105-6, 131-2, 151-2, 208-10, 289-92; medos urbanos da classe média, 267-71; século XVII, 47-8, 106-8, 215-8; século XVIII, 109-11, 217-19, 235-7, 246-7; vida rural, 208-10, 215-21; vínculo familiar, 240-1. *Ver também* Europa; Paris
Francisco de Assis, São, 132
Frankfort, Henry, 93
Frazer, James George, 192-4
Freedman, D. G., 21
Freedman, Maurice, 144
Freuchen, Peter, 78, 80
Froissart, Jean, 208-9
fronteiras, 12. *Ver também* segurança
gabon (povo), 180
Galeno, 153
Geertz, Clifford, 46
gênios, 328-31
Gênova, 248, 253. *Ver também* Itália
George, M. Dorothy, 43, 217, 238-9, 257
Geremek, Bronislaw, 308
Gernet, Jacques, 246
Gibbs, James L., 59
Gibson, James J., 9
gigantes, 35-6

Gilbert, Islanders, 183-5
Gillen, F. J., 193
Given, James B., 210-11
Glastonbury, 121
Goldfarb, William, 328
Goodall, Jane Van Lawick-, *ver*
Van Lawick Goodall, Jane
Goubert, Pierre, 108, 338
Gourou, Pierre, 85
governantes e governos, 205-6;
desastres naturais e, 103-5;
função da ordem social,
231-3; medo de, 15-7, 57-8,
91-2, 259-60; na cidade,
252-63; violência e, 207-8
governos, *ver* governantes e
governos
Grã-Bretanha, *ver* Inglaterra
grandes símios, 23-5
Granet, Marcel, 95
Grant, A. J., 197
Gray, Robert, 178
Gregório de Nazianzo, 104
Gregório, o Grande (papa), 135
Gregorovius, Ferdinand, 254
Grimble, A., 184
Grimm's Fairy Tales, 34
Grob, Gerald N., 322
Grousset, René, 345
Guerra dos Trinta Anos, 210
guerras, 57, 65-6, 94-7, 209,
308, 344-5
Guillain, George, 312
gusii (povo), 171-2
Guthlac, São, 183
Gutierrez, Hermes, G., 64
Hadfield, J. A., 30
Haggerty, Owen, 295
Hamburgo, 311
Hampe, Theodor, 250, 289

Hang-chou, 245, 262
Hansen, John D. L., 70
Hanway, Jonas, 258
Harris, W. T., 88, 185
Hartford Retreat, 323
Harvey, Alfred, 213
Haussmann, Barão Georges
Eugene, 242
hebreus, 342
Hécate, 170
Hecker, J. F. C., 151, 154-5, 158
Heer, Friedrich, 213
Hengel, Martin, 283-4
heróis, 185-8
Hibbert, Christopher, 218, 285
Higham, John, 274
Hilton, R. H., 210
Hinde, R. S., 314
Hipócrates, 144, 151, 161
Hirst, R. J., 234
Hitchcock, Alfred, 54
Hobsbawm, E. J., 219
Hole, Christina, 201
Holloway, John, 295
Holmes, F. B., 23, 25
Homem de Neanderthal, 75
Homem de Pequim, 74-5
Homero, 171
Hopkins, Keith, 104
Hoskins, W. G., 213
hospitais para enjeitados, 43
hospitais, 43, 307-8
Hours, Henri, 220
Houston, Charles, 326
Howard, D. L., 310
Howard, John, 312, 314
Hoyle, Fred, 153
Huang Ti Nei Ching (*O clássico
mais íntimo do Soberano
Amarelo*), 144-5

Hufton, Olwen, 110-11, 221
Hughes, Diane Owen, 254
Hugo de Lincoln, São, 307
Huizinga, Johan, 118
Hungria, 106, 215
Hunt, William, 162
Hyde, Walker W., 134
Idade Glacial, 76
Idade Média, 117-38; Alemanha, 106, 131, 210, 288-9; animais selvagens, 128-32; arte, 120-3; bruxas e caça às bruxas, 124-31, 170-1; castelos, 112-3; cidades e violência urbana, 234-49, 252-7, 262-3; conceito de Deus-Criador, 122; crença em fantasmas, 195-8; crença no sobrenatural, 118-24; crianças, 44-5, 52-3, 242-4; demônios, 148; doenças e medo de doenças, 142-3, 149-64; enterro de cadáveres, 154-6; execuções e humilhação pública, 17-8, 284-94; florestas, 128-31; fome, 105-6, 31-2; França, 17, 106, 132, 151-2, 208, 288-90; heresias, 126-7; incêndios, 245-7; Inglaterra, 130, 135, 137-8, 208-14, 239-42, 252-4, 289-90; leprosários, 305-8; medo do Juízo Final, 123-6; organização social, 126-7; prisões, 304-5; relações humanas, 340-1; romantizada, 117-8, 212-3; sonhos, 134-6; tom emocional da, 117-9, 208-11;

tratamento de doentes mentais, 302-5; viagens, 210-3; violência rural, 208-14; visões, 134-8
ideal comunitário, 338-43
idosos, 79-80; concepção navajo, 182-3; em sociedades "sem medo", 65-6, 69-71
Ignatieff, Michael, 315, 320
imaginação, 11-2, 36-8
imensidão, 128-31. *Ver também* campo
imigrantes, 270-9
Império Turco, 215
incêndios, 245-51, 265-6
Índia: cidades, 231-2; concepções britânicas sobre a, 153-7; crença em fantasmas, 193-5; desastres naturais, 98-105; doenças, 153-7; infanticídio, 43
índios norte-americanos, *ver* nativos americanos
índios, *ver* nativos americanos
Indonésia, *ver* balineses
infanticídio, 45-7; em civilizações clássicas, 41-4; entre os esquimós, 78
Inferno na torre, 249
inferno, 134-8
infortúnios individuais, 167-9
Inglaterra: crença em fantasmas na, 193-201; criação de crianças, 23-5, 44-5, 53-5; crime e violência urbana na, 256-60, 267-70; epidemias na, 149-152, 154-6, 158-9, 161-2; Estatuto de Winchester, 210-3; execuções

públicas e humilhação na, 284-94, 302-3; hospitais para enjeitados na, 43; leprosários, 305-8; medieval, 129-31, 134-8, 208-10, 239-42, 254-5, 289-90; melhorias, 259-60; movimento de reclusão, 225-6; períodos Tudor e Stuart, 109, 213, 225, 247-9, 257-9, 270, 292-4, 309; prisões na, 295-7, 309-10, 312-6; século XVII, 161-2, 344-6; século XVIII, 216-9, 292-5, 337-9. *Ver também* Europa; Londres

Inocêncio VIII (papa), 127

insetos, 23-5, 28-30, 133-6

Irlanda, 106, 131-2, 136-7

Isaac, Glynn, 74

Isidoro, bispo de Sevilha, 120

Itália: costumes funerários, 83-5; crime rural e violência, 215-6; fome, 105-6; pragas, 153-4, 158-9; Renascença, 42-5, 252-5, 262-3; urbana, 105-6, 239-40, 251-5, 262-3. *Ver também* Florença; Roma

Itinerarium angliae (Ogilby), 292

Ittleson, Henry, Centro, 327

Jackson, Andrew, 150

Jackson, Kenneth, 266

Jacobs, Sue-Ellen, 39

Jacobs, W. W.: "The Monkey's Paw" ("A pata do macaco"), 181

Jacobsen, Thorkild, 93

James, E. O., 332

Japão, 42-4, 102

Jeanselme, E., 306

Jefferies, Richard, 221-4

Jefferson, Thomas, 201

Jerônimo, São, 119

Jersild, A. T., 23, 25

"João e Maria", 32-6

Jobling, William, 293

jogos de azar, 113-5

Johnson, Samuel, 238, 258, 295, 338

Jolowicz, H. F., 246, 282

Jones, Ernest, 135, 173

Jones, H. E., 23

Jones, M. C., 23

Jordan, W. K., 308

Josselin, Ralph, 109-10, 345-6

julgamento por ordálio, 119

Juvenal, 235, 238, 247, 257

kaguru (povo), 172-4, 183

Kai-feng, 245, 262

Kalhana, 101, 103

Kansas, 114

Kaplow, Jeffry, 243, 264

Karmel, Alex, 244

Kazin, Alfred, 27

Kendrew, W. G., 112

Kentucky, 202-3

Kessen, William, 40

Kimmins, C. W., 31

King, Anthony D., 157

Kinsman, Robert S., 106, 290, 304, 306, 339

Klausner, Samuel Z., 326

Klein, Carole, 27, 32

Kluckhohn, Clyde, 51, 169, 174, 176, 182, 184-5,

Knapp, P. H., 234

Knighton, Henry, 163-4

Kolata, Gina Bari, 71

Konner, M.J., 36

kpelle (povo), 194

Kramer, Heinrich, 126

Kramer, Samuel N., 93-4
Kwai-shing Poon, 115
Kwang-chih Chang, 75
kyaka (povo), 185-6
Lacroix, Paul, 291
ladrões, 14, 179-80; medo de ladrões na infância, 25, 29. *Ver também* assaltantes
Lancet (revista de Medicina), 162
Lane, Roger, 222-3
Langer, William L., 43
Larner, John, 252
Laslett, Peter,108
Latini, Brunetto, 208
Lawrence, P., 186
Leasor, James, 153, 161
Lee, Richard B., 38, 58, 68-71
Leighly, John, 74
Leighton, Dorothea, 51, 184-5
leões, 9, 23-5, 173-4
leprosários, 157-8
Letts, Malcolm, 250
Levin, William, 293
LeVine, Bárbara B., 172
LeVine, Robert A., 172
Levi-Strauss, Claude, 46
Lewis, C. S., 126
Ley, David, 278
Libéria, 194
Lienhardt, R. G., 173
Lijembe, Joseph, 50
linchamento, 222
Lineu, 25-6
literatura infantil, 32-6; na china moderna, 40
"Little Earth-Cow, The", 34
Littlejohn, J., 333
Liverpool, 259

lobisomens, 29, 135
lobos, 13, 35, 131-4, 173
Londres: "alsácias", 258; asilos, 312-3; controle populacional, 262-3; crime e violência, 208-11, 256-7, 267-8; execuções públicas, 292-9; favelas, 237-4, 257-60, 267-8; incêndios, 245-9; lepra, 305-7; medieval, 208-11, 245-9, 254-5; pelourinho, 286-7; século XVIII, 216-23, 235-42, 249-52, 256-9; século XIX, 267-8; viveiros, 259-60. *Ver também* Inglaterra
Longmate, Norman, 149, 155-6, 162, 165
Lorenz, Konrad, 10
Lorton, D., 282
Loudon, J. B., 143
Luckiesh, Matthew, 343
lugbara (povo), 173
Luís Napoleão (França), 264-5
Luís XIII (França), 216, 264, 270
Luís XIV (França), 264
Luthi, Max, 34
Lyman, Stanford M., 275
Lynch, F., 63
Macfarlane, Alan, 109-10, 346
Mack, John E., 29, 31
Madagascar, 193-5
mae (povo) 186
mãe: dualidade da, 14-5, 333-4
magia, 85-7. *Ver também* bruxas e bruxaria
Mair, Lucy, 170, 177
Majno, Guido, 145
mal, 14, 68, 331-4; atribuído a animais, 133-4; conceito e

medo do, 58-60; concepção
medieval, 121-4, 133-4; noite
como, 170-1. *Ver também*
bruxas e bruxarias; diabo, o
Malaya, 65, 67, 71
Malleus maleficarum (*Martelo das
bruxas*), 126, 176
Mallory, W. H., 105
Maloney, Clarence, 142
Manchester, 259, 267
Manning, Sr. e Sra. George, 298
manu (povo), 37-8
Marco Aurélio, 42
Marks, Alfred, 295
Marks, Isaac M., 329
Marshack, Alexander, 76
Marshall, Lorna, 68
Martelo das bruxas (*Malleus
maleficarum*), 126, 176
Massachusetts, 222-3. *Ver
também* Boston
Massingham, Hugh, 236
Massingham, Pauline, 236
Mather, Cotton, 130, 148
Mathieu, P., 312
mau-olhado, 142-3, 156-7
mbaya (povo), 45-6
McClelland, David C., 40
McGrew, Roderick E., 159-60
McKelvey, Blake, 319
McKeown, Thomas, 43
Mead, Margareth: *Balinese
Character*, 331, 333; *Chidhood
in Contemporary Cultures*, 49;
Growing Up in New Guinea, 37,
38
medo da natureza, *ver* desastres
naturais; natureza
medo de sufocamento, 28-30
medo de traição: na infância,

32-3, 333-4; entre os
esquimós 81-3
medo do Juízo Final, 123-6
medo humano, *ver* medo;
Paisagens do medo
medo: alarme, 9-11, 58-60;
ansiedade, 9-11, 17-8, 33-4,
53-5, 58-60, 76-7, 111-2,
325-6, 341-3; claustrofobia,
30; componentes do, 58-60;
comunidade e, 338-41;
construtos contra o, 11-2,
15-7, 32-6; de abandono,
25-6, 32-4, 42-5, 52-5; de
animais, *ver* animais; de
estranhos, 14-5, 20-3, 30-1,
35-6, 249-52, 254-7, 343-4;
de traição, 32-3, 81-4, 333-4;
definição, 9-11; do caos, *ver*
caos; do Juízo Final, 124,
125; dos avanços
tecnológicos, 341-4; e
sobrevivência, 57-8;
econômico, 225-30; em
sociedades de caçadores,
77-80; estudo do, 17-8; idade
e, 9-11; moralidade e, 30-1;
níveis individuais de, 9;
aflição, 58-60, 81-2, 91-2,
113-4, 294-5; suspeita, 57-8;
terror metafísico, 12. *Ver
também* bruxas e bruxarias;
cidades e medo urbano;
desastres naturais; doenças e
medo de doença; fantasmas
e crença em fantasmas;
medos na infância; morte e
medo da morte
medos infantis, 19-55;
abandono, 25-6, 32-3, 52-3;

adquiridos, 22-3, 25-6, 30-1, 36-8; água, 22-3; animais, 22-6, 28-30; ladrões, 25-8; de estranhos, 30-1; desconhecido, 32-3; desorientação, 32-3, 35-6; dos pais, 30-3, 38-9, 48-55; elementos morais nos, 30-1; escola, 25-8; escuridão, 22-3, 25-8, 36-8, 171-3; esforços para lidar com, 30-6; humilhação pelos pares, 38-9; memória adulta dos, 25-6; monstros, 25-6, 28-30, 50-3; morte, 30-1; não ocidentais, 35-9, 171-3; orientais modernos e ocidentais, 25-38; pesquisas de, 23-8; sufocamento, 28-30; terrores noturnos e pesadelos, 19-20, 26-31, 36-8; traição, 32-3, 333-4; transculturais, 22-8, 35-8; urbanos, 249-51; uso adulto dos, 25-6, 28-33, 48-55. *Ver também* crianças e infância; medos infantis

medos infantis, 20-3, 25-6, 28-30; altura, 22-3, 35-6; cobras, 23-5; estranhos, 20-3, 35-6. *Ver também* medos na infância; primeira infância

medos na escola, 14-5, 25-8; na China moderna, 38-40

medos urbanos, *ver* cidades e medos urbanos

Meggitt, M. J., 186

mende (povo), 87-9, 185

mendigos, 308-9, 314. *Ver também* pobres

Merk, M.J., 112

Mesopotâmia, 93, 344. *Ver também* civilização babilônica

Messer, Elmore, 205

México, 227; astecas, 96-8, 113

miasmáticos, 155-6

Micronésia, 183

Middleton, John, 51, 169, 172-3, 178, 183

Milton, John: *Paraíso reconquistado* [*Paraíso perdido*], *O*, 126

Mindano, *ver* floresta tropical

Minnesota, 115, 163, 305, 324

Mintz, Irving, 328

Miyazaki, Ichisada, 260

Moisés, 149

monstros, 9-11, 179-80, 188-90; medo de monstros na infância, 25-6, 28-31, 50-3

Montaigne, Michel E., 42

montanha Breadtray (Missouri), 204

montanhas, 12-4, 182-3; Alpes, 127-8, 174; Apalaches, 224; como ambiente de bruxas, 173-4; como fortalezas de proscritos, 215-6; crenças medievais sobre, 126-9; Ozarks, 202-3, 333; Pirineus, 127, 174-5, 215

Montell, William L., 202-3

Monter, E. William, 174

Moore, Truman, 227

morcegos, 9, 173-4

More, Thomas, 7

Morgan, G. A., 22

Morris, Clarence, 302

Morris, Desmond, 24

Morris, Ramona, 24

morte e medo da morte, 12-5, 180-1, 337-40, 346-7, 349; concepção navajo, 182, 184; concepção rural *versus* urbana, 221-3; costumes funerários, 182-5, 187-90, 287-90; crença em vida após a morte, 74-6, 281-2; em sociedades "sem medo", 61-3, 65-6, 69-71; entre os esquimós, 79-80; na infância, 30-1; superstição, 201-3. *Ver também* cadáveres; execuções públicas; punição; fantasmas e crença em fantasmas

movimento de reclusão, 225-6

muçulmanos, 50

mulheres, 95-7, 171-3, 190-1

Muller, Johann, 128

Mumford, Lewis, 120, 243

mundo mediterrâneo: violência e crime, 213-6. *Ver também* Europa; nomes de países

mundo moderno, 15-7, 134-6, 337-49

Munro, D. C., 235

Munson, Michael J., 249

Murdoch, Íris, 349

mutilação, 282-7. *Ver também* punição

Myers, S. N. L., 207

Myrdal, Jan, 103

Mystères de Paris, Les (Sue), 268

Nabokov, Vladimir, 19

Nance, John, 62-4

Napoleão III (França), 43, 160, 264-5

narração de histórias, 203-4

Narrenschiff, Das (Brant), 304

Nash, Roderick, 129

Nassau, R. H., 180

nativos americanos: ahts, 193; apego a lugares, 77-9; astecas, 95-8, 113-4; bruxas, 168-71, 173-8; competitividade, 38-9; dança da chuva, 113-4; educação infantil, 38-9, 50-1; esquimós, 77-84; infanticídio, 79-80; mbaya (povo), 45-6; medo de fantasmas, 182-5, 192-5; navajo (povo), 51, 169, 173, 176; tamanaca (tribo), 193-4; toltecas, 96

natureza animal, 44-6. *Ver também* animais; natureza

natureza humana, 15, 8; perspectivas culturais, 44-9; medo de, *ver* cidades e medo urbano; fantasmas e crença em fantasmas; violência; bruxas e bruxaria

natureza, 7-9, 91-116, 231-2; austeridade da, 223-4; como poder personificado, 12-4, 79-82, 85-8, 167-8, 173-4; concepções da natureza ontem e hoje, 340-3; concepções de natureza em sociedades agrícolas, 82-9; dependência entre os caçadores-coletores, 73-84; dessacralização da, 338-40; manipulação humana da, 15-7, 113-4, 333-5; relação dos esquimós com a, 79-80; ritos de fertilidade, 94-5. *Ver também* agricultura e povos agrícolas; campo; clima e medo do clima; desastres naturais; divindades da natureza; florestas; ordem cósmica

navajo (índios): bem e mal, 329-32; bruxas, 168-71, 173-8; crença em fantasmas, 181-5; crianças, 50-1; idosos, 329-31. *Ver também* nativos americanos

Nee, Bratt de Bary, 276

Nee, Victor G., 276

negros (povos), 265-6, 278. *Ver também* África e africanos

Nelson, Lowry, 225

New Bedlam (asilo de), 313-4

New History of T'ang (Balazs), 261-2

Newgate (prisão de), 295, 313

Newman, John Cardinal, 11

Newson, Elizabeth, 53

Newson, John, 53

Nilsson, Martin P., 148, 186-7

noção de tempo: em doentes mentais, 326-8; em sociedades "sem medo", 61-4

noite, 88-90, 170-3. *Ver também* escuridão e medo da escuridão

Nova Guiné: kyaka (povo), 185-6; mae (povo), 186; manu (povo), 37-8

Nova Inglaterra, 130, 323

Nova York, 249, 265; cólera, 149-51, 159-61; estrangeiros e vabagundos em, 256-7, 315-8; imigrantes, 270-5; Lower East Side, 271-5

Novo México, 114

Novo Mundo, 143. *Ver também* Estados Unidos

Novotny, Ann, 272-3

Nuremberg, 250, 304. *Ver também* Alemanha

Nydegger, Corinne, 89

Nydegger, William, 89

objetos: associados à bruxaria, 176-8; que causam doenças, 139-41; sagrados, 50-1

Odo, Frankling, 275

O'Donoghue, Edward G., 313

Ogilby, John: *Itinerarium angliae*, 292

Opie, Iona, 31

Opie, Peter, 31

ordem cósmica: cidade como símbolo de, 231-5; concepção asteca, 95-7; concepção chinesa, 94-100; concepção egípcia, 91-2; concepção mesopotâmica, 92-5; doenças e, 139-40, 143-6, 149-51; ritos e, 92-100, 113-4. *Ver também* caos; natureza

ordem natural, 145-6. *Ver também* ordem cósmica

ordem social, 57-8, 232-5

Oriente Próximo, 142-3, 231-2

Oriente, *ver* China e chineses; culturas não ocidentais; Japão

Orr, David W., 348

Ortiz de Montellano, Bernard R., 96

ostentação, 230-1

Ozarks (montanhas), 202-3, 333

País de Gales, 173

pais, 14-5, 33-4; crueldade com crianças, 41-55; dualidade dos, 14-5, 333-4; medo dos pais na infância, 30-3; relação mãe e filho, 20-3, 25-6, 30-1, 35-6

Paisagens do medo, 7-15, 17; ambiente de fantasmas, 179-206; americanas, 201-6; ar, 141, 151-2, 154-6; áreas de lazer, 26-8; cavernas, 173; doença, 139-66; em doentes mentais, 326-31; em grupo, 15; enquadramento histórico, 15; escola, 25-8; escuridão, 23, 26-7; florestas, 32-6, 129-30; fogo, 244-51; individuais, 14-5; infantis, 23-3; lar, 205; medievais, 126-31; mentais, 11-2, 25-6; montanhas, 12-4, 126-9, 173-4, 182-3, 215-6; noite, 170-3; para animais, 7-11; punição, 281-99; sobre o termo "paisagem", 12-4; sociedades tribais, 14-7, 79-82, 87-90; sonhos, 28, 29. *Ver também* cidades e medo urbano; desastres naturais; medo; medos infantis

palhaços, 60

Pandit, Ranjit Sitaram, 101

papéis por gênero: astecas, 95-7; em sociedades "sem medo", 63-6, 68-71

Paraíso reconquistado [*Paraíso perdido*] (Milton), 126

Paris, 218-9, 236, 241-4, 261-5, 291, 303, 311-3; barulho, 235-7; execuções públicas,

289-92, 338-40; incêndios em, 247-9; medieval, 131-2; no século XVIII, 218-9, 235-7; no século XIX, 241-4; pelourinho, 287-9; polícia, 262-5; populacho, 267-8; prisões, 310-13; ruas, 241-4. *Ver também* França

Parrinder, Geoffrey, 171

Pascal, Blaise, 329-30

"Pata do macaco, A" ["Monkey's Paw"] (Jacobs), 181

Pausânias, 186

pelourinho, 286-9, 295-7, 315-6

pena de morte, 132, 220, 279, 281-2, 285, 288, 290, 301. *Ver também* execuções públicas, punições

pena de morte, *ver* execuções públicas, punição

Pendrill, Charles, 248

pensamento romântico, 19-20, 44-7, 208-10

Pensilvânia, 159, 223. *Ver também* Filadélfia

Pepys, Samuel, 164

perigo, 326

período neolítico, 58

Pérsia, 162

pesadelos, 26-31; concepção medieval, 134-6; não ocidentais, 36-8; temas recorrentes, 28-30

peste negra, *ver* pragas

pestilência, 98-100. *Ver também* doença e medo de doenças; pragas

Petrônio, 239

Piaget, Jean, 28

Pickford, R. W., 234

Piers, Maria W., 44
Piggott, Stuart, 77
pigmeus mbuti, 59-67, 71
pigmeus, *ver* pigmeus mbuti
Pike, Luke Owen, 207, 258, 286
Pinel, Phillipe, 320
Ping-ti Ho, 100, 262
Pinkney, David H., 247, 265
Pirineus, 127, 174-5, 215
Platt, Colin, 241
Pliny, 198-200
pobres, 307-8; americanos, 323-6; confinamento de, 309-10, 321-4; medo de, 251-2, 256-7, 262-70; na cidade, 237-9, 265-6, 268-79; no campo, 225-30
Poe, Edgar Allan, 333
policiais e força policial, 48-9, 53-5, 221-4, 262-5
Polinésia, 143
Porkert, Manfred, 145
Porto Rico, 227
possessão, 142-3
Potter, John Deane, 285, 293
povos "primitivos", *ver* culturas tribais
Powell, J. H., 152
Power, Eileen E., 208
pragas, 149-52
presságios, *ver* agouros e presságios
Primeira Guerra Mundial, 154
Pringle, Patrick, 258
prisioneiros, 94-5
prisões, 254-5, 304-7, 324; americanas, 315-24; britânicas, 295-7, 309-10, 312-6; doenças e, 313-6; francesas, 310-5; medievais,

304-5; penitenciárias, 318-21; século XVI, 307-12; século XVII, 309-13; século XVIII, 310-6; *tuchthuis* (casa de disciplina), 309-12. *Ver também* punição
Pritchard, John L., 291
proto-humanos, 74-6
Prússia, 159
punição, 205-6; de crianças, 25-6, 47-55; em sociedades "sem medo", 63-4; execução pública, 282-5, 289-99; exílio, 282-4, 301-3; expulsão, 302-3; mutilação, 282-4, 285-7; ostracismo, 281-4; pelourinho, 286-9, 295-7, 315-6; pena de morte, 282-5, 287-90; tronco, 286-9. *Ver também* prisões
quacres, 320
Quênia, 50. *Ver também* África e africanos
Quintiliano, 284, 295
Radzinowicz, Leon, 292-3
Rajatarañgini (*Uma crônica dos reis da Caxemira*), 101-2
Randolph, Vance, 203, 333
Rasmussen, Knud, 81, 83
Rawling, Marjorie, 236
Reed, Robert R., Jr., 314
Reforma, 47, 52-3.*Ver também* século XVI, 45-8, 52-3
Reichard, Gladys A., 184, 332
Reischauer, Edwin O., 208
relação mãe-filho, 20-3, 25-6, 30-1; não Ocidental, 35-6
relâmpago, 174-6, 331-2
Remy, Nicholas: *Demonology*, 175

Renascença: cidades, 237-9, 251-5, 262-3; crianças, 42-5. *Ver também* século XVI

répteis, 23-5. *Ver também* cobras e medo de cobra

República Popular da China: crença em fantasmas na, 190-3; crianças da, 38-40. *Ver também* China e chineses

Revolução Industrial, 58

revolução, *ver* cidades e medo urbano

Ribton-Turner, C. J., 309

Ricardo I (Inglaterra), 247

Ricardo II (Inglaterra), 196

Ricciuti, H. N., 22

Rich, Santo Edmundo, 133

Richards, Peter, 307

Riemschneider, Kaspar K., 305

risco, 325-6

ritos da puberdade, 19-20, 45-7

rituais, 113-4; de controle do espaço, 331-2; de fertilidade, 94-5; e ordem cósmica, 92-100, 113-4; fúnebres, 182-5, 187-90; sacrifício humano, 94-7, 113-4

Robertson, Durant W., Jr., 287

Robin, Gerald D., 297

Roma, 234-5, 237-9, 240; incêndios em, 246-7; medieval, 252-5, 340-1; violência em, 252-4, 256-7

Rosen, George, 304

Rosenberg, Charles 159,

Rosenbert, Charles E., 150, 152, 159

Rothman, David J., 316, 318, 320-1, 323

Rousseau, Jean-Jacques, 45

Roux, Georges, 94

Rubinstein, Nicolai, 263

Rush, Benjamin, 317

Russell, Bertrand, 12

Russell, Paul F., 148

Rússia, 159

sacrifícios humanos, 94-7, 113-4

Sahlins, Marshall, 58

Salapatek, P., 22, 35

Salimbene de Parma, 124, 131

Salusbury, G. T., 212, 255

Sambon, L.W., 149

São Francisco, 132, 274, 276, 278

sapo, 173

satã, *ver* diabo, o

Sauer, Carl O., 74, 84

Sawyer, Harry, 88, 185

Scarr, S., 22, 35

Schafer, E. H., 245, 261

Schatzman, Morton, 49

Schebesta, Paul, 59, 65-6

Schellen-Claus, Elizabeth, 289

Scheuchzer, Johann Jacob, 128

Schreber, Daniel Gottlieb, 49

Schultz, Stanley, 266

Searles, Harold F., 328

seca, 12-4, 97-101, 111-2. *Ver também* desastres naturais; clima e medo do clima

século XIV, *ver* Idade Média

século XVI: caça às bruxas no, 174-6; cidades e medo urbano, 242-4, 249-51; justiça e punição, 284-7; Medicina no, 149-51; prisões e asilos, 307-12; prossecução de animais, 133-4; violência rural, 208-10, 212-6, 225-6 século XVII: Alemanha, 210; banditismo e violência rural, 212-8; cidades e medo urbano, 262-5; crimes violentos, 212-4; doença e Medicina, 149-51, 158-9, 161-2; fome, 106-11; França, 47, 106-7, 216-7; Inglaterra, 161-2, 345; percepção sobre as crianças, 45-8; prisões e asilos, 309-13

século XVIII: asilos para doentes mentais, 312-3; casamento, 346-7; cidades e medo urbano, 216-23, 234-45, 247-52, 256-60, 264-5; execuções, 289-97; fome, 109-11; pensamento utópico, 57-8; prisões, 310-6; violência rural, 216-23. *Ver também* nomes de países e cidades

século XIX: bruxas, 173-4; cidades e medo urbano, 241-4, 259-60, 264-5, 267-70; epidemia de cólera, 149-51, 154-6, 158-65; imigrantes americanos, 270-9; justiça e punição, 286-9, 297-9; prisões, 323-4; Revolução Industrial, 58; teorias sobre as causas das doenças, 151-6, 159-61; violência rural americana, 221-4

Segunda Guerra Mundial, 204, 275, 332

segurança, 225-35; cultural, 329-34; do corpo, 333-4; do lar, 9, 60-1, 69-71, 77-9,

331-4; dos doentes mentais, 326-31; espacial, 326-34; temporal, 326-8. *Ver também* sociedades "sem medo"

Sellin, J. Thorsten, 311

semang (povo), 65-7, 71, 78

Sêneca, 41-2

seres humanos, 7-11; poder sobre a natureza, 15-7, 113-4, 333-5. *Ver também* ciclo vital; natureza humana

Serra Leoa, 88, 185

Shen Chien-shih, 190

shona (povo), 175, 183, 185

Shorter, Edgard, 347

Showerman, Grant, 283, 302

Sibbald, Susan, 52

Sicília, 158

Smith, Adam, 58

Smith, Malcolm, A., 25

Smith, William, 250, 314

sobrenatural, 40; anjos, 118-9, 126-7, 338-40; categorias, 179-80, 187-8; como fonte de doenças, 142-51; concepção chinesa, 143-6; concepção esquimó, 79-82; concepção medieval, 118-23; demônios, 118-23, 128-31, 133-6, 142-4, 146-8, 178-80, 331-2; divindades da natureza, 85-7, 88-90, 179-80, 200-1, 338-40; fadas, 35-6; lobisomens, 28-30, 134-6; vampiros, 28-30. *Ver também* bruxas e bruxaria; deuses; espíritos; fantasmas e crença em fantasmas

sociedades "sem medo", 57-71;

boxímanes, 66-9, 71; crianças em, 63-6, 69-71; escuridão em, 61-3, 65-7; fatores que geram, 69-71; idosos em, 65-6, 69-71; morte em, 61-3, 65-6, 69-71; noção de tempo em, 61-4; papéis sociais por gênero, 63-6, 68-9; pigmeus mbuti, 59-67, 69-71; punição, 63-4; semang (povo), 65-7, 70-1, 78; tabus, 63; tasaday (povo), 62-4, 69-71, 140-1. *Ver também* culturas tribais; segurança

sociedades aldeãs, 57-92. *Ver também* culturas tribais

sociedades paleolíticas, *ver* caçadores-coletores; culturas tribais

sonhos, 134-6; ancestrais em, 185-6; pesadelos, 26-31, 36-8

sono, 9; infantil, 19-20; perda da alma durante o, 142-3. *Ver também* sonhos; pesadelos

Sontag, R. J., 235

Soustelle, Jacques, 96

Southampton, 211, 240

Spate, O. H. K., 103

Spencer, Baldwin, 193

Spencer, J. E., 84

Spink, Wesley W., 163, 305

Sprenger, James, 126

Sproat, G. M., 193

Steele, Robert, 130

Stenton, D. M., 247

Stenton, F. M., 138, 247, 285

Stephen, William Fitz, 138, 247

Sudão, 173, 177

Sue, Eugene, 268

Suécia, 174

Suíça, 35, 134, 173

suicídio, 66, 69, 82

sumérios, 92-5, 111-2

Summers, Montague, 126, 176

superstição, 15-7, 203-6; medieval, 117-8, 121-3

suspeita, 58-60

Sydney, William C. 218, 294,

Symeon de Durham,124

tabu, 63-4, 140-3

tábua de oráculos, 176-8

Tachiki, Amy, 275

Tácito, 284, 290

talismãs, 176

tamanaca (povo), 193, 194

Tanaka, Jiro, 69

Tanzânia: kaguru (povo), 171-3, 182-3; wambugwe (povo), 176-8

Tao Teh Ching [Tao Te King], 111

taoismo, 143

tarongans (povo), 87-9

tasaday (povo), 62-5, 70-1, 79, 140

Tate, W. E., 226

Taylor, John Russell, 54

Taylor, W. Cooke, 267

tecnologia, 241-3

temme (povo), 333

tempestades, *ver* clima e medo do clima

Tennessee, 202, 204-5

terremotos, 98-100, 154-6, 341-3. *Ver também* desastres naturais

terrores noturnos, 19-20

testes, *ver* medos na escola

Texas, 227

Thomas, Elizabeth Marshall, 70

Thompson, I. A. A., 209, 214
tigres, 24, 49, 66-7
Tobias, J. J., 258-9
Tocqueville, Alexis de, 319
toltecas, 96
Tomás de Canterbury, São, 133
Topley, Marjorie, 37
toque de recolher, 247-51, 254-7, 262-3
trabalhadores migrantes, 226-7
trabalhadores rurais, 225-30
Trajano, 239, 246
Transilvânia, 194
transporte, 302-3
Trevisano, Andrea, 213
Trevor-Roper, H. R., 128, 174
tronco, 283-9, 295-7, 315-6. *Ver também* punição
trovão e temporal, 65-7, 331-2
Truswell, A. Stewart, 69
tuchthuis, 310
Tucídides, 163
tumulto, 12-7, 249-51. *Ver também* cidades e medo urbano
Turnbull, Colin, 59, 61, 71, 86
Turpin, Dick, 217, 219
Tyerman, M. J., 55
Tzu Chih Tung Chien, 115
Ucko, L. E., 30
Uganda, 168, 173
Ulpiano, 305
Universidade de Eton, 47
vampiros, 29
Van Lawick-Goodall, Jane, 24
variação emocional, 11
Varrão,153, 155
Veith, I., 145
Veneza, 215, 253
vida após a morte, 76, 281-2. *Ver também* espíritos;

fantasmas e crença em fantasmas; morte e medo da morte
vida rural, *ver* campo
Villon, François: "Ballades des pendus", 290
vínculo familiar, 340-1
violência, 307-8; capacidade das crianças para a, 47-8; como reação ao medo, 114-5; e pobreza, 213-4; na televisão, 26-8; ritualizada, 220-1; rural, 205-30; urbana, 205-6, 251-60. *Ver também* campo; cidades e medo urbano; Idade Média; século XVI; século XVII; século XVIII
visões, 134-6
Vitruvius, 153
Vogt, Evon Z. 114,
von Bar, Carl Ludwig, 256, 288
von Foerster, Heinz, 125
von Humboldt, Alexander, 193, 194
von Rottauscher, Anna, 147
Wain, John, 338
Wallnöfer, Heinrich, 147
Walpole, Horace, 218
wambugwe (povo), 177-8
Wandering Fool (Bosch), 290
Weiss, Edoardo, 329
Weller, Jack E., 205
Weyer, Edward M., 80
Wheatley, Paul, 231
White, Lynn, Jr., 106, 339
Whiting, Beatrice, 38, 172
Whitlock, Ralph, 198-9
Wickramasinghe, Chandra, 153
William de Malmesbury, 121
William, o Conquistador, 285
Williams, Jack Kenny, 296

Williams, Raymond, 230, 268
Williams, S. Wells, 99
Wilson, John A., 282
Wilson, Monica, 177
Wiltshire, Katherine, 197
Winter, E. H., 169, 172-3, 178, 183
Woledge, G., 240
Wolf, Arthur P., 37, 144, 187, 190
Wolf, Margery, 192
Wolfenstein, Martha, 50, 331
Wong, Eddie, 275
Wright, Arthur F., 195
Wright, Dale, 228
Wright, Thomas, 290
Wrigley, E. A., 104, 254
Wu, John C. H., 111
Wyburn, G. M., 234
xamãs, 81
Yangtze (rio), 100
Yen, D. E., 63, 64
Young, James, 237
zande (povo), 177
Ziegler, Phillip, 161
Zimbábue, 175, 183, 185
zoroastristas, 136
zumbis, 183

SOBRE O LIVRO

Formato: 14 x 21 cm
Mancha: 23 x 43 paicas
Tipologia: Iowan Old Style 10/14
Papel: Offset 75 g/m² (miolo)
Cartão Supremo 250 g/m² (capa)
1ª edição: 2006

EQUIPE DE REALIZAÇÃO

Produção Gráfica
Anderson Nobara

Edição de Texto
Sandra Garcia Cortés (Preparação de Original)
Daniel Seraphim e
Andréia Schweitzer (Revisão)
Oitava Rima Prod. Editorial (Atualização Ortográfica)

Editoração Eletrônica
Oitava Rima Prod. Editorial

Impressão e acabamento